Polemik in den Schriften Melchior Hoffmans

Inszenierungen rhetorischer Streitkultur in der Reformationszeit

Kerstin Lundström

STOCKHOLM
UNIVERSITY PRESS

Published by
Stockholm University Press
Stockholm University
SE-106 91 Stockholm
Sweden
www.stockholmuniversitypress.se

Supporting Agency (funding): Department of Slavic and Baltic Studies, Finnish, Dutch and German

First published 2015
Cover Illustration: Christoffel van Sichem (I), Untitled portrait of Melchior Hoffman, year unknown
Reproduced by permission of Rijksmuseum
Cover designed by Karl Edqvist, SUP

Stockholm German and Dutch Studies (Online) ISSN: 2002-1992

ISBN (Hardback): 978-91-7635-019-5
ISBN (PDF): 978-91-7635-016-4
ISBN (EPUB): 978-91-7635-017-1
ISBN (Mobi/Kindle): 978-91-7635-018-8

DOI: http://dx.doi.org/10.16993/bae

Suggested citation:
Lundström, Kerstin. 2015 *Polemik in den Schriften Melchior Hoffmans: Inszenierungen Rhetorischer Streitkultur in der Reformationszeit*. Stockholm: Stockholm University Press. DOI: http://dx.doi.org/10.16993/bae. License: CC-BY

To read the free, open access version of this book online, visit http://dx.doi.org/10.16993/bae or scan this QR code with your mobile device.

Stockholm German and Dutch Studies

Stockholm German and Dutch Studies (SGDS) is a peer-reviewed series of monographs and edited volumes published by Stockholm University Press. SGDS strives to provide a broad forum for research on German and Dutch language, culture, and literature from all periods. In terms of subjects and methods, the orientation is also wide, encompassing contrastive linguistics, language structure, variation, meaning and discourse, both spoken and written language in all genres, as well as literary scholarship in a broad sense. Book proposals in the field of cultural studies are especially welcome. It is the ambition of SGDS to place high demands on the academic quality of the manuscripts it accepts, equal to those applied by refereed international journals and academic publishers of a similar orientation. SGDS accepts manuscripts in German, Dutch, English, Swedish, Danish, and Norwegian.

Editorial Board

Titles in the series

1. Lundström, Kerstin. 2015. *Polemik in den Schriften Melchior Hoffmans: Inszenierungen rhetorischer Streitkultur in der Reformationszeit.* Stockholm: Stockholm University Press. DOI: http://dx.doi.org/10.16993/bae. License: CC-BY

Meinen Eltern

Inhalt

Vorwort

Dieses Buch ist eine überarbeitete Version meiner Disseration, die 2013 an der Universität Stockholm und der Justus-Liebig-Universität Gießen im Rahmen eines binationalen Promotionsverfahrens innerhalb des vom *DAAD* geförderten Netzwerks *European PhDnet Literary & Cultural Studies (PhDnet)* abgenommen wurde. Bei der Entstehung dieses Buches erhielt ich vielseitige Unterstützung, für die ich mich an dieser Stelle bedanken möchte.

Beim Stockholmer Institut für Baltistik, Fennistik und Germanistik bedanke ich mich für die großzügige finanzielle Unterstützung der Publikation. Prof. Dr. Elisabeth Wåghäll Nivre und Prof. Dr. Cora Dietl möchte ich für die konstant engagierte Begleitung meiner Arbeit danken. Insbesondere für ihre fachkundige und konstruktive Lektüre bin ich ihnen zu großem Dank verpflichtet. Ein spezieller Dank gilt Dr. Cordelia Heß, die mich überhaupt erst auf Melchior Hoffman aufmerksam gemacht hat und damit den entscheidenden Grundstein für diese Arbeit gelegt hat. Prof. Dr. Monika Unzeitig und Dr. Kai Bremer haben mit ihren Anmerkungen das vorliegende Buch maßgeblich verbessert, wofür ich beiden sehr dankbar bin. Mein Dank gilt zudem den ProfessorInnen und Mitgliedern des *European PhDnet Literary & Cultural Studies*, Katharina Zilles, Dr. Anna Böhme, Christine Becker, Dr. Beate Schirrmacher, Dr. Corina Löwe, Dinah Leschzyk und Dr. Irina Hron Öberg für ihr hilfreiches Feedback zu Teilen dieser Arbeit.

Für die Finanzierung mehrerer Forschungsaufenthalte in Gießen danke ich *Namowitsky stiftelse* und *Gertrude och Ivar Philipsons stiftelse*.

Meine Eltern haben mich immer darin bestärkt, meinen eigenen Weg zu finden und gesetzte Ziele gewissenhaft zu verfolgen, daher widme ich ihnen diese Arbeit. Ohne den Zuspruch und das Durchhaltevermögen von Dr. Sabrina Kusche wäre dieses Buch nicht entstanden, sie war meine wissenschaftliche Ansprechpartnerin, gewissenhafte Korrekturleserin und vor allem die mentale Stütze an meiner Seite. Ihr gilt mein innigster Dank.

Abkürzungsverzeichnis

DNA	*Dat Nicolaus Amsdorff* der Meydeborger Pastor nicht weth / wat he setten / schriuen edder swetzen schal [...]. (Hoffman)
EV	*Ein vormanung* an die von Magdeburg [...]. (Amsdorf)
EWT	*Een waraftyghe tuchenisse* vnde gruntlyke verclarynge [...]. (Hoffman)
FP	Das Melchior Hoffman ein *falscher Prophet* / und sein leer vom jůngsten Tag unrecht / falsch und wider Gott ist. (Amsdorf)
FZ	Das *freudenreiche zeucknus* vam worren friderichen ewigen evangelion [...]. (Hoffman)
MG	Vā der warē hochprachtlichen eynigen *magestadt gottes* [...]. (Hoffman)
NEW	Das Melchior Hoffman / *nicht ein wort* auff mein Bůchlein geantwortet hat. (Amsdorf)
NG	Das Niclas Amsdorff der Magdeburger Pastor ein lugenhafftiger falscher *nasen geist* sey [...]. (Hoffman)
OA	*Offenbarungs-Auslegung* = Außlegũg der heimlichē Offenbarung Joannis des heyligen Apostels vnnd Euangelisten. (Hoffman)
DWB	Deutsches Wörterbuch von Jacob und Wilhelm Grimm.
HWRh	Historisches Wörterbuch der Rhetorik.
Schiller-Lübben	Mittelniederdeutsches Wörterbuch von Karl Schiller und August Lübben.
TAE I	Quellen zur Geschichte der Täufer (1959): Bd. XII. Elsaß I, Stadt Straßburg 1522–1532.
TAE II	Quellen zur Geschichte der Täufer (1960): Bd. XIII. Elsaß II, Stadt Straßburg 1533–1535.

TAE III	Quellen zur Geschichte der Täufer (1986): Bd. XV. Elsaß III, Stadt Straßburg 1536–1542.
TAE IV	Quellen zur Geschichte der Täufer (1988): Bd. XVI. Elsaß IV, Stadt Straßburg 1543–1552 samt Nachträgen und Verbesserungen zu Teil I, II und III.
WA	D. Martin Luthers Werke. Kritische Gesamtausgabe (Weimarer Ausgabe).

1 Einleitung

Dieser Melchior war ein sehr hitziger und eifriger Mann, sehr wortgewandt und rühmte sich einer großen Berufung und Sendung, schrieb sehr hitzig gegen Luther und Zwingli von der Taufe und andern Glaubensartikeln und verfaßte eine Auslegung der ganzen Offenbarung Johannis, in der ein jeder Wunder hören kann, welche seltsamen und wunderlichen Dinge in der Offenbarung gefunden werden. Davon kann ich keinem Menschen genau sagen oder schreiben; es mag ein jeder selbst lesen. Auch begann er, die „Hütte Mose" auszulegen, samt allen Bildern des Alten Testaments, vom Auszug der Kinder Israels aus Ägypten bis in das gelobte Land, auch ein Buch von der Menschwerdung, wie das Wort Fleisch geworden ist und unter uns gewohnt hat. Aber das muß ich vor Gott und meiner Seele in Wahrheit bezeugen: Soviel ich auch vorher und nachher gelesen habe und obgleich ich meine, daß Martin Luther ganz fürchterlich in seinen Schriften lästert, so weiß ich doch bis zur Stunde unter allen keinen, der in seinen Schriften so viel lästerte und verdammte wie dieser Melchior. Dadurch lernten wir alle auch viel Lästerungen und meinten auch, es wäre ein feines, heiliges Ding, jedermann zu verketzern, als gottlos zu verschreien und diejenigen zu verdammen, die unserm Glauben nicht folgten oder zugetan waren, wie z. B. alle Lutherischen, Zwinglischen und Papisten. Und alle die nicht ja und amen sprachen, galten als teuflische und satanische Geister, gottlose Ketzer und bis in Ewigkeit verdammte Menschen, und das war so fürchterlich, daß einem Menschen die Haare auf seinem Haupt zu Berge stehen konnten.[1]

---

[1] Philips, Obbe (1962): „Bekenntnisse". In: Fast, Heinold (Hg.): *Der linke Flügel der Reformation. Glaubenszeugnisse der Täufer, Spiritualisten, Schwärmer und Antitrinitarier*. Bremen: Schünemann, S. 319–340, hier S. 321f. Obbe Philips war ein ehemaliger Anhänger von Hoffmans niederländischer Täuferbewegung. Etwa kurz vor oder um 1560 herum schrieb er seine *Bekenntnisse*, in denen er einige seiner zuvor vertretenen Auffassungen widerruft und sein eigenes priesterliches

How to cite this book chapter:
Lundström, Kerstin. 2015. Einleitung. In: Lundström, Kerstin. *Polemik in den Schriften Melchior Hoffmans: Inszenierungen rhetorischer Streitkultur in der Reformationszeit*, Pp. 1–22. Stockholm: Stockholm University Press. DOI: http://dx.doi.org/10.16993/bae.a. License: CC-BY

Mit diesen Worten erinnert sich Obbe Philips an die Erfahrungen, die er in den 1530er Jahren mit seinem damaligen Zeitgenossen und geistigen Vorbild Melchior Hoffman (ca. 1495–1543) machte. Dabei berichtet er nicht nur von seiner inzwischen vergangenen Bewunderung für den enthusiastisch predigenden Kürschner und radikalen Reformator aus Schwäbisch Hall, sondern zeigt auch offenkundig seine spätere Ablehnung desselben. Die Ursache für seine Begeisterung einerseits und seine Ernüchterung andererseits bekundet Philips zwischen den Zeilen: Sie liegt in Hoffmans Sprache, seiner Rhetorik, seinen Schriften. So deutlich aber die Rede von Hoffman als einem produktiven Autor von religiösen Texte und Bibelkommentaren ist, so liegt das Besondere an seinen Schriften laut Philips nicht im Inhalt, sondern in seinem „hitzig[en]" Schreiben, denn obgleich Martin Luther in hohem Maße in seinen Texten schimpfe und streite, so wisse Philips „doch bis zur Stunde unter allen keinen, der in seinen Schriften so viel läster[e] und verdamm[e] wie dieser Melchior."

Mit Philips' Urteil wird nicht nur Hoffmans besonderes Kennzeichen beschrieben, sondern auch das Forschungsinteresse der vorliegenden Arbeit umrissen, deren Ziel es ist, Hoffmans Polemik im Hinblick auf die Kommunikationssituation, die eingesetzten rhetorischen Strategien und die Art der Streitinszenierung zu untersuchen und damit einhergehend die in den Schriften Melchior Hoffmans eingeschriebene ‚rhetorische Streitkultur' zu erörtern. Obgleich die „Lästerungen" – nach Philips – und somit die Polemik das Besondere bei Melchior Hoffman ist und selbst in der Forschungsliteratur immer wieder gerne von seinen „wutschnaubenden Schriften"[2] gesprochen wird, hat eine eingehendere Auseinandersetzung mit seiner polemischen Rhetorik bislang nicht stattgefunden. Unter dem Gesichtspunkt, dass weniger die Logik, sondern vielmehr die Rhetorik als Motor der Reformation gelten kann,[3]

Wirken aufgrund der inoffiziellen Priesterweihe durch die Täufer als unrechtmäßig darstellt. 1584 wurden die *Bekenntnisse* posthum gedruckt und veröffentlicht. Bei der kritischen Rekapitulation seines Lebens nimmt Obbe Philips auch eine ablehnende Haltung gegenüber Melchior Hoffman ein, dem er zu Anfang der 1530er Jahre große Bewunderung entgegengebracht hatte.

[2] Kawerau, Peter (1954): *Melchior Hoffman als religiöser Denker.* Haarlem: Bohn, S. 7.

[3] „Rhetoric, then, is far more than the ornamentation of thought. It is as we struggle for the 'right' words to reach out to others, to teach, delight and move them, that we discover what we ourselves really think. In the end of the day, as every speaker and preacher knows, it is not logic but rhetoric which really shifts though, including our own. [...] The polemic, the cut and thrust, spark and flash, of Reformation debate has to be revisited from this perspective. It is not reducible to a clash of ideas, of

erweist sich die Untersuchung der *Polemik in den Schriften Melchior Hoffmans* nur mehr als ein Desiderat, dessen Erschließung Ziel dieser Arbeit ist.

1.1 Melchior Hoffman auf polemischen (Ab-)Wegen

Melchior Hoffman[4] wurde ca. 1495 als Kind einfacher Eltern in Schwäbisch Hall geboren. Über seine Kindheit und Jugend ist wenig bekannt. Er lernte das Kürschnerhandwerk (Pelzer), das er zeit seines Lebens in den vielen verschiedenen europäischen Städten, die er während seines Lebens bewohnte, ausübte. Im Juni 1523 trat Hoffman zudem erstmals als einer der lutherischen Laienmissionare in Wolmar (Livland) in Erscheinung. Der Kürschner hatte den Ruf der Reformation gehört und sich ganz der Sache des Evangeliums verschrieben. Seine Karriere als Laienprediger verlief dennoch niemals friedlich oder in geregelten Bahnen. Er blieb durchgehend eine umstrittene Persönlichkeit und war jemand, der durch sein bloßes Auftauchen stets polarisierte und Unruhe mit sich brachte.

Auf der einen Seite erhielt er vielfach – zumindest anfangs – Unterstützung von führenden Reformatoren und Obrigkeiten, auf der anderen Seite wurde er von diesen meist nach kurzer Zeit missbilligt, bekämpft oder vertrieben. Die von Obbe Philips beschriebene Hitzigkeit Hoffmans ließ ihn an sämtlichen Stationen seines Wirkens als Unruhestifter erscheinen. Infolgedessen geriet er in nahezu jeder

---

pure doctrine, of principles or values. It was, rather, a battle of credibilities and personalities, human and superhuman, of principalities and powers [...]." Matheson, Peter (1998): *The Rhetoric of the Reformation*. Edinburgh: T&T Clark, S. 244.

[4] Die folgenden biographischen Angaben zu Melchior Hoffmans Leben sind mithilfe folgender Monographien und biographischer Artikel entstanden: Zur Linden, Friedrich Otto (1885): *Melchior Hofmann, ein Prophet der Wiedertäufer*. Haarlem: Bohn und Deppermann, Klaus (1979): *Melchior Hoffman. Soziale Unruhen und apokalyptische Visionen im Zeitalter der Reformation*. Göttingen: Vandenhoeck & Ruprecht. Neff, Christian (1956): „Melchior Hofmann". In: *Mennonite Encyclopedia*. Bd. 2. Scottdale: The Mennonite Publishing House, S. 778–785. Deppermann, Klaus (1981): „Melchior Hoffman". In: Greschat, Martin (Hg.): *Die Reformationszeit 1* (= *Gestalten der Kirchengeschichte 5*). Stuttgart: Kohlhammer, S. 232–334. Ders. (1978): „Melchior Hoffman. Widersprüche zwischen lutherischer Obrigkeitstreue und apokalyptischem Traum". In: Goertz, Hans-Jürgen (Hg.): *Radikale Reformatoren. 21 biographische Skizzen von Thomas Müntzer bis Paracelsus*. München: C. H. Beck, S. 155–166. Es wird an dieser Stelle zugunsten der Lesbarkeit von einzelnen Quellenangaben abgesehen. Im Zusammenhang mit den Analysen folgen detailliertere Beschreibungen von Hoffmans Leben und Wirken, in denen sämtliche Quellen kenntlich gemacht werden.

Stadt, in der er sich länger aufhielt, in Schwierigkeiten mit den weltlichen Machthabern oder den ansässigen Theologen. Hoffmans apokalyptische Lehren fanden aber dennoch in vielen Bevölkerungsgruppen niederen und mittleren Standes (Handwerker, Kaufleute und Bauern) Anklang: Sein Enthusiasmus, sein unablässiger Fleiß und seine Redegewandtheit brachten ihm viele Anhänger ein.

Aus seiner ersten Wirkungsstätte Wolmar wurde Hoffman vom Hochmeister des deutschen Ordens, Wolter von Plettenberg, vertrieben. In der Hansestadt Dorpat fand er Asyl, da der Magistrat die evangelische Bewegung unterstützte. Doch auch dort war der predigende Kürschner Feindseligkeiten ausgesetzt – trotz großer Beliebtheit bei den *Schwarzhäuptern*, der Gilde der deutschen Kaufgesellen, und anderen Bevölkerungsgruppen (u. a. bei den sog. ‚Undeutschen‘). Der Versuch des Erzbischofs von Riga, Johannes Blankenfeld, Hoffman zu verhaften, scheiterte am bewaffneten Widerstand seiner Anhänger, die dabei den Verlust einiger Männer erlitten. Als Rache verübten sie am 10. Januar 1525 den größten der zehn Bilderstürme Livlands zwischen 1524–26. Aufgrund der Unruhen sahen sich die Ratsherren und offiziellen lutherischen Prediger gezwungen, den Radikalismus einzudämmen. Für Hoffman bedeutete dies, dass er von Luther eine Beglaubigung einholen musste, bevor er weiter predigen durfte. Hoffman erhielt diese auf einer Reise nach Wittenberg im Frühjahr 1525, was Luther wenige Jahre später bereute. Das Empfehlungsschreiben von Martin Luther und Johannes Bugenhagen konnte Hoffman vor der kurz darauf folgenden Ausweisung dennoch nicht bewahren. Einer der Bürgermeister hatte aus dem Gold der Kirche Schmuck für seine Frau und Tochter machen lassen. Als die Familie während Hoffmans Predigt die Kirche betrat, befahl der Kürschner der Gemeinde in einer dramatischen Geste, vor der Frau und der Tochter des Bürgermeisters niederzuknien, da sie das Heiligste hereinträgen. Nach diesem öffentlichen Affront wurde er schließlich als Denunziant ausgewiesen.

Über Reval zog Hoffman weiter nach Stockholm, dem damaligen Hauptumschlagsplatz für Pelze in Europa, wo er viele Befürworter in der deutschen St. Nikolai-Gemeinde fand. Während seines Aufenthaltes in Schweden heiratete Hoffman und bekam einen Sohn. Allgemein erging es ihm im Schutze der Stockholmer Deutschen gut. Sie waren reformwillig und finanzierten ihm 1526 sogar die ersten deutschen Drucke überhaupt, die in der königlichen Druckerei in Stockholm produziert wurden. Doch im Januar 1527 verbot König Gustav Wasa

Hoffman öffentlich zu predigen, da er befürchtete, dass die Deutschen einen Aufruhr planten.

Im April 1527 verließ Hoffman schließlich Stockholm und reiste über Lübeck nach Schleswig-Holstein, wo er vom dänischen König Friedrich I. einen persönlichen Schutzbrief und die Erlaubnis zur Predigt an der Kieler Nikolaikirche erhielt. In Kiel kam Hoffman erstmals zu Ansehen und Geld. Er besaß sogar die erste Druckerpresse der Region. Aber alsbald stritt sich Hoffman mit den Obrigkeiten (wegen der Veruntreuung von Kirchengut) und den ansässigen Predigern, sowohl mit dem altgläubigen Wilhelm Pravest als auch mit dem evangelischen Diakon Marquard Schuldorp (wegen seiner apokalyptischen Predigten und seiner spiritualistischen Abendmahlsauffassung). Zudem führte der Laienprediger in dieser Zeit einen öffentlichen literarischen Schlagabtausch um seine apokalyptischen Lehrstücke mit dem Magdeburger Pastor Nikolaus von Amsdorf: Diese Kontroverse wurde 1527–1528 in insgesamt fünf gedruckten Schriften ausgetragen. Gleichzeitig flammten alte Streitigkeiten mit Schuldorp um das Abendmahl erneut auf, welche schließlich am 8. April 1529 in einer Disputation mündeten, in der er sich gegen Johannes Bugenhagen verteidigen sollte. Die Disputation glich eher einem Verhör und das Urteil vom 11. April lautete, dass Hoffman seine Thesen widerrufen oder das Land verlassen sollte. Beharrlich weigerte sich der Laienprediger, seine Lehren zu widerrufen, was zu einer erneuten Ausweisung führte. Für Hoffman bedeuteten die Geschehnisse im Zusammenhang mit der Disputation darüber hinaus auch den Bruch mit dem Luthertum.

Hoffmans Weg führte ihn über Ostfriesland weiter nach Straßburg, dem Zentrum der europäischen Nonkonformisten zu der Zeit. Nach kurzem Kontakt mit Andreas Bodenstein von Karlstadt, mit dem Hoffman reiste und eine Schrift verfasste, wurde er als Gegner der lutherischen Abendmahlslehre vom Straßburger Reformator Martin Bucer zunächst freundlich empfangen, bekam aber nur wenig später von diesem den Rat, bei seinem Handwerk zu bleiben.[5] Daraufhin schloss sich Hoffman dem kleinen Kreis der ‚Straßburger Propheten‘ an und änderte seine Theologie maßgeblich von grundlegend lutherischen

---

[5] Bucer verwies Hoffman im wörtlichen Sinn auf sein Handwerk. Den gleichen ‚Rat‘ hatte Hoffman bereits 1527 von Nikolaus von Amsdorf bekommen. Siehe dazu Kapitel 3.1 *Der Streit mit Nikolaus von Amsdorf I: Die Hintergründe.*

zu meistenteils täuferischen Ansichten.[6] Hoffman gewann in Straßburg viele Anhänger und forderte im April 1530 sogar eine eigene Kirche für sich und seine Gefolgschaft. Der Straßburger Rat antwortete darauf mit einem Haftbefehl, dem sich Hoffman nur mittels Flucht nach Ostfriesland und in die Niederlande entziehen konnte.

Während seines Aufenthaltes in Emden, den Grafschaften Holland und Friesland sowie in der Stadt Groningen taufte er zum ersten Mal Erwachsene und begründete so das niederländische Täufertum. Seine eigene Glaubenstaufe ist zwar nicht belegt, aber in diesen Jahren zu vermuten.

1533 kehrte Hoffman in der Erwartung des von ihm prophezeiten Weltendes nach Straßburg zurück, wo er das Zentrum der Apokalypse vermutete. Kurz nach seiner Rückkehr wurde er jedoch verhaftet. Selbst im Gefängnis stritt er mit dem Straßburger Reformatorentrio Martin Bucer, Caspar Hedio und Wolfgang Capito. Hoffman schaffte es aber nicht mehr, diese oder den Straßburger Magistrat zu seiner Freilassung zu bewegen. Nicht zuletzt auch aufgrund der Tragödie des Täuferreichs von Münster (1534–1535), die durch Hoffmans frühere Anhänger Jan Matthys und Bernd Rothmann eingeleitet wurde, hielt man Hoffman weiterhin in Gewahrsam. Noch während seiner Haft behaupteten einige seiner Anhänger, Hoffman hätte seine Lehren widerrufen, so dass er schließlich selbst in den eigenen Reihen in Ungnade fiel. Nach zehnjähriger Haft starb er 1543 in Folge einer schweren Krankheit.

1.2 Ziele und Fragestellungen

Das Erkenntnisinteresse dieser Arbeit ist auf zwei Ebenen anzusiedeln: auf einer *textanalytisch-kontextualisierenden* und auf einer *theoretisch-methodischen* Ebene. Die Polemik Melchior Hoffmans wird dementsprechend einerseits auf ihre sprachlichen Darstellungs- und Argumentationsmuster, ihre rhetorischen Strategien und ihre Wirkmächtigkeit hin untersucht. Andererseits werden die einer solchen Textanalyse zugrunde liegenden literaturtheoretischen Konzepte und

---

[6] Auch Hoffmans Lehre vom Jüngsten Tag veränderte sich unter dem Einfluss der Straßburger Religionsvielfalt. Er prophezeite seitdem, dass eine Gruppe der 144.000 Sendboten die Ankunft von Jesu Christi als Auserwählte erleben würde, und dass sie es wären, die den Weg zur Wiederkehr Jesu Christi bereiten und diesen auf Erden begrüßen würden. Dies wurde später zum ideologischen Nährboden für die Wiedertäufer um Jan Matthys und nachfolgend Jan van Leyden, die im Glauben an das baldige Erscheinen Jesu Christi die Stadt Münster besetzten.

Vorgehensweisen erweitert, die definitorische Prägnanz von literatur-
wissenschaftlichen Begriffen erhöht sowie die auf diese Weise neu gewonnenen Konzepte und Werkzeuge in ihrer konkreten Anwendung
dargestellt. Insofern tragen die theoretisch-methodischen Überlegungen
nicht nur zur übergreifenden literaturtheoretischen Diskussion bei, sondern fungieren auch als Grundlage für die nachfolgenden Analysen der
Polemik Hoffmans.

Vor dem Hintergrund dieser grundlegenden Absicht widmet
sich die Arbeit auf der *theoretisch-methodischen* Ebene konkreten Fragestellungen zu Streit und Polemik als kulturell-sprachlichen
Phänomenen. Auf der Basis eines performativitätstheoretischen Ansatzes
wird daher für die Ausleuchtung von polemischem Schrifttum das
Konzept der ,rhetorischen Streitkultur' entwickelt. Das Konzept stellt
eine Eingrenzung des bislang abstrakten und vieldeutigen Terminus
,Streitkultur' dar und ermöglicht eine genauere Auffassung von Streit,
die über seine soziale Dimension hinausgeht.

Zudem soll der für diese Arbeit fundamentalen Frage nachgegangen
werden, was unter ,Polemik' zu verstehen ist. Dabei soll der bislang
vielmals polysem verwendete Begriff definitorisch eingegrenzt werden.
Ziel ist es hierbei, typische Merkmale von Polemik herauszuarbeiten,
ihr performatives Wirkungspotential zu erschließen[7] und ihre Rolle für
die Streitinszenierung zu beleuchten.

Auf der Basis einer Definition von ,Polemik' steht die Erörterung
möglicher Kommunikationssituationen, in die Polemik eingebettet
sein kann, im Zentrum. Dabei gilt das Hauptaugenmerk den Rollen
von Sender und Empfänger von Polemik, die hinsichtlich der Relation
zwischen Text und Kontext untersucht werden sollen. Ziel dieser
Erörterung ist die Identifizierung und Erläuterung einzelner Kategorien
für die kommunikativen Erscheinungsformen des Polemisierens, die als
Analysewerkzeuge für die Untersuchung von Hoffmans Polemik sowie
aber auch für die Analyse anderer polemischer Texte dienen.

Auf der *textanalytisch-kontextualisierenden* Ebene liegt das
hauptsächliche Forschungsinteresse in der Ergründung der polemischen Schriften Hoffmans als Orte der *Inszenierungen rhetorischer
Streitkultur in der Reformationszeit.* Dabei wird untersucht, wie

---

[7] Vgl. dazu: „Insult is performative language. It has a cultic dimension, and once a
certain point has passed it moves from being a piece of literary abuse to a religious
curse." Matheson (1998), S. 196.

Hoffman Streit in Szene setzt, wie er polemisiert und welche Selbst- und Fremdzuschreibungen er für diesen Zweck verwendet.

Ein Hauptgesichtspunkt, unter dem die Streitinszenierungen Hoffmans betrachtet werden, ist Hoffmans Status als Laie. Die Bezeichnung ‚Laie‘ ist dabei ausschließlich auf das Kriterium einer (nicht) durchlaufenen offiziellen theologischen Ausbildung bezogen, das die Menschen des 16. Jahrhunderts für die Zwecke dieser Arbeit in theologisch ausgebildete Kleriker und theologisch nicht ausgebildete Laien einteilt. Die Kategorie ‚Laie‘ impliziert daher keine Abwertung hinsichtlich des Bildungs- oder Wissensstandes, sondern benennt lediglich den nicht-klerikalen Status.[8] Gerade Hoffman ist eines der vielen Beispiele für die große Gruppe der theologisch gebildeten Laien, die ihr Wissen durch selbstständige Studien der Bibel und anderer religiöser Literatur erworben haben. Trotz oftmals immensen Wissens auf Seiten der Laien trennte das akademische Studium die schreibenden und predigenden Handwerker, Bauern, Ärzte usw. deutlich von den gelehrten Theologen – in der Ständeordnung waren Kleriker anderen Berufsgruppen grundsätzlich hierarchisch übergeordnet.

Dass der ‚Laie‘ in der Reformationszeit eine deutliche Aufwertung erfuhr, gehört zu den unumstrittenen Erkenntnissen der Forschung.[9] Ort der diskursiven Inszenierung des Laien waren zumeist die polemischen Flugblätter und Flugschriften, die zum größten Teil von gelehrten Theologen geschrieben wurden. Im Sinne der antiklerikalen Polemik wird der Laie in diesen Schriftstücken als positiver Gegenspieler des Klerikers eingesetzt und bildet die Antithese zu diesem hinsichtlich sämtlicher

---

[8] Diese Definition entspricht der, die Chrisman gibt: „My study rigorously separates the lay writers from the clergy. In the late Middle Ages, the clergy differed from the laity because they were meant to follow a more ascetic path, divorcing themselves from worldly life. Traditionally, this made them spiritually and morally superior to the laity, their lives more worthy. This had begun to break down in the late fifteenth century, as groups like the Brethren of the Common Life took no vows and worked in the world. The legal distinction between lay and clergy, however, remained unchanged." Chrisman, Miriam U. (1996): *Conflicting Visions of Reform. German Lay Propaganda Pamphlets, 1519–1530.* New Jersey: Humanities Press, S. 3f. Durch den sehr groben gemeinsamen Nenner *nicht-klerikal* ist die Gruppe der Laien extrem heterogen und umfasst die Spanne von Adligen bis zu Bauern. Vgl. ebd., S. 6f.

[9] Vgl. u. a. Chrisman (1996), Scribner, Robert W. (1987): *Popular Culture and Popular Movements in Reformation Germany.* London: Hambledon. Ders. (1981): *For the Sake of the Simple Folk. Popular Propaganda for the German Reformation* (= *Cambridge studies in oral and literate culture* 2). Cambridge u. a.: Cambridge University Press.

zugeschriebener Eigenschaften (religiöse Weisheit, Frömmigkeit, Moral, Sittlichkeit). In Anbetracht des nahezu paradoxen Umstands, dass die überaus positive Imagekonstruktion des Laien in der Regel durch Schriften von Klerikern geschieht, fragt die vorliegende Arbeit danach, wie ein Laie den ‚Laien' in seinen Texten konstruiert bzw. wie er sich als Laie in Szene setzt. Es wird untersucht, wie Hoffman gegen seine fast ausschließlich evangelischen Kontrahenten polemisiert und wie er dabei sein eigenes Image sowie das der gegnerischen Kleriker konstruiert.

Die Frage nach der Rolle, die Hoffmans Laienstatus bei der Streitinszenierung einnimmt, ist insofern relevant, als dass sie zum einen dazu beiträgt, die (ungelehrte) Rhetorik eines Laien zu beleuchten, und zum anderen Aussagen über die Aufführung der Regeln und Normen der reformatorischen ‚rhetorischen Streitkultur' durch Laien generiert. Im Fokus stehen dabei die Regularitäten und Besonderheiten, die Möglichkeiten und Zwänge der laikalen Streitinszenierung, ihre jeweilige Wirkmächtigkeit und letztendlich ihre Funktionen.

Da Hoffmans Texte nicht allein Produkte eines isolierten Individuums darstellen, sondern in einem größeren Kontext entstanden sind, sind sie mit „sozialer Energie"[10] aufgeladen, die es bei der Textanalyse durch eine Untersuchung von „both the social presence to the world of the literary text and the social presence of the world in the literary text"[11] freizulegen gilt. Das Verstehen der Funktionen und Wirkungen von polemischen Texten, ihres kulturellen Kontexts, „der genauer zu bestimmen [ist] als ein intertextueller Zusammenhang, der Zusammenhang eines Feldes synchroner Texte",[12] und vor allem des Zusammenspiels beider im Verhältnis zueinander ist ein generelles Ziel dieser Arbeit. Somit erfolgt mit der Analyse von Hoffmans Schriften ein Beitrag zur Erforschung von Polemik in der Reformationszeit.

Mit dem Fokus auf den Schriften Melchior Hoffmans, die von literaturwissenschaftlicher Seite bislang keine Beachtung erhalten haben, soll an das wachsende Interesse der Forschung an den „Außenseitern" der Reformation (den radikalen Reformationsbewegungen wie

---

[10] Greenblatt, Stephen (1988): *Shakespearean Negotiations. The Circulation of Social Energy in Renaissance England.* Berkeley: University of California Press, S. 7.

[11] Greenblatt, Stephen (1980): *Renaissance Self-Fashioning: From More to Shakespeare.* Chicago: University of Chicago Press, S. 5.

[12] Baßler, Moritz (2005): *Die kulturpoetische Funktion und das Archiv. Eine literaturwissenschaftliche Text-Kontext-Theorie.* Tübingen: Francke, S. 20.

z. B. Täufern, Spiritualisten etc.)[13] und der Kultur und Glaubenspraxis der Laien angeschlossen werden.[14] Seit dem *cultural turn* hat sich die Geschichtswissenschaft von einer ausschließlich auf die intellektuellen, religiösen und politischen Eliten beschränkten Perspektive hin zu einem kulturgeschichtlich erweiterten Blickwinkel verlagert, der nicht nur die Machtzentren, sondern auch deren Peripherie zu beleuchten sucht. Diese Umorientierung in der Geschichtswissenschaft wird zudem durch literaturwissenschaftliche Ansätze des *New Historicism* und eine allgemein wachsende Bedeutung von kulturwissenschaftlichen Herangehensweisen bestärkt, die durch eine grundlegende Betrachtungsweise von Kultur als Text bzw. Kultur als Produkt textbasierter Performanzen jeder einzelnen Spur, d. h. auch nicht-kanonischen Texten, Bedeutung beimessen.[15]

Für die Reformationsforschung, sowohl aus (religions-)historischer als auch aus literaturwissenschaftlicher Sicht, zieht dieses Kulturverständnis eine gesteigerte Notwendigkeit nach sich, den

---

[13] Für die Forschungen in diesem Bereich sind vor allem Hans-Jürgen Goertz, Gottfried Sebaß, John D. Roth, James M. Stayer, Werner O. Packull, Walter Klaassen und Heinold Fast zu erwähnen, von deren Publikationen hier nur eine Auswahl genannt werden kann: Goertz, Hans-Jürgen & James M. Stayer (2002): *Radikalität und Dissent im 16. Jahrhundert = Radicalism and Dissent in the Sixteenth Century*. Berlin: Duncker & Humblot. Goertz, Hans-Jürgen (2007): *Radikalität der Reformation. Aufsätze und Abhandlungen*. Göttingen: Vandenhoeck & Ruprecht. Ders. (1993): *Religiöse Bewegungen in der frühen Neuzeit*. (= *Enzyklopädie deutscher Geschichte* 20). München: Oldenbourg. Ders. (1980): *Die Täufer. Geschichte und Deutung*. München: C. H. Beck. Sebaß, Gottfried (1997): *Die Reformation und ihre Außenseiter. Gesammelte Aufsätze und Vorträge*. Hg. von Irene Dingel. Göttingen: Vandenhoeck & Ruprecht. Roth, John D. & James M. Stayer (Hg.) (2007): *A Companion to Anabaptism and Spiritualism, 1521–1700*. Leiden: Brill. Klaassen, Walter (1981): *Anabaptism in Outline. Selected Primary Sources*. Kitchener/Ontario: Herald Press. Packull, Werner O. (1999): *Hutterite Beginnings: Communitarian Experiments During the Reformation*. Baltimore/Maryland: John Hopkins. Fast, Heinold (Hg.) (1962): *Der linke Flügel der Reformation. Glaubenszeugnisse der Täufer, Spiritualisten, Schwärmer und Antitrinitarier*. Bremen: Schünemann.

[14] Hier sind insbesondere Arbeiten von Robert W. Scribner, Lorna J. Abray, Paul A. Russell, Miriam U. Chrisman und Martin Arnold (in einer Auswahl) zu nennen: Scribner (1987) und (1981). Abray, Lorna J. (1985): *The People's Reformation: Magistrates, Clergy, and Commons in Strasbourg, 1500–1598*. Ithaca: Cornell University Press. Russell, Paul A. (1986): *Lay Theology in the Reformation: Popular Pamphleteers in Southwest Germany*. Cambridge: Cambridge University Press. Chrisman (1996). Dies. (1982): *Lay Culture, Learned Culture: Books and Social Change in Strasbourg, 1480–1599*. New Haven: Yale University Press. Arnold, Martin (1990): *Handwerker als theologische Schriftsteller. Studien zu Flugschriften der frühen Reformation (1523–1525)*. Göttingen: Vandenhoeck & Ruprecht.

[15] Gallagher, Catherine & Stephen Greenblatt (2000): *Practicing New Historicism*. Chicago & London: University of Chicago Press, S. 10f.

Randfiguren der Reformation und bisher vernachlässigten Quellen größere Aufmerksamkeit zu schenken.[16] Die Beschäftigung mit den Schriften Melchior Hoffmans trägt insofern dazu bei, den Blick auf die Ideen, Prozesse und Diskurse der Reformation für neue Aspekte auszuweiten und zu vervollständigen.

1.3 Zur Forschungslage

Die bisherige Forschung zu Melchior Hoffman bedient vorwiegend die erkenntnisleitenden Interessen von zwei Bereichen innerhalb des Zweigs der (Religions-)Geschichte: Als größten Komplex der Untersuchungen zu Hoffman lassen sich die umfassenden biographischen Forschungen nennen. Sie haben bislang wichtige Recherche-Arbeiten für die Erschließung von Hoffmans Schriften und Quellen zu seinem Leben und Wirken geleistet. Komplettierend zu den biographisch-historischen Arbeiten treten Untersuchungen zu Melchior Hoffmans theologischem Gedankengebäude oder Einzelaspekten desselben. Es ist anzumerken, dass sämtliche einschlägigen Studien zu Hoffman jeweils beide Forschungsbereiche mit unterschiedlicher Gewichtung abdecken. Zudem ist der Kontextualisierung der Biographie und Theologie Hoffmans große Aufmerksamkeit gewidmet worden, um zum einen Erkenntnisse über die Entstehung und Entwicklung des Täufertums zu gewinnen und um zum anderen zum Verständnis der Prozesse und Dynamiken der Reformation generell beizutragen.

Insgesamt sind bis heute sechs Monographien zu Melchior Hoffman erschienen. Erstmals hat sich 1758 Barthold Nicolaus Krohn mit dem predigenden Kürschner in seiner *Geschichte der Fanatischen und Enthusiastischen Wiedertäufer vornehmlich in Niederdeutschland. Melchior Hofmann und die Secte der Hofmannianer* befasst.[17] Wie der Titel vermuten lässt, zeichnet Krohn anhand der aufgefundenen Quellen chronologisch die „Geschichte von Melch[ior] Hofmann, welcher der Vater und das Haupt der fanatischen und enthusiastischen

---

[16] Innerhalb der Germanistik (Sprach- und Literaturwissenschaft) ist der Reformationsliteratur im Allgemeinen und der Reformationspolemik im Besonderen bisher nur spärlich Aufmerksamkeit gewidmet worden. Obwohl das Interesse an dieser Literatur zwar in den letzten Jahrzehnten gestiegen ist, zeichnen sich die Untersuchungen durch die Konzentration auf die Werke der großen Reformatoren, vor allem auf Luthers Werk, ab. Man kann also auch hier von einer deutlich sichtbaren Kanonisierung sprechen.

[17] Krohn, Barthold Nikolaus (1758): *Geschichte der Fanatischen und Enthusiastischen Wiedertäufer vornehmlich in Niederdeutschland. Melchior Hofmann und die Secte der Hofmannianer*. Leipzig: Bernard Christoph Breitkopf.

Wiedertäufer in Niederdeutschland gewesen ist",[18] nach. Krohn hat mit seiner Arbeit die erste deutschsprachige Biographie Hoffmans geliefert, die jedoch als „Critische[] Ketzerhistorie"[19] fungiert und insofern nicht ohne ideologische Färbung auskommt.

Ungefähr hundert Jahre später lässt sich mit Gustave Herrmanns Dissertation (1852)[20] zwar erneut eine Arbeit zu Melchior Hoffman verzeichnen, wesentliche Berücksichtigung in der Forschung haben jedoch erst die drei Jahrzehnte später erschienenen Biographien von Willem Isaac Leendertz (1883)[21] und Friedrich Otto zur Linden (1885) erhalten. Die beiden Arbeiten sind im Rahmen einer Ausschreibung von *Teylers Godgeleerd Genootschap* (1881) entstanden, so dass mit den beiden erstplatzierten Arbeiten je eine niederländische und eine deutsche Biographie Melchior Hoffmans vorgelegt wurden. Beide Arbeiten setzen sich intensiv mit Hoffmans Theologie und seiner Rolle für das niederländische Täufertum auseinander, gelangen aber z. T. zu unterschiedlichen Ergebnissen. Zudem leisten beide Autoren ertragreiche Quellenarbeit, die sich nicht zuletzt darin auszeichnet, dass sowohl Leendertz als auch Zur Linden im Anhang Auszüge aus Hoffmans Schriften und anderen wichtigen Dokumenten für eine breitere Leserschaft zugänglich machen. Leendertz und Zur Linden würdigen Hoffman zwar in einigen Punkten, stehen ihm in Hinblick auf seine Theologie jedoch kritisch und ablehnend gegenüber.[22]

Von dem Konzept einer chronologisch-biographischen Darstellung hat erstmals Peter Kawerau in seiner Arbeit abgesehen, die ebenfalls im Zusammenhang mit einem Aufruf der *Teylers Godgeleerd Genootschap* 1954 entstanden ist.[23] Mit seiner Abhandlung *Melchior Hoffman als*

---

[18] Krohn (1758), S. 19f.

[19] In seiner Vorrede diskutiert Jakob Wilhelm Feuerlein, inwiefern sich die Geschichtsschreibung zu ketzerischen Figuren und Einstellungen rechtfertigt. Er reagiert damit offensichtlich auf Vorbehalte, die Krohn ihm gegenüber geäußert hat. Krohn (1758), S. 6.

[20] Herrmann, Gustave (1852): *Essai sur la vie et les écrits de Melchior Hofmann*. Univ. Diss. Straßburg: Silbermann. Diese 48-seitige Arbeit ist aufgrund ihrer Kürze, beschränkten Zugänglichkeit und geringen Beachtung in der Hoffman-Forschung auch in dieser Arbeit nicht verwendet worden.

[21] Leendertz, Willem Isaac (1883): *Melchior Hofmann*. Haarlem: Bohn.

[22] Zur Linden macht bereits im Vorwort seine ambivalente Haltung gegenüber Hoffman deutlich: „Wir sehen, wie dieser durchaus wohlgesinnte und von lebendigem religiösem Interesse beseelte Mann nach und nach in phantastische Absonderlichkeiten und ungesunde Schwärmereien verfällt." Zur Linden (1885), S. XV.

[23] Klaus Deppermann gibt genauere Auskunft dazu: „Den beiden Hoffman-Biographien von Leendertz und Zur Linden war ein Mangel gemeinsam: sie

religiöser Denker wird das Ziel verfolgt, Melchior Hoffmans Theologie anhand von einzelnen thematischen Schwerpunkten auszuleuchten. Der Vorteil von Kaweraus thematischem Vorgehen ist ein kompakter Einblick in Hoffmans theologisches Gedankengebäude, der Nachteil dessen sind jedoch Einbußen bei der Sichtbarkeit von Veränderungen und Entwicklungen in Hoffmans Theologie. Mit Hinblick darauf, dass Hoffman sich in seiner Laufbahn vom Lutheraner zum Wiedertäufer gewandelt hat und seine Theologie eine Mischung aus unterschiedlichen theologischen Versatzstücken darstellt, erscheint die Arbeit Kaweraus eher ahistorisch.

Eine Synthese aus biographischen, historischen und theologischen Fragestellungen liefert schließlich Klaus Deppermann 1979 mit seiner Monographie *Melchior Hoffman. Soziale Unruhen und apokalyptische Visionen im Zeitalter der Reformation*, die 1987 zudem ins Englische übersetzt wurde.[24] Deppermann gelingt es, Hoffmans Leben und Wirken in der Dynamik von individueller und geschichtlicher Entwicklung zu erfassen. Die Darstellung zeichnet sich zum einen durch eine detaillierte Aufarbeitung der theologischen Ausgangspunkte und Einflüsse aus, die für Hoffmans Gedankengebäude relevant sind. Zum anderen ist die überzeugende Einbettung Hoffmans in einen historischen Kontext hervorzuheben, die es möglich macht, Hoffmans Wirken in den Spannungsfeldern zwischen kulturrezeptiven und -produktiven Prozessen sowie historischer Voraussetzung und individueller Leistung wahrzunehmen. Deppermann bewerkstelligt es, durch detaillierte Recherchen, fundiertes theologisches Wissen und Gespür für der Akzentuierung bestimmter kontextueller oder thematischer Eckpunkte eine Darstellung Melchior Hoffmans darzulegen, die aus religionshistorischer Sicht wenig Raum für Kritik lässt. Insofern liefert Deppermann mit seinem Buch bis heute eine unentbehrliche Grundlage der Hoffman-Forschung und dient dementsprechend auch dieser Arbeit als Hilfsmittel.

Neben den hier angeführten Einzelstudien sind auch einige Kapitel (bspw. in Kirchengeschichten einer Region oder Überblicksdarstellungen zur radikalen Reformation) und Aufsätze zu Melchior Hoffman geschrieben

---

reihten Hoffmans Lebensstationen und Ideen kaleidoskopartig hintereinander, ohne nach dem Sinnzusammenhang zu fragen. Deshalb forderte ‚Teylers Godgeleerd Genootschap' 1952 nochmals zur Darstellung speziell der Hoffmanschen Theologie auf." Deppermann (1979), S. 28.

[24] Englische Übersetzung: Deppermann, Klaus (1987): *Melchior Hoffman. Social Unrest and Apocalyptic Visions in the Age of Reformation*. Edinburgh: T & T Clark (übersetzt von Malcolm Wren und hg. von Benjamin Drewery).

worden, die jedoch selten über Deppermanns Erkenntnisse hinausgehen und insofern für diese Arbeit nur am Rande zu erwähnen sind.[25]

In der germanistischen Forschung zur reformatorischen Flugschrift sowie zur Reformations- und Konfessionspolemik ist Melchior Hoffman bisher nicht berücksichtigt worden. Eine Untersuchung, die über inhaltliche (theologische) Fragestellungen hinaus auch nach der Machart seiner Texte fragt und insofern die rhetorische Komponente seines Schaffens beleuchtet, sucht man aus diesem Grund bislang vergeblich. Im Allgemeinen sind Untersuchungen, die sich intensiv mit den Streitigkeiten der Reformation auseinandersetzen, rar gesät. Nicht zuletzt aufgrund der geringen Beachtung, die die Literaturwissenschaft der religiösen Gebrauchsliteratur zukommen lässt, sind nur vereinzelt Studien zu verzeichnen, die sich mit der Polemik der Glaubensstreitigkeiten oder der rhetorischen Dimension der Reformation im Allgemeinen beschäftigen. Im Sinne eines ,erweiterten' Literaturbegriffs hat sich in den letzten Jahrzehnten dennoch ein wachsendes Interesse für die Flugschriftenliteratur entwickelt.[26]

---

[25] Nennenswert sind z. B. Kapitel in: Pater, Calvin Augustine (1984): *Karlstadt as the Father of the Baptist Movements: The Emergence of Lay Protestantism*. Toronto u. a.: University of Toronto Press, S. 173–278 (Teil 3 ist der Verbindung Karlstadts und Hoffmans gewidmet), List, Günther (1973): *Chiliastische Utopie und radikale Reformation. Die Erneuerung der Idee vom tausendjährigen Reich im 16. Jahrhundert*. München: Fink (Kapitel zu Melchior Hoffman), Biesecker-Mast, Gerald (2006): *Separation and the Sword in Anabaptist Persuasion. Radical Confessional Rhetoric from Schleitheim to Dordrecht*. Telford/PA: Cascadia, S. 161–199 und Arnold (1990), S. 268–295. Heinold Fast, Werner O. Packull und Walter Klaassen machen u. a. durch ihre englischen und neuhochdeutschen Übersetzungen die Schriften Melchior Hoffmans leichter zugänglich: Fast (1962), S. 298–318, Packull, Werner O. (1990): „Melchior Hoffman's First Two Letters". *The Mennonite Quarterly Review* 64, S. 146–159, Klaassen (1981). Siehe auch: Williams, George Huntston & Angel M. Mergal (Hg.) (1957): *Spiritual and Anabaptist Writers. Documents Illustrative of the Radical Reformation*. Philadelphia: Westminster Press, S. 182–203. Weitere nennenswerte Aufsätze sind: Stayer, James M. (1971): „Melchior Hofmann and the Sword". *The Mennonite Quarterly Review* 44, S. 265–277. Schwarz Lausten, Martin (1963–1965): „Melchior Hoffman og de lutherske prædikanter i Slesvig-Holsten 1527–1529". *Kirkehistoriske Samlinger* 7, S. 237–285. Packull, Werner O. (1985): „Melchior Hoffman's Experience in the Livonian Reformation. The Dynamics of Sect Formation". *The Mennonite Quarterly Review* 59, S. 130–146. Ders. (1983): „Melchior Hoffman – A Recanted Anabaptist in Schwäbisch Hall?". *The Mennonite Quarterly Review* 57, S. 83–111.

[26] Vgl. Karl Stackmann Diskussion des Themas von 1997: „Denn ganz gleich, wie man ›erweiterter Literaturbegriff‹ auslegt, die ›Zweckliteratur‹ wird immer darunter fallen, und es wird wohl auch Übereinstimmung darüber zu erzielen sein, daß Literatur damit als ,soziales Faktum' innerhalb ,eines umfassenden sozialen Systems' definiert ist, ,auf das es direkt oder indirekt, vermittelt oder unvermittelt

Vielfach fand die Beschäftigung mit den religiösen Pamphleten Anklang bei Sprachwissenschaftlern: Beispielsweise hat sich Birgit Stolt 1974 dem *Wortkampf* mit einer linguistischen Rhetorikanalyse u. a. von Luthers Schriften genähert.[27] Eine wichtige Rolle für das Forschungsfeld nimmt Johannes Schwitalla ein, der sich über Jahrzehnte mit der Flugschriftenliteratur auseinandergesetzt hat.[28] In den letzten zwei Jahrzehnten hat sich darüber hinaus der Zweig der historischen Dialoganalyse (Gerd Fritz, Thomas Gloning, Marcelo Dascal u. a.) der Systematisierung von Kontroversen des 16. und 17. Jahrhunderts gewidmet.[29]

Von literaturwissenschaftlicher Relevanz sind insbesondere die Arbeiten von Kai Bremer (2005) und Ursula Paintner (2011). Mit seinem Buch *Religionsstreitigkeiten. Volkssprachliche Kontroversen zwischen altgläubigen und evangelischen Theologen im 16. Jahrhundert* betritt Kai Bremer zum Teil Neuland, indem er den Fokus u. a. auf „den Dialogcharakter der einzelnen Streitschriften und der Kontroversen"[30] legt. Auf dieser Basis analysiert Bremer Argumentationsmuster und deren dialogische Wirkmächtigkeit in einzelnen volkssprachlichen Kontroversen zwischen protestantischen und altgläubigen Theologen aus unterschiedlichen Jahrzehnten des 16. Jahrhunderts: Sowohl die ersten Streitschriften in den 1520er Jahren als auch die Streitigkeiten der Protestanten mit den Jesuiten gegen Ende des Jahrhunderts werden berücksichtigt. Das überzeugende Resultat ist ein Überblick über

---

bezogen u. von dem her es in seiner (formalen) Eigenart erklärt wird'. Dies vorausgesetzt, fallen die Flugschriften durchaus nicht in eine ‚lutherische Pause' der deutschen Geschichte, wie es Wolfgang Stammler sah [...]." Stackmann, Karl (1997): „Fremdheit und Aktualität von Flugschriften der frühen Reformationszeit". In: Bovenschen, Silvia (Hg.): *Der fremdgewordene Text: Festschrift für Helmut Brackert zum 65. Geburtstag*. Berlin: De Gruyter, S. 233–243 (Binnenzitate, durch einfache Anführungszeichen gekennzeichnet: Lamping, Dieter (1993): „Literatur (Begriff)". In: Killy, Walter (Hg.): *Literaturlexikon*. Bd. 14, S. 26–30, spez. S. 27f.).

[27] Stolt, Birgit (1974): *Wortkampf. Frühneuhochdeutsche Beispiele zur rhetorischen Praxis*. Frankfurt/Main: Athenäum-Verlag.

[28] Schwitalla, Johannes (1999): *Flugschrift* (= *Grundlagen der Medienkommunikation* 7). Tübingen: Niemeyer. Ders. (1983): *Deutsche Flugschriften 1460–1525. Textsortengeschichtliche Studien*. Tübingen: Niemeyer. Einzelne Aufsätze sind der Bibliographie zu entnehmen.

[29] Einen Überblick sowohl über den Forschungsbereich als auch über Kontroversen *per se* stellt z. B. Fritz bereit: Fritz, Gerd (2010): „Controversies". In: Jucker, Andreas H. & Irma Taavitsainen (Hg.): *Historical Pragmatics*. Berlin & New York: De Gruyter, S. 451–481.

[30] Bremer, Kai (2005b): *Religionsstreitigkeiten. Volkssprachliche Kontroversen zwischen altgläubigen und evangelischen Theologen im 16. Jahrhundert*. Tübingen: Niemeyer, S. 13.

die Religionsstreitigkeiten des 16. Jahrhunderts auf Seiten der etablierten Theologen, der sowohl durch seine beispielhaften Untersuchungen
einzelner Schriftwechsel als auch durch die systematische Darstellung
des polemischen Schrifttums und seiner Wirkungen fundamentale
Erkenntnisse für weitere Untersuchungen der Reformationspolemik be-
reitstellt. Insbesondere sein Versuch der Systematisierung der Polemik
im 16. Jahrhundert liefert wertvolle Ergebnisse, die in dieser Arbeit aufgegriffen und im Bezug auf Hoffmans Schriften diskutiert werden.

Ursula Paintners jüngst erschienene Darstellung „*Des Papsts neue
Creatur*". *Antijesuitische Publizistik im Deutschsprachigen Raum
(1555–1618)*[31] bietet ebenfalls einen systematischen Überblick über
polemisches Schrifttum im 16. Jahrhundert (sie begrenzt sich jedoch auf die zweite Hälfte des 16. Jahrhunderts und nimmt Teile
des 17. Jahrhunderts hinzu). Im Gegensatz zu Bremer sieht Paintner
das Dialogische der Polemik nicht erst in der Kontroverse, also der
Interaktion von Schrift und Gegenschrift, erfüllt, sondern als ein im Text
angelegtes Strukturelement, das einer Beantwortung durch den Gegner
nicht bedarf.[32] Es geht ihr vielmehr um die Feindbildkonstruktion durch
das intertextuelle Zusammenspiel der Schriften in einem Textgeflecht.
Infolgedessen konzentriert sie sich ausschließlich auf die volkssprachliche protestantische Polemik gegen die Jesuiten und leuchtet diese
anhand ihrer Einteilung in „Systematische Polemik" und „Narrative
Publizistik" aus. Zwar sind viele von Paintners Ergebnissen nur mit
Einschränkungen auf die Reformationspolemik der 1520er und 30er
Jahre übertragbar, sie bietet aber gleichwohl Anknüpfungspunkte für die
Erforschung von polemischem Schrifttum der Reformationszeit: Nicht
nur ihr Verständnis von Dialogizität, sondern auch ihr Polemikbegriff
werden für die nachfolgende Untersuchung von Hoffmans Schriften
nutzbar gemacht.[33]

---

[31] Paintner, Ursula (2011): „*Des Papsts neue Creatur*". *Antijesuitische Publizistik
im Deutschsprachigen Raum (1555–1618)* (= *Chloe. Beihefte zum Daphnis* 44).
Amsterdam & New York: Rodopi.

[32] Vgl. dazu Marcelo Dascals Bezeichnung der Kontroverse als „quasi-dialogue":
„This term is intended to convey the idea that, though controversies display a pragmatic structure which is essentially analogous to that of, say, conversations [...],
this is not so to speak the full story. The full story is that behind each ‚regular‘,
opponent-driven pragmatic constraint, there is a further constraint, presumably of
the same kind, but audience-driven." Dascal, Marcelo (1989): „Controversies as
quasi-dialogues". In: Weigand, Edda & Franz Hundsnurscher (Hg.): *Dialoganalyse
II. Referate der 2. Arbeitstagung Bochum 1988*. Tübingen: Niemeyer, S. 147–159.

[33] Eine intensive Auseinandersetzung mit sowohl Bremers als auch Paintners Arbeit
erfolgt in Kapitel 2 *Rhetorische Streitkultur, Polemik und ihre kommunikativen*

Neben diesen beiden zentralen Darstellungen sind die Arbeiten *The Rhetoric of the Reformation* von Peter Matheson (1994) und *Karlstadt als Flugschriftenautor* von Alejandro Zorzin (1990)[34] zu nennen, die trotz ihrer theologischen Wissenschaftsperspektive eine literaturwissenschaftliche Herangehensweise verfolgen. Matheson arbeitet wichtige rhetorische Strategien der polemischen Pamphlete und der Reformationsdialoge heraus, während Zorzin Karlstadts Publizistik in Phasen unterteilt und eine Typologie von Karlstadts Flugschriften erstellt. Darüber hinaus gibt es eine Reihe von Aufsätzen, die kürzere Einzelstudien zu einzelnen polemischen Schriften bzw. Schriftwechseln oder der Polemik bestimmter Personen darlegen und damit Vergleichsmaterial für diese Untersuchung stellen.[35]

Aber nicht nur Analysen vergleichbarer religionspolemischer Texte, sondern auch der große Komplex der theoretischen Forschungsbeiträge zu Streit, Streitkultur und Polemik sind von Relevanz für die vorliegende Arbeit. Ausgehend davon, dass einer ihrer Schwerpunkte in dem theoretischen Forschungsinteresse liegt, werden die wesentlichen Eckpunkte und erforderlichen Erkenntnisse der einschlägigen Forschung nicht an dieser Stelle präsentiert, sondern in den theoretischen Rahmen dieser Untersuchung eingebunden.

1.4 Methodisches Vorgehen und Aufbau der Arbeit

Bereits an dieser Stelle kann festgehalten werden, dass Polemik immer an Sprache gebunden ist und mit ihr ein bestimmtes Ziel verfolgt wird. Sie ist weniger ästhetischen Vorgaben unterworfen, sondern vielmehr zweckgebunden. Daher stehen ihre pragmatische Funktion und ihre sprachliche

---

Situationen, in dem der theoretische Rahmen für die Analysen von Hoffmans Polemik abgesteckt wird.

[34] Zorzin, Alejandro (1990): *Karlstadt als Flugschriftenautor*. Göttingen: Vandenhoeck & Ruprecht

[35] Nennenswerte Untersuchungen sind u. a.: Andersson, Bo (2012): „Jacob Böhmes polemischer Konflikt mit Gregorius Richter". In: Kühlmann, Wilhelm & Friedrich Vollhardt (Hg.): *Offenbarung und Episteme. Zur europäischen Wirkung Jacob Böhmes im 17. und 18. Jahrhundert*. Berlin & Boston: De Gruyter, S. 33–46. Campbell, Fiona M. K. (2005): „Gärtner, Zunft und Textproduktion in der frühen Reformationszeit: die Flugschriften von Clement Ziegler". In: Andersen, Elizabeth, Manfred Eikelmann & Anne Simon (Hg.): *Texttyp und Textproduktion in der deutschen Literatur des Mittelalters*. Berlin & New York: De Gruyter, S. 451–466. Zitzlsperger, Ulrike (2006): „Women's Identity and Authoritarian Force: Women Pamphleteers of the German Reformation". In: Chambers, Helen (Hg.): *Violence, Culture and Identity. Essays on German and Austrian Literature, Politics and Society*. Bern: Peter Lang, S. 65–83.

Ausformung immer in einem gegenseitigen Abhängigkeitsverhältnis. Aus dieser sehr vereinfachten Vordefinition leitet sich die Vorgehensweise dieser Arbeit ab: Um das Funktionspotential von Hoffmans Polemik in seiner Ganzheit ausleuchten zu können, werden bei der Untersuchung Verfahren aus der Performativitäts-, Kommunikations- und Rhetorik-analyse angewandt. Im Zusammenwirken dieser Ansätze miteinander kann ermittelt werden, wie Polemik (bei Hoffman) kommunikativ vermittelt wird, wie sie sprachlich konstruiert ist und wie ihre per-formativen Potentiale – textintern und textextern – durch die jeweilige Konstruktion der Kommunikationssituation und Verwendung von Sprache und Rhetorik geschaffen und ausgespielt werden.

Mit dieser kombinierten Methode werden nachfolgend einige ausge-wählte Schriften Melchior Hoffmans analysiert. Dabei gilt die größte Aufmerksamkeit den Schriften, deren Hauptfunktion eine polemische ist. Die Identifizierung dieser Texte ist anhand der definitorischen Kriterien von Polemik geschehen, die im theoretischen Rahmen dieser Arbeit dargelegt werden. So werden z. B. die zwei polemischen Pamphlete, die Melchior Hoffman im Zuge der Kontroverse mit Nikolaus von Amsdorf verfasste[36] und das sogenannte „schmachbüchlein"[37] *Eyn*

---

[36] Dies bezieht sich auf folgende zwei Schriften: 1) Hoffman, Melchior (1528): *Dat Nicolaus Amsdorff der Meydeborger Pastor / nicht weth / wat he setten / schriuen edder swetzen schal / darmede he syne lôgen bestedigen môge / vnde synen gruweliken anlop. Melchior Hoffman Koninckliker Maiestat tho Dennemarcken gesetter Prediger thom Kyll / ym land tho Holsten. Sie hebben eine kulen gegrauen / vnde syne daryn geuallen / Psalm.vij. M.D.XXviij.* [Kiel: Melchior Hoffman]. Übersetzung des Titels: „Das Nikolaus Amsdorf, der Magdeburger Pastor, nicht weiß, was er setzen, schrei-ben oder schwätzen soll, damit er seine Lügen bestätigen möge und seinen grauenvol-len Angriff. Melchior Hoffman, von königlicher Majestät zu Dänemark eingesetzter Prediger zu Kiel, im Land Holstein. Sie haben eine Kuhle gegraben und sind hinein gefallen. Psalm 7." Diese Schrift liegt im Faksimiledruck unter anderem Titel vor: Ficker, Gerhard (Hg.) (1928): „Melchior Hoffman gegen Nicolaus von Amsdorff. Kiel 1528". In: *Schriften des Vereins für Schleswig-Holsteinische Kirchengeschichte.* 5. Sonderheft, Preetz: J. M. Hansen. Kurztitel: *Dat Nicolaus Amsdorff.* 2) Hoffman, Melchior (1528): *Das Niclas Amsdorff der Magdeburger Pastor ein lugenhafftiger falscher nasen geist sey / offentlich bewiesen durch Melchior Hoffman / Kôniglicher wirdē gesetzter prediger zum Kyll / ym landt zu Holstein. Du bist mein zuuersicht / ein starcker thurn vor meinen feinden / Psalm. 61. M.DXXviij.* [Kiel: Melchior Hoffman]. In: Ficker, Gerhard (Hg.) (1926): *Schriften des Vereins für Schleswig-Holsteinische Kirchengeschichte.* 4. Sonderheft, Preetz: J. M. Hansen. Kurztitel: *Nasen geist.* Von einer naheliegenden Abkürzung des Titels, *Das Niclas Amsdorff,* wird zur klaren Unterscheidung des Kurztitels *Dat Nicolaus Amsdorff* verzichtet. Zudem ist der Kurztitel *Nasen geist* bzw. *Nasengeist* in der Forschung geläufig.

[37] *Quellen zur Geschichte der Täufer* (1960): Bd. XIII. *Elsaß II, Stadt Straßburg 1533–1535* (= *TAE II*). Bearb. von Manfred Krebs & Hans Georg Rott. Gütersloh: Mohn, Nr. 596, S. 371.

sendbrieff an [...] Michel wachter,[38] das allein darauf abzielt, das Image der drei Straßburger Reformatoren Martin Bucer, Caspar Hedio und Wolfgang Capito zu zerstören, ausführlich behandelt. Die wesentlich umfangreicheren exegetischen Texte (wie bspw. die *Außlegūg der heimlichē Offenbarung*[39]) erhalten hingegen verminderte Aufmerksamkeit bzw. werden z. T. nicht in die Analysen aufgenommen, da sie im geringeren Maße polemische Eigenschaften aufweisen. Es geht weniger um die Exegese der Bibel und um theologisch-inhaltliche Fragen, sondern vielmehr um die sprachliche und kommunikative Konstruktion der Polemik in Hoffmans Schriften. Von dieser Fragestellung ausgehend ergibt sich, dass die zumeist weitaus umfangreicheren Bibelkommentare zugunsten der kürzeren polemischen Flugschriften vernachlässigt werden.

Den zwei bereits erläuterten Ebenen des Erkenntnisinteresses (theoretisch-methodisch und analytisch-kontextualisierend) entsprechend ist die Arbeit in ein theoretisches Rahmenwerk und einen Analyseteil gegliedert.

In Kapitel 2 werden die im Titel angekündigten und in der Arbeit verwendeten Konzepte und Begriffe in Auseinandersetzung mit der einschlägigen Forschungsliteratur diskutiert, präzisiert und zum Teil erweitert. Auf diese Weise werden in Kapitel 2.1 der Begriff ‚Streit‘ und das Konzept der ‚Streitkultur‘ erklärt. Im ständigen Bezug zur Reformationszeit wird dabei nicht nur das Verständnis von ‚Streit‘ anhand von ausschlaggebenden Kriterien und in Abgrenzung von sinnverwandten Begriffen erörtert, sondern auch das Konzept der ‚rhetorischen Streitkultur‘ entwickelt. Hergeleitet wird das Konzept durch die Abgrenzung öffentlicher Streitinszenierungen in sprachbasierten Medien vom Alltagsstreit, Rechtsstreit und sämtlichen nonverbalen Streitpraktiken, um es für Untersuchung von reformationspolemischen Schriften fruchtbar zu machen. Daran schließt sich in Kapitel 2.2 eine Diskussion bestehender Begriffsbestimmungen von ‚Polemik‘ anhand der Kriterien ‚generischer Charakter‘, ‚Modus‘, ‚Adressierung‘ und ‚Funktion‘ an. Das Ergebnis der kritischen Auseinandersetzung mit der Forschung ist ein Entwurf einer neuen Definition dessen, was unter ‚Polemik‘ zu verstehen ist.

---

[38] Beck, Caspar [i. e. Melchior Hoffman] (1534): *Eyn sendbrieff an den achtbaren Michel wachter / in welchem eroffnet würt / die vberauß greuwliche mißhandlung / die den vergangnen zeyten zů Jerusalem wider dye ewige worheit vnd der selbigen zeugen gehandlet ist / vnd auch noch teglich verbrocht wurt / ohn alle forcht Gottis.* [Hagenau: Valentin Kobian]. Vollständige Angabe siehe Anmerkung 718.

[39] Hoffman, Melchior (1530): *Außlegūg der heimlichē Offenbarung Joannis des heyligen Apostels vnnd Euangelisten.* Straßburg: Balthasar Beck. Kurztitel: *Außlegūg der heimlichē Offenbarung* oder *Offenbarungs-Auslegung*.

Im Anschluss an die Konkretisierung des Begriffs werden die Mittel der Polemik, die im Text Performativität erzeugen, aufgezeigt und ihre möglichen Verwendungszwecke erläutert. Das Kapitel 2.3 schließt den Theorieteil ab und schlägt zugleich eine Brücke zum textanalytischen Teil, denn dort werden die zentralen Kategorien des Polemisierens entwickelt, die ein wichtiges Werkzeug für Analysen der Polemik Hoffmans darstellen. Ausgehend von der These, dass Polemik hinsichtlich der kommunikativen Konstellation differieren kann – und dass dies wesentliche Folgen für sowohl die rhetorische Konstruktion als auch ihre Wirkung hat –, werden vier Formen des Polemisierens identifiziert. Anhand der Art der Selbstinszenierung des Autors lässt sich das Kategorienpaar ‚offenes und verdecktes Polemisieren' ableiten, anhand der Anrede im Text wird das Kategorienpaar ‚direktes und indirektes Polemisieren' entworfen.

Bei der Untersuchung der Polemik in den Schriften Melchior Hoffmans dienen die eingeführten Kategorien des Polemisierens als kommunikationsanalytische Werkzeuge, die es erleichtern sollen, sich den unterschiedlichen Ausformungen der Polemik bei Hoffman schrittweise zu nähern. Ein Hauptaugenmerk auf die kommunikative Situation von Polemik zu legen, stellt eine neue methodische Herangehensweise dar, die zur Systematisierung von Hoffmans Polemik im Besonderen und von Inszenierungen rhetorischer Streitkultur im Allgemeinen beiträgt.

Der Analyseteil dieser Arbeit ist in zwei Unterkapitel gegliedert, die nicht nur inhaltlich unterschiedliche Kriterien bedienen, sondern auch in Bezug auf Hoffmans Leben in zeitlich voneinander abgrenzbaren Perioden liegen. Diese Aufteilung ist darauf zurückzuführen, dass mit den unterschiedlichen Stationen von Hoffmans Leben, samt seinem Werdegang vom Lutheranhänger zum Wegbereiter des niederländischen Wiedertäufertums, ebenso eine Entwicklung seiner Polemik einhergeht. Dieser Gliederung entsprechend werden die Kategorien nicht in den jeweiligen Paarungen ‚direkt' & ‚indirekt' sowie ‚offen' & ‚verdeckt' kapitelweise abgearbeitet, sondern gemäß ihrem Vorkommen in der jeweiligen Lebensphase Melchior Hoffmans. Eine weitere Ursache für die vorliegende Gliederung liegt zudem in der Bipolarität der Kategorien, so dass eine gemeinsame Schwerpunktsetzung der jeweiligen Gegensätze sich prinzipiell ausschließt.[40]

---

[40] Zwar schließen sich die Kategorien direktes und indirektes Polemisieren für denselben Text nicht gegenseitig aus (wie es das offene und verdeckte Polemisieren

Aus diesem Grund wird in Kapitel 3 die Polemik Hoffmans zunächst auf die Formen des direkten und offenen Polemisierens hin untersucht. Das hier analysierte Textmaterial ist ausschließlich im Zuge der 1527–1528 geführten Kontroverse zwischen Melchior Hoffman und Nikolaus von Amsdorf entstanden. Um die Polemik und die einzelnen Texte in ihrem Kontext ausleuchten zu können, wird das Kapitel mit einer kurzen Skizze des geschichtlichen und biographischen Hintergrunds eingeleitet (Kap. 3.1). Nachfolgend stehen die zwei im Zuge der Kontroverse verfassten Schriften Hoffmans im Zentrum der Untersuchung. Nikolaus Amsdorfs Schriften werden zwar zum besseren Verständnis der Zusammenhänge inhaltlich grob wiedergegeben, eine detaillierte Analyse wird aber nur für Hoffmans Schriften durchgeführt. Mit diesem analytischen Schwerpunkt schließt sich die Arbeit Ursula Paintners Wertschätzung der Untersuchung von Einzeltexten an.[41] Infolgedessen ergibt sich die Gliederung in zwei Textanalysen (Kap. 3.2 und 3.3), in denen jeweils eine Schrift behandelt wird – die eine unter dem Gesichtspunkt des direkten Polemisierens, die andere unter dem Gesichtspunkt des offenen Polemisierens.

In Kapitel 4 stehen die Formen des indirekten und verdeckten Polemisierens im Mittelpunkt. Die in diesem Kapitel untersuchten Texte sind in einer späteren Schaffensphase Hoffmans entstanden: Sie beginnt mit der Flensburger Disputation 1529, die Hoffmans Bruch mit dem Luthertum einleitete, und endet 1534 mit den letzten bekannten Drucken Hoffmans. Zu diesem Zeitpunkt saß Hoffman bereits seit ca. einem Jahr im Straßburger Gefängnis. Bei den analysierten Texten handelt es sich hier jedoch nicht um Schriften aus Kontroversen, sondern um Einzelschriften, die ohne gedruckte Antwort blieben: Traktat, Bibelkommentar, Reformationsdialog und Schmähschrift prägen das heterogene Erscheinungsbild der Textgrundlage. Aufgrund der Heterogenität sind die Unterkapitel nicht nach einzelnen Schriften gegliedert, sondern es werden in den einzelnen Analysekapiteln meistens

---

unbedingt tun), aber eine Dominanz der einen Form des Polemisierens birgt automatisch ein rezessives Auftreten der jeweils anderen.

[41] Paintner bringt folgende Argumente gegen die „Forderung Thomas Glonings und [das] Vorgehen Kai Bremers", die von der Einlösung der Dialogizität in der Kontroverse ausgehen: Zum einen hebt Paintner die Notwendigkeit der Betrachtung von Einzeltexten, die keine Reaktion hervorgerufen haben, hervor. Zum anderen sieht sie den intendierten Rezipienten nicht im Gegner, sondern im Rezipientenkreis in den eigenen Reihen angelegt. Zum dritten konstatiert sie, dass für die Untersuchung der Feindbildkonstruktion „gerade diese ,spontanen', scheinbar kontextlosen Schriften von nicht zu unterschätzender Bedeutung" sind. Paintner (2011), S. 8.

mehrere Schriften auf verschiedene Hauptgesichtspunkte hin untersucht. Infolgedessen widmet sich die Arbeit in Kapitel 4.2 der Vorrede
als Ort des indirekten Polemisierens, in den Kapiteln 4.3 und 4.4 wird
das verdeckte Polemisieren hinsichtlich der fiktiven Autorschaft und
dem Schärfegrad der Polemik in den Fokus gerückt.

Eine wichtige übergreifende Frage bei sämtlichen Analysen ist das
Zusammenwirken der jeweiligen Form des Polemisierens mit ande-
ren eingesetzten Streittechniken. Die bereits theoretisch erörterten
Annahmen sind insofern durch die detaillierte Analyse einzelner Texte
und Textstellen zu bestätigen. Um die Zusammenhänge der einzelnen
Faktoren, die für das Funktionieren von Polemik eine Rolle spielen,
offenlegen zu können, wird ebenfalls den literarischen Formen der
Texte und ihrem Zusammenspiel mit den einzelnen Kategorien des
Polemisierens auf den Grund gegangen.

2 Rhetorische Streitkultur, Polemik und ihre kommunikativen Situationen

Mit dem sogenannten ‚Anschlag‘ (1517) und insbesondere mit der Veröffentlichung der Übersetzung der 95 Thesen (1518)[42] sowie mit etlichen seiner folgenden Schriften rückte Martin Luther den unterschwellig vorhandenen Willen zur Kirchenreform ins Licht der damaligen Öffentlichkeit.[43] Im Gegensatz zu den zahlreichen gescheiterten spätmittelalterlichen Reformversuchen konnten Luthers Reformbestrebungen nicht erneut in den Untergrund gedrängt werden.[44] Sie erhielten innerhalb kürzester Zeit große Aufmerksamkeit in

---

[42] Pettegree, Andrew (2005): *Reformation and the Culture of Persuasion*. Cambridge: Cambridge University Press, S. 164.

[43] Das Verständnis von ‚Öffentlichkeit‘ ist hier kein modernes (nach Jürgen Habermas), sondern das einer spätmittelalterlich-frühneuzeitlichen bzw. sogenannten „reformatorischen Öffentlichkeit" und knüpft nach Rainer Wohlfeil „nicht an das Substantiv ‚Öffentlichkeit‘ an, das seit der zweiten Hälfte des 18. Jahrhunderts aufkam, sondern an das Adjektiv ‚öffentlich‘, das um 1500 noch nicht die spätere Bedeutung von ‚staatlich‘ besaß, vielmehr ‚klar‘, ‚offensichtlich‘ bzw. ‚bekannt sein‘ bezeichnete. Darüber hinaus begann sich die Wortbedeutung um den intendierten Aspekt zu erweitern, d. h. daß etwas dazu bestimmt ist, allgemein bekannt zu werden oder daß sein Bekanntsein nicht verhindert werde." Wohlfeil, Rainer (1984): „Reformatorische Öffentlichkeit". In: Grenzmann, Ludger & Karl Stackmann (Hg.): *Literatur und Laienbildung im Spätmittelalter und in der Reformationszeit*. Stuttgart: Metzlersche Verlagsbuchhandlung, S. 41–52, hier S. 47. Betont werden soll außerdem Wohlfeils Feststellung, dass es sich um ein „System [handelt], in das der gemeine Mann bewußt dadurch einbezogen wurde und war, daß mündliche, visuelle und literarische Medien jedermann zugänglich waren, bzw. von jedermann benutzt oder zumindest zur Kenntnis genommen werden konnten." Ebd.

[44] Vgl. dazu: „Das seit dem Hochmittelalter bestehende Streben nach einer dem reinen Evangelium treuen Kirche hatte zu wiederholten Protestbewegungen gegen den Reichtum der Kleriker und die Verknüpfung der geistlichen mit der weltlichen

---

der Bevölkerung und Luthers Schriften erlangten – obwohl sie 1520 verboten wurden – eine Popularität, die einzigartig zu dieser Zeit war. In den Schriften fanden sich prägnant und anschaulich formulierte Überzeugungen, Kritikpunkte und Thesen, die mittels Buchdruck und Übersetzungen in die Volkssprache einem großen Kreis der Bevölkerung zugänglich gemacht wurden. Infolgedessen entstanden neue Positionen der öffentlichen Meinung,[45] die die bisherigen Grenzen der geltenden religiösen, aber auch kulturellen und sozialen Normen und Regeln in Frage stellten und den Glaubensstreit[46] der Reformation initiierten.

Macht geführt. Gegen die daraus hervorgehenden, als ketzerisch gebrandmarkten Gemeinschaften wehrte sich die Institution, ohne sie jedoch ausmerzen zu können. Die Krise, die das Schisma hervorgerufen hatte, lieferte dem Protest gegen die Papstkirche neue Argumente. Die im Untergrund nie ganz versiegte Strömung tauchte in England und in Böhmen wieder auf; Wyclifs Anlauf versandete zwar rasch, aber die hussitische Revolution kann durchaus als Vorspiel der Reformation angesehen werden. Mühsam wurde auch diese Häresie bezwungen. [...] Martin Luther verlieh der bis dahin sukzessiv verlaufenden Verwandlung des Abendlandes plötzlich einen ganz anderen Rhythmus. Es gelang ihm, das Erbe der mittelalterlichen Theologie in eine neue Form zu gießen und weiter zu entwickeln. Mit einer genialen Sprachbegabung formulierte er seine Überzeugungen derart zugespitzt, dass der Zündfunke seiner Thesen einen Flächenbrand auslöste – eine geistige Verwandtschaft verband ihn mit einem Großteil des deutschen Volkes." Rapp, Francis (2006): *Christentum IV. Zwischen Mittelalter und Neuzeit (1378–1552)*. Stuttgart: Kohlhammer, S. 7.

[45] „Die ‚öffentliche Meinung' ist ‚nicht die Summe individueller Meinungen, sondern die als herrschende Meinung akzeptierte', die Meinung, die sich im öffentlichen Widerstreit von Meinungen als herrschende durchgesetzt oder herauskristallisiert hat." Wolf, Norbert Richard (1996): „Das Entstehen einer öffentlichen Streitkultur in deutscher Sprache". In: Große, Rudolf & Hans Wellmann (Hg.): *Textarten im Sprachwandel – nach der Erfindung des Buchdrucks*. Heidelberg: Universitätsverlag Winter, S. 135–146, hier S. 137 (Binnenzitat nach „Kurt Koszyk: Öffentliche Meinung. In: Handbuch Massenkommunikation. Hg. von Kurt Koszyk und Karl Hugo Pruys. München 1981 [dtv 4370], S. 214–217, hier S. 215"). Wolf spricht hier lediglich von einer herrschenden Meinung, es ist jedoch sinnvoller, davon auszugehen, dass mehrere dominierende Meinungen oder Meinungstendenzen gleichzeitig in der Öffentlichkeit existieren, die nicht miteinander konform sein müssen. Gerade ein öffentlicher Streit, wie z. B. die Reformation, ist Ausdruck einer solchen öffentlichen Meinungspluralität, die durchaus auch oppositionelle Positionen mit einschließt. Die Lösung des Streits kann dann die von Wolf beschriebene Situation – die Dominanz einer Meinung – herstellen, muss sie aber nicht zwangsläufig zur Folge haben.

[46] Um sich einerseits dem zeitgenössischen Sprachgebrauch anzupassen (es wird zumeist um den rechten Glauben gestritten, ‚Religion' wird in den früheren Schriften weitaus seltener genannt) und andererseits zu verdeutlichen, dass es sich noch nicht um einen Streit um Konfessionen bzw. die Spaltung einer Religion handelt, ist die Rede hier vom ‚Glaubensstreit' und nicht ‚Religionsstreit'. Siehe auch das *Deutsche*

Die Zeit der Reformation – hier sind hauptsächlich die 1520er und 30er Jahre gemeint – umspannt insofern einen kulturellen Prozess, für den Streit eine zentrale Rolle spielt. In dieser von Streit geprägten Kultur und Zeit wirkten, wie bereits erwähnt, auch Laienprediger wie Melchior Hoffman bei Prozessen der Meinungsbildung aktiv mit – sie sind Teil der ‚Streitkultur' ihrer Zeit. Inwiefern sich die Schriften Melchior Hoffmans in dieser ‚Streitkultur' der Reformationszeit verorten lassen, wird im Folgenden noch erörtert.

Zunächst ist jedoch zu klären, was unter dem Begriff ‚Streitkultur' zu verstehen ist. Wie die Streitkultur der frühen Reformationszeit in ihrer Rekonstruktion sichtbar gemacht werden kann und inwiefern gerade die Reformation ein Zeitraum ist, in dem es naheliegt, eine Streitkultur in Abgrenzung zu Zeitspannen vor und nach diesem zeitlich begrenzten Rahmen zu verorten, sind ebenfalls Fragen, die als Ausgangspunkt für weitere Überlegungen dienen. Im Zuge dessen wird die Nuancierung der Streitkultur als eine ‚rhetorische Streitkultur' vorgeschlagen und eine Definition des Konzepts erarbeitet. Dieses Vorgehen rückt die Erscheinungsformen der Polemik und die Schriften, in denen Polemik zur Anwendung kommt, ins Zentrum der Untersuchung. Entlang dieser Fragestellungen wird im Folgenden in drei Schritten ein Abriss des theoretischen Hintergrunds der ‚rhetorischen Streitkultur' in der Reformationszeit gegeben. Die theoretischen Überlegungen zu dominanten Mustern und generellen Tendenzen sowie die Definitionen der wichtigen Begriffe und erarbeiteten Untersuchungskriterien sind das

---

Wörterbuch von Jacob und Wilhelm Grimm, das eine der zwei Bedeutungen als „streit um die glaubenslehren" definiert. *Deutsches Wörterbuch von Jacob und Wilhelm Grimm* (= DWB). 16 Bde. in 32 Teilbänden. Leipzig 1854–1961, Quellenverzeichnis Leipzig 1971, hier „GLAUBENSSTREIT", Bd. 7, Sp. 7877f. Für die Recherchen im Zuge dieser Arbeit wurde der Online-Zugang vom *Kompetenzzentrum für elektronische Erschließungs- und Publikationsverfahren in den Geisteswissenschaften an der Universität Trier* genutzt. URL: http://woerterbuchnetz.de/cgi-bin/WBNetz/wbgui_py?sigle=DWB&mainmode= (18.10.2015). Im Folgenden werden die bibliographischen Angaben verkürzt angegeben und beschränken sich auf Angaben des Bandes und der Spalte.

In den folgenden Kapitelüberschriften verbirgt sich hinter dem Wort ‚Streit' immer der Glaubensstreit (oftmals im Plural auch mit ‚Streitigkeiten' bezeichnet, wenn es um die Betonung einzelner Auseinandersetzungen geht), der sinnstiftend dem Verständnis von ‚Reformation' zugrunde liegt. Die Verkürzung der untergeordneten Überschriften dient der Prägnanz und Vermeidung von Redundanzen. Eine detaillierte Begriffsdefinition und Erörterung des semantischen Wandels von ‚Streit' wird in diesem Kapitel an anderer Stelle (siehe Abschnitt *Bedeutungsgeschichtliche Aspekte von ‚Streit' im 16. Jahrhundert*) vorgenommen.

Fundament, auf dem die Untersuchung der Polemik Melchior Hoffmans aufbaut.

In einem ersten Schritt wird herausgearbeitet, wie die *Kultur des Streits* in der Reformationszeit entsteht, sich manifestiert und ausprägt. Mithilfe der Bestimmung und Erklärung der Konzepte ‚Streit' und ‚Streitkultur' werden die Prozesse der Entwicklung und Veränderung kultureller Regeln und Normen des Streitens beleuchtet. Zudem wird diskutiert, was die Bestimmung einer ‚rhetorischen Streitkultur' leisten kann und wie der Begriff auf die Reformationszeit anzuwenden ist. Ziel in dem ersten Teilkapitel (2.1) ist es, das Konzept der ‚rhetorischen Streitkultur' auf Basis der Forschungsdiskussion zur ‚Streitkultur' zu entwickeln. Dabei spielt der Begriff der ‚Streitinszenierung' eine zentrale Rolle. Anhand des Konzepts der ‚rhetorischen Streitkultur' lassen sich die kulturellen Prozesse des Streits (mit denen die Schriften Melchior Hoffmans interagieren) schließlich veranschaulichen.

Im zweiten Teil des Kapitels (2.2) wird der Fokus auf die Mittel der ‚Streitinszenierung' gesetzt. Dabei steht die *Polemik als Methode der Streitinszenierung* im Zentrum. Zunächst wird in der Auseinandersetzung mit verschiedenen Definitionsansätzen eine für die Arbeit grundlegende Definition dessen erörtert, was unter ‚Polemik' zu verstehen ist. In einem zweiten Schritt werden polemische Strategien erklärt und diskutiert, die zur „strukturellen Performativität"[47] des Textes beitragen und insofern für die Inszenierung relevant sind.

Zuletzt wird im Kapitel (2.3) über die *kommunikativen Situationen des Polemisierens* reflektiert. Dabei steht die Vermittlung der Polemik im Vordergrund. Auf der Basis von Jürgen Stenzels Modell der „*polemischen Situation*"[48] werden die Kommunikationsverhältnisse näher untersucht – und zwar sowohl auf der Text- als auch auf der Kontextebene. Entsprechend werden mittels dieser zwei Ebenen und ihrem Verhältnis zueinander jeweils zwei Grundformen der polemischen Kommunikationssituation identifiziert. Zum einen wird auf der Ebene der Text-Kontext-Beziehung eine Einteilung in offenes und

---

[47] Häsner, Bernd, Henning S. Hufnagel, Irmgard Maassen & Anita Traninger (2011): „Text und Performativität". In: Hempfer, Klaus W. & Jörg Volbers (Hg.): *Theorien des Performativen. Sprache – Wissen – Praxis. Eine kritische Bestandsaufnahme.* Bielefeld: transcript, S. 69–96, hier S. 82.

[48] Stenzel, Jürgen (1986): „Rhetorischer Manichäismus. Vorschläge zu einer Theorie der Polemik". In: Worstbrock, Franz Josef & Helmut Koopmann (Hg.): *Formen und Formgeschichte des Streitens.* Bd. 2. Der Literaturstreit. Tübingen: Niemeyer, S. 3–11, hier S. 4 (Hervorhebung im Original).

verdecktes Polemisieren vorgenommen, zum anderen wird auf der Textebene zwischen direktem und indirektem Polemisieren unterschieden. Die so herausgearbeiteten Formen des Polemisierens dienen bei den Untersuchungen der Polemik in Melchior Hoffmans Schriften als zentrales Analysewerkzeug.

2.1 Die Kultur des Streits (in der Reformationszeit)

Innerhalb der letzten zwei Jahrzehnte hat der Begriff ‚Streitkultur' in verschiedenen Disziplinen Fuß fassen können, so dass es zahlreiche Untersuchungen zu diesem Thema z. B. in der Sozialwissenschaft, Politikwissenschaft, Geschichtswissenschaft, Psychologie, Bildungswissenschaften, Linguistik und anderen Wissenschaftszweigen gibt.[49] Insbesondere auch in der (historischen) Kultur- und Literaturwissenschaft ist das Thema Streitkultur(en) vermehrt zu einem Untersuchungsgegenstand avanciert und hat eine Vielzahl von Publikationen, vor allem Konferenz- und Sammelbände, hervorgebracht, die sich sowohl mit dem Terminus als auch mit den verschiedenen Formen von Streit und Streitkultur befassen.[50]

Bei den Abgrenzungen des Begriffs ‚Streitkultur' fällt jedoch auf, dass von unterschiedlichen Definitionen ausgegangen wird, die im Allgemeinen auf einem differierenden Verständnis von ‚Streit' beruhen.

---

[49] Hier seien chronologisch nur einige Publikationen genannt, die den Begriff ‚Streitkultur' bereits im Titel tragen: Sarcinelli, Ulrich (1990): *Demokratische Streitkultur: Theoretische Grundpositionen und Handlungsalternativen in Politikfeldern*. Bonn: Westdeutscher Verlag. Wagner, Peter (1997): *Streitkultur: Vom Ende der Rechthaberei. Produktiver Streit als Grundlage*. Wien: expert verlag/ Linde Verlag. Geißler, Peter & Klaus Rückert (Hg.) (2000): *Mediation, die neue Streitkultur*. Gießen: Psychosozial-Verlag. Haack, Julia (2008): *Der vergällte Alltag: zur Streitkultur im 18. Jahrhundert*. Köln u. a.: Böhlau.

[50] Auch hier sei nur eine kleine Auswahl wiedergegeben: Mauser, Wolfram & Günter Saße (Hg.) (1993): *Streitkultur: Strategien des Überzeugens im Werk Lessings*. Tübingen: Niemeyer. Monteath, Peter & Reinhard Alter (Hg.) (1996): *Kulturstreit – Streitkultur: German Literature Since the Wall* (= German Monitor). Amsterdam: Rodopi. Eriksson, Magnus & Barbara Krug-Richter (Hg.) (2003a): *Streitkulturen. Gewalt, Konflikt und Kommunikation in der ländlichen Gesellschaft (16.–19. Jahrhundert)*. Köln u. a.: Böhlau. Baumann, Uwe, Arnold Becker & Astrid Steiner-Weber (Hg.) (2008a): *Streitkultur – Okzidentale Traditionen des Streitens in Literatur, Geschichte und Kunst* (= Super alta perennis. Studien zur Wirkung der Klassischen Antike 2). Göttingen: V&R unipress. Gebhard, Gunther, Oliver Geisler & Steffen Schröter (Hg.) (2008a): *StreitKulturen: Polemische und antagonistische Konstellationen in Geschichte und Gegenwart*. Bielefeld: transcript. Laureys, Marc & Roswitha Simons (Hg.) (2010a): *Die Kunst des Streitens. Inszenierung, Formen und Funktionen öffentlichen Streits in historischer Perspektive*. Göttingen: V&R unipress.

Im Folgenden sollen daher die Entstehung und Entwicklung, also die konkrete Manifestation des Streits im frühen 16. Jahrhundert, in Grundzügen dargestellt werden, wobei der Blick aber immer wieder auf die übergreifenden Konzepte von ‚Streit' und ‚Streitkultur' gerichtet wird. Ziel ist es, die Ausformung des Streits der Reformation zu ergründen und die Prozesse seiner Kultivierung – das Entstehen und Ausformen der volkssprachlichen ‚rhetorischen Streitkultur' – zu veranschaulichen.

2.1.1 Verständnis von ‚Streit' und ‚Streitkultur'

Auseinandersetzungen und Konflikte sind für das gemeinschaftliche Dasein der Menschen nichts Außergewöhnliches, sondern gehören zum alltäglichen sozialen Leben. Sie können jedoch auf verschiedenen Ebenen stattfinden und haben dementsprechend Einfluss auf das gesellschaftliche Leben: Auf einer privaten Ebene bleiben sie zumeist ohne gesellschaftliche oder kulturelle Breitenwirkung, wenn sie jedoch öffentliche Formen[51] annehmen und medial ausgetragen oder repräsentiert werden, können sie zu historischen Ereignissen werden.[52]

Der Glaubensstreit der Reformation und die darunter fallenden verschiedenen individuellen Streitigkeiten bzw. Streitakte[53] sind als solche Praktiken zu betrachten, die erst durch die Manifestation in den gedruckten Flugblättern und Flugschriften entstehen, sich formieren und sich verändern. Die Publikationsflut von gedruckten Schriften, die sich mit dem Streit befassen oder direkt bzw. indirekt in Verbindung mit ihm stehen, war die Folge und nahm sowohl quantitativ als auch

---

[51] Hierunter sind zum Beispiel politische Auseinandersetzungen bis hin zum Krieg zu verstehen sowie politische, soziale und kulturelle Konflikte, Rechtsstreitigkeiten etc., die eine größere Menschenmenge betreffen und öffentliches Interesse wecken.

[52] Nicht jede gesellschaftliche Handlung kann als ‚Ereignis' bezeichnet werden. Frank Bösch unterscheidet zwischen ‚Geschehen' und ‚Ereignis' anhand des Kriteriums der medialen Vermittlung: „Die notwendige breite Kommunikation vollzieht sich in der Neuzeit in überregionalen Räumen wiederum medial, ebenso die öffentliche Sinnbildung – sei es durch Boten, Flugblätter oder das Fernsehen, deren und dessen Zuschreibungen erst ein Geschehen zu einem Ereignis machen." Bösch, Frank (2010): „Europäische Medienereignisse". In: *Europäische Geschichte Online* (*EGO*). Hg. vom Institut für Europäische Geschichte (IEG), Mainz 2010-12-03. URL: http://www.ieg-ego.eu/boeschf-2010-de (18.10.2015).

[53] Nachfolgend soll ‚Streit' in diesem Zusammenhang immer als Oberbegriff verstanden werden, der die einzelnen ‚Streitigkeiten' oder ‚Streitakte' in sich zusammenfasst und gleichzeitig abstrahiert repräsentiert. Der Begriff ‚Streitakt' geht zurück auf Gierl, Martin (1997): *Pietismus und Aufklärung. Theologische Polemik und die Kommunikationsreform der Wissenschaft am Ende des 17. Jahrhunderts.* Göttingen: Vandenhoeck & Ruprecht.

in ihrer Wirkmächtigkeit zu, wie es für diese Zeit einzigartig war. Erstmals kam es zu einer verdichteten Kommunikation in erster Linie durch Druckerzeugnisse,[54] die die Glaubensfrage ins Zentrum des Interesses einer breiteren Öffentlichkeit rückten[55] und die reformatorischen Glaubensstreitigkeiten zum „erste[n] veritable[n] Medienereignis machten".[56] Die Kombination von Gutenbergs Drucktechnik und dem Bedürfnis nach Reform der Kirche ermöglichte, dass die Reformation, die in engerem Sinne als Synonym für den Streit um den rechten Glauben stehen kann, zu einem einschneidenden und medialen Ereignis wurde.[57]

---

[54] Bernd Balzer spricht in diesem Zusammenhang auch von der Entstehung einer ‚Öffentlichkeit':„[W]eit über die phänomenologische Analogie hinaus ist die Frühreformation das erste Beispiel einer politisch fungierenden Öffentlichkeit bürgerlichen Zuschnitts. Konstituens und Forum dieser Öffentlichkeit zugleich sind die Flugschriften." Balzer, Bernd (1973): *Bürgerliche Reformationspropaganda. Die Flugschriften des Hans Sachs in den Jahren 1523–1525.* Stuttgart: J.B. Metzlersche Verlagsbuchhandlung, S. 13.

[55] Der von Wolfgang Stammler verwendete Ausdruck „Lutherische Pause" (Überschrift des vierten Abschnitts) ist zwar kritisch zu betrachten, da ihm ein eingeschränkter Literaturbegriff zugrunde liegt und die Bezeichnung „Pause" der Fülle der Publikationen nicht gerecht wird, er impliziert aber zumindest die wichtige Stellung von Luthers Schriften und Ideen sowie die Rolle der damit verbundenen Agitationsliteratur überhaupt. Stammler, Wolfgang (1950): *Von der Mystik zum Barock. 1400–1600* (= *Epochen der deutschen Literatur* II: 1). Stuttgart: Metzlersche Verlagsbuchhandlung. Vgl. dazu auch Müller, Jan-Dirk (2011): „Die Frühe Neuzeit in der Literaturgeschichtsschreibung". In: Lepper, Marcel & Dirk Werle (Hg.): *Entdeckung der frühen Neuzeit. Konstruktionen einer Epoche der Literatur- und Sprachgeschichte seit 1750.* Stuttgart: Hirzel Verlag, S. 15–38.

[56] Würgler, Andreas (2009): *Medien in der frühen Neuzeit* (= *Enzyklopädie deutscher Geschichte* 85). München: Oldenbourg, S. 16. Nick Couldry und Andreas Hepp fassen den Begriff des Medienereignisses folgendermaßen zusammen: „[M]edia events are certain situated, thickened, centering performances of mediated communication that are focused on a specific thematic core, cross different media products and reach a wide and diverse multiplicity of audiences and participants." Couldry, Nick & Andreas Hepp (2009): „Introduction: media events in globalized media cultures". In: Dies. & Friedrich Krotz (Hg.): *Media Events in a Global Age.* New York: Routlegde, S. 1–20, hier S. 12. Trotz zeitlicher Festlegung auf das ‚Zeitalter der Globalisierung' ist dieses Verständnis auch für die Reformationszeit zutreffend. Ebenfalls rekurriert das Verständnis von ‚Medienereignis' in der vorliegenden Arbeit auf den Aufsatz ‚Europäische Medienereignisse' von Frank Bösch (2010). Vgl. auch Hamm, Berndt (1996): „Die Reformation als Medienereignis". In: *Jahrbuch für Biblische Theologie.* Bd. 11. Neukirchen-Vluyn: Neukirchener Verlag, S. 137–166 und Nieden, Marcel (2012): „Die Wittenberger Reformation als Medienereignis". In: *Europäische Geschichte Online (EGO).* Hg. vom Institut für Europäische Geschichte (IEG), Mainz. URL: http://www.ieg-ego.eu/niedenm-2012-de (18.10.2015).

[57] Vgl. Bösch (2010). Vgl. dazu auch Roelker, Nancy L. (1980): „The Impact of the Reformation Era on Communication and Propaganda". In: Lasswell, Harold D.,

Neben den durch die neue Drucktechnik florierenden Printmedien war die Volkssprache ein wichtiger Faktor für die Verbreitung und Durchschlagskraft der reformatorischen Botschaft. Sie und die Reformation standen in einem engen Verhältnis zueinander: Einerseits lieferte die Volkssprache das Fundament für den Erfolg der Reformation in der Öffentlichkeit, da durch sie ein Publikum erschlossen werden konnte, das sich nicht nur auf die lateinkundigen Gelehrten beschränkte, andererseits war die Reformation die Triebfeder, die das volkssprachliche Schrifttum vorantrieb, neue literarische Formen sowie eine große Anzahl von neuen Autortypen generierte.[58] Besonders die volkssprachliche Vermittlung von Luthers Lehre vom ‚Priestertum aller Gläubigen' und dem Prinzip des *sola scriptura* schaffte die Voraussetzung dafür, dass auch Nicht-Kleriker und Nicht-Studierte aktiv am Streit über den Glauben im Allgemeinen und bestimmte religiöse Fragen im Besonderen (z. B. der Liturgie) teilnehmen konnten.[59] Durch die lutherischen Maximen und die Desakralisierung der Priester erfuhr der Laienstand eine Aufwertung. Die den Laien bis dahin zugedachte passive Empfängerrolle wurde in Frage gestellt. Laien bekamen eine Stimme und verschafften sich Gehör innerhalb eines Diskurses, der ihnen zuvor nur unter eingeschränkten Bedingungen offenstand. Infolge der quantitativen sowie qualitativen Erweiterung der Beteiligten und weiterentwickelter Kommunikationsweisen veränderte sich auch der Diskurs. Bernd Moeller spricht in dem Zusammenhang von einem

---

Daniel Lerner & Hans Speier (Hg.): *Propaganda and Communication in World History. Volume II: Emergence of Public Opinion in the West.* Honululu: University Press of Hawaii, S. 41–84, insbesondere S. 78f.

[58] Vgl. dazu: „Unstrittig ist, dass nicht nur die neuen Medien die Reformation prägten, sondern dass auch die Medienlandschaft durch die Reformation expandierte, volkssprachlicher wurde und neue Formate ausbildete. Sowohl der quantitative Anstieg an Drucken als auch die qualitative Veränderung der Texte mit ihrem mobilisierenden Gehalt ist evident." Bösch (2010). Vgl. auch Bösch, Frank (2011): *Mediengeschichte. Vom asiatischen Buchdruck zum Fernsehen.* Frankfurt/Main & New York: Campus Verlag, S. 53f.

[59] Vgl. dazu: „The doctrine of Scripture alone [...] was powerful not only because of its radical rhetorical simplification, but because it was reinforced in virtually every medium: through preaching, through the pamphlets on the streets, and finally of course through the publication of the Bible itself. The appearance of the September Testament in 1522 was an instantaneous publishing sensation." Pettegree (2005), S. 169.

„Kommunikationsprozeß'[, der] die deutlichste Manifestation der frühen Reformation überhaupt gewesen sein dürfte".[60]

Dieser Kommunikationsprozess ist größtenteils Resultat dessen, was Streit an Eigenschaften und Prozessen mit sich bringt. Auf den ersten Blick ist ‚Streit' als Begriff negativ besetzt, er entzweit und verursacht Disharmonie, ein Zustand, der auf sämtlichen Ebenen des gesellschaftlichen Lebens als nicht erstrebenswert bewertet wird. Bei seiner Initiierung bricht Streit den Konsens und die Einförmigkeit auf und manifestiert neue Positionen. In diesem Prozess, der aus einer Position zwei oder mehrere macht bzw. einer von der aktuellen oder dominierenden Position abweichenden Meinung Relevanz einräumt,[61] übernimmt Streit die Funktion der (Neu-)Verhandlung gesellschaftlicher und kultureller Fragen und trägt damit zum ständigen Wandel der Strukturen sozialer Kommunikation bei:

> [...] Streit schafft [...] Kultur, und zwar in dem Sinne, dass Streit kulturelle und gesellschaftliche Bindungen in Formen hervorbringt und konstituiert. Mit Georg Simmel kann Streit als eine Form der Vergesellschaftung konzipiert werden.[62]

Streit ist demnach ein Motor von sozialen Prozessen, die die Kultur einer Gesellschaft strukturieren, und zu den „kulturellen Praktiken, die für den dauerhaften Bestand und die Entwicklung menschlicher Gemeinschaften notwendig sind",[63] zu zählen.

Einen positiven, produktiven Effekt von Streit – wenn auch auf eine andere Weise als Simmel es auffasst – beschreibt Melchior Hoffman selbst schon 1528 in seiner ersten Streitschrift gegen Nikolaus von

---

[60] Moeller, Bernd (1994): „Die frühe Reformation als Kommunikationsprozeß". In: Boockmann, Hartmut (Hg.): *Kirche und Gesellschaft im Heiligen Römischen Reich des 15. und 16. Jahrhunderts.* Göttingen: Vandenhoeck & Ruprecht, S. 148–164, hier S. 153.

[61] Das bedeutet nicht, dass abweichende Positionen vor dem Streitbeginn nicht vorhanden sind. Dennoch gibt erst die sprachliche Formulierung, die den Streit ins Leben ruft, dieser Position Ausdruck und macht sie für andere als solche wahrnehmbar.

[62] Baumann, Uwe, Arnold Becker & Astrid Steiner-Weber (2008b): „Vorwort". In: Dies. (Hg.): *Streitkultur – Okzidentale Traditionen des Streitens in Literatur, Geschichte und Kunst.* Göttingen: V&R unipress, S. I–V, hier S. II. Vgl. dazu auch Bremers detaillierte Auseinandersetzung mit Georg Simmel und der „kollektivierende[n] Wirkung des Streites'" in Bremer (2005) S. 213–221.

[63] Laureys, Marc & Roswitha Simons (2010b): „Einleitung". In: Dies. (Hg.): *Die Kunst des Streitens. Inszenierung, Formen und Funktionen öffentlichen Streits in historischer Perspektive.* Göttingen: V&R unipress, S. 9–15, hier S. 9.

Amsdorf. Das Wort an sein Publikum, die „vtherwelden Christen vnde Gades hyligen",[64] richtend erklärt er:

> ergert iuw nicht am kyue der Lerer / [...] Wente wennêr also ein donder ys in den geistliken wolcken / welcker de Lerer synt / so regent denn dat lutter Gades wort mit frowden / vñ mit rechter krafft / dat denn de geistliken fruchtbarheit vp erden bringet.[65]

Mit der Metapher eines Gewitters erklärt Hoffman seine Auffassung des positiven Effekts von Streit und schreibt der geistlich-gelehrten Auseinandersetzung – ähnlich dem Prinzip des platonischen Dialogs – eine dialektische Funktion zu, denn das Gotteswort tritt aus ihr reiner, klarer und gestärkt hervor und trägt auf diese Weise zur christlichen Wahrheitsfindung bei. Als Zusatz äußert Hoffman zudem das Vertrauen darauf, dass „de dûuvel vnde dat kaff / vnde de valsche bueckknecht" von selbst entlarvt werden.[66] Dass Streit den Falschen, den Unrechten, nutzen könnte, negiert er durch das Vertrauen auf Gott. Streit wird von Hoffman als natürlicher Prozess dargestellt, der dem Hervortreten der göttlichen Wahrheit dient.

Im Unterschied zu Simmels Überlegungen und dem postmodernen kulturwissenschaftlichen Denken sind Hoffmans Vorstellungen teleologisch aufgeladen: Bei ihm führt der Streit zur Wahrheitsfindung. Im Sinne eines konstruktivistischen Kulturbegriffs spricht man nicht mehr vom Auffinden präexistentieller objektiver Wahrheiten, sondern von Kulturproduktion, die kulturelle Konventionen, Erscheinungsformen und Prozesse generiert.

---

[64] Hoffman, Melchior (1528): *Dat Nicolaus Amsdorff*, A4r. Übersetzung: „[die] auserwählten Christen und Gottesheiligen". Diese und sämtliche nachfolgende Übersetzungen aus mittelniederdeutschen und mittelniederländischen Originalen in heutiges Deutsch sind zur Verständnissicherung von der Verfasserin der vorliegenden Arbeit erstellt worden. Verwendetes Hilfsmittel für diese und folgende Übersetzungen: Schiller, Karl & August Lübben (1875–1881): *Mittelniederdeutsches Wörterbuch*. 6 Bde. Bremen: Kühtmann [u. a.]. Digitalisat: URL: http://www.rzuser.uni-heidelberg.de/~cd2/drw/s/Sa-schm.htm#Schiller-Lubben (18.10.2015). Im Folgenden wiedergegeben als *Schiller-Lübben*.

[65] „Ärgert euch nicht über den Streit der Lehrer/Gelehrten, denn wenn solch ein Donner in den geistlichen Wolken ist, welche die Lehrer/Gelehrten sind, so regnet dann das klare Gotteswort mit Freuden und mit rechter Kraft nieder, das dann die geistliche Fruchtbarkeit auf Erden bringt." Hoffman (1528): *Dat Nicolaus Amsdorff*, A4r.

[66] „die Teufel und die Spreu und die falschen Bauchknechte". Hoffman (1528): *Dat Nicolaus Amsdorff*, A4r.

‚Kultur' wird im Zusammenhang der gemachten Ausführungen zum produktiven Potential des Streits als ein diskursives Konstrukt,[67] „als der von Menschen erzeugte Gesamtkomplex von Vorstellungen, Denkformen, Empfindungsweisen, Werten und Bedeutungen aufgefasst, der sich in Symbolsystemen materialisiert".[68] In dieser weitgefassten Auffassung beinhaltet Kultur einerseits die mentale Grundlage für das menschliche Zusammenleben in den verschiedenen Lebensbereichen, andererseits die daraus resultierenden materiellen (Re)Präsentationen.[69] In der Funktion einer kulturellen Praktik – einer Handlung, die Kultur(en) reproduziert und mit konstruiert – ist Streit ein Motivator, die materiellen und mentalen Strukturen herauszufordern und zu modifizieren.[70]

---

[67] Vgl. dazu Keller, der bei seiner Definition von „Kultur als Diskursfeld" (Beitragstitel) indirekt auf den Stellenwert von Streit rekurriert: „Kultur als Diskursfeld zu begreifen, impliziert, auf Auseinandersetzungen um Reproduktion und Veränderung von Deutungsweisen und Handlungspraktiken hinzuweisen, die vielgestaltige Strukturiertheit, (Re-)Produktion, Heterogenität und Wandelbarkeit soziokultureller Ein- oder besser: ‚Vielheiten', die Bedeutung der diskursiven Artikulationskämpfe für die Erzeugung, Identitätsstabilisierung und Transformation solcher Diskurs-Kollektive zu betonen." Keller, Reiner (2003): „Kultur als Diskursfeld". In: Geideck, Susan & Wolf-Andreas Liebert (Hg.): *Sinnformeln. Linguistische und soziologische Analysen von Leitbildern, Metaphern und anderen kollektiven Orientierungsmustern*. Berlin & New York: De Gruyter, S. 283–305, hier S. 285.

[68] Nünning, Ansgar (2009): „Vielfalt der Kulturbegriffe". Bundeszentrale für politische Bildung (Hg.). URL: http://www.bpb.de/themen/IXSSWE.html (18.10.2015). Vgl. dazu auch: „Kultur ist dann als dynamisches, konflikthaftes ‚Diskursfeld' (Schiffauer 1995) zu begreifen, d. h. als permanenter Aushandlungsprozess von symbolischen Ordnungen, Artefakten und angemessenen Praktiken, der in unterschiedlichen sozialen Arenen, auf verschiedenen gesellschaftlichen Ebenen, unter Beteiligung heterogener gesellschaftlicher Akteure geführt wird und nur vorübergehend sozial-räumlich feste Muster oder Strukturen kristallisiert." Keller (2003), S. 284.

[69] Vgl. Nünning (2009).

[70] Max Ohrlich sieht in Anlehnung an Wolfgang Eßbach (1996) Kultur als eine Grenzfrage und Streit als Grenzen verhandelndes Element: „Die Grenzfrage als Kernelement von Kultur manifestiert sich im Streit darüber, was Kultur ist oder sein kann. Streit macht Grenzen sichtbar und führt so ein selbstreflexives Element ein. Im Streit wird der abstrakte Möglichkeitsraum des *Außen* transformiert in das konkrete Aufeinandertreffen verschiedener Ziele und Mittel, um deren Umsetzung und Verwirklichung im *Inneren* gerungen wird. [...] Nur dadurch, dass etwas anderes als Kultur aufgefaßt wird, nur durch den Blick über die Grenze, ist es möglich, auch das Eigene als Kultur zu konzipieren." Ohrlich, Max (2008): „‚Don't be nice – it's the kiss of death'. Streitlust und Streitkultur der Avantgarden". In: Gebhard, Gunther, Oliver Geisler & Steffen Schröter (Hg.): *StreitKulturen: Polemische und antagonistische Konstellationen in Geschichte und Gegenwart*. Bielefeld: transcript, S. 97–124, hier S. 97f.

Streit (als kulturelle Praktik) und andere kulturelle Erscheinungsformen stehen folglich in einer wechselseitigen Beziehung zueinander
und bedingen gegenseitig ihre Erscheinungsformen. Gleichzeitig generiert und erneuert Streit auf einer Metaebene seine eigenen, ihm zugrunde liegenden Konfliktaustragungsstrukturen. Streit muss folglich kein
negatives Phänomen sein, sondern zeigt sich auch als

> sozial produktiv, da er die Elemente seiner eigenen Normierung und
> Regulierung, die wir dann als Kultur bezeichnen, in sich selbst entwi-
> ckelt, stabilisiert und verändert, und zugleich die Grenzen gesellschaftlicher
> Toleranz auslotet.[71]

Die Grenzen der spätmittelalterlichen Gesellschaft wurden dementsprechend durch die von Martin Luther initiierten Streitigkeiten neu ausge-
lotet. Luther formulierte in seinen zahlreichen Schriften Positionen, die
(untergründig) seit dem Mittelalter sukzessiv herangewachsen, bis zu
dem Zeitpunkt aber durch die vorherrschenden Machtstrukturen unter-
drückt worden waren oder aus anderen Gründen keine Durchschlagkraft
besessen hatten.[72] Luther präzisierte die Kritik, die schon im Mittelalter
und dann besonders im Spätmittelalter Tenor sowohl gelehrter und un-
gelehrter Bevölkerungsgruppen (und Anlass mehrerer Reformversuche)
war, und brachte sie mit Hilfe des Drucks an die Oberfläche.

Die Kirche hatte ihr eurozentrisches Imperium über Jahrhunderte
aufgebaut und war mit den weltlichen Hierarchiestrukturen weitgehend
eng verwoben. Sozial wie politisch war sie machtvolle Kontrollinstanz
des menschlichen Lebens und bestimmte das gesamte Mittelalter
hindurch sowohl ideologisch als auch praktisch den Alltag und das
Zusammenleben.[73] Sie gestaltete sämtliche Tages-, Wochen- und

---

[71] Baumann et al. (2008b), S. II.

[72] Mehr zu den verschiedenen Reformbestrebungen vor Luther bei Rapp (2006),
S. 241–304.

[73] Bernd Moeller beschreibt ausführlich die Rolle der Kirche mit ihren vielzähligen
Einflussbereichen und macht damit deutlich, wie omnipräsent sich die mittelalterliche Kirche zeigte: „In gewisser Hinsicht handelte es sich hier ja um einen für das
ganze Mittelalter bedeutsamen Sachverhalt: Daß die Kirche das Leben regierte, das
ewige Heil vermittelte und deren irdische Wege lenkte, überwachte und beurteilte;
daß sie die Wahrheit verwaltete und alle Lehre, Bildung und Weisheit zur Verfügung
stellte; daß sie das Verhältnis der Menschen zur Natur regulierte, indem sie den
Tages-, Jahres- und Lebenslauf mit sakralen Veranstaltungen begleitete; daß sie mit
ihren Grundsätzen die gesellschaftlichen Ordnungen formte, Ehe und Familie, Stand
und Beruf, Staat und Wirtschaft, das Reich und die Christenheit; daß sie beträchtliche materielle Güter besaß und selbst als Grundherr, Richter und Obrigkeit eine
wirtschaftlich-politische Großorganisation bildete; daß sie zumal für die Notstände

Jahresabläufe mit ihren zahlreichen Ritualen von der Messe bis zur Taufe[74] und beeinflusste die mentale Lebensanschauung, nicht zuletzt durch den „Besitz an heilsvermittelnden Gaben und sinngebenden Wahrheiten".[75] Mit dem religiösen Menschen- und Weltbild ging eine sich zum Spätmittelalter tendenziell steigernde Volksfrömmigkeit einher, die sich in einer aktiven Beteiligung von Laien über die geforderten Rituale hinaus äußerte. Trotz dieser Frömmigkeitstendenzen und der allgemeinen Vormachtstellung geriet die Kirche aus verschiedenen Gründen auch immer wieder in Verruf: „Es waren Gegenpositionen ausgebildet, Befreiungsversuche unternommen worden, die Kirche selbst war durch Mißstände, Unsicherheiten und Spaltungen geschwächt, der radikale Protest, die ‚Ketzerei‘, hatte geblüht".[76] Mönche und Priester waren oftmals selbst weit entfernt davon, die Ideale, die sie predigten, zu erfüllen. Zudem begann die Kirche zunehmend, die Bevölkerung für ihre Dienste finanziell heranzuziehen. Der vermehrte Missbrauch des Ablasshandels ist ein prominentes Beispiel dafür, wie der Klerus sich durch das Heilsbedürfnis der Menschen bereicherte, um die Kassen von Rom zu füllen. Die finanzielle Ausbeutung sowie das nicht selten offensichtliche unmoralische Verhalten einiger Vertreter des Klerus hatten zu einem spätmittelalterlichen Antiklerikalismus geführt: Auf der Basis einer gesteigerten Frömmigkeit der Laien verurteilte man die lasterhaften Amtsträger der Kirche, „[d]as Vertrauen der Laien in die heilsvermittelnde Kraft der Priester nahm ab und schlug in ein aggressives Misstrauen gegenüber dem Klerus allgemein um".[77]

Als Kind seiner Zeit und vor allem als Mönch kannte Luther die religiöse Weltordnung und den Missbrauch dieser Hierarchien, z. B. beim Ablass. Er hatte sowohl das gesteigerte Heilsbedürfnis als auch die gleichzeitige Unzufriedenheit der Bevölkerung mit der Ausübung der kirchlichen Ämter und Aufgaben verinnerlicht.[78] Als Augustiner hatte Luther bereits das Konzept der göttlichen Gnade, die den Sünder ohne das Zutun menschlicher Werke errettet, verinnerlicht, was zu seiner

---

und Grenzfälle des Lebens zuständig und sachverständig war, Tröstung und Hilfe bot, aber auch zu drohen, zu ängstigen, zu entsetzen wußte – dies alles hatte schon im frühen Mittelalter gegolten." Moeller, Bernd (1999): *Deutschland im Zeitalter der Reformation*. Göttingen: Vandenhoeck & Ruprecht, S. 36.

[74] Rapp (2006), S. 187.
[75] Moeller (1999), S. 39.
[76] Ebd., S. 37.
[77] Goertz, Hans-Jürgen (2004): *Deutschland 1500–1648. Eine zertrennte Welt*. Paderborn: Schöningh/UTB, S. 81.
[78] Vgl. Goertz (2004), S. 81f.

Ablehnung ebendieser menschlichen Werke und deren Missbrauch beigetragen haben wird. Mit der Verurteilung der Missstände seiner Zeit brachte er die kritischen Tendenzen auf den Punkt und forderte damit bewusst oder unbewusst auch die bestehenden Machtstrukturen heraus. Zunächst erweckte es den Anschein, dass er diesen unterliegen sollte: Im Jahr 1521 wurde Luther vom Papst exkommuniziert und die Reichsacht über ihn verhängt. Der Streit, den er entfacht hatte, war jedoch nicht mehr aufzuhalten, seine Schriften hatten sich innerhalb von ein paar Jahren verbreitet und andere waren inspiriert worden, sich zu beteiligen. Der Streit erweiterte sich über die Grenzen von zwei Akteuren hinweg, indem weitere Instanzen hinzukamen,[79] wie beispielsweise andere, z. T. radikale Reformationsbewegungen.

Diese weiteren Instanzen bzw. Dritten können bei Streitsituationen, wie Gunther Gebhard, Oliver Geisler und Steffen Schröter betonen, eine wichtige, manchmal auch zwischen den Kontrahenten vermittelnde, Rolle einnehmen. So können es u. a. konkrete Personen(gruppen) oder auch die Medien sein, die der gegenüberliegenden Seite das Vorhandensein eines Streits erst bewusst machen.[80] Durch das Eingreifen von Dritten kann ein Streit folglich auch weitere Verzweigungen und zusätzliche Akteure erhalten – z. B. einer größeren Öffentlichkeit zugänglich gemacht werden – wodurch er komplexere Formen annehmen kann als die Eins-zu-eins-Situation. Durch seine Verbreitung durch (Massen-)Medien hat Streit die Möglichkeit, zu einer kulturellen Praktik mit Breitenwirkung, mitunter sogar zum Medienereignis, zu werden. Wenn Streit kulturell dominant wird und auf wesentliche Bereiche des gesellschaftlichen und kulturellen Lebens Einfluss nimmt,[81] kann schließlich von Streitkultur – im Sinne von einer Kultur, die vom Streit dominiert

---

[79] Zum Zweck der Anschaulichkeit ist das hier evozierte Bild des Streits mit drei Akteuren bzw. Akteurgruppierungen sehr vereinfacht. Die Komplexität der Religionsstreitigkeiten ist damit nicht zu erfassen, jedoch soll das Konzept von Streit und dessen Ausweitung anhand der vereinfachten Darstellung von drei Instanzen erklärbar gemacht werden.

[80] Gebhard, Gunther, Oliver Geisler & Steffen Schröter (2008b): „Einleitung". In: Dies. (Hg.): *StreitKulturen: Polemische und antagonistische Konstellationen in Geschichte und Gegenwart*. Bielefeld: transcript, S. 11–33, hier S. 18.

[81] Norbert Richard Wolf versteht unter ‚Streitkultur' nicht nur einen von Streit dominierten kulturellen Sektor, sondern fügt seiner Auffassung noch eine aufwertende Dimension hinzu: „Die Kontroverse wird anspruchsvoll. Sie wird ›Streit-Kultur‹, trotz aller Heftigkeit erreicht der Streit eine ‚verfeinerte, kultivierte Form'." Wolf (1996), S. 145 (Binnenzitat in einfachen Anführungszeichen: „So ein Interpretament von Kultur in Wörterbuch der deutschen Gegenwartssprache. Hg. von Ruth Klappenbach und Wolfgang Steinitz. Bd. 3. 2. Aufl. Berlin 1973, S. 2254").

wird – gesprochen werden. Dieses Verständnis von ‚Streitkultur' erfasst einen der zwei Bedeutungszweige des Begriffs. Hier ist das durch Streit beeinflusste kulturelle Leben gemeint, die zweite Bedeutung wird im Folgenden noch eingehender erläutert.[82]

Eine Verbreitung durch weitere Akteure und vor allem das neue Medium Buchdruck war auch bei der Entstehung des reformatorischen Glaubensstreits der Fall, denn „[s]ie [die Massenmedien] sind zugleich Bühne und Protagonist der öffentlichen Diskurse, beobachten und kommentieren die aufeinanderbezogene Rede der Akteure und veröffentlichen sie spezifisch gefiltert."[83] Durch den Buchdruck war der Streit somit in kürzester Zeit auf eine öffentliche Ebene vorgedrungen. Das Geflecht der vielen kleineren Streitakte wuchs rasant zu einer enormen Dichte heran, so dass der Streit in vielen Bereichen (z. B. politisch, sozial, religiös) ein dominierender Diskurs und omnipräsent wurde. Er hatte eine große Bandbreite der Bevölkerung ergriffen und äußerst antagonistische Standpunkte herausgebildet. In Abgrenzung zu den zeitgenössischen dominanten Strukturen nahmen neue Positionen, die die alte kulturelle Ordnung in Frage stellten, Formen an.

Die starke Polarisierung der Reformation bestätigt, dass Streit im Allgemeinen mittels seiner entzweienden, separierenden Funktion identitätsstiftende und -abgrenzende Qualitäten besitzt.[84] So formten sich im Glaubensstreit, vorerst noch recht einheitlich, die zwei Lager – metaphorisch gesprochen – rund um Wittenberg und Rom. Dies fand offenkundigen Niederschlag in den Streitschriften, die Anhänger der gegnerischen Lager miteinander austauschten. Man griff sowohl den gegnerischen Standpunkt als auch die Personen selbst massiv an, grenzte sich durch Beleidigungen und Beschimpfungen von der jeweils anderen Gruppe oder Position klar ab; die Polemik bzw. verbale Gewalt hatte Einzug in den Streit erhalten. Im Gegensatz zu Gebhard et al., die in der „*Absenz von Gewalt*" ein Abgrenzungsmerkmal zu anderen Formen der Auseinandersetzungen, wie z. B. dem Kampf oder dem Krieg sehen,[85] ist das Verständnis von Streit nach Magnus Eriksson und

---

[82] Siehe Kapitel 2.1.1 *Verständnis von ‚Streit' und ‚Streitkultur'*, Abschnitt *Die begriffliche Abgrenzung von ‚Streit'*.

[83] Vgl. Keller (2003), S. 291.

[84] Vgl. dazu: „Zugleich schafft Streit individuelle und kollektive Identität, indem er durch Mechanismen der In- und Exklusion Differenzen markiert, interne Bindungen stärkt und zur Solidarisierung innerhalb einer Gruppe bzw. mit einer Gruppe führt." Laureys & Simons (2010b), S. 9.

[85] Gebhard et al. (2008b), S. 14.

Barbara Krug-Richter passender. Sie definieren Gewalt als „[e]ine physische oder verbale Aggression gegen die körperliche, seelische oder soziale Integrität eines oder mehrerer Mitmenschen, die darauf abzielt, etwas zu erzwingen".[86] Damit betonen sie das intentionale Moment von Gewalt, das sich grundsätzlich mit den Wirkungsabsichten von Streit deckt. Sie schließen Gewalt nicht aus dem Eigenschaftskatalog des Streits aus und setzen ihren Fokus auf die Untersuchung der Grenzen der sozialen Akzeptanz von Gewaltanwendung. Dieses Verständnis von „gerechter (*potestas*) und ungerechter Gewalt (*violentia*)"[87] ist im Kontext des Streits in der Reformationszeit sinnvoll, da verbale Gewalt, insbesondere Polemik,[88] eine wichtige Rolle für die religiösen Streitigkeiten jener Zeit spielt. Wie zuvor angedeutet wurde, wird sie maßgeblich zur Bildung und Festigung der verschiedenen Lager, zur Abgrenzung von den jeweils ‚Anderen' sowie zu Prozessen der Integration und Profilbildung innerhalb der ‚eigenen' Gruppe instrumentalisiert und zeigt sich in der praktischen Ausübung als ein „act[] of identity".[89] Im Zusammenhang mit der Untersuchung der Polemik als einem radikalen Akt der Abgrenzung[90] wird noch genauer auf die Formen von akzeptierter und nicht akzeptierter sprachlicher Gewalt eingegangen.

---

[86] Eriksson, Magnus & Barbara Krug-Richter (2003b): „Streitkulturen – Eine Einführung". In: Dies. (Hg.): *Streitkulturen. Gewalt, Konflikt und Kommunikation in der ländlichen Gesellschaft (16.–19. Jahrhundert)*. Köln u. a.: Böhlau, S. 1–16, hier S. 7.

[87] Eriksson & Krug-Richter (2003b), S. 7.

[88] Zur Polemik und ihrer Konzeptualisierung siehe das Folgekapitel 2.2 *Polemik als Methode der Streitinszenierung*.

[89] Fludernik, Monika & Hans-Joachim Gehrke (Hg.) (2004): *Normen, Ausgrenzungen, Hybridisierungen und 'Acts of identity'* (= *Identitäten und Alteritäten* 18). Würzburg: Ergon. Die Funktion, eine Gruppenidentität zu schaffen, weist auch Almut Suerbaum für die Polemik in Predigten nach: „[P]olemical statements about heretics derive their significance from articulating Christian identity. Their focus i soften not an attack against specific theological positittons with a view to changing the opponent's view, [...] but rather te definition of cultural identity in opposition to an external 'Other'." Suerbaum, Almut (2015): „Language of Violence: Language as Violence in Vernacular Sermons". In: Suerbaum, Almut, George Southcombe & Benjamin Thompson: *Polemic: Language as Violence in Medieval and Early Modern Discourse*. Aldershot: Ashgate, S. 125–148, hier S. 134.

[90] Vgl. dazu die Feststellung Hans-Joachim Gehrkes: „[J]enseits der Notwendigkeit von Abgrenzungen [ist] ein sehr breites Spektrum von Relationen von Eigenem und Anderem möglich [...]. Die radikale, binäre und exkludierende Ausgrenzung ist eine Variante, aber keine zwingende." Gehrke, Hans-Joachim (2004): „Einleitung". In: Fludernik, Monika & ders. (Hg.): *Normen, Ausgrenzungen, Hybridisierungen und 'Acts of identity'* (= *Identitäten und Alteritäten* 18). Würzburg: Ergon, S. 11–19, hier S. 13.

Neben der verbalen Gewalt hatte auch physische Gewalt Einfluss auf den Streitverlauf der Reformation. Viele Reformatoren (anfangs Luther, später dann vermehrt die ‚Radikalen') sowie Drucker setzten mit ihren Veröffentlichungen nicht selten ihr Leben oder ihre Existenz aufs Spiel und waren durch herrschende Obrigkeiten bedroht. Über Luther wurde die Reichsacht verhängt, Wiedertäufer wurden öffentlich hingerichtet und sämtlichen Beteiligten einer Publikation konnten Gefängnisstrafen drohen. Für Reformatoren und Drucker war dies nicht zuletzt auch ein Anlass, ihre Schriften anonym oder unter einem Pseudonym zu publizieren. Dieser Bedrohung war auch Melchior Hoffman ausgesetzt, der mehrmals vertrieben, seiner Besitztümer enteignet und schließlich 1533 ins Straßburger Gefängnis geworfen wurde. Die ihm widerfahrene physische Gewalt hatte Auswirkungen sowohl auf die Form seiner Publikationen als auch auf den Inhalt.[91] Hoffman selbst vertrat jedoch die Auffassung, dass physische Gewalt kein akzeptables Mittel zur Durchsetzung der Reform sei. Allein „dat sweert des geests"[92] solle gegen die Gegner geführt werden. In Erwartung der baldigen Apokalypse überantwortete Hoffman es der göttlichen Gewalt, die Bösen von den Guten, die Ketzer von den Rechtgläubigen zu trennen. Hoffmans selbstauferlegte Aufgabe war die eines Propheten, der die rechte Lehre verkündete und zur Bekehrung vor dem Eintreten des Jüngsten Gerichts aufrief. Sein Selbstverständnis als göttliches ‚Sprachrohr' bestätigt, dass der gewählte Fokus dieser Untersuchung in seiner Betonung der ‚rhetorischen Streitkultur', welche die sprachlichen Mittel des Streits ins Zentrum rückt, der historisch und methodisch adäquate ist.

Andere (z. B. visuelle) Komponenten gehören zwar ebenfalls zu den möglichen Mitteln der Streitausübung, aber „[e]rst durch die Sprache wird die Auseinandersetzung zum Streit", da die Formulierung der Positionen und Einstellungen mittels sprachlicher Äußerungen geschieht. Seien es nun Aussagen zum Gegenstand oder Selbst- und Fremdzuschreibungen, erst durch diese sprachlichen Positionierungen

---

[91] Hoffman publizierte während seiner Haft pseudonym bzw. unter dem Namen anderer, da ihm das Schreiben Ende Juli 1533 im Gefängnis verboten und ihm Papier und Schreibwerkzeug entzogen wurde. Inhaltlich thematisiert er in seinen Schriften wiederholt die unfaire Art und Weise, wie Obrigkeiten und Lutheraner mit ihm umgehen und kreidet seinen Gegnern deren Gewalttätigkeit an.

[92] „das Schwert des Geistes". Anonymus [i. e. Melchior Hoffman] (1533): *Die eedele hoghe ende trooslike sendebrief / den die heylige Apostel Paulus to den Romeren gescreuen heeft / verclaert ende gans vlitich mit ernste van woort to woorde wtgelecht Tot eener costeliker nutticheyt ende troost allen godtvruchtigen liefhebbers der eewighen onentliken waerheyt.* [o. O.: o. Dr.], T1b. Kurztitel: *Römerbrief.*

gewinnt der Streit an Konturen.[93] Dies wird auch anhand des Beispiels der reformatorischen illustrierten Flugblätter deutlich: In den meisten Fällen sind die Illustrationen nur im Zusammenhang mit dem erklärenden Text zu verstehen.[94] Das oftmals allegorische Bild kann erst mittels der sprachlichen Erklärung dekodiert bzw. die Mehrdeutigkeit des Bildes in eine Richtung gelenkt werden.[95] Ausgehend von diesem grundlegend sprachlichen Charakter des Streits lässt sich eine Streitsituation feststellen, wenn sich

> [m]indestens zwei Akteure oder auch soziale Gruppen [...] hauptsächlich mit verbalen Mitteln auseinander, miteinander oder auch gegeneinander [setzen]; es wird versucht zu überzeugen, andere ‚auf Linie' zu bringen, in eine bestimmte Richtung zu drängen oder aber zum Schweigen zu bringen, auszuschließen.[96]

Komplettierend wird die Definition von Carmen Spiegel hinzugezogen, die eher eine demonstrative anstatt der von Gebhard et al. indizierten persuasiven Haltung konstatiert:

> Bezogen auf den zwischenmenschlichen Bereich ist Streit die sprachliche Manifestation einer Konfliktaustragung zwischen mindestens zwei Aktanten, die [...] verbal divergierende Standpunkte oder Problemsichtweisen demonstrieren.[97]

Spiegel fügt dem noch ein weiteres, vorrangig sprachliches Element hinzu: „Kennzeichen auf der Äußerungsebene ist ein wesentlich emotionaler Gesprächsstil verbunden mit Imageverletzungen."[98] Sie nimmt damit Bezug auf das ‚Wie?' und ergänzt die bisherige Erklärung der Gegebenheit ‚Streit' um den Modus ‚Streit', der sich als Polemik äußern kann.

---

[93] Gebhard et al. (2008b), S. 15.
[94] Vgl. dazu Klug, Nina-Maria (2012): *Das konfessionelle Flugblatt 1563–1580. Eine Studie zur historischen Semiotik und Textanalyse.* Berlin & Boston: De Gruyter, S. 166–167.
[95] Adam, Wolfgang (1999): „Theorien des Flugblatts und der Flugschrift". In: Leonard, Joachim-Felix, Hans-Werner Ludwig, Dietrich Schwarze & Erich Straßner (Hg.): *Medienwissenschaft. Ein Handbuch zur Entwicklung der Medien und Kommunikationsformen.* 1. Teilband. Berlin & New York: De Gruyter, S. 132–143, hier S. 133.
[96] Gebhard et al. (2008b), S. 12f.
[97] Spiegel, Carmen (1995): *Streit. Eine linguistische Untersuchung verbaler Interaktionen in alltäglichen Zusammenhängen.* Tübingen: Narr, S. 18.
[98] Spiegel (1995), S. 19.

Für die adäquate Untersuchung der Polemik des 16. Jahrhunderts und die Bewertung der Glaubensstreitigkeiten ist es sinnvoll, die damalige Semantik und die konzeptuellen Vorstellungen zu beleuchten – auch um anachronistische Schlussfolgerungen zu umgehen.

Bedeutungsgeschichtliche Aspekte von ‚Streit' im 16. Jahrhundert

Geht man der Bedeutung von ‚Streit' aus einer diachronen Perspektive auf den Grund, wird schon bei der Wörterbuch-Recherche im *Deutschen Wörterbuch von Jacob Grimm und Wilhelm Grimm (DWB)* deutlich, dass die semantischen Facetten des Wortes die verschiedenen deutschen Sprachstufen hindurch bestehen geblieben sind: „*bereits im* althochdeutschen *sind fast alle bedeutungszweige des wortes vertreten.*" Dies ändert sich bis zum heutigen Deutsch nicht grundlegend, jedoch haben sich die Schwerpunkte verlagert bzw. die Dominanz einiger Bedeutungszweige hat sich in den verschiedenen Sprachstufen immer wieder verschoben. Laut *DWB* gibt es sieben solcher Bedeutungszweige, die ‚Streit' durch die Zeit hindurch abdeckt:

> A. *der meinungsstreit* [...], B. *die um einen strittigen gegenstand geführte auseinandersetzung, vor allem von konflikten auf rechtlichem und politischem gebiet* [...], C. *hader und zerwürfnis im persönlichen lebenskreis des einzelnen wie auch innerhalb einer gemeinschaft* [...], D. *physischer kampf* [...], E. *der gebrauch im sinne des wettstreits* [eher seltener] [...], F. *die vorstellung des physischen kampfes* [...] *auf seelische oder dinglich-begriffliche konfliktsituationen* [angewendet] [...], G. *bedeutungen* [...], *die sich im gebrauch des adj.* streitig *und bei aisl. vertretungen der sippe* streit *wiederfinden.* [z. B.] 1) [...] *starrsinnig-oppositionelle[s] oder hartnäckig strebende[s] verhalten[].*[99]

Diese sieben Bedeutungszweige sind auch heute noch weitgehend gültig, aber „*seit dem 19. jh. ist* streit *hauptsächlich in den wiedererstarkten bedeutungen A–C gebräuchlich*".[100] Dass die Bedeutung des physischen Kampfes (D) seit dem Neuhochdeutschen im Wortgebrauch abgenommen hat, ist durch das vermehrte Aufkommen von ‚Krieg' und besonders ‚Kampf' bedingt, die ‚Streit' in dieser Bedeutung ersetzen.[101] Das Schwinden dieses Bedeutungszweiges unterstützt die oben genannte Eingrenzung des Streitkonzepts als überwiegend von physischer

---

[99] „STREIT", *DWB* 19, Sp. 1312, 1317, 1319, 1321, 1325, 1326 & 1332.
[100] Ebd., Sp. 1311.
[101] Vgl. ebd., Sp. 1312.

Gewalt befreit. Die ursprüngliche Übersetzung Luthers macht aber zum Großteil noch von dieser Bedeutung Gebrauch, was typisch für das Frühneuhochdeutsche war:

> *die wbb.* [Wörterbücher] *des* 16. *jhs.* bieten streit *fast ausschlieszlich in dieser anwendung, und* LUTHER *gebraucht es regelmäszig im sinne von bellum, pugna, proelium, certamen der vulgata. für die bedeutung ‚bellum‘ wird jedoch seit dem* 16. *jh.* krieg *bevorzugt* [...].[102]

Für den Streit im Sinne der Bedeutung C finden sich in Luthers Übersetzung ‚hadder‘ und ‚zanck‘, welche wiederum in heutigen Übersetzungen mit ‚Streit‘ wiedergeben werden.[103]

In Texten der Reformation wird ‚Streit‘ jedoch vermehrt nur in übertragener Bedeutung ohne physische Gewalt und „*so bereits im* 16. *jh. im sinne der gelehrten kontroverse* (A 2 a) *[gebraucht], auch in der bedeutung zank, handel, zerwürfnis* (C), *die aber erst seit dem* 19. *jh. in gröszerer häufigkeit auftritt*".[104] Beispiele lassen sich bei einer Vielzahl von Autoren finden, die die Reformation und ihre einzelnen Streitigkeiten als ‚Streit‘ bezeichnen. Luther spricht in der *Babylonischen Gefangenschaft* vom „Ablaßstreit",[105] benutzt „disputieren"[106] im Austausch für ‚streiten‘ und spricht besonders den inneren Streit der Seele an.[107] Auch ‚unterhaltende‘ literarische Texte des 15. und 16. Jahrhunderts wie etwa Sebastian Brants *Narrenschiff* (1494)[108] und Schwänke von Hans Sachs[109] verwenden ‚Streit‘ für sowohl den physischen Kampf als auch

---

[102] Ebd., Sp. 1312.

[103] Diese Ergebnisse sind bei Textvergleichen einzelner Bibelstellen gemacht worden, die mit Hilfe der Bibelausgabe und -konkordanz *www.bibel-online.net* vorgenommen wurden. Grundlage des Vergleichs sind die dort zugängliche Bibelübersetzung Luthers von 1945 und unterschiedliche zeitgenössische evangelische Bibelausgaben.

[104] „STREIT", *DWB* 19, Sp. 1312.

[105] Luther, Martin (1520): *Von der Babylonischen Gefangenschaft der Kirche*. In: Projekt Gutenberg-DE. URL: http://gutenberg.spiegel.de/buch/von-der-babylonischen-gefangenschaft-der-kirche-269/1 (18.10.2015), Kapitel 2.

[106] Ebd., Kapitel 1.

[107] „Das ist der höchste Streit, den wir haben, daß wir das Wort behalten und dabei bleiben; wenn das aus dem Herzen gerissen wird, so ist der Mensch verloren." Luther, Martin (o. J.): „Sonntag nach Epiphanias". In: *Predigten für ein Jahr*. In: Projekt Gutenberg-DE. URL: http://gutenberg.spiegel.de/buch/271/35 (18.10.2015), Kapitel 35.

[108] „Wenn Reuter und Schreiber greifen an | Einen fetten, schlichten, bäurischen Mann, | Ist der es, so den Streit fing an." Brant, Sebastian (1494): *Das Narrenschiff*. URL: http://webergarn.de/narren/narrenschiff/index.html (18.10.2015), Kapitel 79.

[109] Im Schwank *Das Kälberbrüten* droht der Bauer dem Pfarrer, welcher lediglich zwischen den bäuerlichen Eheleuten zu schlichten versucht: „Herr, mischt euch nit in

für die Auseinandersetzung mit Worten. Auch Melchior Hoffman bedient sich unter anderem der Bedeutung für Streitigkeiten, die die Gelehrten seiner Zeit austragen: „Waher kumpt solcher streit vnd hader vnder den lerern [...]".[110] Zusammen mit ‚Hader' genannt, bedeutet ‚Streit' hier ebenfalls den (gelehrten) Meinungsstreit bzw. die persönliche Auseinandersetzung.

Insgesamt bestätigen der Blick auf die historische Entwicklung der Semantik von ‚Streit' und die hier aufgeführte exemplarische Zusammenfassung des Wortgebrauchs in der Reformationszeit die bisherigen Eingrenzungen für diese Arbeit. Festzuhalten wäre jedoch das beinahe einheitliche Vorkommen von ‚Streit' im Sinne des physischen Kampfes und kriegerischer Handlungen in frühneuhochdeutschen Bibelübersetzungen (inklusive Luthers Übersetzung). Für die Reformationsschriften lässt sich eine – aus heutiger Sicht – modernere Verwendung feststellen. Dies lässt die Schlussfolgerung zu, dass gerade die Reformationsstreitigkeiten die Dominanzverhältnisse der Bedeutung des Wortes ‚Streit' in die Richtung der sprachlichen (gelehrten) Auseinandersetzung, des „Wortkampfes",[111] gelenkt haben. Damit bestätigt sich die moderne Semantik und Konzeption von ‚Streit' bereits auch für die Reformationszeit.

Die begriffliche Abgrenzung von ‚Streit'

Wie beim frühneuzeitlichen Gebrauch von ‚Streit', ‚Hader', ‚Zank' usw. sind die Grenzen auch bei heutigen Begriffen, die Ähnlichkeiten miteinander haben, diffus. So tauchen etwa ‚Auseinandersetzung', ‚Konflikt' und ‚Streit' in unterschiedlichen Kontexten und Bedeutungen auf und werden vielfach synonym gebraucht. In der aktuellen Forschung werden diese Begrifflichkeiten und ihre Abgrenzungen zwar diskutiert, es herrscht aber Uneinigkeit über ihre Hierarchisierung. Beispielsweise ist es nicht einhellig definiert, in welchem Verhältnis ‚Konflikt' und ‚Streit' zueinander stehen und inwiefern sie Formen des jeweils anderen Konzepts sind.[112] Für das weitere Verständnis dieser Arbeit dient die Auffassung Erikssons und Krug-Richters zur Orientierung, in der

unser Spiel! | Mein Weib tut euch das übelnehmen | Und sich des Streit's mit euch nit schämen." Sachs, Hans (1551): *Das Kälberbrüten.* In: Projekt Gutenberg-DE. URL: http://gutenberg.spiegel.de/buch/5221/2 (18.10.2015), Kapitel 2.
[110] Hoffman, Melchior (1530): *Außlegūg der heimlichē Offenbarung*, A7r.
[111] Stolt (1974).
[112] Gebhard et al. (2008b), S. 13f.

Streit als eine Form des Konflikts dargelegt wird.[113] Spiegel führt diesen Gedanken noch weiter aus und sieht Streit nicht nur als eine Form des Konflikts, sondern als eine Form der Konfliktaustragung, die den friedlichen „Konfliktaustragungsformen" wie etwa „Beratungsgespräch, Verhandlung u. ä." entgegengesetzt ist.[114] ‚Konflikt' ist folglich als Oberbegriff von ‚Streit' aufzufassen. Diese Hierarchisierung wird durch die zusätzliche Bedeutung von ‚Konflikt' als Beschreibung eines Zustands unterstützt, denn „Konflikte können bestehen, ohne dass sie ausgetragen werden müssen".[115] Für den Streit hingegen steht immer die aktive Ausübung, die Prozesshaftigkeit und Performativität im Zentrum. Der Terminus der ‚Auseinandersetzung' impliziert ebenfalls einen aktiven Prozess des Separierens, des Sich-Auseinandersetzens. Gebhard et al. begreifen ‚Auseinandersetzung' zwar synonym zu ‚Konflikt',[116] die performative Bedeutung des Wortes ‚Auseinandersetzung' lässt es jedoch näher an den ausführenden Sinngehalt von ‚Streit' rücken. ‚Auseinandersetzung' ist aber trotzdem in einem übergeordneten Verhältnis zu ‚Streit' stehend zu verstehen, da man sich auch auf andere Weise mit jemandem auseinandersetzen kann, ohne dass es in einem Streit resultiert, der grundsätzlich eine (temporäre) Entzweiung einschließt. Weder die synonyme Verwendung von ‚Auseinandersetzung' und ‚Konflikt', die Gebhard et al. vorschlagen, noch von ‚Auseinandersetzung' und ‚Streit', die das Performative gemein haben, erweisen sich als sinnvoll. Die aufgezeigten Bedeutungsunterscheidungen verpflichten zu konsequenter Abgrenzung der Begriffe voneinander.

Übertragen auf die Reformationszeit kann man davon sprechen, dass bereits im Mittelalter einige der Konflikte bestanden, die sich später in der Reformation zu Streitigkeiten entwickelten – hier kann z. B. der bereits genannte Antiklerikalismus des Spätmittelalters eingeordnet werden. Es kam jedoch nicht zu einer übergreifenden Auseinandersetzung:

---

[113]   Eriksson & Krug-Richter (2003b), S. 7. Vgl. dazu auch: „Ein Konflikt liegt allen oppositionellen Austragungsformen zugrunde. Dies impliziert, daß Konflikte sowohl friedlich (kooperativ) wie auch kontrovers (unkooperativ) behandelt und gelöst werden können." Spiegel (1995), S. 16.

[114]   Spiegel (1995), S. 16f.

[115]   Gebhard et al. (2008b), S. 14. Vgl. dazu auch Carlos Spoerhase, der in Bezug auf epistemische Kontroversen in ähnlicher Weise von einem nicht ausgetragenen „Dissens" als einer „Nicht-Kontroverse" im Sinne Helga Nowotnys spricht. Spoerhase, Carlos (2007): „Kontroversen: Zur Formlehre eines epistemischen Genres." In: Klausnitzer, Ralf & ders. (Hg.): *Kontroversen in der Literaturtheorie / Literaturtheorie in der Kontroverse.* Bern: Peter Lang, S. 49–92, hier S. 65f.

[116]   Gebhard et al. (2008b), S. 14.

Entweder wuchs der Konflikt nicht zu einem gesellschaftlich wahrgenommenen Phänomen heran oder scheiterte an den allzu asymmetrischen Machtverhältnissen. Er entwickelte sich nicht zu einem öffentlich geführten und die Gesellschaft und Kultur betreffenden Streit. Dass im (Spät-)Mittelalter Streitigkeiten um dieses Thema auf individueller, nicht-öffentlicher Ebene vorkamen, ist anzunehmen und wird nicht in Frage gestellt. Im Fokus einer Kultivierung von Streit stehen aber jene kulturell bedeutenden Ereignisse, als die man vereinzelte, personal wie regional begrenzte Auseinandersetzungen erst dann begreifen kann, wenn sie sich mit anderen zu einem Geflecht verwoben haben, so dass der einzelne Streitakt einen Teil eines größeren Streits darstellt. Dies war der Fall beim Streit der Reformation: Die Positionen, Parteien und Argumentationen für die Standpunkte standen deutlich im Zentrum der Zeit, denn indem die einzelnen Streitigkeiten ein Geflecht von sich aufeinander beziehenden (Streit-)Schriften bildeten, hatten sie bedeutenden Einfluss auf die öffentliche(n) Meinung(en) und Kultur.[117] Der Streit brachte klar abgegrenzte, miteinander unvereinbare Auffassungen zutage, die eine Lösung des zugrunde liegenden Konflikts zunächst unmöglich erscheinen ließen. Jede Partei sprach davon, im Besitz der Wahrheit zu sein, was weder Kompromisse noch Einigungen zuließ. Auch der kontroverse Verlauf der Reformation, die vielen Kursänderungen (z. B. die Bildung von Konfessionen anstatt der Reform einer einheitlichen Kirche), die weitere Aufspaltung der ‚evangelischen' Glaubensrichtung in Lutheraner, Zwinglianer, Calvinisten, Wiedertäufer, Spiritualisten u. a. machten deutlich, dass eine Lösung des Streits zwar angestrebt war, aber nur in der Kapitulation der jeweils Anderen als möglich erachtet wurde, denn „es [gab] bei Fragen des Glaubens nur Gott oder Teufel, Gut oder Böse, Seligkeit oder ewige Verdammnis [...], nichts dazwischen. Daher erklärt sich das Nicht-Nachgeben-Können."[118]

---

[117] Eine gesteigerte Form dieser Verflechtung konstatiert Ursula Paintner für die antijesuitische Polemik, deren Wirkung sie darin erfüllt sieht, dass durch die Fortführung von Argumenten und Feindbildern in anderen Texten ein „Textkontinuum" entsteht: „Steigerungen und Wiederholungen von Klischees und Argumenten finden nicht nur innerhalb eines jeweils klar umgrenzten Textes statt, sondern die Texte beziehen sich aufeinander: Was in einer Publikation noch Vermutung oder Gerücht war, wird in der nächsten Gewißheit und in der dritten unverrückbare Grundlage für neue Vermutungen." Paintner (2011), S. 37.

[118] Schwitalla, Johannes (2010a): „Brutalität und Schamverletzung in öffentlichen Polemiken des 16. Jahrhunderts". In: Krämer, Sybille & Elke Koch (Hg.): *Gewalt in der Sprache. Rhetoriken verletzenden Sprechens.* München: Wilhelm Fink, S. 97–123, hier S. 117.

Die Fronten waren schließlich auf allen Seiten so verhärtet, dass die Situation in einer totalen Spaltung, der Konfessionalisierung, mündete, die im Folgenden zu einem der grausamsten Kriege der westlichen Geschichte führte[119] und bis heute, obgleich auf friedlicher Basis, Bestand hat. Die Lösung des Reformationsstreits war demnach eine dauerhafte Entzweiung, die erst nach Jahren des Streitens und schließlich des Kämpfens im Glaubenskrieg zu einem vorwiegend friedlichen Nebeneinander führte.

Von einer Lösung des großen Streits in der Reformationszeit kann man aus heutiger Sicht deshalb nicht sprechen, lediglich von einer Beendigung durch Transformation – über die Eskalation, die Kampf und Krieg[120] brachte, hin zur Akzeptanz der Uneinigkeit. Da es „verschiedene und recht heterogene Weisen seines [des Streits] Endes gibt und [...] sein Ausgang vergleichsweise offen ist",[121] sind die Zusammenhänge von Thema, Akteur, Sprache und Streitbeendigung – hier seien z. B. die Einigung auf eine Position, der Kompromiss und das Verebben eines Streites genannt[122] – relevant. Aus einer diachronen Perspektive können rückblickend weitere Hinweise auf die Streitkultur (einer bestimmten Zeit) sowie ihre (rhetorischen) Mittel und Strategien gegeben werden, denn gerade die Rolle und Haltung der Streitenden und die sprachliche Positionierung bilden die Voraussetzungen für die möglichen Formen der Beendigung. Bei einer synchronen Betrachtung der Texte kann der historische Blick auf nachfolgende Ereignisse berücksichtigt werden. Um jedoch anachronistische Fehlschlüsse zu vermeiden, sollten historische Informationen, die den Autoren zum Zeitpunkt der Textproduktion nicht bekannt waren, kritisch verwendet und diskutiert werden.

Die Ermittlung des Zusammenspiels der Faktoren, die für die Streitbeendigung relevant sind, stellt unter anderem die Akteure als wichtiges Element dar. Die Hervorhebung der Akteure deutet auf ein weiteres Merkmal von Streit hin, das auch schon im Zusammenhang mit seinem sozialen und kulturellen Potential impliziert ist: Streit ist eine „vorwiegend personalisierte Form der Auseinandersetzung",

---

[119] Goertz (2004), S. 254.

[120] „Krieg bezeichnet einen organisierten, mit Waffen gewaltsam ausgetragenen Konflikt zwischen Staaten bzw. zwischen sozialen Gruppen der Bevölkerung eines Staates." Schubert, Klaus & Martina Klein (2011): *Das Politiklexikon*. Bonn: Dietz. In: Bundeszentrale für politische Bildung. URL: http://www.bpb.de/nachschlagen/lexika/politiklexikon/17756/krieg (18.10.2015).

[121] Gebhard et al. (2008b), S. 19.

[122] Vgl. ebd., S. 19f.

d. h. man kann „den Kontrahenten sprachlich-kommunikativ ausmachen und adressieren".[123] Die Streitschriftenwechsel der Reformation sind paradigmatisch dafür: In ihnen werden konkrete Namen genannt, oftmals nicht nur die Sache oder die gegnerische Ansicht angegriffen, sondern sich ganz gezielt gegen Personen gerichtet, die stellvertretend für ihre Gruppe und das dahinter stehende Kontingent an Auffassungen angegriffen werden. Verballhornungen von Namen (z. B. „Murnarr" für Thomas Murner), Beschimpfungen (z. B. Hoffmans „lugenhafftiger falscher nasen geist"[124]), Tiervergleiche, -metaphorik, -symbolik oder Epitheta mit Tieren[125] (insbesondere auch illustrativ), das Aufgreifen von persönlichen Lebensläufen (z. B. denunziert Melchior Hoffman Marquard Schuldorp, weil Letzterer die Tochter seiner Schwester heiratete) und andere personengerichtete Diskreditierungen sind gängig eingesetzte Mittel bei Streitigkeiten, die sich zwischen einzelnen Kontrahenten abspielen.[126] Diese Strategien des persönlichen Angriffs wie auch andere Strategien des Streitens in der Reformationszeit sind Ausdruck der ihr zugrunde liegenden Streitkultur. Hier kommt der bereits angedeutete, zweite Bedeutungsstrang von ‚Streitkultur' ins Spiel: Sie umfasst sowohl die Menge der Regeln und Normen, die das Streiten als Akt regulieren, als auch den konkreten Akt des Streitens selbst.

Ausgehend von dem Verständnis von Streit als kultureller Praktik kann man das Regelwerk, das dem Streiten zugrunde liegt, als einen Teil innerhalb eines größeren kulturellen Kontextes verstehen. Deshalb

---

[123] Dass die teilhabenden Parteien den Streit aktiv wahr- bzw. daran teilnehmen müssen, damit eine Streitsituation als gegeben angesehen werden kann (vgl. ebd., S. 18), scheint prinzipiell nicht zwingend notwendig, da ein Streitpunkt auch ohne die Wahrnehmung der zweiten Instanz bestehen kann. Die Rezeption durch eine dritte Instanz – ein (öffentliches) Publikum, das in der Regel den eigentlichen Adressaten einer öffentlichen Streitsache darstellt – kann die Rezeption der zweiten Instanz ersetzen, ohne dass es das Vorhandensein des Streits widerlegt.

[124] Hoffman, Melchior (1528): *Nasen geist.*

[125] Vgl. etwa Hans Sachs' *Die wittembergisch nachtigal* (1523): „[...] das wilde schwein deut doctor Ecken, | der vor zu Leipzig widr in facht | und vil grober seu davon bracht. | der bock bedeutet den Emser, | der ist aller nunnen tröster; | so bedeutet die katz den Murner, | des bapstes mauser, wachter, turner; | der waltesel den barfüßer | zu Leipzg, den groben lesmeister. | so deut der schneck den Cochleum." In: *Die deutsche Gedichtebibliothek.* URL: http://www.gedichte.xbib.de/Sachs,+Hans_gedicht_Die+wittembergisch+nachtigal.htm (18.10.2015). Zum Teil verselbstständigen sich diese Epitheta sogar und kommen ohne ihre Träger aus. „Die Katz" ersetzt z. B. in einigen Texten den Namen Thomas Murner gänzlich.

[126] „Im ganzen 16. Jahrhundert waren Kontroversen geprägt von stark herabsetzenden, beleidigenden, mit Tierbezeichnungen und anderen Schimpfwörtern vollzogenen Herabsetzungen des Gegners." Schwitalla (2010a), S. 113.

gelten die Aussagen, die für ‚Kultur‘ getroffen wurden, auch für den Begriff der ‚Streitkultur‘. Barbara Krug-Richter konstatiert, dass „Praktiken der Konfliktaustragung, diejenigen Formen und Regeln, in und nach denen Menschen eingebunden in spezifische historische und kulturelle Kontexte ihre Streitigkeiten austrugen und -tragen“ eine Untersuchung der Streitkultur möglich machen.[127] Anhand der praktischen Ausübung ist der Blick auf „bestimmte Muster des Streitverlaufs, explizite oder implizite Regeln“ – also auf die kulturellen Normen von Streit zu einer bestimmten Zeit – möglich.

Zu unterscheiden sind zwei Erscheinungsformen von Normen: Zeitgenössische programmatische, präskriptive Werke (wie z. B. Disputationshandbücher oder Rhetoriken) sind zu trennen von den impliziten Normen eines Streittextes, welche durch eine deskriptiv-analytische Untersuchung sichtbar gemacht werden können. Theorie und Praxis können unabhängig voneinander sein und Diskrepanzen aufweisen, d. h. die theoretische Norm muss der Praxis keine Grenzen setzen. Deshalb ist es vor allem wichtig, konkrete Streitschriften und Streitschriftenwechsel zu betrachten. Auf diese Weise kann man eine bestimmte Streitkultur untersuchen und ihre Bedingungen erfassen. In dem Zusammenhang wird Streitkultur „nicht als normatives Konzept verstanden, [...] sondern soll vielmehr als analytisches Leitkonzept genutzt werden, um Streitfälle [...] hinsichtlich ihrer kulturellen und sozialen Mechanismen zu befragen“.[128] Dabei sind Fragen nach synchronen Vergleichen (z. B. mit einer anderen Streitkultur) sowie Fragen nach der diachronen Entwicklung einer Streitkultur möglich und für die folgende Untersuchung der ‚rhetorischen Streitkultur‘ der Reformation fruchtbar.

Fazit: Streitkultur als Wechselwirkung von Norm und Aufführung

Für die kulturelle Bedeutung von Streit lässt sich festhalten, dass er in seiner entzweienden sowie verbindenden Funktion das Potential besitzt, alte Verbindungen zu lösen und neue zu schaffen und damit sozialen, kulturellen und politischen, kurzum gesellschaftlichen Strukturwandel mit sich zu bringen.[129]

---

[127] Krug-Richter, Barbara (2010): „Streitkulturen. Perspektiven der Volkskunde/ Europäischen Ethnologie“. In: Laureys, Marc & Roswitha Simons (Hg.): *Die Kunst des Streitens. Inszenierung, Formen und Funktionen öffentlichen Streits in historischer Perspektive.* Göttingen: V&R unipress, S. 331–351, hier S. 331.

[128] Gebhard et al. (2008b), S. 27.

[129] Vgl. dazu die Metapher des ‚sozialen Dramas‘ von Victor Turner und „the four-part scheme for describing the usual process of such drama: breach, crisis, redress,

Streit ist als soziale und kulturelle Praktik zu verstehen, die gesellschaftliche Regeln widerspiegelt, verhandelt und neu definiert. Die Streitausübung ist demnach performatives Handeln,[130] das „als Nachahmung, Teilnahme und Gestaltung kultureller Praktiken begriffen"[131] wird. Insbesondere dieser performative Charakter von Streit – das Austragen bzw. Bewusstmachen eines Konfliktes – bewirkt, dass gesellschaftliche Normen und deren Grenzen herausgefordert und beeinflusst werden.

Der Begriff der ‚Streitkultur' kann zwei Bedeutungsrichtungen haben. Die eine Bedeutung geht von der Gesamtkultur aus, die sämtliche kulturellen Erscheinungen in sich einschließt. In dieser Form ist ‚Streitkultur' eine Kultur, die durch Streit dominiert wird bzw. in der Streit von elementarer Bedeutung für die kulturellen Erscheinungsformen ist. Die Kultur der deutschen Reformation wäre in diesem Sinne als eine Streitkultur zu bezeichnen.[132] Jedoch soll diese Bedeutung für den Begriff ‚Streitkultur' weitestgehend ausgeblendet werden, nicht zuletzt, da die wissenschaftliche Auseinandersetzung mit Streitkultur(en) ihren Untersuchungen überwiegend die andere Bedeutung des Begriffs zugrunde legt.

In dieser zweiten Bedeutung ist ‚Streitkultur' als ein Teil von Kultur zu betrachten, der die Regeln des Streitens bzw. die Konfliktaustragungsstrukturen umfasst. Dieses Regelwerk kann als ein relativ amorphes Reservoir an Regeln und Normen betrachtet werden,

---

and schism or continuity [...]". Lewis, J. Lowell (2008): „Toward a Unified Theory of Cultural Performance: A Reconstructive Introduction to Victor Turner". In: St. John, Graham (Hg.): *Victor Turner and Contemporary Cultural Performance*. New York: Berghahn, S. 41–58, hier S. 43f. Streit kann sowohl Initiator als auch Indiz des ‚Bruches' sein, zudem aber auch die Krise verkörpern. Er kann somit einen oder mehrere Akte innerhalb des ‚sozialen Dramas' füllen.

[130] Begriffsdefinitionen und Diskussionen von ‚Performativität' und ‚Inszenierung' folgen in Kapitel 2.1.2 *Streitinszenierung und die ‚rhetorische Streitkultur'*.

[131] Wulf, Christoph, Michael Göhlich & Jörg Zirfas (2001): „Sprache, Macht und Handeln – Aspekte des Performativen". In: Dies. (Hg.): *Grundlagen des Performativen. Eine Einführung in die Zusammenhänge von Sprache, Macht und Handeln*. Weinheim & München: Juventa Verlag, S. 9–24, hier S. 10.

[132] Es sei darauf hingewiesen, dass der Kulturbegriff, wie bereits erwähnt, vielfältig ist und oftmals auf verschiedenen Ebenen angesetzt wird. Kriterien wie u. a. Nationalität, Regionalität, Ethnizität, Alter, sozialer Status, Gender und sexuelle Orientierung werden für die Eingrenzung von Kulturen instrumentalisiert und bedingen Definitionen von ‚Kultur' mit unterschiedlichen Implikationen. Überschneidungen, komplizierte Verästelungen und unterschiedliche hierarchische Ebenen von Kulturauffassungen und -zugehörigkeiten sind die Folge. Dieses Problem des Begriffs ‚Kultur' sollte bei der Eingrenzung berücksichtigt und die realiter angewendeten Kriterien zur Begriffsdefinition konsequenterweise genannt werden. Für die Abgrenzung der Reformation als Kultur spielen dementsprechend regionale, temporale und vor allem diskursive Kriterien eine Rolle.

da die Grenzen permanent neu verhandelt werden. Da die Streitkultur ebenso wie die Gesamtkultur der ständigen Veränderung durch seine singulären Erscheinungsformen unterliegt, gilt auch für die Streitkultur das wechselseitige Verhältnis von konkreter Ausübung und abstrakter Regelung: Einerseits sind die einzelnen Streitakte durch die Regeln bedingt und machen diese insofern sichtbar, andererseits können die Regeln bewusst in Frage gestellt und (infolgedessen) umgestaltet werden.[133] Eine Streitkultur ist historisch variabel und kontextgebunden, so dass sie immer an die jeweiligen (kommunikativen) Ausformungen gekoppelt zu betrachten ist. Insofern müssen die Streitakte im Zentrum einer Untersuchung stehen, anhand derer sich die „Konfliktaustragung sstrategien"[134] beobachten lassen.

Ausgehend von der Auffassung, dass die sprachlichen Mittel zentral für Streit im Allgemeinen und im Besonderen für die Religionsstreitigkeiten der Reformation sind, steht die sprachlich-literarische Manifestierung des Streits im Zentrum. Das Augenmerk soll bewusst auf „den Ort der Aufführung von Normen [...], der es den einzelnen möglich macht, die Normen zu präsentieren [und herauszufordern (Ergänzung KL)], von denen sie zugleich unterworfen werden[,]"[135] gerichtet werden. Im Fall der Reformation sind Textmedien (Druckerzeugnisse wie Flugblätter und Flugschriften) zwar nicht der einzige, aber doch ein zentraler und wesentlicher Aufführungsort der Streitkultur, der für Untersuchungen zur Verfügung steht.[136]

2.1.2 Streitinszenierung und die ‚rhetorische Streitkultur'

Mit der Einführung des Begriffs der ‚rhetorischen Streitkultur' wird in dieser Arbeit versucht, die Breite des Begriffs ‚Streitkultur'

---

[133] Vgl. dazu Thomas Gloning, der die Historizität von Kontroversen und ihren (Spiel-) Regeln betont: „Finally, there is a historical aspect: language games change over time, but they do not change by themselves. The historical development of the language game of controversy is a result of individuals responding to the challenge of changing circumstances. Therefore, changes in the established practice come about as a result of innovative individual practice under specific circumstances." Gloning, Thomas (2005): „Early modern controversies and theories of controversy: The rules of the game and the role of the persons". In: Barrotta, Pierluigi & Marcelo Dascal (Hg.): *Controversies and Subjectivity*. Amsterdam: John Benjamins, S. 263–281, hier S. 264.

[134] Eriksson & Krug-Richter (2003b), S. 8.

[135] Wulf et al. (2001), S. 16.

[136] Die Quellenlage ist selbstverständlich ein beschränkender Faktor, den es zu berücksichtigen gilt.

einzugrenzen. Bisherige Untersuchungen von Streitkultur(en) haben sich in zweierlei Hinsicht mit dem Konzept beschäftigt. Ein Teil der Untersuchungen konzentriert sich mehr auf das soziale (nicht primär sprachliche) Handeln der Streitakteure sowie auf die sozialen, gesellschaftlichen Reglements u. a. auch durch institutionelle Einrichtungen. Insbesondere die Untersuchung des Spannungsfeldes von kirchlichen, moralischen oder gesetzlichen Regeln und ihrer Einhaltung durch die Akteure bzw. die Kontrolle der Einhaltung dieser Regeln in konkreten Streitfällen wird dabei beleuchtet. Mechanismen der Streithandhabung, Konfliktlösung oder auch der Bestrafung infolge einer Regelübertretung durch die Gesellschaft und ihre Kontrollinstanzen (wie etwa Gerichte) stehen häufig im Fokus von Analysen, die sich zeitlich, räumlich oder thematisch eingegrenzten Aspekten widmen.[137] Die Schwerpunkte jener Untersuchungen liegen auf anthropologischen, sozialwissenschaftlichen und/oder sozialpsychologischen Fragen. Insbesondere das soziale Handeln und dessen Regelungen spielen eine wichtige Rolle. Im Kontext eines solchen historischen Erkenntnisinteresses ist in erster Linie die Rekonstruktion dieser gesellschaftlichen Mechanismen das Ziel, was aber die sprachlichen Ausformungen von Streit in den Hintergrund geraten lässt.

Andere Untersuchungen von Streitkultur(en) konzentrieren sich zwar mehr auf die Streittexte und führen ihre Analyse damit prinzipiell auf rhetorischen Grundlagen aus. Die rhetorischen, argumentativen Strategien werden aber nicht explizit untersucht, was nicht zuletzt von der wissenschaftlichen Herangehensweise und der Quellenhandhabung abhängig ist. Auch hier wird in vielen Analysen hauptsächlich den sozialen Regeln und ihren ‚Aufführungen'[138] nachgegangen, d. h. die

---

[137] Gerade in der Geschichtswissenschaft sind Untersuchungen von Konflikten und Konfliktsteuerung im Mittelalter und der frühen Neuzeit üblich. Hauptaugenmerk von Untersuchungen können z. B. bäuerliche Konflikte in ländlichen Gegenden (vgl. Eriksson & Krug-Richter 2003b), Fehdeführung (vgl. z. B. Reinle, Christine (2003): *Bauernfehden. Studien zur Fehdeführung Nichtadliger im spätmittelalterlichen römischdeutschen Reich, besonders in den bayerischen Herzogtümern* (= *Vierteljahrsschrift für Sozial- und Wirtschaftsgeschichte*, Beiheft 170). Stuttgart: Franz Steiner) oder ‚Alltagsgezänk' (vgl. Haack 2008) sein.

[138] Die Begriffe ‚Aufführung' und ‚Inszenierung' sowie der Ausdruck des ‚In-Szene-Setzens' werden weitestgehend synonym verwendet. ‚Inszenieren' und ‚In-Szene-Setzen' haben jedoch ihren Schwerpunkt auf der Produktionsseite (etwas wird von jemandem inszeniert bzw. in Szene gesetzt), während ‚Aufführung' eher Bezug zur Rezeptionsseite (etwas wird vor jemanden aufgeführt) herstellt. Es handelt sich allerdings lediglich um geringfügige Bedeutungsnuancen, die größtenteils zu vernachlässigen sind.

soziale Seite der Streitkultur wird ins Hauptaugenmerk genommen bzw. Streitkultur wird als ein soziales Konstrukt verstanden. Die Texte dienen hauptsächlich der Sichtbarmachung von sozialen Kontrollmechanismen und Prozessen. Vielfach wird dabei ausgeblendet, dass die sprachliche Ausformung der Streitaustragung rhetorischen Regelhaftigkeiten folgt bzw. diese aufbricht oder reflektiert. Die rhetorische Dimension von ,Streit' und ,Streitkultur' wird zumeist nicht explizit behandelt, obwohl diese ebenso an ihren Kontext gebunden ist wie die ,Streit' und ,Streitkultur' inhärente soziale Dimension.

Daneben gibt es ebenfalls Ansätze, die sich mit gerade jenen Fragen beschäftigen und eine rhetorische Dimension bei der Untersuchung hinzuziehen oder diese in den Mittelpunkt rücken. Dieser Untersuchungsschwerpunkt ist von den anderen beiden genannten Ausrichtungen nicht grundsätzlich bestimmten wissenschaftlichen Disziplinen zuzuordnen. Trotz prinzipiell unterschiedlicher Herangehensweisen von beispielsweise der Literaturwissenschaft und der Geschichtswissenschaft können sie eine ähnliche Orientierung haben, so dass die hier vorgenommenen Gruppierungen von Untersuchungen nicht unbedingt mit den Fachgrenzen konform sind. Um die letztgenannte Art von Ansätzen von den anderen beiden auch terminologisch trennen zu können, reichen daher weder die Identifizierung des fachlichen Ansatzes noch die bisherigen Begrifflichkeiten aus, die im Rahmen einer Untersuchung von ,Streitkultur' vorhanden sind. Zur Nuancierung wird deshalb der Unterbegriff der ,rhetorischen Streitkultur' eingeführt.

Die Schwerpunktsetzung auf der ,rhetorischen Streitkultur' gründet auf der Auffassung, dass Streit *sprachbasiertes* performatives Handeln ist. Als solches ist es als Inszenierung zu verstehen,[139] bei der nicht nur soziale, sondern auch rhetorische Normen aufgeführt werden. Um dies im Detail zu klären, müssen zuerst die Bedeutungen der Begriffe ,Performativität' und ,Performanz' verdeutlicht werden.

---

[139] Soziales Handeln wird grundsätzlich als ein sich wechselseitig konstruierendes Geschehen verstanden, was einem einseitig auf den Handelnden und dessen Intentionen ausgerichteten Verständnis entgegengesetzt ist. Vgl. dazu: „Wenn soziales Handeln nicht auf Intentionalität reduziert wird, sondern sein performativer Charakter betont wird, bedeutet dies eine Veränderung der Perspektive. Soziales Handeln wird dann als Aufführung und Inszenierung begriffen." Wulf, Christoph (2001): „Mimesis und Performatives Handeln. Gunter Gebauers und Christoph Wulfs Konzeption mimetischen Handelns in der sozialen Welt". In: Ders., Michael Göhlich & Jörg Zirfas (Hg.): *Grundlagen des Performativen. Eine Einführung in die Zusammenhänge von Sprache, Macht und Handeln*. Weinheim & München: Juventa Verlag, S. 253–272, hier S. 253.

‚Performativität' erfreut sich im Zuge des *performative turn* in den letzen Jahren zunehmender Beliebtheit, was zu einer „rhizomatischen"[140] Entwicklung des Begriffs geführt hat[141] und eine Differenzierung der zugrunde liegenden Auffassung notwendig erscheinen lässt. Grundsätzliche Auffassung des *performative turn* ist,

> dass Kultur nicht als Gewebe distinkter, decodierbarer Einzelelemente, sondern als *performance* zu verstehen sei. Die ‚Ausdrucksdimensionen von Handlungen und Handlungsereignissen bis hin zur sozialen Inszenierungskultur' wird nun in den Fokus gerückt, aus ‚Ereignissen, Praktiken, materiellen Verkörperungen und medialen Ausgestaltungen werden die Hervorbringungs- und Veränderungsmomente des Kulturellen erschlossen' (Bachmann-Medick 2007: 104–143, die Zitate auf S. 104).[142]

Kultur wird als Produkt von performativen Handlungen gesehen, die durch ihre Wiederholung in variierenden Kontexten kulturelle (Be-) Deutungsmuster hervorbringen, verkörpern, formen und verändern. Beispielsweise wird sozial und kulturell erlerntes Wissen aufgegriffen, aufgeführt und mehr oder weniger bewusst modifiziert:

> ‚Performativität' zielt also darauf, dass die Wiederholung von Zeichenausdrücken in zeit- und raumversetzten neuen Kontexten – eine Wiederholung, welche erst die Allgemeinheit im Gebrauch dieser Ausdrücke stiftet – zugleich eine Veränderung der Zeichenbedeutung bewirkt.[143]

---

[140] Klaus W. Hempfer benutzt diesen Ausdruck in Rückbeziehung auf den Rhizombegriff von Gilles Deleuze und Félix Guattari. Hempfer, Klaus W. (2011): „Performance, Performanz, Performativität. Einige Untersuchungen zur Ausdifferenzierung eines Theoriefeldes". In: Ders. & Jörg Volbers (Hg.): *Theorien des Performativen. Sprache – Wissen – Praxis. Eine kritische Bestandsaufnahme*. Bielefeld: transcript, S. 13–41.

[141] „*Performanz* kann sich ebenso auf das *ernsthafte Ausführen* von Sprechakten, das *inszenierende Aufführen* von theatralen oder rituellen Handlungen, das *materiale Verkörpern* von Botschaften im ‚Akt des Schreibens' oder auf die *Konstitution von Imaginationen* im ‚Akt des Lesens' beziehen." Wirth, Uwe (2002): „Der Performanzbegriff im Spannungsfeld von Illokution, Iteration und Indexikalität". In: Ders. (Hg.): *Performanz. Zwischen Sprachphilosophie und Kulturwissenschaften*. Frankfurt/Main: Suhrkamp, S. 9–60, hier S. 9.

[142] Häsner et al. (2011), S. 69. Siehe dazu auch Fischer-Lichte, Erika (2004): *Ästhetik des Performativen*. Frankfurt/Main: Suhrkamp, S. 36.

[143] Krämer, Sybille (2004): „Was haben ‚Performativität' und ‚Medialität' miteinander zu tun? Plädoyer für eine in der ‚Aisthetisierung' gründende Konzeption des Performativen. Zur Einführung in diesen Band". In: Dies. (Hg.): *Performativität und Medialität*. München: Wilhelm Fink, S. 13–32, hier S. 16.

Performative Handlungen sind demnach solche, die mittels ihrer Ausführung, ihrer Performanz,[144] etwas über den eigentlichen Sinngehalt der Handlung hinaus tun. Übertragen auf Kultur bedeutet dies, dass jene Handlungen (Be-)Deutungsmuster verändern, indem sie etwas in einer bestimmten Weise aufführen oder inszenieren.

Orte solcher kultureller Aufführung können mit einem erweiterten Performativitätsbegriff auch Texte sein.[145] Trotz fehlender Körperlichkeit und nicht vorhandener Simultanität von Produktion und Rezeption sowie „Ereignis und Effekt",[146] was gemeinhin den Performativitätsbegriff auszeichnet, können Texte performativ sein,[147] da sie

> selbst als ›Aktanten‹ in Vollzüge eingebunden sein bzw. ›aufgeführt‹ werden [können]; sie können als Vehikel der ‚Zirkulation sozialer Energie'
> (S. Greenblatt) fungieren, und sie können eine wesentliche Rolle im kulturellen *identity fashioning* spielen.[148]

Texte zeigen sich auf diese Weise nicht nur als Quelle und Spiegel von Kultur, die gelesen bzw. decodiert werden müssen, sondern erweisen sich als in ein komplexes Wechselspiel von Ereignis und Wahrnehmung eingebunden, bei dem es um ein „›in Szene gesetztes‹ Geschehen" geht, „welches Akteur- und Betrachterrollen einschließt."[149]

---

[144] Der Begriff ist ebenso wie ‚Performativität' variabel. Klaus W. Hempfer unterscheidet zwischen ‚Performanz' und ‚Performance' und versteht in Anlehnung an die linguistischen Kategorien „[k]nowledge of language (competence)" und „use of language (performance)" unter ‚Performanz' alle sprachlichen Äußerungen, während er unter ‚Performance' lediglich den Begriff der theatralischen Aufführung fasst. Hempfer (2011), S. 17. Für diese Arbeit ist diese strikte Trennung nicht notwendig, die Kernbedeutung des Aus- bzw. Aufführens ist beiden Begriffen, ‚Performanz' und ‚Performance', gemein. Vgl. dazu auch Barbara Beckers Unterscheidung „zwischen künstlerischer und alltagsästhetischer Inszenierung": „Während in künstlerischen Inszenierungen die Eröffnung imaginärer Räume ein wesentliches Moment darstellt, dienen alltagsästhetische Inszenierungen vornehmlich der Darstellung von Gegenwart." Becker, Barbara (2004): „Selbst-Inszenierung im Netz". In: Krämer, Sybille (Hg.): *Performativität und Medialität.* München: Wilhelm Fink, S. 413–429, hier S. 417.

[145] Häsner et al. (2011) zeigen dies detailliert in ihrem Aufsatz.

[146] Ebd., S. 72.

[147] „Konzeptualisierungen textueller Performativität kompensieren diesen Mangel, indem sie auf textuelle Strategien der Simulation von Präsenz oder Kopräsenz fokussieren. Zugleich werden diese Konzeptualisierungen damit an den theaterwissenschaftlichen Performanzbegriff anschließbar." Ebd., S. 72.

[148] Ebd., S. 70. Vgl. dazu auch Fluderniks & Gehrkes (2004) Bezeichnung der „acts of identity", die als einzelne Handlungen betrachtet werden können, die in ihrer Gesamtheit das „identity fashioning" ausmachen.

[149] Krämer (2004), S. 14.

Der Glaubensstreit der Reformation stellt ein solches Geschehen dar, das in Texten inszeniert wird, entsprechend Barbara Beckers grundlegender Bestimmung von ‚Inszenierung' als

> ein Ensemble von Techniken und Praktiken, mit denen etwas [z. B. der Glaubensstreit] zur Erscheinung gebracht wird, wobei der Prozess des Erscheinens selbst mit eingeschlossen ist. Inszenierung ist zudem ein absichtvolles, auf Wirkung angelegtes Handeln, das eine gestalterisch-kreative Instanz voraussetzt und eine strategische Ausrichtung auf spezifische Gruppen von Adressaten beinhaltet.[150]

Die große Menge der gedruckten Schriften während der Reformation (von Theologen und Laien), die große Anzahl der in den Streit eingebundenen Autoren(typen) und ein neues, volkssprachliches Publikum sind Ausdruck der sprachlichen Streitinszenierung. Die Reformationszeit ist eine, die sich in Hinsicht auf die literarische Produktion hauptsächlich durch das Streitschrifttum auszeichnet.

Jedoch lassen sich nicht sämtliche sprachlichen Manifestationen von Streit als Ausdruck einer ‚rhetorischen Streitkultur' bezeichnen,[151] eine Relevanz kommt einer ‚rhetorischen Aufführung' erst im öffentlichen Streit zu. So lässt sich aus dem Referenzbereich der Theatermetapher ableiten, dass die Zuschauer eine notwendige Kategorie für das Vorhandensein einer Aufführung darstellen. Aufgrund seiner Ausrichtung auf ein Publikum ist dem öffentlich ausgetragenen Streit ein sozialer wie auch ein rhetorischer Inszenierungscharakter inhärent. Als ein Teil von ‚Streitkultur' zeichnet sich die ‚rhetorische Streitkultur' entsprechend dadurch aus, dass bei ihrer Aufführung folgende Faktoren im Mittelpunkt stehen: Ein Streit

1. wird öffentlich in sprachbasierten Medien inszeniert,
2. greift dabei sprachliche und literarische Muster oder Traditionen auf (textsortenbasiert, stilistisch, rhetorisch usw.) und

---

[150] Becker (2004), S. 415. Ergänzung in eckigen Klammern durch K. L.

[151] Wie bereits erwähnt wurde, gibt es historische Untersuchungen zur Streitkultur, die besonders Gesetzestexte als Quellen der programmatisch-normativen Seite und Polizeiakten, Gerichtsprotokolle etc. als Quellen der performativen Seite betrachten, um Rückschlüsse auf eine bestimmte Streitkultur ziehen zu können. Damit legen sie den Fokus besonders auf (Alltags-)Delikte und individuelle Streitakte. Sprache ist zwar grundlegend für jene Streitakte und ihre gerichtliche Aushandlung, sie steht aber nicht im Mittelpunkt für die Streitigkeiten und spielt damit eine untergeordnete Rolle.

3. trägt zur Verhandlung und (Re)Produktion zugrunde liegender Regeln und Normen bei, die sich auf die Verwendung dieser Muster oder Traditionen beziehen.

Eine ‚rhetorische Streitkultur‘ umfasst demnach diejenigen öffentlichen kulturellen Streitpraktiken und -reglementierungen, die auf rhetorischen Kategorien und Mustern beruhen, sie (explizit oder implizit) reflektieren und gleichzeitig (re)konstituieren. Anhand dieser rhetorischen Prozesse wird die bereits erwähnte kulturelle Produktivität von Streit beobachtbar.

Jeder Streitkultur liegen, ebenso wie soziale Regeln und Muster, bestimmte rhetorische Dispositionen und Vorraussetzungen zugrunde, die in der Streitausübung sichtbar werden. Jedoch erscheint es erst dann sinnvoll, von ‚rhetorischer Streitkultur‘ zu sprechen, wenn ein Streit ein komplexeres Geflecht von Texten mit sich bringt,[152] das die drei genannten Faktoren ins Zentrum rückt: eine öffentliche sprachliche Inszenierung eines Streits, die mit Rückgriff auf die Reglementierungen ebensolcher Inszenierungen jene Regeln rekonstruiert und erneuert. Nicht zu verwechseln mit dem Geflecht aus Streittexten ist z. B. die Kontroverse, die den Austausch von Streitschriften zwischen zwei oder mehreren Personen oder Parteien zu einem bestimmten Streitthema meint. Das Geflecht besteht aus Schriften, die nicht an bestimmte Personen oder Themen gebunden sind, insofern sie zu dem übergreifenden Streit gehören. Martin Gierl unterscheidet „[m]it Streitschrift, Streitschriftenwechsel, Streitstrang und Streitzusammenhang [...] vier wesentliche[] streitstrukturierende Kommunikationseinheiten“,[153] die sich auf verschiedenen Ebenen ansiedeln lassen. Gierl erklärt die Entstehung eines Geflechts von Texten, das – ausgehend von den einzelnen Schriften – den Regeln der Streitkultur ausgesetzt ist:

---

[152] Der einzelne private Streit fällt aus diesem Kontext heraus, weil er nicht zur öffentlichen Aufführung gelangt und im privaten Streitfall die sozialen Reglementierungen eher im Fokus stehen als die rhetorischen. Ebenso soll auch der Rechtsstreit, der strengen Traditionen und Regeln unterliegt, nicht zur rhetorischen Streitkultur gezählt werden, da der strenge Rahmen die freie Verhandlung von sprachlichen und literarischen Mustern nicht zulässt bzw. eine rhetorische Dimension für diese Art des Streits geringere Enfaltungsmöglichkeiten hat. Erst die freiere Streitausübung über die (Massen-)Medien (z. B. Buchdruck im 16. Jahrhundert) gewährleistet die Voraussetzungen für den kulturellen, wechselseitigen Prozess, der die rhetorische Streitkultur ausmacht.

[153] Gierl (1997), S. 33.

Unabhängig jedoch vom behandelten Inhalt, gehorchen die Streitschriften den formalen Regeln theologisch-literarischen Streitens. Der einzelne, eine bestimmte Frage erörternde Text ordnet sich einem Streitschriftenwechsel zu. Die einzelnen Streitensembles gruppieren sich thematisch zu Streitsträngen. Untereinander in mehrfacher Weise verbunden, sind derartige Streitstränge schließlich zum Streitzusammenhang vernetzt.[154]

Was Gierl hier für das Ende des 17. Jahrhunderts herausarbeitet, kann auch partiell für die Reformationszeit geltend gemacht werden, jedoch liegt das Interesse dieser Arbeit bei den Einzelschriften, sowie in geringerem Umfang beim Schriftenwechsel, so dass Gierls Ebenen des Streitstrangs und Streitzusammenhangs keine Verwendung finden.

Aus den einzelnen reformatorischen Glaubensstreitigkeiten und dem damit verbundenen Aufschwung gedruckter Streitschriften in der Volksprache Deutsch bildete sich sukzessiv ein Geflecht aus Texten, aus der eine volkssprachliche Streitkultur hervorging: Aus einer klassisch und lateinisch geprägten (Streit-)Rhetorik sowie aus den überwiegend mündlich tradierten scholastischen Disputationsregeln[155] erwuchsen neue volkssprachliche Streittechniken und rhetorische Strategien.[156] Das Hinzutreten von Laien zu den Autortypen und die Volkssprache brachten Neuerungen mit sich, die in veränderten Streitaufführungen resultierten, denn Laien konnten zu dieser Zeit freier mit Texten umgehen bzw. mussten es sogar aufgrund fehlender Kenntnisse der Konventionen. Selbst gebildete Laien waren nicht auf gleiche Weise an die strengen rhetorischen Regeln der lateinischen Schule gebunden oder fühlten sich diesen möglicherweise nicht gleichermaßen verpflichtet wie studierte

---

[154] Ebd.

[155] „[Die Disputation] wurde als *knowing how*, als ein praktisches, verinnerlichtes und applizierbares Regelwissen im universitären Alltag eingeübt, aber nicht theoretisch-methodisch im Sinn einer im Detail verschriftlichten Anleitung aufbereitet." Traninger, Anita (2012): *Disputation, Deklamation, Dialog. Medien und Gattungen europäischer Wissensverhandlungen zwischen Scholastik und Humanismus.* Stuttgart: Franz Steiner, S. 68. Vgl. dazu auch Gindhart, Marion & Ursula Kundert (2010): „Einleitung". In: Dies. (Hg.): *Disputatio 1200–1800. Form, Funktion und Wirkung eines Leitmediums universitärer Wissenskultur.* Berlin & New York: De Gruyter, S. 1–18, hier S. 16.

[156] Vgl. dazu: „Wesentliche Redestrategien in den Streitschriften liegen in der antiken und christlichen Rhetorik begründet. Für die Volkssprache gab es aber keine Rhetorik-Lehrbücher, so daß wichtige Rede-Techniken und -Strategien aus der lateinischen Rhetorik entlehnt, daneben auch volkssprachliche Elemente integriert wurden, wodurch zahlreiche neue Mischungen entstanden, die immer wieder neu das Spannungsverhältnis zwischen *prodesse, delectare* und *movere* austarierten." Bremer (2005b), S. 12. Vgl. auch Matheson (1998), S. 2.

Theologen, weshalb von divergierenden rhetorischen Inszenierungen von Laien auf der einen Seite und Theologen auf der anderen ausgegangen werden kann.[157]

Laienautoren gelangten mit der Reformation erstmals in einer größeren Anzahl auf die ‚Bühne‘ des Streits und nahmen mittels ihrer Inszenierungen Teil an der diskursiven Produktion und Transformation von kulturellen (Be-)Deutungsmustern sowie von rhetorischen Techniken des Streitens. Sinnbildlich gesprochen schrieben sie sich in das Geflecht von sich aufeinander beziehenden Texten ein, das nicht nur die sozialen und gesellschaftlichen Verhaltensregeln im Streit, sondern auch die rhetorischen Normen der argumentativen Strukturen reproduzierte, herausforderte und neu formierte.

Nicht nur für die Reformation, sondern in einem allgemeinen Sinne können die Texte des Streits als jene sprachlichen Erzeugnisse gelten, die sich innerhalb des rhetorischen Raums, den der Streit eröffnet, platzieren und dessen Grenzen verschieben, erweitern oder verengen.[158] Im Zentrum eben dieses rhetorischen Raumes steht die Polemik als grundlegendes inszenatorisches Prinzip.

2.2 Polemik als Methode der Streitinszenierung

Das Verständnis von Polemik als zentralem inszenatorischem Prinzip der ‚rhetorischen Streitkultur‘ wirft zwingend die Frage nach den Merkmalen und Erscheinungsformen von Polemik auf. Was ist

---

[157] Vgl.: „Indeed, one of the marks of lay writing is that it lacks the grammatical control that characterizes the work of the literary elite. [...] Lay culture drew what it wanted or needed from the learned culture, particularly with the respect to religious ideas. On the whole, however, lay culture was more innovative. Learned culture, by the very definition, had to continue in the traditional paths of grammar, rhetoric, logic, and theology. [...] Lay culture could develop new forms." Chrisman, Miriam U. (1988): „Printing and the Evolution of Lay Culture in Strasbourg 1480–1599". In: Hsia, R. Po-Chia (Hg.): *The German People and the Reformation*. Ithaca & London: Cornell University Press, S. 74–100, hier S. 99.

[158] Erich Straßner konstatiert für die Flugschriftenliteratur der Reformation: „Das Verdienst der Flugschriften besteht in der Re- und Neukonstituierung einer religiösen, kulturellen, sozialen und politischen Handlungspraxis und Handlungsorientierung." Straßner, Erich (1999): „Kommunikative Aufgaben und Leistungen des Flugblatts und der Flugschrift". In: Leonard, Joachim-Felix, Hans-Werner Ludwig, Dietrich Schwarze & ders. (Hg.): *Medienwissenschaft. Ein Handbuch zur Entwicklung der Medien und Kommunikationsformen*. 1. Teilband. Berlin & New York: De Gruyter, S. 794–802, hier S. 795. Dieses umwälzende Potential ist auch bezogen auf den rhetorischen Bereich zu verstehen, da er ein Teil der kulturellen Praktik des Schreibens ist.

überhaupt Polemik? Wie lässt sich Polemik ein- und abgrenzen und wie zeigt sie sich in streitinszenierenden Schriften der Reformationszeit? Ziel der Beantwortung dieser Fragen ist es, in Auseinandersetzung mit der aktuellen Forschung eine Definition des Begriffs ‚Polemik' zu erarbeiten, die als Grundlage für die folgenden Untersuchungen von Melchior Hoffmans Schriften fungiert. Das Vorgehen für diesen Zweck ist zunächst *ex negativo*, d. h. die Merkmale von ‚Polemik' werden in Abgrenzung zu dem, was ‚Polemik' nicht (oder nicht allein) ist, erörtert.

Als ersten Ausgangspunkt für die Bestimmung von ‚Polemik' soll der bereits erläuterte Begriff des Streits dienen: Es ist bereits herausgearbeitet worden, dass er eine „Konfliktaustragungsform"[159] ist, die sich in erster Linie dadurch von anderen Formen der Konfliktaustragung (z. B. Verhandlung) unterscheidet, dass „ein wesentlich emotionaler Gesprächsstil verbunden mit Imageverletzungen [Kennzeichen auf der Äußerungsebene ist]."[160] Untersuchungen zu den Streitigkeiten der Reformation bestätigen einen hohen Grad an Emotionsaufgeladenheit der Reformationspamphlete, der häufig auf höchst persönlichen Anliegen der Schreiber basierte (insbesondere gilt dies für Laien).[161] Tiefe persönliche Überzeugung und eine die Zeit beherrschende Sorge sowohl um das eigene Seelenheil als auch um das der Mitmenschen erwecken den Eindruck, dass nicht nur eine menschliche Leserschaft adressiert wurde, sondern auch Gott selbst.[162] Die Tendenz zur Personalisierung von Streitfragen, die insbesondere durch Luthers Schriften initiiert worden war, trug zusätzlich zur Emotionalisierung bei. Insofern ist ein emotionaler Gesprächsstil für die streitinszenierenden Schriften der Reformationszeit ein nachweisbares Charakteristikum. Jedoch kann emotionaler Stil – je nach Art der Gefühlsäußerung – sowohl

---

[159] Spiegel (1995), S. 16.

[160] Spiegel (1995), S. 19.

[161] Die Feststellung eines hohen Grades an Emotionalität in einem Text lässt jedoch nicht zwingend auf die emotionale Stimmung des Autors schließen. Inwiefern die Inszenierung im Text die ‚reale' Befindlichkeit des Autors wiederspiegelt, muss im konkreten Fall untersucht werden. „Aus einer behaupteten oder sich im Stil ausdrückenden emotionalen Erregung der polemischen Figur lässt sich nicht ohne weiteres schließen, dass der Autor beim Schreiben emotional erregt war." Dieckmann (2005), S. 38.

[162] „We have learnt to conceive of the pamphlet as a stylised conversation, intimately linked with sermon and classroom and social event. We need to be much more aware of its cultic bite, its confessional note, its blessings and imprecations, its exhortations and calls to discipleship, what we have called its doxological quality. As often as not it was addressed to God as much as to the hearer." Matheson (1998), S. 54f.

versöhnliche als auch aggressive Rede bedeuten. Allein emotionaler Stil als Kriterium scheint demnach nicht ausreichend für ein polemisches Prinzip von Streitinszenierung: Interjektionen (*exclamatio*), auf Mitleidserregung gerichtete Anrufungen und Bitten (z. B. *Apostrophe*) können gänzlich ohne die Absicht von Kampf oder Krieg mit Worten[163] verwendet werden.

Die ebenfalls erwähnten Imageverletzungen hingegen implizieren von Grund auf Formen der aggressiven Rede bzw. der verbalen Gewalt, da sie einen Angriff auf oder ein Eindringen in die Integrität einer Person oder Einrichtung darstellen.[164] Verbale Gewalt – mit ihren konkreten Erscheinungsformen wie beispielsweise Beleidigungen, Beschimpfungen, pejorative Vergleiche oder Bezeichnungen, Stigmawörter[165] usw. – ist im Streit und (dementsprechend) auch im Streitschrifttum allgegenwärtig.

Jedoch erscheint ‚sprachliche (oder verbale) Gewalt‘[166] nicht ausreichend und präzise zu beschreiben, was Polemik ist, denn Gewalt ist nach Sybille Krämer dem Sprechen per se inhärent: *„Die Bedingungen der Möglichkeit von Sprache erweisen sich als die Bedingungen einer notwendigen Gewalt.“*[167] Dies begründet sie etwa damit, dass die sprechende Person das Schweigen der anderen impliziere, dass die sprechende Person sich einen Ort vereinnahme, der für andere dann nicht mehr zugänglich sei und dass Sprache „oft etwas Bedrängendes“ habe. Damit ist nicht allein die aggressive Rede, sondern jegliche Rede a priori als Gewaltanwendung zu betrachten.[168] Der Gewaltbegriff erweist sich allerdings als schwierig, weil es unterschiedliche Formen der Gewalt gibt, die zum einen positiv, zum anderen negativ konnotiert

---

[163] Der Ursprung des Wortes ‚Polemik‘ liegt im Griechischen: *polemos* (Πολεμος), was Kampf, Krieg bedeutet.

[164] Verbale oder sprachliche Gewalt wird hier im Sinne der negativ konnotierten Seite von Gewalt, der *violentia*, verstanden. Vgl. dazu die „Einleitung“ von Elke Koch sowie Sybille Krämers Aufsatz „‚Humane Dimensionen‘ sprachlicher Gewalt oder: Warum symbolische und körperliche Gewalt wohl zu unterscheiden sind“. In: Krämer, Sybille & Elke Koch (Hg.) (2010): *Gewalt in der Sprache. Rhetoriken verletzenden Sprechens*. München: Wilhelm Fink, S. 9–20 & 21–42.

[165] Schwitalla (1999), S. 41. Zu Stigmawörtern siehe Kapitel 2.2.2 *Die Performativität von Polemik*, Abschnitt *Nicht-argumentative Streittechniken*.

[166] Hier ist lediglich der Bereich von sprachlicher Gewalt gemeint, den Steffen Kitty Herrmann und Hannes Kuch unter dem Aspekt „Gewalt durch Sprache“ zusammenfassen. Herrmann, Steffen Kitty & Hannes Kuch (2007): „Verletzende Worte. Eine Einleitung“. In: Dies. & Sybille Krämer (Hg.): *Verletzende Worte. Die Grammatik sprachlicher Missachtung*. Bielefeld: transcript, S. 7–30, hier S. 17–22.

[167] Krämer (2010), S. 30 (Hervorhebungen im Original).

[168] Krämer (2010), S. 31 & 32.

sind.[169] So können jenseits der grundlegenden Gewaltanwendung bzw. Machtausübung, die beim Sprechen stattfindet, auch negativ konnotierte Gewaltakte ausgeführt werden. Diese können beachsichtigt oder unbeabsichtigt sein: Beleidigungen können aus Versehen ausgesprochen werden (ohne beleidigende Intention) bzw. Aussagen als ebensolche interpretiert werden[170] – zum Teil aufgrund unterschiedlicher kulturtypischer Deutungsmuster. Missverständnisse und unverstandene Ironie können als verbale Gewalt ausgelegt werden, wenn sie auf Unverständnis stoßen und keine Aufklärung erfahren. Auf der Ebene der Prosodie können etwa Unterbrechungen, Betonungen, Akzent, Ton usw. als Gewaltanwendung aufgefasst werden.

Den obigen Ausführungen entsprechend kann sprachliche Gewalt einerseits als ein der Sprache inhärentes Phänomen betrachtet werden (sowohl produktiv als auch destruktiv), andererseits als verletzendes Sprechen. Letzteres kann beabsichtigt und unbeabsichtigt zur Anwendung kommen. Bereits aufgrund der Vieldeutigkeit ist eine Definition von Polemik als ‚sprachliche/verbale Gewalt‘ nicht befriedigend. Hinzu kommt noch, dass lediglich die zielgerichtete Gewaltanwendung (*violentia*) unter dem Begriff der Polemik gefasst werden kann, denn in Schriften, die einen Streit inszenieren, ihn entweder entfachen oder einen Beitrag zu seinem Fortbestand leisten, ist die Anwendung von verbaler Gewalt öffentlich, zielgerichtet, dient bestimmten Zwecken und wird bewusst instrumentalisiert – sie ist intendierte aggressive Rede bzw. „symbolische Gewalt".[171] Für die Definition von Polemik können somit eine Emotionalisierung im Sinne der Aggression und der Aspekt einer gewollten Anwendung von Gewalt festgehalten werden.

---

[169] Vgl. dazu: „Das deutsche Wort ‚Gewalt‘ birgt [...] das Spannungsfeld von *rechtmäßiger, ordnungsstiftender* und *unrechtmäßiger, zerstörerischer Gewalt*." Ebd., S. 23. Krämer unterscheidet in Anlehnung an Friedhelm Neidhardt (1986) zwischen dem positiven „Kompetenzbegriff" und dem negativen „Aktionsbegriff" von Gewalt. Ebd. S. 23f.

[170] Vgl. dazu ebd., S. 36–38.

[171] Krämer definiert die symbolische Gewalt, die durch Sprache ausgeübt werden kann, der körperlichen Gewalt grundsätzlich ähnlich: „So wie physische Körper durch Gewalt immer auch von ihrem Platz verdrängt werden und vor der Gewalt zurückweichend, fallend, fliehend ihren ‚Ort verlieren‘, so bewirkt symbolische Gewalt, indem sie Ehre, Würde, Wertschätzung und Integrität einer Person beschädigt und verletzt, eine Verrückung bzw. Marginalisierung des Platzes, den diese Person im sozialen Raum zwischenmenschlicher Beziehungen einnimmt." Krämer (2010), S. 34.

Die hier bereits angedeuteten Schwierigkeiten bei der heuristischen Herleitung einer Definition spiegeln die Situation in der Forschung wider, denn der Begriff der ‚Polemik' ist umstritten und bisher nicht übereinstimmend definiert worden. In der Rhetoriktheorie zur Zeit der Reformation sucht man ‚Polemik' vergeblich, obwohl ihre Anwendung in der Reformationszeit zu einem besonderen Höhepunkt gelangte:[172] „Die Polemik ist ein Musterbeispiel für die meist vernachlässigte Tatsache, daß in der Geschichte der Rhetorik die Lehre und die zugehörige Praxis oft sehr weit auseinanderklaffen."[173] Es bestätigt sich somit, dass Regelwerk und Ausübung nicht in einem direkten Verhältnis zueinander stehen müssen. Die bereits in Kapitel 2.1 angesprochene Kluft zwischen theoretischer Norm und Praxis zeigt sich im Falle der Polemik insofern besonders deutlich. Auch in der weiteren historischen Entwicklung des Begriffs ist die Diskrepanz zwischen beiden nicht gänzlich aufgehoben worden, so dass es bisher nicht zu konzeptioneller Übereinstimmung gekommen ist.

Im Folgenden werden daher verschiedene Ansätze der Bestimmung des Polemikbegriffs diskutiert und schließlich eine für diese Arbeit geltende Definition formuliert. Anschließend wird, in einem zweiten Schritt, Polemik als Mittel der „strukturellen Performativität"[174] erläutert und anhand einiger Textbeispiele veranschaulicht. Die Funktionen von Polemik für die Inszenierung des Streits stehen dabei im Vordergrund der Betrachtung.

2.2.1 Theoretische Grundlagen des Polemikbegriffs

Das *Historische Wörterbuch der Rhetorik* nennt drei Anwendungsbereiche bzw. Bedeutungen des Begriffs Polemik:

> Zum einen bezeichnet P[olemik], im weiteren Sinne, eine bestimmte Verfahrensweise, eine Methode der Auseinandersetzung; zum anderen, im engeren Sinne, einen literarischen Typus öffentlichen Streitens

---

[172] Mit Hinblick auf den theoretischen Hintergrund der Polemik im 16. und 17. Jahrhundert findet sich ein Überblick über die frühneuzeitlichen Rhetorik-Lehrbücher bei Richardsen-Friedrich, Ingvild (2000): *Antichrist-Polemik in der Zeit der Reformation und der Glaubenskämpfe bis Anfang des 17. Jahrhunderts. Argumentation, Form und Funktion.* Frankfurt/ Main: Peter Lang, S. 39–53.

[173] Braungart, Georg (1992): „Zur Rhetorik der Polemik in der frühen Neuzeit". In: Bosbach, Franz (Hg.): *Feindbilder. Die Darstellung des Gegners in der politischen Publizistik des Mittelalters und der frühen Neuzeit.* Köln u. a.: Böhlau, S. 1–21, hier S. 5.

[174] Häsner et al. (2011), S. 82–84.

insbesondere seit der Frühneuzeit; und, zum dritten, wird P[olemik], zumal in der Forschungsliteratur, zum undifferenzierten Sammelbegriff für heterogene, inhaltliche Kontroversen gewählt.[175]

Es wird deutlich, dass ‚Polemik‘ hier auf verschiedenen Ebenen verortet wird, so dass sich nicht nur leichte Unterschiede bei Bedeutungsnuancen ergeben, sondern sich gleichsam mehrere Bedeutungen parallel entwickelt haben. Mitunter erscheint die Verwendung von ‚Polemik‘ infolgedessen polysem.

Um sich den verschiedenen definitorischen Ansätzen in der Forschung zu nähern, wird zunächst genauer untersucht, inwiefern sich die Definitionen voneinander unterscheiden, wo ihre Schwerpunkte liegen und welche Kriterien sie bedienen. Bei diesem Vorgehen lassen sich vier wichtige Bereiche identifizieren, in denen sich die Begriffsbestimmungen voneinander abheben:

- Die Konkretisierung des generischen Charakters in auf Text bezogene Ordnungsschemata: Ist Polemik Gattung, Form, Methode oder Stil?
- Die Bestimmung des Modus: Ist Polemik sachliche oder unsachliche Argumentation?
- Die Identifizierung des Adressaten: Ist die gegnerische Partei oder das Publikum der eigentliche Adressat der Polemik?
- Die Explikation der Funktionen: Soll Polemik überzeugen (und vor allem wen: Gegner oder Publikum)? Dient Polemik doch eher zur Ein- oder Ausgrenzung, d. h. zur Gruppen- und Identitätsbildung?

In einigen dieser Punkte stehen sich die theoretischen Ansätze bzw. die Definitionsversuche zum Teil diametral gegenüber. Inwiefern die bestehenden Definitionen dies tun, soll folgend anhand der genannten vier Bereiche einzeln diskutiert werden, um einen geordneten Überblick über die theoretischen Ausführungen zur Polemik zu erhalten.

Bei der **Konkretisierung des generischen Charakters** von Polemik – auf den sich auch die drei bereits genannten üblichen Verwendungen des Begriffs im *Historischen Wörterbuch der Rhetorik* beziehen – klaffen die taxonomischen Einordnungen radikal auseinander: In seiner

---

[175] Stauffer, Hermann (2003): „Polemik“. In: Ueding, Gert (Hg.): *Historisches Wörterbuch der Rhetorik* (= *HWRh*). Bd. 6. Must–Pop. Tübingen: Niemeyer, Sp. 1403–1415, hier Sp. 1403.

„Vorstufe einer Theorie" fasst Jürgen Stenzel Polemik als „pragmatische *Gattung*"[176] auf, während z. B. Ludwig Rohner in seinem Versuch einer Streitschriftentypologie Polemik – wie das Komische oder Tragische – als einen jegliche Gattungsgrenzen überschreitenden Stil definiert.[177] Entgegen den Vorstellungen Stenzels, dass Polemik als größere Textform zu betrachten und die darin kleinste enthaltene Einheit der „polemische (Stil-)Zug" sei,[178] spricht Rohner vom „flüssigen Aggregatzustand" von Polemik und konstatiert, dass sie sämtliche Formen zu transzendieren vermag.[179] Eine dazwischen liegende Definition bietet Marcelo Dascal: Für ihn ist „Polemik [...] zuvörderst ein diskursives Phänomen, das der Kategorie des (im breiten Sinne verstandenen) Dialogs angehört."[180] Es ist also nicht die Rede von Polemik als einer Gattung, sondern als einer Redeform – des Dialogischen. An anderer Stelle jedoch nimmt er eine Typologie vor, in der er drei Idealtypen von Polemik (*discussion*, *dispute* und *controversy*[181]) isoliert, die dann in einem zweiten Schritt

---

[176] Stenzel (1986), S. 3 (Hervorhebung K. L.). Auch Peter von Matt bezeichnet Polemik als eine Gattung, begründet oder erklärt dies aber nicht weiter. Matt, Peter von (1994): „Grandeur und Elend literarischer Gewalt. Die Regeln der Polemik". In: Ders. (Hg.): *Das Schicksal der Phantasie. Studien zur deutschen Literatur*. München: Hanser, S. 35–42, hier S. 39 & 41.

[177] Rohner, Ludwig (1987): *Die literarische Streitschrift. Themen, Motive, Formen*. Wiesbaden: Harrassowitz, S. 212f.

[178] Stenzel (1986), S. 4.

[179] Rohner (1987), S. 213.

[180] Dascal, Marcelo (2011): „Kontroversen und Polemiken in der frühneuzeitlichen Wissenschaft". In: Bremer, Kai & Carlos Spoerhase (Hg.): *Gelehrte Polemik. Intellektuelle Konfliktverschärfungen um 1700* (= *Zeitsprünge, Forschungen zur Frühen Neuzeit*, Bd. 15: 2/3). Frankfurt/Main: Klostermann, S. 146–157, hier S. 149.

[181] Der Begriff ,controversy' ist generell nicht mit Polemik gleichzusetzen, da die Forschung zu Kontroversen oftmals Prinzipien von Kontroversen behandelt, die Polemik geradewegs ausschließen, vgl. dazu z. B.: „The functional background for such a principle [Principles governing the repertoire of moves] is that most person-related moves do not contribute in a fruitful way to the goal of the controversy, the pursuit of knowledge. [...] Expressions of disrespect not only do not aid the attainment of the goal of the controversy but on the contrary, they obstruct the achievement of goals like the improvement of knowledge." Gloning (2005), S. 273. Gloning nennt die Kontroversen des 16. Jahrhunderts zwar als Ausnahme in dieser Hinsicht, aber der Zweck der Kontroverse scheint generell anders definiert als derjenige von Polemik: „In the Early Modern period [...] communication principles are generally described as guiding rules for an orderly, efficient and socially acceptable conduct of controversies." Fritz, Gerd (2008): „Communication principles for controversies: A historical perspective". In: Eemeren, Frans H. van & Bart Garssen (Hg.): *Controversy and Confrontation: Relating Controversy Analysis with Argumentation Theory*. Amsterdam: John Benjamins, S. 109–124, hier S. 121.

auf drei Arten der religiösen Polemik *(intra-faith, inter-faith* und *extra-faith)* angewendet werden.[182] Hier fällt auf, dass zwei unterschiedliche Polemik-Auffassungen gemeint sind, für die jeweils andere Kriterien gelten: Bei dem einen handelt es sich um Kriterien, die an Konfliktbeginn, -verlauf und -lösung gebunden sind,[183] bei dem anderen lediglich um die Glaubenszugehörigkeit der Beteiligten. Zudem impliziert dieses Vorgehen schließlich ein Verständnis von Polemik als Textgattung, da von Polemiken als Gesamttexten gesprochen wird.

Diese Beispiele zeigen nur einen Bruchteil der Möglichkeiten, wie Polemik in textbezogene Ordnungsschemata eingeordnet werden kann. Dieser Ausschnitt repräsentiert dennoch bereits die Vielfalt der Auffassungen und die Unklarheiten, die vorherrschen: Selbst dort, wo scheinbar eine Definition gefunden wird, bleibt der Begriff vage: Als Gattung kann Polemik nicht ausreichend eingegrenzt werden, da sie offensichtlich in unterschiedlicher Erscheinung aufzutauchen vermag und, wie Stenzel selbst widersprüchlich konstatiert, „[w]esentlich [...] eine spontane Redeform [ist], für die es keine Regelkompetenz gibt."[184] Doch nicht nur bei Stenzels Polemikdefinition als Gattung tauchen Widersprüche auf, sondern auch Rohners Definition von Polemik als ein Gattungen durchdringendes Phänomen ist nicht eindeutig, da der genaue Ort der Polemik nicht lokalisiert wird. Rohners Versuch zu präzisieren, was er mit seiner Definition meint, mündet in einer Aufzählung von Beschreibungen, die aufgrund ihrer divergenten Bedeutungen einer Präzision eher im Wege stehen, anstatt sie zu fördern: „Das Polemische

---

[182] Dascal, Marcelo (2004): „On the Uses of Argumentative Reason in Religious Polemics". In: Hettema, Theo Leonardus & Arie Van der Kooij (Hg.): *Religious Polemics in Context (= Papers Presented to the Second International Conference of the Leiden Institute for the Study of Religions (Lisor) Held at Leiden, 27–28 April 2000).* Assen: Royal Van Gorcum, S. 3–20, hier S. 3–6 & 9. (Hervorhebungen K. L.)

[183] „The main criteria for the typology here proposed are: the scope of the disagreement, the kind of content involved in it, the presumed means for solving the disagreement, and the ends pursued by the contenders." Dascal (2004), S. 4.

[184] Stenzel nennt die Nachbarbegriffe der Polemik: „Beschimpfung, Beleidigung, Calumnie, Diabole [...], Infamie, Injurie, Invektive, Libell, Pamphlet, Pasquill, Psogos [...], Schmährede, Streitschrift, Vituperatio" und entkräftet damit prinzipiell schon seine Bezeichnung der Polemik als Gattung, da deutlich wird, dass die aufgezählten Begriffe wiederum auf unterschiedlichen Ebenen anzusiedeln sind, beispielsweise können die Beschimpfung als sprachliche Realisierung und das Pamphlet als Gattungsbezeichnung in keiner Weise als synonym betrachtet werden. Stenzel (1986), S. 4, Anmerkung 5.

ist eine besondere Substanz, ein Fluidum, Medium, Ingrediens, eine Methode, ein Stil."[185]

Als Ergebnis der obigen Ausführungen kann festgehalten werden, dass Polemik prinzipiell formlos ist und sich auf vielerlei verschiedene Arten äußern lässt. Sie ist Anwendung von Sprache zu einem Kommunikationszweck, so dass Oda Wischmeyer und Lorenzo Scornaienchi sie als „eine Rede- und Schreibstrategie"[186] bezeichnen. Sie konstatieren darüber hinaus, dass Polemik weder Gattung noch Form ist, aber Formen hervorgebracht hat,

> vor allem die Streitschrift und das Streitgespräch. Die vielfältige Szene der literarischen Aggression – Scheltrede, Invektive, Tadel, Verleumdung, Schmähung, Kritik, Spottschrift, Pamphlet, Ironie, Satire, Persiflage – in ihren kulturellen und historischen Erscheinungsformen und Transformationen kann hier nur ins Gedächtnis gerufen werden.[187]

Sie bestätigen die bereits konstatierte Vielfalt der Formen, die polemisches Sprechen oder Schreiben hervorbringen kann. Somit liegt die Definition von Polemik als einer transgenerischen und transmedialen (sprachlichen) Methode am nächsten. Dies bestätigen auch Ursula Paintner, die Polemik als „Bezeichnung für eine Schreibweise bzw. einen Schreibgestus zu verwenden" sieht,[188] und Andreas Stuhlmann, der sie als „Schreibweise, als operative Kategorie, in verschiedenen Gattungen aufscheinen[d]" beschreibt.[189] Die Bezeichnung der Polemik als „Rede- und Schreib*strategie*" (s. o.) wird jedoch an dieser Stelle bewusst nicht gewählt: Die Entscheidung gegen die Bezeichnung ‚Strategie' ergibt sich aus der Differenzierung zwischen Polemik als einem generellen

---

[185] Rohner (1987), S. 214.

[186] Wischmeyer, Oda & Lorenzo Scornaienchi (2011): „Einführung". In: Dies. (Hg.): *Polemik in der frühchristlichen Literatur. Texte und Kontexte.* Berlin & New York: De Gruyter, S. 1–14, hier S. 4.

[187] Wischmeyer & Scornaienchi (2011), S. 5.

[188] Paintner (2011), S. 43. Auch Georg Braungart bestätigt mit seinen Überlegungen zur Verortung von Polemik innerhalb der Rhetoriktheorie, dass Polemik gattungsübergreifend ist: „Die Rhetorik der Polemik stellt die verschiedensten Mittel zu beliebigem Einsatz bereit: Mittel der Affekterregung, sophistische Syllogismen (wie es bei Melanchthon ja heißt), Techniken der Widerlegung, Möglichkeiten der Insinuation und Deprivation. Sie öffnet dem personalisierenden Angriff alle Schleusen, kann jedoch keine auch nur irgendwie verbindliche Gattungsnorm garantieren. Die *licentia polemica* führt weit über jede rhetorische Grenze." Braungart (1992), S. 20.

[189] Stuhlmann, Andreas (2010): *„Die Literatur – das sind wir und unsere Feinde".* *Literarische Polemik bei Heinrich Heine und Karl Kraus.* Würzburg: Königshausen & Neumann, S. 21.

Vorgehen und ihren jeweils einzelnen Verwendungen, den polemischen Zügen.[190] Polemik ist eine Methode,[191] die sich in ihren einzelnen Erscheinungsformen – den polemischen Zügen – bestimmter Strategien bedient. Da die Strategien, die der Polemik dienen, aber nicht grundsätzlich und ausschließlich polemisch sind, muss zwischen diesen Strategien und Polemik als Methode unterschieden werden.

Ausgehend von der bereits erörterten wechselseitigen Beziehung von Streitkultur und einzelnem Streitakt im (schriftlich verfassten) Text kann Polemik als Schlüsselelement der Streitinszenierung gesehen werden: Polemik ist die Methode, einen Streit öffentlich in Szene zu setzen, und zwar auf eine Weise, die die Diskrepanzen in Bezug auf die Streitsache herausstellt und zugunsten der eigenen Position bewertet. Dem Streitgegner wird gleichzeitig jegliche Grundlage für ein Rechthaben aberkannt. Innerhalb dieser Inszenierung kommt der „Kreativität des Zitats"[192] eine wichtige Rolle zu: z. B. durch direkte Antworten auf bestimmte Einzeltexte mittels Zitat, Paraphrasierung, Frage-Antwort-Struktur oder durch intertextuelle Bezüge, die durch vermehrtes Wiederaufgreifen als solche nicht mehr erkennbar sind, wie etwa Schlagwörter, eingebürgerte Namensverballhornungen usw. Mittels solcher Wiederholungen kann eine bereits bestehende Beschreibung des Sachverhalts und der interpersonalen Beziehungen des Streits neu sortiert und interpretiert werden.[193] Polemik ist dabei die Methode, einen „Antagonismus in bezug [sic!] auf eine Sache vor Publikum" herzustellen,[194] und kann insofern als zentrales strategisches kommunikatives Vorgehen bei der Streitinszenierung gesehen werden.[195] In welche Form Polemik gekleidet bzw. welche Form gewählt wird, um zu polemisieren, unterliegt dem Zusammenspiel von

---

[190] Stenzel (1984), S. 4.

[191] Vgl. dazu auch Feigenwinter-Schimmel, Gunild (1972): *Karl Kraus: Methode der Polemik*. Kleve: Ritscher + Noy.

[192] Krämer (2004), S. 16.

[193] Vgl. Krämer (2004), S. 16.

[194] Paintner (2011), S. 44.

[195] Vgl. dazu: „Irenik und Polemik sind rhetorische Begriffe und beziehen sich auf konfliktmildernde bzw. konfliktverschärfende Kommunikationsstrategien." Spoerhase (2007), S. 65. Vgl. dazu auch Rohner (1987), S. 214: Er zitiert Peter Sloterdijk (1983: *Kritik der zynischen Vernunft*, 2 Bde. Frankfurt/Main), der den inszenatorischen Charakter von Polemik hervorhebt: „Der Autor [Sloterdijk] spielt das Sprichwort ‚Wenn zwei sich streiten, freut sich der Dritte' logisch nach und kommt zum Befund, das Polemische übersteige das Dialogische und selbst das Dialektische bei weitem. ‚Im Streit wird ein Widerspruch nicht nur gedacht, sondern in Wirklichkeit inszeniert'." (Binnenzitat aus Bd. 2, S. 676).

Gattungskonventionen, kommunikativen und kulturellen Praktiken und den Funktionen, die im konkreten Fall angestrebt sind.

Ein weiterer Punkt, bei dem definitorische Uneinigkeit herrscht, ist die **Bestimmung des Modus**, denn die Frage nach der Sachlichkeit bzw. Unsachlichkeit der Argumentation von Polemik ist bisher auch nicht übereinstimmend beantwortet worden. Stenzel sieht Unsachlichkeit als ein Kriterium, das Polemik zu erfüllen habe, um sich von anderen Arten der aggressiven Rede zu unterscheiden. Die mögliche Assoziation einer wütenden Beschimpfungskaskade (er gibt das Beispiel eines schimpfenden Betrunkenen) grenzt er jedoch wiederum ein: „Beschimpfung kann sich immerhin auf die bloße Reihung von Schimpfwörtern reduzieren; Polemik nicht, denn sie argumentiert."[196] Stenzel versucht auf diese Weise, den unsachlichen Charakter von Polemik mit dem besonders in der Neuzeit betonten Kunstcharakter, dem der gelehrten literarischen Fehde oder Kontroverse,[197] zu vereinen. Paintner hingegen argumentiert gegen Stenzels Forderung nach Unsachlichkeit, indem sie von der Funktion ausgehend konstatiert: „[E]s gibt ebenfalls Texte, die eine Diskreditierung des Gegners allein durch sachliche Argumente erreichen, und Texte, bei denen eine vorrangige *argumentatio ad hominem* offensichtlich in erster Linie der Sache dient."[198] Indem sie das betont, was der Text bezweckt bzw. welche Wirkung dem Text zugeschrieben wird, stellt sie eher eine dem Text inhärente polemische Funktion als Kriterium heraus statt eines Stils oder einer Methode und eröffnet damit eine weitere Perspektive auf den Begriff der Polemik. Es wirkt, als widerspreche sie partiell ihrer eigenen grundsätzlichen Auffassung, „daß ‚Polemik' nicht als Gattungsbegriff, sondern als Bezeichnung für eine Schreibweise bzw. einen Schreibgestus zu verwenden"[199] sei, da sie in ihrem Argument gegen Stenzel gerade nicht die Schreibweise, sondern die Funktion als polemisch identifiziert. Hier scheint sie mit Polemik nicht das Mittel an sich, sondern das Ziel zu meinen. Einen versöhnlichen Blickwinkel bietet Walter Benjamin, für den der Zweck des Polemisierens sämtliche Mittel heiligt. In der Hand des Polemikers kann seine Waffe, das Wort, aus sämtlichem Material geschmiedet sein:

---

196 Stenzel (1986), S. 4.
197 Stauffer (2003), *HWRh* 6, Sp. 1404.
198 Paintner (2011), S. 42.
199 Paintner (2011), S. 42.

„Für ihn, den wirklichen Polemiker, gibt es zwischen Polemischem und Sachlichem gar keine Grenze."[200]

Für die Inszenierung eines Streits mittels Polemik stehen insofern vielfältige sprachliche Techniken zur Auswahl. Polemik muss nicht zwingend durchgängig argumentativ sein, da Beschimpfungen und Beleidigungen ebenfalls zu den polemischen Mitteln zählen, sie sollte im Kern aber auf argumentativen Strukturen aufbauen. Peter von Matt bestätigt, dass insbesondere spontane Umschläge von Ironie zu Ernst, von Witz zu Pathos, von Sentimentalität zu grobianischem Spott Polemik im Wesentlichen ausmachen. Dabei sind sämtliche sprachlichen Einsatzmöglichkeiten mit eingeschlossen: „Noble Rhetorik und plebejisches Reden sind die zwei gegensätzlichen Ausdrucksformen, die miteinander zum polemischen Kalkül gehören."[201]

Ob Polemik sachlich oder unsachlich argumentiert, ist auch davon abhängig, was unter Sachlichkeit zu verstehen ist. Ist Sachlichkeit darauf bezogen, dass *ad rem* und nicht *ad hominem* oder *ad personam*[202] argumentiert wird, kann Polemik sowohl sachliche, als auch unsachliche Züge annehmen, denn argumentiert werden kann sowohl gegen die Sache als auch gegen die Person. Allerdings macht Walther Dieckmann darauf aufmerksam, dass die Übergänge fließend sein können, da ebenso eine Person *als res*, Streitsache, gelten kann. Insofern wäre dann die *argumentatio ad rem*, obwohl es um eine Person geht. In so einem Fall kann erst dann von *argumentum ad personam* gesprochen werden,

---

[200] Braungart (1992), S. 4: „Zitat nach Walter Benjamin: Jemand meint. Zu Emanuel Bin Gorion, ‚Ceterum Recenseo', in: Gesammelte Schriften, Tiedemann/ Schweppenhäuser (HG.), Bd. 8, 1980, S. 360f".

[201] Matt (1994), S. 39.

[202] Die Trennung des *argumentum ad hominem* vom *argumentum ad personam* beruht auf Arthur Schopenhauer, der unter dem *argumentum ad hominem* (oder *„ex concessis"*) ein solches Argument versteht, das sich auf bereits gemachte Aussagen des Gegners bezieht. Zum Beispiel kann man eine Aussage des Gegners widerlegen, indem man behauptet, seine Aussage stimme nicht mit seinen bereits gemachten „Behauptungen oder Einräumungen" überein oder stehe im Widerspruch zu ihnen, man widerlegt ihn also „mit der relativen subjektiven Wahrheit". Schopenhauer, Arthur (1923): „Eristische Dialektik". In: Deussen, Paul (Hg.): *Arthur Schopenhauers sämtliche Werke*. Bd. 6. Hg. von Franz Mockrauer. München: Piper, S. 393–428, hier S. 405f. Das *argumentum ad personam* hingegen „geht vom rein objektiven Gegenstand ab, um sich an das zu halten, was der Gegner darüber gesagt oder zugegeben hat. Beim Persönlichwerden aber verläßt man den Gegenstand ganz, und richtet seinen Angriff auf die Person des Gegners: man wird also kränkend, hämisch, beleidigend, grob. Es ist eine Appellation von den Kräften des Geistes an die des Leibes, oder an die Thierheit." Ebd., S. 426f.

wenn die Person in einer Rolle oder in einem Bereich (z. B. privat) angegriffen wird, der nichts mit der verhandelten Sache zu tun hat.[203]

Eine sachliche, also auf die Streitsache bezogene, Argumentation impliziert jedoch nicht, dass man die Auffindung der objektiven Wahrheit
anstrebt.[204] Dies formuliert Arthur Schopenhauer in seiner posthum
veröffentlichten Abhandlung über die *Eristische Dialektik*, die er auch
die „Kunst Recht zu behalten"[205] nennt: „[Sie] ist die Kunst zu disputiren, und zwar so zu disputiren, daß man Recht behält, also *per
fas et nefas.*"[206] Dabei spielt die Logik, die objektive Wahrheit, für
Schopenhauer keine Rolle, sondern lediglich das, was in einem konkreten Streit- bzw. Disputationskontext als solche geltend gemacht werden
soll.

Fasst man die Überlegungen zusammen, so umfasst Polemik sowohl
sachliche als auch unsachliche, rationale sowie emotionale Elemente.
Die konkreten Strategien der Polemik können sich auf unterschiedlichen Ebenen befinden. Es ist demnach Dieckmann zuzustimmen, der
die Synthese aus allen Modi konstitutiv für die Polemik postuliert:

> Obwohl die Anteile an Disputation einerseits, Pamphlet oder Pasquill ande-
> rerseits, im Einzelfall unterschiedlich gewichtet sind, [...] haben polemische
> Texte bei allen relativen Unterschieden in der Wechselwirkung der beiden
> Ebenen eine grundlegende Gemeinsamkeit, die sie qualitativ sowohl von
> der sachlichen Diskussion als auch von dem nur verunglimpfenden Pasquill
> bzw. von der Satire unterscheidet.[207]

Polemik ist demnach im Spannungsfeld von Sachlichkeit und Unsachlichkeit sowie Rationalität und Emotionalität zu verortern, sie ist
weder nur das eine noch ausschließlich das andere und kann rasch vom
einen zum anderen umschlagen.[208] Im Zuge dieser Synthese kann zudem konstatiert werden, dass in der Regel eine Personalisierung der
Streitsache vorliegt, d. h. selbst wenn es um Sachverhalte – wie im Falle
der Reformation um Glaubensfragen – geht, wird die Polemik perso-

---

[203] Dieckmann, Walther (2005): *Streiten über das Streiten. Normative Grundlagen polemischer Metakommunikation.* Tübingen: Niemeyer, S. 69.
[204] Es kann dabei nicht von einer finalen, von Natur aus existierenden Wahrheit, sondern von gesellschaftlichen, kulturellen Konventionen ausgegangen werden, die als
objektive Wahrheit gelten.
[205] Schopenhauer (1923), S. 403. Arthur Hübscher datiert die Schrift auf die Jahre
1830/1831 in *Der handschriftliche Nachlaß: in fünf Bänden* von 1985.
[206] Schopenhauer (1923), S. 395.
[207] Dieckmann (2005), S. 47.
[208] Vgl. Stuhlmann (2010), S. 30.

nalisiert.[209] Dies sieht man bei Hoffman z. B. daran, dass er häufig den „lutherischen und zwinglischen haufen"[210] nennt, anstatt auf konkrete Lehrgebäude zu referieren.

Die **Identifizierung des Adressaten** von Polemik wird ebenso uneinheitlich vorgenommen wie die anderen bisher genannten Kriterien zur Eingrenzung. Paintner sieht für die antijesuitische Polemik klar das Publikum als Adressaten. Sie identifiziert als Hauptziel der Polemik, ein negatives Feindbild zu zeichnen, fortzuführen und zu festigen, das durch antagonistische Gegenüberstellung gleichzeitig ein positives protestantisches Selbstbild entwirft. Das Publikum hat dabei die Richterrolle einzunehmen. „Diese Konstellation ist es, die das Wesen von Polemik ausmacht, nicht etwa ein mehr oder weniger aggressiver Stil oder gar unsachliche Argumentation."[211] Paintners Ergebnisse decken sich u. a. mit Georg Braungarts Überlegungen zur Tadelrede und deren Ziele:

> Die *vituperatio* ist also von ihrer Zugehörigkeit zum *genus demonstrativum* her nicht direkt handlungsorientiert. Es geht ihr vielmehr primär darum, im Zuhörer ein bestimmtes Bild der behandelten Person oder Sache zu vermitteln und ihn zu einer bestimmten Meinung von ihr zu bringen.[212]

Insofern ist anzunehmen, dass Paintner Polemik ebenfalls zum *genus demonstrativum*, der Redegattung der Darstellung, die im Gegensatz zum *genus iudicale* oder *genus deliberativum* nicht zum Handeln aufruft, zählt. Dass die Tadelrede für die frühneuzeitliche Polemik instrumentalisiert wurde, formuliert ebenfalls das *Historische Wörterbuch der Rhetorik*.[213]

---

[209] Vgl. dazu: „Polemic, however, to be successful, had to be directed not only at corrupt institutions and threadbare belief systems but at those who personified them, or even profited from them. Polemic soon became personal; groups and individuals were held up to ridicule and abuse." Matheson (1998), S. 3.

[210] Hoffman, Melchior (1532), *Das freudenreiche zeucknus*, S. 429. Vollständige Angabe bei Anmerkung 667. Siehe auch Hoffman (1532), *Magestadt gottes*, A2r. Vollständige Angabe bei Anmerkung 669.

[211] Paintner (2011), S. 456.

[212] Braungart (1992), S. 15f. Auch im *Historischen Wörterbuch der Rhetorik* werden zwei Adressaten identifiziert: „de[r] Getadelte[] selbst sowie das weitere Publikum. [...] Zumeist aber zielt die T[adelrede] primär auf Zustimmung und Akzeptanz beim weiteren Publikum, wobei gerade die Polarisierung zwischen dem Publikum und dem Getadelten die Absicht der T[adelrede] sein kann." Bremer, Kai (2009b): „Tadelrede". In: *HWRh* 9. St–Z, Sp. 419–424, hier Sp. 420.

[213] „Die T[adelrede] wird [in der frühen Neuzeit] zur Redegattung der Unterweisung, die Zurschaustellung des Getadelten wird in andere, polemische Redegattungen

Betrachtet man Hoffmans streitinszenierende Schriften oder auch polemische Texte der Reformationszeit überhaupt, fällt jedoch auf, dass in vielen Schriften auf der Textebene oftmals die direkte Rede vorherrscht (der Gegner wird in der 2. Person angesprochen). Die direkte Anrede und ihre Beantwortung in gleicher Manier machen einen Großteil des diskursiven, dialogischen Charakters der Polemik aus. Das Dialogische steht für einige Untersuchungen aus der Tradition der historischen Dialoganalyse im Vordergrund. Marcelo Dascal spricht mitunter von „polemical exchanges",[214] was den interaktiven Charakter von Polemik unterstreichen soll. Die Forderung von Untersuchungen gesamter Streitschriftenwechsel oder Kontroversen[215] ist die logische Konsequenz daraus. Die Betonung des Dialogischen (zwischen den Streitparteien) schließt zudem mit ein, dass der jeweilige Gegner auch der Adressat ist und es gilt, diesen zu überzeugen. Auf diese Weise tritt das Publikum zunächst in den Hintergrund, die Persuasion in den Vordergrund. Ausgehend von dem Modell, das Jeremy Hawthorn für Persuasion entwirft, erscheint diese rein dialogisch-persuasive Situation zwischen den Streitparteien nicht sinnvoll, denn ein Unterschied zwischen Gegner und Publikum wird nicht gemacht. Aufgezählt werden allein „the persuader", „the persuasive text or discourse", „the persuadee" und „the determining and interlocking context" (sozial, politisch, historisch),[216] so dass als „persuadee" nur der Gegner *oder* das Publikum in Frage kommt und die jeweils andere Instanz aus dem Modell entfällt.

Generell stellt die Frage nach der Adressierung eine Schwierigkeit für die Untersuchung von Texten dar, besonders für Texte des 16. Jahrhunderts: Die Adressierungsabsicht des Verfassers ist vielfach nicht mehr nachvollziehbar. Doch auch in Fällen, in denen Aussagen des Verfassers über seine Intentionen belegt sind, können diese nicht stellvertretend für die Wirkung sein, die der Text real entfaltet.[217] Eine

---

verlagert. Das zeigt sich insbesondere in den frühneuzeitlichen Religionsstreitigkeiten: die Streitschriften greifen vielfach auf Elemente der T[adelrede] zurück und funktionalisieren sie." Bremer (2009b), *HWRh* 9, Sp. 422.

[214] Dascal (2004), S. 3.

[215] Siehe dazu u. a. Gierl (1997).

[216] Hawthorn, Jeremy (1987): „Preface". In: Ders. (Hg.): *Propaganda, Persuasion and Polemics*. London: Edward Arnold, S. vii–xiv, hier S. xii.

[217] Mit Hinblick auf das performative Text- und Kulturverständnis, das dieser Arbeit zugrunde liegt, lässt sich die Funktion eines Textes nicht auf die intendierte reduzieren. Vielmehr entsteht die Wirkung des Textes interaktiv bzw. unter Beteiligung des Verfassers, des Lesers und deren Kontexten. Vgl. dazu auch Knape, Joachim (2000): *Was ist Rhetorik?* Stuttgart: Reclam, S. 104.

Textanalyse muss deshalb sämtliche Faktoren berücksichtigen: sowohl den generellen Kontext (historisch, kulturell und literarisch-rhetorisch) als auch den unmittelbaren, persönlichen Hintergrund des Autors. Unweigerlich muss zudem der Inszenierungscharakter eines Textes mit einkalkuliert werden.[218] Demnach ist es kritisch zu sehen, den diskursiven, dialogischen Charakter, der auf der Textebene gestaltet ist, auch auf die Kontextebene zu übertragen. Eine Prüfung kontextueller Umstände ist insofern obligat.

Da Polemik als methodisches Vorgehen der Streitinszenierung bestimmt werden kann, ist ebenfalls die Adressierung der Polemik auf der Textebene als Teil der Inszenierung zu verstehen. Es ist also Paintner zuzustimmen, wenn sie die „dialogische Grundhaltung eines großen Teils der Polemik nicht als tatsächliches Gesprächsangebot an den Gegner, sondern als inszenatorisches Mittel interpretier[t]".[219] Was Paintner an dieser Stelle für die antijesuitische Polemik konstatiert, gilt auch für die Polemik Melchior Hoffmans, der das Dialogische auf unterschiedliche Art inszeniert: Zum Beispiel fingiert er in *Eyn sendbrief an den achtbaren Michel wachter* den Verfasser (mittels des Pseudonyms Caspar Beck) sowie den Adressaten und inszeniert einen freundschaftlichen Briefwechsel, was ihm erlaubt, seinen eigenen Namen in der 3. Person zu nennen.[220] Solche Fälle verdeutlichen die Rolle des Publikums als (impliziten) Hauptadressat jeder Polemik. Nicht zuletzt die Tatsache der Inszenierung in öffentlichen Medien unterstreicht die Bedeutung des Publikums als richterliche Instanz. Für die Untersuchung solcher Inszenierungen eignet sich besonders Stenzels Konzept der „*polemischen Situation*", die sich aus dem „*polemischen Subjekt*" (dem Polemiker bzw. der Person oder Gruppe, die die Polemik äußert), dem „*polemischen Objekt*" (der Person, Gruppe oder dem Organ, die/das Ziel des polemischen Angriffs ist), der „*polemischen Instanz*" („dem als entscheidungsmächtig vorgestellten Publikum") und dem „*polemischen Thema*" (der Streitsache bzw. dem *status controversiae*)

---

[218] Vgl. dazu z. B. Bremer, Kai (2011): „Reformatorische Resonanzstrategien und Inszenierungspraktiken. Luthers ‚Brief an den Vater' 1521". In: Jürgensen, Christoph & Gerhard Kaiser (Hg.): *Schriftstellerische Inszenierungspraktiken – Typologie und Geschichte.* Heidelberg: Universitätsverlag Winter, S. 55–67.

[219] Paintner (2011), S. 51. Paintner weist jedoch darauf hin, dass die dialogische Grundhaltung durch diese Feststellung „allerdings ihre definitorische Wirksamkeit einbüßt." Ebd.

[220] Siehe dazu Kapitel 4.3.2 *Der fingierte Privatbrief als offener Brief in* Eyn sendbrieff an [...] Michel wachter.

zusammensetzt.[221] Stenzels Konzept basiert darauf, dass die *polemische Instanz* der „indirekte oder direkte Adressat polemischer Rede"[222] ist, bei der es sich um

> einen Machtkampf zwischen Vertretern von Positionen oder Gruppen [handelt], und die Macht liegt dabei in der von starken Wertgefühlen begleiteten Zustimmung der polemischen Instanz zu Position und Person des Angreifers – Ohnmacht in entsprechender Ablehnung des Angegriffenen.[223]

Damit formuliert Stenzel eine der Hauptfunktionen oder Wirkungsabsichten von Polemik: die Beeinflussung des Publikums in Hinsicht auf dessen Urteil bzw. Personeneinschätzungen. Da sie – eng an das Konzept der rhetorischen Streitkultur gebunden – eine Methode des öffentlichen Diffamierens ist,[224] muss sie, um ihre Wirkung zu entfalten, eine *polemische Instanz* ansprechen. Dahingehend ist sie der Gerichtsrede ähnlich, die sich ebenfalls an das Publikum bzw. die Richter wendet.[225] Das ‚Ansprechen' der *polemischen Instanz* ist demzufolge immer implizit und muss sich nicht mit der Adressierung auf der Textebene kongruent verhalten. Folglich finden viele Funktionen von Polemik, wie z. B. Persuasion, in der Regel nicht auf der Verhältnisebene des *polemischen Subjekts* zum *polemischen Objekt* statt, sondern zwischen *polemischem Subjekt* und *polemischer Instanz*.

Wie bereits angedeutet, hängt die **Explikation der Funktionen** von Polemik – wie auch Stenzels Beispiel zeigt – eng mit der Feststellung der *dominanten* Adressierung von Polemik zusammen und kann dem

---

[221] Stenzel (1986), S. 5f. (Hervorhebungen im Original). Im Folgenden wird Stenzels Terminologie auch in dieser Arbeit herangezogen. Dabei wird noch detaillierter geklärt werden, was unter den einzelnen Elementen der *polemischen Situation* in Bezug auf die Text- und die Kontextebene zu verstehen ist. Siehe Kapitel 2.3 *Kommunikative Situationen des Polemisierens.*

[222] Ebd., S. 5.

[223] Ebd., S. 6.

[224] Seit der Aufklärung wird auf den „Öffentlichkeitscharakter der P[olemik], ihre Aktualitätsgebundenheit, ihre Intentionalität und apodiktische Natur" hingewiesen. Stauffer (2003), *HWRh* 6, Sp. 1409.

[225] Die einzelnen Elemente des Stenzelschen Modells sind in gleicher Konstellation in der Gerichtsrede wiederzufinden: „Die theoretische Anleitung ging dabei seit dem ‚Auctor ad Herennium' und Ciceros ‚De inventione' systematisch von den vier Fakten aus, die die prozessuale Situation konstituieren: 1. der Person des Redners, 2. der Gegenpartei, 3. den Zuhörern bzw. den Richtern und 4. vom Gegenstand der Verhandlung." Haug, Walter (1985): *Literaturtheorie im deutschen Mittelalter. Von den Anfängen bis zum Ende des 13. Jahrhunderts.* Darmstadt: Wissenschaftliche Buchgesellschaft, S. 8.

identifizierten Hauptadressaten entsprechend unterschiedlich ausfallen. Es ist Stenzel generell zuzustimmen, wenn er Polemik immer an ein Publikum gerichtet sieht. Obgleich auf der Textebene das *polemische Objekt* adressiert wird, bleibt die *polemische Instanz* der Hauptadressat.[226] In vielen polemischen Schriften der Reformationszeit, auch in denen Melchior Hoffmans, zeigt sich diese implizite Adressierung in z. B. dem Haupttext vorangestellten Vorreden oder Widmungen, die auf der Textebene einen anderen Adressaten haben als der Haupttext. Besonders in diesen Fällen drängt sich der Eindruck eines inszenierten Dialogs unmittelbar auf. Die Funktion des Dialogs ist es zuvörderst nicht, ein Kommunikationsangebot an das *polemische Objekt* zu machen, sondern einen Sachverhalt auf eine bestimmte Weise darzustellen und Images zu konstituieren.

Generell ist dem Dialog ein mit dem *polemischen Objekt* argumentativ kommunizierendes und auf Persuasion oder auch Provokation des *polemischen Objekts* gerichtetes Moment nicht vollkommen abzusprechen. Dieses Moment kann jedoch nicht ausschließlich auftreten, ohne dass eine *polemische Instanz* angesprochen würde, denn so wie der Auffassung einer ‚rhetorischen Streitkultur‘ eine Inszenierung in öffentlichen sprachbasierten Medien zugrunde liegt, muss auch Polemik in einem öffentlichen Raum geäußert werden – sie ist die praktische rhetorische Ausformung, welche die Basis der Entstehung einer ‚rhetorischen Streitkultur‘ darstellt.

Betrachtet man die Funktionen, die auf das Publikum bezogen sind, kann Polemik indessen verschiedene Grundfunktionen erfüllen: Zum einen kann sie dafür verwendet werden, die *polemische Instanz* zu überzeugen – in dem Falle würde man von einem bisher unentschlossenen Publikum bzw. einem sich in seinen Überzeugungen unsicheren Publikum ausgehen.[227] Im Falle eines zugeneigten Publikums, beispielsweise aus den eigenen Reihen, kann Polemik darauf abzielen, die Gruppenzugehörigkeit zu stärken und (Gruppen-)Identität zu stiften, wodurch sie eine nach innen inkludierende und nach außen

---

[226] Diese Feststellung wird in Kapitel 2.3 *Kommunikative Situationen des Polemisierens* und in den Analysekapiteln (Kap. 3 & 4) eingehender begründet und an Melchior Hoffmans Schriften erörtert.

[227] Bremer spricht beim Streitschriftenwechsel davon, dass sich „zwei Autoren zu einem Thema unter ähnlichen Voraussetzungen auseinandersetzen und – idealsierterweise [sic!] – versuchen, die Gunst eines Publikums zu erobern und eine Leserschaft (und Zuhörerschaft) zu überzeugen.“ Bremer (2005b), S. 29.

exkludierende Funktion übernimmt.[228] In beiden Fällen geht es darum, polarisierende Eigen- und Fremdimages zu entwerfen, die eine klare Grenzziehung ermöglichen:

> Der Polemiker soll samt seiner Position in den Augen der polemischen Instanz als wertvoll erscheinen, der Angegriffene und seine Position als minderwertig. Polemik folgt dem Schema eines säkularisierten Manichäismus, das die Beteiligten in die Extremregionen von Licht und Finsternis auseinandertreibt.[229]

Ob das durch die inszenierte antagonistische Gegenüberstellung von gut und schlecht, glaubwürdig und unglaubwürdig, richtig und falsch usw. gezeichnete Fremdimage zu einem öffentlich wirksamen Feindbild avanciert, ist indessen vom Grad der intertextuellen Wiederholung, d. h. der Einbindung in den größeren Kontext kultureller Praktiken, abhängig. Hier zeigt sich besonders deutlich die „[f]unktionale Performativität", also die „kulturelle Wirkmächtigkeit" von Texten.[230] Die funktionale Performativität ist auf der textexternen Ebene zu verorten und betrifft u. a.

> die gesellschaftliche Zirkulation von Texten, durch die Produkte der schriftlichen Kultur in performative Kulturpraktiken eingebunden werden. Dies beinhaltet beispielsweise Prozesse des Aufführens und Ausstellens, Zueignens, Austauschens oder Übertragens. [...] Zugleich wird in der Betonung der intertextuellen Iterationen und transmedialen Übergänge Textbedeutung dynamisiert und als Ergebnis auch außerliterarischer kultureller Verhandlungsprozesse erkennbar.[231]

Somit besteht eine performative Wirkung von Texten darin, andere kulturelle Praktiken zu beeinflussen, mit ihnen zu verschmelzen und in ihnen verarbeitet und fortgeführt zu werden. Aus dem Geflecht von kulturellen Praktiken, in dem Texte, deren Themen und Diskurse eingeflochten werden, entstehen dann ebenfalls neue Texte, die in ihrer

---

[228] Vgl. die Ergebnisse von Bremer: „Religionspolemische Schriften sind damit Texte, die sich zunächst an die Angehörigen der eigenen Konfession richten, ihren Verfassern geht es um die ‚kollektivierende Wirkung des Streites' und weniger um die Überzeugung des Gegners. [...] Während sich Feindschaft innerhalb der Religionspartei, nach Simmel der Gruppe, vereinheitlichend auswirkt, zwingt sie die Zweifler und Zauderer aus der Gruppe. Für sie bleibt kein Platz im religionspolemischen Antagonismus." Bremer (2005b), S. 221.

[229] Stenzel (1986), S. 7.

[230] Häsner et al. (2011), S. 84.

[231] Häsner et al. (2011), S. 85.

Eigenschaft des „Vollzug[s] performativer Akte als ritualisierte öffentliche Aufführung"[232] betrachtet werden können. Kultur und Einzeltext stehen auf diese Weise in dauerhafter, wechselseitig produktiver Beziehung – Polemik ist als ein den Texten inhärentes Moment in diesem Prozess inkludiert.

Zusammenfassend wird ‚Polemik' in der vorliegenden Arbeit als Methode definiert, als ein sprachliches Verfahren, das in verschiedenen Formen und (rhetorischen) Gattungen auftreten kann, sich unterschiedlicher Modi der Argumentation (sachlich und unsachlich, rational und emotional) bedient und darüber hinaus die Fülle der rhetorischen Figuren, Tropen und Redestile instrumentalisiert,[233] um einen Streit in Szene zu setzen. Diese Inszenierung – die Theatermetaphorik birgt dies in sich – ist immer (auch) an ein Publikum gerichtet, das eine urteilende Funktion übernehmen soll und partiell auch im Text als eine urteilende Instanz konstruiert wird.[234] Die übergreifende Aufgabe von Polemik ist das Polarisieren auf öffentlichem Terrain mit dem Ziel, individuelle Meinungsfestigung oder -änderung zu bewirken, und somit performativ kulturelle Denkmuster, z. B. Stereotype, und deren Wandel zu lenken, d. h. eine grundlegende Funktion von Polemik ist die Ausformung des Streitakts, der wiederum in Wechselwirkung mit der Streitkultur steht. Welche Funktionen Polemik im Einzelnen und auf einer konkreteren Ebene erfüllen kann, wird nachfolgend erläutert.

2.2.2 Die Performativität von Polemik

Die Funktionen jeder einzelnen Verwendung von Polemik sind so vielfältig wie die Mittel, die ihr zur Verfügung stehen. Polemik ist, metaphorisch gesprochen, ein (rhetorisches) Chamäleon, das sich seiner Umgebung anpassen kann, um seinen konkreten Zweck zu erfüllen.

---

[232] Fischer-Lichte (2004), S. 41.

[233] Die Mittel der Polemik sind vielfältig und unterliegen scheinbar keinen Grenzen des Erlaubten. Vgl. Rohner (1987), S. 236.

[234] Bremer konstatiert einen Widerspruch für die Polemiken zwischen Altgläubigen und Protestanten: Die richterliche Instanz könne nicht das im Text konstruierte Publikum sein, da die theologisch gebildeten Autoren diesem Publikum – hier identifiziert er die Laien oder auch den ‚gemeinen Mann' – gleichzeitig absprechen, diese Funktion realiter übernehmen zu können. Bremer (2005b), S. 59. Dieser Widerspruch ergibt sich jedoch nicht, wenn man die Konkretisierung eines Publikums auf Textebene (als bspw. Laien) als Teil der Inszenierung betrachtet. Die Doppeldeutigkeit (der Elemente) der *polemischen Situation* wird in Kapitel 2.3.1 *Offenes und verdecktes Polemisieren* genauer beleuchtet.

Diese Umgebung ist dabei einerseits textextern, andererseits textintern zu verstehen. Nachdem einige der übergreifenden Funktionen, die Polemik auf der textexternen Ebene übernehmen kann (z. B. Beeinflussung der Streitkultur), bereits erörtert wurden, soll nun ein Blick auf die textinternen Funktionen von Polemik geworfen werden. Aus der Forschungsdiskussion wurde zudem bereits der Schluss gezogen, dass Polemik eine Methode ist, einen Streit mittels textueller Aufführung auf eine bestimmte Art und Weise in Szene zu setzen. Der Frage, wie Polemik es im konkreten Fall sprachlich auf der Textebene bewerkstelligt, einen Streit zu inszenieren (den „polemischen Antagonismus"[235] zu entwerfen), geht die Beschäftigung mit der „strukturellen Performativität", der „Machart des Textes" nach.[236]

Dass es möglich und sinnvoll ist, vom performativen Charakter von Gesamttexten oder Textabschnitten zu sprechen, lässt sich zum einen durch Jürgen Habermas' Ausführungen zur performativ-propositionalen „Doppelstruktur der Rede"[237] attestieren und zum anderen mit einem weit gefassten Aufführungsbegriff erklären, der eine körperliche Präsenz nicht in den Katalog der notwendigen Kriterien für ‚Aufführung' mit einschließt.[238] Stattdessen ist davon auszugehen, dass die Anwesenheit des Körpers kompensiert wird durch „textuelle[] Strategien und Strukturen, die der Inszenierung von Körperlichkeit,

---

[235] Paintner (2011), S. 47 & 61.

[236] Beide Zitate aus Häsner et al. (2011), S. 82 & 83.

[237] Habermas konstatiert, dass jede Äußerung – auch diejenigen, die nicht explizit performativ im Sinne John L. Austins seien – eine propositionale und performative Seite haben. Das Handeln mit Sprache se dementsprechend nicht nur Vermittlung von Inhalten, sondern ginge darüber hinaus. Habermas, Jürgen (1984): *Vorstudien und Ergänzungen zur Theorie des kommunikativen Handelns*. Frankfurt/Main: Suhrkamp, S. 404–409.

[238] Dieser Aufführungsbegriff ist einigen anderen Definitionen entgegengesetzt, die eine körperliche Präsenz als erforderliches Merkmal der Aufführung verstehen. Vgl. z. B. Erving Goffman (*Wir alle spielen Theater*), der seine Theatermetaphorik auf die face-to-face-Interaktion beschränkt und damit sämtliche Kommunikation via Medien von der sozialen Aufführung ausschließt. Vgl. dazu: Bausch, Constanze (2001): „Die Inszenierung des Sozialen. Erving Goffman und das Performative". In: Wulf, Christoph, Michael Göhlich & Jörg Zirfas (Hg.): *Grundlagen des Performativen. Eine Einführung in die Zusammenhänge von Sprache, Macht und Handeln*. Weinheim & München: Juventa Verlag, S. 203–225, hier S. 204. Auch Erika Fischer-Lichte nennt eine körperliche Komponente für den Aufführungsbegriff konstitutiv: „Es ist die leibliche Kopräsenz von Akteuren und Zuschauern, welche eine Aufführung allererst ermöglicht, welche die Aufführung konstituiert." Fischer-Lichte (2004), S. 47.

sinnlicher Präsenz oder ereignishaftem Vollzug dienen."[239] Mittels dieser Strategien kann die zeitliche und räumliche Distanz von Autor und Leser aufgelöst werden und eine Gleichzeitigkeit von Produktion und Rezeption, eine Begegnung von Produzent und Rezipient simuliert werden.[240] Polemik zeigt sich vor allem in dieser Hinsicht als performativ, denn sie ist zum einen, von ihrem Wirkungsanliegen herrührend, grundsätzlich aktualitätsgebunden, so dass kontextuelle Bezüge notwendigerweise hergestellt werden müssen. Zum anderen ist sie, wie bereits gezeigt wurde, genuin rezipientenorientiert und diskursiv, in den meisten Fällen zudem auch auf der Textebene dialogisch angelegt, so dass entweder das *polemische Objekt* oder die *polemische Instanz* direkt angesprochen werden. Welche diskursiven und rhetorischen Strategien im Einzelnen zur strukturellen Performativität der polemischen Inszenierung beitragen, wird im Folgenden anhand einer Auswahl der für die Schriften Melchior Hoffmans wichtigsten und am häufigsten vorkommenden Strategien erörtert.

Redewiedergabe und intertextuelle Bezüge

Ein beliebtes Mittel der Polemik, den Gegner auf die Bühne des Geschehens zu holen, ist es, ihn selbst sprechen zu lassen.[241] Deshalb sind die konkreten Formen der Redewiedergabe und das Herstellen umfangreicherer oder geringer fassbarer intertextueller Bezüge[242] auf die Schrift des Gegners gängige Verfahren polemischer Texte,[243] das

---

[239] Häsner et al. (2011), S. 83. Das Autorkollektiv führt dazu weiter aus: „Hierzu zählen etwa Indexikalisierungsstrategien [...], das Fingieren von Mündlichkeit, Verfahren der Blicklenkung und Visualisierung, *showing* statt *telling* [...], das Vor-Augen-Stellen von Geschehenszusammenhängen sowie Apostrophierungen des Lesers als anwesenden Kommunikationspartner und generell Modellierungen des Rezipienten." Ebd.

[240] Vgl. dazu auch Knape: „Es gibt einerseits Strategien, Performanz im Text herzustellen und damit die mündliche Performanz zu kompensieren (oder imitieren), aber auch das Gegenteil ist der Fall: Man nutzt die Möglichkeit, die das Buch gibt (langes Nachdenken) und reduziert z. B. den Text bis zur Unverständlichkeit." Knape, Joachim (2008): „Performanz in rhetoriktheoretischer Sicht". In: Kämper, Heidrun & Ludwig M. Eichinger (Hg.): *Sprache – Kognition – Kultur. Sprache zwischen mentaler Struktur und kultureller Prägung*. Berlin & New York: De Gruyter, S. 135–150, hier S. 150.

[241] Matt (1994), S. 40.

[242] Auch die Redewiedergabe ist zu Formen der Intertextualität zu rechnen, wird hier aber wegen ihrer speziellen, eingegrenzten Form einzeln behandelt.

[243] Vgl. Schwitalla, Johannes (1986): „Martin Luthers argumentative Polemik: mündlich und schriftlich". In: Worstbrock, Franz Josef & Helmut Koopmann (Hg.):

polemische Objekt als eine (im Text) agierende oder zumindest anwesende Person zu inszenieren. Das *polemische Subjekt* kann seinen Text z. B. als eine Ad-hoc-Replik oder unmittelbare Reaktion auf bereits gemachte Aussagen und Handlungen (evtl. vorausgehende Schriften) des *polemischen Objekts* inszenieren. Die Wiedergabe des bereits Vergangenen kann infolgedessen als ein probates sprachliches Mittel der textuellen Streitinszenierung identifiziert werden, um das Vor-Augen-Stellen bzw. die performative Konstruktion des Streits zu fördern. Strategisch kann dies auf unterschiedliche Weise umgesetzt werden: durch ein direktes Zitat, durch Paraphrasieren bestimmter Aussagen, durch die summierende oder nacherzählende Wiedergabe von Themen(-strängen) oder durch Referenz auf einen Gesamttext oder im Text enthaltenen Diskurs.[244]

Durch das direkte Zitat ebenso wie durch die Redewiedergabe in indirekter Rede eröffnen sich Möglichkeiten zur Verdrehung, Widerlegung, Ironisierung oder Verspottung der gegnerischen Äußerung. Beim wörtlichen Zitat[245] kann dies durch die Einbettung des Originalwortlauts sowohl in eine neue sprachliche Umgebung als auch in einen anderen Blickwinkel geschehen, so dass,

> von der Perspektive der beiden Sprecher der Wiedergabeäußerung und der Originaläußerung aus betrachtet, [...] sich eine Redewiedergabe in der Form der direkten Rede als eine ‚Nebeneinanderstellung zweier Perspektiven im

---

Formen und Formgeschichte des Streitens. Bd. 2. Der Literaturstreit. Tübingen: Niemeyer, S. 41–54, hier S. 52.

[244] Vgl. dazu: „Der intertextuell organisierte, seine punktuelle Identität aufgebende Text stellt sich durch ein Verfahren der Referenz (dekonstruierend, summierend, rekonstruierend) auf andere Texte her." Lachmann, Renate (1984): „Ebenen des Intertextualitätsbegriffs". In: Stierle, Karl-Heinz & Rainer Warning (Hg.): *Das Gespräch*. München: Fink, S. 133–138, hier S. 134. Die Definition von Intertextualität an dieser Stelle rekurriert demnach auf „ein eingeschränktes (intensives) Verständnis von I[ntertextualität] [...], ‚im Sinne einer reinen Beschreibungskategorie für Texte, deren Struktur durch die Interferenz von Texten oder Textelementen organisiert ist.'" Pekar, Thomas (1998): „Intertextualität". In: *HWRh* 4. Hu–K, Sp. 526–533, hier Sp. 527. Binnenzitat aus Lachmann (1984), S. 133 (s. o.).

[245] Ein wörtliches Zitat ist in Texten des 16. Jahrhunderts noch nicht durch Satzzeichen als ein solches gekennzeichnet, deswegen ist es schwer als Zitat zu identifizieren. Es kommen wiederholt Markierungen durch Fettdruck vor, aber häufiger gibt es keine typographischen Unterschiede. Selbst wenn die Satzstruktur eine direkte Rede ankündigt, muss es sich nicht um ein wörtliches Zitat handeln. Zudem muss immer auch bedacht werden, dass im Frühneuhochdeutschen noch nicht durchgehend die Verbendstellung im Nebensatz zur Anwendung kam, was eine Unterscheidung zwischen direkter und indirekter Rede zusätzlich erschwert.

Wechsel von der Perspektive des Redemitteilenden zu der des Redenden'
bezeichnen [lässt].[246]

Beim wörtlichen Zitat entsteht demnach ein Nebeneinander von
zwei Ebenen. Durch Veränderung des Kontextes, in den die wörtliche
Äußerung eingebettet wird, kann jedoch die Äußerung verzerrt und
ihre Gesamtbedeutung abgewandelt werden. Zum Beispiel kann ein
ursprüngliches Moment der Ironie durch die Entfernung des Zitats
aus seiner sprachlichen Umgebung oder Entkopplung der kontextuellen Anknüpfung entfallen und die Interpretation gegensätzlich
sein. Ebenso ist der umgekehrte Fall möglich: Die zitierte Äußerung
kann ironisiert und der Gegner so verspottet werden. Aber nicht nur
Ironie, sondern auch Mehrdeutigkeit von Worten, Satzelementen
oder Gesamtäußerungen kann durch den Austausch der sprachlichen
Umgebung für die Verdrehung der Originaläußerung instrumentalisiert
werden. So birgt selbst die Redewiedergabe in der direkten Rede mehrere Möglichkeiten für den Polemiker, die gegnerischen Aussagen zugunsten der eigenen Positionen einzusetzen. Insbesondere die Erhaltung
des Originalwortlauts kann dabei als ein den Spott unterstreichendes
Element fungieren, indem suggeriert wird, dass der Gegner sich mit seiner Äußerung selbst widerlegt oder verspottet.

Die Redewiedergabe in indirekter Rede hingegen bietet unmittelba-
rer die Möglichkeit einer Manipulation, denn „bei der indirekten Rede
kommt der Originalsprecher erst über den Wiedergabesprecher zu
Worte." Die Ebene der Originalaussage wird insofern nur „suggeriert
oder evoziert".[247] So kann der Polemiker die gegnerische Äußerung als
andere Ebene angeben, sie aber nach eigenen Vorstellungen modifizieren, so dass sie der Polemik dient. Zum einen kann die Originaläußerung
ebenso wie beim wörtlichen Zitat in ein völlig anderes sprachliches
Umfeld gesetzt und der kontextuellen Bezüge entbunden bzw. mit neu-
en verknüpft werden, zum anderen kann aber auch der Wortlaut an
sich – und damit implizite Bedeutungen – verändert werden, indem die
Perspektive des Polemikers einfließt. So kann z. B. das Austauschen,
Weglassen oder Hinzufügen einzelner Worte die Bedeutung gravierend
beeinflussen.

---

[246] Landén, Barbro (1985): *Form und Funktion der Redewiedergabe in einigen ausgewählten historischen Darstellungen.* Stockholm: Almqvist & Wiksell International,
S. 25 (Binnenzitat: Kändler 1975: „Rededarstellung". In: Fleischer, W. & G. Michel
(Hg.): *Stilistik der deutschen Gegenwartssprache.* Leipzig, S. 210).
[247] Beide Zitate: Landén (1985), S. 26 & 28.

Neben den beiden Grundformen der Redewiedergabe stellen auch allgemeinere intertextuelle Bezüge zur Schrift des Gegners eine wichtige Strategie dar, den Gegner sich selbst ‚zur Schau stellen zu lassen'. Im Gegensatz zur Redewiedergabe, die eine spezielle Form der Intertextualität ist, sollen unter ‚intertextuellen Bezügen' all solche Verfahren verstanden werden, „in denen in pointiertem und markiertem Bezug ein Einzeltext auf einen anderen verweist, indem er diesen zitiert oder auf ihn anspielt, ihn paraphrasiert oder übersetzt, fortschreibt oder adaptiert, parodiert oder travestiert."[248] Ein Bezug mag beispielsweise strukturell sein, indem die Struktur der gegnerischen Schrift angepasst wird. Alternativ kann auch nur angedeutet werden, dass etwas gesagt wurde, ohne den Wortlaut (exakt oder leicht verändert) wiederzugeben. Auch die weniger konkreten intertextuellen Bezüge tragen dazu bei, dass der Gegner in der Schrift als ‚anwesend' inszeniert wird. Zudem ermöglicht die intertextuelle Bezugnahme auf unterschiedlichen Ebenen eine direkte Auseinandersetzung mit dem gegnerischen Text: zum Beispiel mit einem Gegenargument, mit einem Vorwurf oder auch mit einer generalisierten Gesamtaussage eines Textes. Viele Streittechniken wie etwa Verdrehung, Ironisierung, Parodisierung, Verspottung etc. basieren auf dem Prinzip der Intertextualität und ihre Verwendung ist insofern eine wesentliche Strategie der Polemik.

Dass Redewiedergaben und intertextuelle Bezüge einen wichtigen Stellenwert in polemischen Schriften der Reformationszeit haben, zeigt sich nicht zuletzt durch die Vielzahl der Metakommentare, in denen ihre fehlerhafte oder missbräuchliche Verwendung beim Streit angekreidet wird. Solche Vorwürfe fungieren nicht allein als Ermahnung, die Regeln einzuhalten, sondern sind ebenfalls Strategien der Streitinszenierung, die den Gegner wiederum als frevelhaft erscheinen lassen. So eignet sich die Redewiedergabe sowohl auf Seiten des Wiedergebenden als auch auf Seiten des bereits Wiedergegebenen für polemische Angriffs- und Verteidigungsmanöver. Beide Varianten bringen zudem den jeweiligen Gegner mit auf die Bühne, so dass der Effekt eines im Text stattfindenden Dialogs entsteht. Eine explizite Adressierung des Gegners oder des Publikums (jeweils in der 2. Person) kann diesen Effekt der „strukturelle[n] Performativität"[249] zusätzlich verstärken.

---

[248] Pfister, Manfred (1994): „Intertextualität". In: Žmegač, Viktor (Hg.): *Moderne Literatur in Grundbegriffen*. Tübingen: Niemeyer, S. 215–218, hier S. 217.
[249] Häsner et al. (2011), S. 82.

Die polemische Bibelauslegung

Von den bereits erörterten intertextuellen Bezügen qualitativ zu unterscheiden ist die polemische Bibelauslegung. Sie stellt zwar ebenfalls eine Form der Intertextualität dar, ihr Prätext ist aber kein Produkt des polemischen Gegners, sondern – und das ist für das 16. Jahrhundert hervorzuheben – wird als das ‚Wort Gottes' anerkannt.[250] Durch eine kontextualisierende Exegese von Bibelstellen, d. h. durch die Herstellung von Bezügen der biblischen Vorlage auf die aktuelle Gegenwart, vermag eine polemische Bibelauslegung jedoch harte Angriffe auf einen Gegner zu evozieren. Bei einer solchen Polemik ist insbesondere die Autorität der Heiligen Schrift dienlich, denn im Gegensatz zu anderen Schriften ist die Bibel aus der religiösen Perspektive des 16. Jahrhunderts Trägerin absoluter und unangefochtener Wahrheit. Diese Glaubwürdigkeit macht sich der Polemiker bei der polemischen Bibelauslegung zunutze, so dass Vergleiche mit biblischen Geschichten, Gleichnissen oder Figuren von der biblischen Autorität leben. Zum Beispiel können negative biblische Figuren mit dem *polemischen Objekt* und anderen feindlichen Personen gleichgesetzt werden. Das prominenteste Beispiel einer solchen polemischen Exegese ist Luthers Antichrist-Polemik gegen den Papst auf der Basis der *Offenbarung des Johannes*.[251] Aber nicht nur Personenvergleiche, sondern auch gesamte biblische Zusammenhänge können umgedeutet werden, indem sie allegorisch auf die eigene Wirklichkeit ausgelegt werden.[252] Durch den

---

[250] Vgl. dazu Matheson, der die Bibelzitate als „God's graffiti" bezeichnet: „We think of the Bible in terms of a text to be exegeted. The sixteenth-century Reformers saw it as the exegetical tool which illumined the whole of reality. Their cultural landscape, accordingly, was studded with these graffiti, the Biblical quotations from prophets, evangelists and apostles, the divine wisdom which seemed to settle every argument." Matheson (1998), S. 241.

[251] Hofmann, Hans-Ulrich (1982): *Luther und die Johannes-Apokalypse* (= *Beiträge zur Geschichte der biblischen Exegese*). Tübingen: Mohr, S. 164. Hofmann spricht in dem Zusammenhang ebenfalls von Luthers „polemische[r] Verwendung der Apk". Ebd. Zur Antichrist-Polemik siehe auch Richardsen-Friedrich (2000).

[252] Dieses Verfahren der Bibelauslegung war in der Reformationszeit nicht nur für polemische Zwecke üblich: „It has become a cliché that the Biblical message leapt fresh from vernacular pages, and was interwoven into everything from personal piety to domestic arrangements, to the reimagining of society. Equally importantly, however, contemporary issues were read back into Biblical space. Lay people, women, and the marginalised, as well as scholars and preachers made new connections between Old Testament and New, past, present and future, God and the human condition. They learned to ‚read' their societies, as well as their Bibles, differently." Matheson (1998), S. 160.

Bezug auf den Kontext, in den die polemische Schrift eingebettet ist, unterstützt aber auch die polemische Bibelauslegung das Performative, indem sie den klaren Verweis auf das ‚Hier und Jetzt‘ schafft und quasi nicht nur eine Reinterpretation, sondern auch eine ‚Reinszenierung‘ der Bibel vornimmt.

Nicht-argumentative Streittechniken

Das Erwecken einer bildlichen, körperlich anmutenden Streitsituation ist nicht nur auf einer argumentativen Ebene, durch z. B. intertextuelle Bezüge, gegeben, sondern auch durch nicht-argumentative Streittechniken bzw. „affektische Mittel“.[253] Sie decken den Teil der Polemik ab, der sich nicht an einer auf rationaler Ebene geführten sachlichen (*ad rem*) Diskussion oder Argumentation orientiert, d. h. es handelt sich um die unsachliche Seite der Polemik, die auf das Inszenieren und Wecken starker (negativer) Emotionen in Bezug auf die *persona* des *polemischen Objekts* zielt. Bei Verwendung nicht-argumentativer Streittechniken bezieht sich die Polemik nicht mehr argumentativ auf die gegnerischen Aussagen oder Auffassungen, sondern greift dort an, wo die Streitsache (*res*) streng genommen aufhört: beim „*Persönlichwerden*“.[254]

Die für das Persönlichwerden verwendeten sprachlichen Strategien lassen sich mit denen der Invektive vergleichen. Da sie „eher eine bestimmte Redeabsicht als eine formal umrissene rhetorische Gattung“[255] darstellt, liegt der Vergleich nahe: Die unsachliche Polemik verfolgt die gleichen Wirkungsabsichten wie die Invektive: „[Letztere] will bloßlegen

---

[253] Dieckmann, Walther (1975): *Sprache in der Politik. Einführung in die Pragmatik und Semantik der politischen Sprache.* Heidelberg: Carl Winter, S. 99. Dieckmann stellt sie den intellektuellen Mitteln gegenüber. Ebd.

[254] Es soll hier zwischen *argumentum ad personam* (Schopenhauer) und *Persönlichwerden* im Sinne Dieckmanns unterschieden werden. Letzterer argumentiert, dass das *argumentum ad personam* nicht mit dem von ihm eingesetzten Begriff des *Persönlichwerdens* übereinstimmt: Zum einen impliziere ersteres, dass argumentiert werde, so dass sämtliche nicht-argumentative Streittechniken aus dem Bedeutungsbereich herausfallen. Zum anderen könne die *res* z. B. auch eine Person selbst sein, so dass in solch einem Fall ein *argumentum ad personam* eigentlich ein *argumentum ad rem* sei. Insofern setzt Dieckmann das *Persönlichwerden* erst dort an, wo die Grenzen der Sache überschritten werden, beispielsweise wenn man in einer Diskussion der beruflichen Funktion einer Person nicht mehr die berufliche, sondern die Privatperson angreift. Dann sei die Grenze der Sache überschritten. Dieckmann (2005), S. 63–76 (Hervorhebungen im Original).

[255] Neumann, Uwe (1998): „Invektive“. In: *HWRh* 4, Sp. 549–561, hier Sp. 549.

und entlarven, was sich hinter einer Person verbirgt: sie destruiert die angemaßte Rolle und legt das vermeintliche wirkliche Wesen offen."[256] Um dieses Ziel zu erreichen, werden verschiedene rhetorische Mittel eingesetzt, zu denen z. B.

> entehrende Vergleiche, Metaphorik [...], Schwarz-Weiß-Malerei durch Gegenüberstellung mit einer untadeligen Person [...], Verallgemeinerungen, Unterstellungen, Wortspiele (insbesondere Namensspott), die ‚Entwertung positver [sic!] Begriffe' durch Ironie und neologistische Wendungen, die ein negatives Merkmal des Angegriffenen herausstellen[,][257]

zählen. Dieser Aufzählung ist zu entnehmen, dass die rhetorischen Mittel sehr vielseitig und in unterschiedlichen Bereichen der *elocutio* zu verorten sind, wie z. B. rhetorische Figuren und Tropen. Zur Präzisierung könnten weiterhin Sprichwörter, Redewendungen, Allegorien und Fabeln (nebst anderen Gattungen) genannt werden, die zur Schmähung des Gegners beitragen können, indem sie Negativbeispiele liefern, die auf das *polemische Objekt* übertragen oder zu Vergleichszwecken herangezogen werden.

Da die reformationspolemischen Schriften über die individuelle Polemik eines Einzelnen hinausgehen, ist neben den bereits genannten rhetorischen Mitteln das Schlagwort von besonderer Bedeutung. Der Gebrauch eines Wortes als Schlagwort[258] ist ein gesellschaftliches Phänomen von Sprache, weil Schlagwörter in ihrer Bedeutung abhängig von dem „speziellen [...] Wortschatz" sind,[259] der innerhalb eines bestimmten öffentlichen[260] Diskurs- oder Sachbereichs (hier die Reformation) aktuell ist.[261] Der Begriff des Schlagwortes ist

---

[256] Ebd., Sp. 549f.

[257] Ebd., Sp. 555.

[258] „Ein Wort ist nie als solches ein Schlagwort, sondern wird dazu immer erst in bestimmten Situationen. [...] Ein Wort *ist* nicht Schlagwort, sondern wird als Schlagwort gebraucht." Dieckmann (1975), S. 102.

[259] Für die Reformation lässt sich ebenfalls ein spezieller Wortschatz feststellen, wie Dieckmann ihn für die „Sprache der Politik" konstatiert. Ebd., S. 47.

[260] „Das Schlagwort dient der Beeinflussung der öffentlichen Meinung [...]." Ebd., S. 102. Vgl. auch: „Daß Wortprägungen erst dann zu S[chlagwörtern] werden, wenn sie in einem bestimmten Zeitraum einen gewissen Grad an Aktualität gewonnen haben, macht ihren Zusammenhang mit einer (wie auch immer gearteten) Öffentlichkeit deutlich." Niehr, Thomas (2007): „Schlagwort". In: *HWRh* 8, Sp. 496–502, hier Sp. 497.

[261] „Im Laufe der Zeit verlieren viele Wörter ihren Schlagwortcharakter, indem die kommunikative Situation, in der sie entstanden sind, sich überlebt hat. [...] Vielleicht kann man deshalb behaupten, daß einem Schlagwort ein wenig vom

grundsätzlich wertneutral, obgleich er fälschlicherweise oftmals als negativ interpretiert wird.²⁶² Es gibt sowohl affirmative bzw. meliorative als auch pejorative Schlagwörter, die unter dem zunächst neutralen Begriff des Schlagwortes zusammengefasst werden. Die linguistische Forschung unterscheidet daher u. a. zwischen ‚Stigmawörtern‘ (auch ‚Unwertwörtern‘), die einen negativen „emotiven Wortinhalt“²⁶³ besitzen, und ‚Fahnenwörtern‘ (auch ‚Hochwertwörtern‘), die das positive Gegenstück dazu darstellen.²⁶⁴ Da Schlagwörter aber von ihrem funktionalen Gebrauch bestimmt sind, muss berücksichtigt werden, dass ein Wort nicht entweder Stigmawort oder Fahnenwort ist, sondern in jeweils anderen Verwendungskontexten (u. a. abhängig von der Parteizugehörigkeit des Sprechers) sowohl Stigmawort als auch Fahnenwort sein kann.²⁶⁵ Gerade das Charakteristikum einer semantischen Flüchtigkeit bzw. Fluidität macht das Schlagwort so attraktiv

---

‚Zeitgeist‘ innewohnt." Diekmannshenke, Hans-Joachim (1990): *Die Schlagwörter der Radikalen der Reformationszeit (1520–1536): Spuren utopischen Bewusstseins.* Frankfurt/Main: Lang, S. 14.

²⁶² Vgl. Diekmannshenke (1994), S. 13 und Dieckmann (1975), S. 102.

²⁶³ Liedtke, Frank, Karin Böke & Martin Wengeler (1996): *Politische Leitvokabeln in der Adenauer-Ära.* Berlin & New York: De Gruyter, S. 39.

²⁶⁴ „Unter dem neu eingeführten Oberbegriff ‚Brisante Wörter‘ liefert Hermanns 1982 eine erste präzisierende Definition von *Fahnenwort* und dem von ihm kreierten Neologismus *Stigmawort*, die verschiedentlich aufgegriffen wurde." Liedtke et al. (1996), S. 39. Liedtke et al. weisen jedoch darauf hin, dass „sich im Falle des Terminus *Stigmawort* im linguistischen Fachjargon ein etwas anderer Gebrauch durchgesetzt" hat, der nicht exakt der Definition Fritz Hermanns' entspricht: „Hierunter werden allgemein negative Schlagwörter gefaßt, und die ursprüngliche Komponente des Kenntlichmachens eines Parteistandpunktes trat in den Hintergrund." Ebd. Von dieser Bedeutung ausgehend leiten Liedtke et al. ebenfalls das ‚Fahnenwort‘ als Pendant zum ‚Stigmawort‘ ab. Die linguistische Forschung geht über diese vereinfachte Zweiteilung von Schlagwörtern hinaus und unterscheidet eine Vielzahl weiterer Wortkategorien (z. B. Leitwörter, Schlüsselwörter etc.). Siehe dazu Niehr (2007), *HWRh* 8, Sp. 497. Zu den Bezeichnungen ‚Hochwertwörter‘ und ‚Unwertwörter‘ sowie zur Abgrenzung von Schlagwörtern und Schlüsselwörtern siehe Brylla, Charlotta (2003): *Die schwedische Rezeption zentraler Begriffe der deutschen Frühromantik. Schlüsselwortanalysen zu den Zeitschriften Athenäum und Phosphoros.* Stockholm: Almqvist & Wiksell International, S. 34–47.

²⁶⁵ Vgl. Niehr (2007), *HWRh* 8, Sp. 497. Diekmannshenke sieht zwar von einer solchen Unterteilung des Schlagwortes ab – im Hinblick auf die Flüchtigkeit einer solchen Bezeichnung (ein Stigmawort kann auch zum Fahnenwort werden und umgekehrt) wäre ihm auch zuzustimmen, aber da gerade die Transformation der Bedeutungen von Interesse sein kann, sind die Kategorien keinesfalls als hinfällig zu betrachten. Eine Kategorisierung kann daher nie generalisierend für ein Schlagwort geschehen, sondern muss die jeweilige Funktion eines Schlagwortes in seinem Kontext im Blick haben.

für die agitatorische Rede: „Aufgrund der ideologischen Polysemie des Schlagwortes entsteht der sogenannte *semantische Kampf*",[266] der bei jeder Verwendung neu ausgefochten wird. Infolgedessen vermag ein Schlagwort, das aus seinem ursprünglichen Kontext gelöst und in eine andere Umgebung umgesiedelt wird, einen vollkommen veränderten Bedeutungsinhalt zu transportieren.

In der Polemik werden Schlagwörter (vor allem Stigmawörter) strategisch eingesetzt, da in ihnen

> die Programme kondensiert [werden]; sie erheben Relatives zu Absolutem, reduzieren das Komplizierte auf das Typische, Überschaubare, Einfach-Gegensätzliche und bilden dadurch bipolare Wortschatzstrukturen aus; sie bringen das Abstrakt-Ferne sprachlich nahe und geben der Meinungssprache ihre emotionellen Obertöne.[267]

In Schlagwörtern verdichten sich dementsprechend komplexe Sinnzusammenhänge, Werturteile und Einstellungen in einem kurzen und prägnanten sprachlichen Ausdruck, was sie zu einem besonders effizienten Mittel der persuasiven Sprache werden lässt. Darüber hinaus ist ihnen „ein affektives Moment [inhärent], das sich besonders für Rede, Flugblätter, Manifeste und dergleichen unmittelbar auf Propaganda und Agitation hin orientierte Äußerungen schriftlicher und verbaler Art eignet."[268] Insofern können Schlagwörter auch für das Erzeugen eines polemischen Antagonismus eingesetzt werden, denn „[s]ie dienen der Unterscheidung, der Auf- oder Abwertung, der Polarisierung oder Vereinnahmung, der Solidarisierung oder Ausgrenzung".[269] Schlagwörter besitzen dementsprechend ein großes performatives Potential.

Nicht zu verwechseln ist das pejorative Schlagwort, das Stigmawort, mit dem Schimpfwort, denn letzteres gehört „zum festen gesellschaftlichen Beleidungsrepertoire",[270] ist vom Bedeutungsinhalt festgelegt (immer negativ) und besitzt nicht die komprimierten programmatischen Implikationen[271] und die dementsprechend komplexe Wirkmächtigkeit, die dem Stigmawort inhärent sind.[272] Die Funktion des Schimpfwortes

---

[266] Brylla (2003), S. 44.

[267] Dieckmann (1975), S. 103.

[268] Diekmannshenke (1994), S. 16.

[269] Niehr (2007), *HWRh* 8, Sp. 498.

[270] Baur, Alexander (2011): „Beleidigung". In: *HWRh* 10, Ergänzungen A–Z, Register, Sp. 116–128, hier Sp. 119.

[271] Diekmannshenke (1994), S. 22.

[272] „Der programmatische Charakter ist so ausgeprägt, daß es zu seinem Verständnis in aller Regel keines sprachlichen Kontextes mehr bedarf." Ebd., S. 15.

erschöpft sich allein in der Ehrverletzung und Aberkennung des „soziale[n] Geltungsanspruch[s]" des Gegenübers.[273] Für dieses Ziel bedienen sich Schimpfwörter verschiedener topischer Bereiche wie beispielsweise Aussehen, sozialer Status, Abstammung, Sexualität usw., die sich u. a. durch die Technik der „metaphorische[n] Gleichsetzung von Mensch und Sache [...] bzw. Mensch und Tier" umsetzen lassen.[274] In der Reformationspolemik kommen sowohl Schimpfwörter als auch Stigmawörter vermehrt zum Einsatz. Mitunter sind die Grenzen zwischen beiden fließend, so dass der Gebrauch jeweils in seinem Kontext untersucht werden muss.[275]

Die Funktion nicht-argumentativer Streittechniken wie Metaphern, Vergleichen, Stigmawörtern, Schimpfwörtern, Allegorien, Fabeln etc. in polemischen Schriften liegt darin, die zwei Pole des polemischen Antagonismus zu bestätigen, zu festigen und weiter auseinanderzutreiben. Nicht-argumentative Streittechniken haben in der Regel hohen Pathosgehalt und schaffen dadurch eine besondere Stimmung, die die rationalen Argumente auf einer emotionalen, affektiven Ebene komplettiert. Durch ihre Anschaulichkeit – eventuell auch durch ihren Witz – sind viele dieser Streittechniken leicht zu rezipieren und memorieren,[276] was wiederum die funktionale Performativität der polemischen Schrift durch z. B. Referenzen und Wiederholungen in anderen Schriften, Mundpropaganda etc. fördert.

Das Wirkungspotential struktureller Performativität

In dem Bereich von einzelnen Wörtern bis hin zu zusammenhängenden Texten erstrecken sich die unterschiedlichen rhetorischen Vorgehensweisen, die strukturelle Performativität erzeugen. Durch die Redewiedergabe, intertextelle Bezüge auf die Schrift des Gegners oder auf die Bibel, und eine Fülle von nicht-argumentativen Streittechniken lassen die Autoren der Reformationspolemik ihre Gegner szenisch auftreten (bspw. in Gestalt eines Tieres) und schreiben das

---

[273] Baur (2011), *HWRh* 10, Sp. 116.
[274] Ebd., Sp. 118f.
[275] Zum Beispiel befindet sich das Wort ‚Pharisäer' an der Grenze zwischen Schimpfwort und Stigmawort, da es mal nur als Beleidigung benutzt wird, mal aber eine darüber hinausgehende programmatische Bedeutung hat. Vgl. auch Diekmannshenke (1994), S. 22.
[276] Es sei an die unterschiedlichen Namensverballhornungen oder Ersatznamen erinnert, die durch ihre Iteration zum Teil den eigentlichen Namen vollkommen ersetzen: z. B ‚der Bock' für Hieronymus Emser.

polemische Objekt so auf ihre Weise in den Text ein. Eine Funktion dieser performativen Streitinszenierung ist die Imageschädigung des Kontrahenten, die sowohl die Ehre als auch die Glaubwürdigkeit des Gegenübers miteinbezieht.[277] Die Schädigung des Gegnerimages ist zumeist mit der Imagepflege des *polemischen Subjekts* gekoppelt, die hingegen die Glaubwürdigkeit und Überzeugungskraft erhöhen und der „Identitätssicherung"[278] dienen soll. Eine andere damit im Zusammenhang stehende Funktion ist das Schaffen und Aufrechthalten von Gruppenidentitäten. Indem Individuen z. B. strategisch exkludiert oder inkludiert werden,[279] kann das Wir-Gefühl innerhalb der eigenen Partei, deren Mitglieder oftmals die Hauptempfänger von polemischen Schriften sind, gestärkt werden.[280]

2.3 Kommunikative Situationen des Polemisierens

Als Methode der performativen Streitinszenierung kann Polemik sich vieler unterschiedlicher Mittel der Textkonstruktion bedienen, um ihre Funktionen zu erfüllen. Nicht nur die bereits erörterten sprachlichen Streittechniken – das Wie und das Was der Aussagen – prägen maßgeblich das Erscheinungsbild und die performative Wirkungskraft von Polemik, sondern auch die gröberen Rahmenbedingungen des Äußerns bzw. die Verpackung von Polemik.

---

[277] Diesen Mechanismus der „Ehrverletzung" durch sprachliche „*Zu-schreibung[en]* und *Prädikation[en]*" erklärt Anja Lobenstein-Reichmann. Mit solchen Prädikationen, wie z. B ‚Ketzer', „[...] werden sprachlich und textlich geschaffenen Kollektividentitäten inskribiert, in die einzelne Menschen [...] eingeschrieben werden können, unabhängig davon, ob sie den Zuschreibungsmerkmalen entsprechen oder nicht." Die Folge davon bzw. auch die intendierte Funktion bei Polemik ist, dass „[die] aktuale Identität [...] gegenüber der ihr zugeschriebene virtualen so stark in den Hintergrund [tritt], dass nur noch die letztere das Bild prägt, und über den Einzelnen im Sinne von ‚Individuum' nichts mehr ausgesagt wird. Der Einzelne geht in der ihm zugeschriebenen virtualen Gruppenexistenz auf." Lobenstein-Reichmann, Anja (2013): *Sprachliche Ausgrenzung im späten Mittelalter und in der frühen Neuzeit*. Berlin & Boston: De Gruyter, S. 8f.

[278] Wischmeyer & Scornaienchi (2011), S. 9

[279] Vgl. Gehrke (2004), S. 19f.

[280] Vgl. dazu: „We may conclude that a polemic often has an internal function. [...] Thus, while a polemic is intended against an opponent, the main effect may be a strengthening or reordering of one's own group." Hettema, Theo Leonardus & Arie Van der Kooij (2004): „Introduction". In: Dies. (Hg.): *Religious Polemics in Context. (= Papers Presented to the Second International Conference of the Leiden Institute for the Study of Religions (Lisor) Held at Leiden, 27–28 April 2000)*. Assen: Royal Van Gorcum, S. xi–xv, hier S. xv.

Bleibt man in der Metaphorik der Aufführung oder Inszenierung auf einer Bühne, kann die Form eines Textes mit der Theaterbühne bzw. dem Zusammenwirken von Bühnenbild, Kostümierung, Musik und Effekten etc. verglichen werden. Das Theaterstück bzw. die Aufführung des dramatischen Textes ist in hohem Maße von diesen ‚äußeren‘ Faktoren beeinflusst. Unterschiede in der Inszenierung eines Stoffes können veränderte Rezeptionshaltungen oder Deutungen bedingen. Gleiches gilt für die Form eines polemischen Textes. Ausgehend von der These, dass die Art der Vermittlung von Polemik eine wichtige Rolle für die Inszenierung von Streit spielt, liegt es nahe, die Untersuchungen der polemischen Texte im Einzelnen anhand der formalen Charakteristika zu ordnen bzw. der detaillierten sprachlichen Analyse einzelner polemischer Strategien einen Blick auf die Besonderheiten der Texte voranzustellen.

Aufgrund der wörtlichen Übereinstimmung liegt die Annahme nahe, dass man streitinszenierende Texte unter dem Sammelbegriff der Textsorte[281] ‚Streitschrift‘ zusammenfassen könnte. Auf einen ersten Blick erscheint es wie eine logische Konsequenz, denn es handelt sich um eine Schrift, mit der gestritten wird oder die den Streit in den Mittelpunkt stellt.[282] Der performative Aspekt dieser Textsorte steht im Zentrum, die Inszenierung des Streits ergibt sich durch die

---

[281] Die Bezeichnung der ‚Streitschrift‘ als eine Textsorte geht auf die Klassifizierung von Johannes Schwitalla zurück, der zwischen literarischer Form und Textsorte unterscheidet: „Mit literarischen Formen meine ich bestimmte Konventionen beim Verfassen von schriftlichen Texten." Schwitalla (1983), S. 88. „Unter Textsorte verstehe ich Typen von Texten, die zu bestimmten Zielen geschrieben wurden." Ebd., S. 3. Etwas problematisch ist Schwitallas Ansatz allerdings, weil er bei der ‚Textsorte‘ von der Teleologie des Autors ausgeht: „Die zentrale Frage dieser Art von Textforschung lautet: Was wollte ein Autor mit seinem Text bei seinen Lesern/ Zuhörern erreichen und welche sprachlichen Mittel verwendete er dazu?" Ebd., S. 12. Schwitallas Annahme einer formulierbaren Intention liegt bei der Gebrauchsliteratur zweifelsohne wesentlich näher als bei schönliterarischen Texten. Dennoch bleibt die Intention eine abstrakte Größe, die nicht mit Sicherheit erschließbar ist. Es erscheint stattdessen sinnvoller, von Funktionen oder Funktionspotentialen, die im Text selbst angelegt und nicht beim Autor zu suchen sind, zu sprechen. Diesen Einwand mitgedacht, erscheint Schwitallas Unterscheidung zwischen Textsorten und literarischen Formen zunächst als fruchtbar. Dass die allzu strikte Trennung von Funktion und Form jedoch Schwierigkeiten bereitet bzw. sich als unmöglich erweist, zeigt die weitere Diskussion.

[282] Bremer bestätigt, dass die „S[treitschrift] zu den literarischen Zweckformen zu zählen" ist und sich „je nach Anlaß und Streitpunkt als sehr flexibel [erweist], was der starken Wirkungsorientiertheit der S[treitschrift] geschuldet ist." Bremer, Kai (2009a): „Streitschrift". In: *HWRh* 9. St–Z. Sp. 189–191, hier Sp. 189.

Gleichzeitigkeit von sprachlicher Aussage und Handlung: Die Schrift „streitet" in dem Moment ihrer sprachlichen Vermittlung. Dies allein macht es jedoch schwierig, einzugrenzen, was eine ‚Streitschrift' formal betrachtet ist.

Dass die von Johannes Schwitalla vorgeschlagene Unterscheidung zwischen Textsorte und literarischer Form nicht exakt aufgehen kann, stellt die Bezeichnung ‚Streitschrift' geradezu unter Beweis. Die Streitschrift lässt sich nach Schwitalla durch ihre Funktion bestimmt als Textsorte identifizieren und nicht als literarische Form. Ein Mangel der Klassifizierung liegt aber in der Schwierigkeit – womöglich gar der Unmöglichkeit –, einen Text in seine (Haupt-)Funktion und Form einzuteilen und diese voneinander getrennt zu betrachten, während die Konzentration auf ein Merkmal oder wenige wichtige Merkmale zusätzlich eine Reduktion mit sich bringt. Die Problematik der praktischen Umsetzung der Trennung zwischen Textsorte und literarischer Form zeigt beispielsweise die Typologie, die Alejandro Zorzin für die Flugschriften Karlstadts vornimmt.[283] Bei der Untersuchung der Publizistik Karlstadts identifiziert Zorzin sechs Schrifttypen: Kommentar und Auslegung, Thesenreihe, Streitschrift, (Send-)Brief, Traktat und Predigt.[284] Durch das Platzieren der Streitschrift auf gleicher Ebene mit den anderen Formen begrenzt Zorzin die Funktion des Streitens auf die Streitschrift: Es entsteht schnell der Eindruck, dass beispielsweise der (Send-)Brief oder der Traktat nicht zum Zweck des Streitens eingesetzt werden. Infolgedessen scheint Zorzins Texttypologie verschiedene Ebenen miteinander gleichzustellen, so dass die definitorische Trennschärfe verloren geht.

Diese Schwierigkeiten beim Definieren der ‚Streitschrift' werden auch im *Historischen Wörterbuch der Rhetorik* thematisiert. Einer zu erwartenden Begriffsbestimmung wird schon vorab die Unmöglichkeit einer

---

[283] Zorzin (1990), S. 164–180.
[284] Ebd., S. 164. Bei der Feststellung der verschiedenen Typen „geht es [ihm] in erster Linie darum, ein methodisches Hilfsmittel bereitzustellen, das die Untersuchung im Rahmen [seiner] Fallstudie erleichtert. Die Flugschriften-‚Typen' sollten sowohl die verschiedenen <u>literarischen Formen</u> als auch die unterschiedliche <u>Funktion</u> der Publikationen miteinbeziehen. Dabei ist zu berücksichtigen, daß es den ‚Idealfall einer Koinzidenz von Stoff, Form, Stil, Aussage, Tradition, Gebrauch und Wirkung zu einem Typ' wahrscheinlich überhaupt nicht gibt. [Binnenzitat nach H. Kuhn: Literaturtypologie, S. 263] Die Festlegung eines bestimmten ‚Typs' erfolgt sowohl aufgrund bestimmter Formmerkmale als auch im Blick auf den möglichen ‚Sitz im Leben', den geschichtlichen und literarischen Kontext einer Schrift." Ebd., S. 164f. (Hervorhebungen im Original).

solchen entgegengesetzt: „Eine präzise Definition von S[treitschrift] kann nicht befriedigend geliefert werden." Fortlaufend heißt es: „Grundsätzlich kann aus beinahe jedem wertenden oder widersprechenden Text eine S[treitschrift] werden; maßgeblich dafür sind neben der (Teil-)Öffentlichkeit ein Streitgegenstand und ein Adressat."[285] Von diesen Grundvoraussetzungen ausgehend liegt es nahe, die Streitschrift mit polemischen Texten gleichzusetzen, denn es lassen sich eindeutig die *polemische Instanz* in der „(Teil-)Öffentlichkeit", das *polemische Thema* im „Streitgegenstand" und das *polemische Objekt* im „Adressat[en]" wiedererkennen. In einem anderen Ansatz, die Streitschrift genauer zu definieren, konstatiert Bremer, dass Streitschriften

> grundsätzlich dialogisch konzipiert [sind], in dem Sinne daß sie Kontrahenten zur Reaktion in derselben Gattung herausfordern. Sie zeigen üblicherweise den Verfasser, den Gegner und den theologischen Streitpunkt an, der in Anlehnung an das Disputationswesen ‚Hauptpunct' oder *status controversiae* genannt wird.[286]

Indem Bremer den Verfasser anführt, fügt er eine wichtige Instanz zu den bereits genannten hinzu, allerdings schließt seine Formulierung Schriften weitgehend aus, die den Autor namentlich nicht nennen.[287] Ferner sieht Bremer den Streit erst mit der zweiten Schrift, einer Antwort, als begonnen an.[288] Unbeantwortete Schriften fallen deshalb unter die Kategorien „Satiren und Pasquillen"[289] und werden nicht als Streitschriften bezeichnet. Insofern würde die Bezeichnung der Streitschrift für Initiationsschriften immer retroaktiv gesetzt. Auf diese Weise erhielten die Rahmenbedingungen der Produktion (Verfassername? Replik?) und Rezeption (Herausforderung des Gegners gelungen?) ein zu großes Gewicht. Da es jedoch zu einengend erscheint, dass Einzelschriften (ohne gegnerische Antwort) und Schriften ohne die Angabe des ‚realen' Autors aus diesem Definitionsrahmen fallen,[290] bleibt vorerst eine definitorische Ungenauigkeit bestehen.

---

[285] Beide vorangestellten Zitate in Bremer (2009a), *HWRh* 9, Sp. 189.

[286] Bremer (2005b), S. 6.

[287] Auch ist die Rolle des *polemischen Subjekts* nicht eins zu eins gleichzusetzen mit dem Verfasser, was nachfolgend noch ausführlich diskutiert wird.

[288] Bremer (2005b), S. 6f.

[289] Ebd., S. 6.

[290] Auch Paintner merkt dazu an: „Im Einzelfall ist es schwer zu klären, ob eine Schrift, die Erwiderungen erfährt, diese auch wirklich ‚provoziert' hat, und ob eine Schrift, die nicht erwidert wird, deswegen nicht dialogisch konzipiert war." Paintner (2011), S. 51.

Sämtliches polemisches Schrifttum unter dem Dach der ‚Streitschrift'
zu fassen, würde indessen den Formen und Funktionen der
Streitinszenierung nicht gerecht; der Formenreichtum streitinszenierender Texte würde in der Breite der Bezeichnung verschwinden. Im
Zusammenhang mit einer Untersuchung der Polemik erscheint eine tie-
fergehende Differenzierung einzelner streitinszenierender Schriften sinnvoll, denn Streit kann auch in Schriften inszeniert werden, die vordergründig eine andere Funktion erfüllen, z. B. kann ein Bibelkommentar
polemische Elemente enthalten und einen Streit damit in Szene setzen,
ohne dass die exegetische Hauptfunktion verloren geht. Eine eindeutige
und ausschließliche Bezeichnung mit dem Label ‚Streitschrift' wäre insofern nicht vertretbar.

Dass die Bezeichnung ‚Streitschrift' nicht grundsätzlich für alle
Schriften gelten kann, die einen „polemischen Antagonismus"[291] entwerfen, beruht u. a. darauf, dass man für Klassifizierungen unweigerlich den gesamten Text als eine Einheit betrachtet. Die mit dem taxonomischen Verfahren einhergehende Abstraktion, die nur die wichtigen
oder dominanten Eigenschaften eines Textes herausstellt, öffnet einerseits Möglichkeiten zur Gesamtbetrachtung eines Textes, bedingt andererseits aber gleichzeitig eine Reduktion desselben auf diese identifizierten Merkmale und konstatiert eine prinzipiell nicht existierende
Geschlossenheit und Homogenität eines Textes. Für die Bezeichnung
eines Textes als ‚Streitschrift' bedeutet dies, dass das Kriterium des
Streitens betont wird und andere Kriterien exkludiert werden. Dies hat
den Vorteil, dass Gemeinsamkeiten auf der funktionalen Ebene hervorgehoben werden können, weist aber den Mangel auf, dass weder
die literarische Form noch die kommunikativen Rahmenbedingungen
des betroffenen Textes größere Beachtung finden. Oftmals werden
derartige Informationen nur am Rande gegeben und nicht intensiver
untersucht.[292]

Aufgrund der Problematik der Textklassifizierungen soll in der vorliegenden Arbeit der Fokus weniger auf die Gattungsbezeichnung und
die Gesamteinheit ‚Text', sondern vielmehr auf die konkrete Form der
im Text vorhandenen Streitinszenierung gelegt werden – so können

---

[291] Paintner (2011), S. 47 & 61.

[292] Beispielsweise wird im *Historischen Wörterbuch der Rhetorik* lediglich erwähnt, dass
die Streittechniken vielfältig sind: „Sie reichen von der persönlichen Verunglimpfung
mittels Invektiven und pamphletischem und grobianischem Sprechen bis hin zum
sachlichen, ausschließlich argumentierenden Traktatstil. Die S[treitschrift] bedient
sich daher zahlreicher Gattungsmuster." Bremer (2009a), *HWRh* 9, Sp. 189f.

auch polemische Textabschnitte in Schriften, die nicht als ‚Streitschrift'
gelten, Beachtung finden. Mit der Form der Streitinszenierung ist vor
allem die kommunikative Vermittlung von Polemik gemeint, denn um
Polemik in allen Schriften gleichermaßen untersuchen zu können und
verschiedene Formen der Streitinszenierung erkennbar zu machen,
erscheint es sinnvoll, einen Schritt für die analytische Textarbeit zu
entwickeln, der zwischen der Betrachtung des Aufbaus des gesamten
Textes und der Rhetorikanalyse einzelner Textpassagen liegt und insbesondere die *polemische Situation* als Kommunikationsrahmen ins
Zentrum rückt.

Noch vor einer detaillierten Analyse einzelner rhetorischer Strategien
können so bereits Erkenntnisse aus der Kommunikationssituation
von Polemik gezogen werden, da die Art der Streitinszenierung bzw.
die Gestaltung der *polemischen Situation* unterschiedliche polemische
Strategien mit sich bringt. Die unterschiedlichen Ausformungen des
Kommunikationsrahmens werden hier als **Formen des Polemisierens**
bezeichnet. Der substantivierte Infinitiv des Verbs ‚polemisieren' ist für
die Benennung der einzelnen Kategorien bewusst gewählt worden, um
ihren prozessualen, transportierenden Charakter zu betonen, denn unter ihnen sollen Wege der Kommunikation von Polemik und nicht die
Polemik selbst verstanden werden.

Um die Funktionen der Polemik in Texten des Streits im Allgemeinen
und in Melchior Hoffmans Schriften im Besonderen besser ergründen
zu können, werden zunächst die verschiedenen Arten der Polemik-
Vermittlung auf zwei Ebenen identifiziert. Die erste Ebene betrifft die
Beziehung zwischen Text und Kontext, die zweite Ebene allein den
Text. Der Trennung der beiden Ebenen entsprechend werden zum ei-
nen Formen **offenen oder verdeckten Polemisierens** sowie zum anderen
Formen **direkten oder indirekten Polemisierens** klassifiziert.[293] Im fol-

---

[293] Es sei an dieser Stelle darauf hingewiesen, dass die Kategorien dieser Arbeit in keiner Relation zu den Kategorien „Explicit and Implicit polemics" (alternativ auch
als „direct" und „indirect" bezeichnet), „Hidden polemics" und „Seemingly hidden
polemics" bei Yairah Amit stehen. Amit konzentriert sich bei ihrer Klassifizierung
auf das *polemische Thema* (sie nennt es „polemical subject"): Unter „Explicit polemics" versteht sie Fälle, in denen sowohl ein *polemisches Thema* als auch eine
Stellungnahme zu dem Thema explizit sind (S. 56). „Implicit polemics" hingegen
bedeutet, dass zwar ein *polemisches Thema* explizit vorhanden ist, es aber keine klare Stellungnahme oder Haltung im Text dazu gibt (S. 57). „Hidden polemics" bildet
den Gegensatz zu den beiden bereits genannten Formen, denn in diesem Fall ist das
polemische Thema versteckt bzw. wird nicht explizit oder gewöhnlichen Verfahren
gemäß genannt (S. 93). Die Kategorie der „seemingly hidden polemics" ist bei Amit

genden Kapitel werden die Begriffe der unterschiedlichen Formen des Polemisierens eingeführt und anhand der *polemischen Situation* erklärt. Die angewandten Kriterien werden präzisiert und mögliche Funktionen angesprochen. Für die vorgeschlagene Klassifizierung ist die literarische Form zunächst zwar nicht ausschlaggebend, sie steht aber durchaus im Zusammenhang mit den einzelnen Arten des Polemisierens und wird deshalb bei den Textanalysen als komplettierendes Moment herangezogen werden. Die hier nachfolgende Klassifizierung bietet insofern einen ersten Ansatzpunkt für die Analyse polemischer Texte, an den sich weitere analytische Verfahren anknüpfen.

2.3.1 Offenes und verdecktes Polemisieren

Der Ansatzpunkt zur Unterscheidung einzelner Formen des Polemisierens ist die Ausformung der *polemischen Situation* eines Textes im Verhältnis zu seinem Kontext. Wie bereits erläutert, setzt sich die *polemische Situation* aus den vier einzelnen Bestandteilen *Subjekt*, *Objekt*, *Thema* und *Instanz* zusammen.[294] Jürgen Stenzel erwähnt zwar beiläufig, dass die *polemische Situation*, die auf der Textebene konstruiert wird, nicht mit der ‚realen' Schreibsituation des Autors, also der *polemischen Situation* auf der Kontextebene, übereinstimmen muss.[295] Er entwickelt den Gedanken aber nicht weiter, ob und inwiefern eine Übereinstimmung oder Nichtübereinstimmung des *polemischen Subjekts* mit der „Realexistenz"[296] des Verfassers Auswirkungen auf die Polemik und ihr Wirkungspotential hat. Stenzel blendet den Punkt für seine weiteren Überlegungen zu einer Typologie der Polemik gänzlich aus. Paintner formuliert zwar deutlich, dass bei der *polemischen Situation* im Text „nicht die Rede von Verfasser und Publikum

---

schließlich eine versteckte Polemik, die allerdings so klare Zeichen gibt, dass das *polemische Thema* der „‚silent' controversy" keiner expliziten Formulierung bedarf (S. 221). Amit, Yairah (2000): *Hidden Polemics in Biblical Narrative*. Leiden: Brill. Amits Klassifizierung für die biblischen Erzählungen wird für diese Arbeit nicht verwendet, da sie auf die Polemik der Reformation nicht übertragbar ist. Die in dieser Arbeit entwickelten Bezeichnungen sind unabhängig von ihrer Arbeit entstanden.

[294] Siehe dazu Kapitel 2.2.1 *Theoretische Grundlagen des Polemikbegriffs*.

[295] Stenzel erwähnt die Möglichkeit der Nicht-Übereinstimmung von *polemischem Subjekt* und dem Autor der Polemik lediglich in einer Fußnote: „Gemeint ist damit [mit dem *polemischen Subjekt*] zunächst der Autor. Ob und wieweit sich die *Rolle* des Polemikers, in die der Autor sich hineinschreibt, von seiner Realexistenz entfernt, müßte die Untersuchung des jeweiligen Einzelfalls ergeben." Stenzel (1984), S. 5, Anmerkung 11 (Hervorhebungen im Original).

[296] Ebd., S. 5, Anmerkung 11.

als ‚tatsächlichen' Personen ist" und es sich vielmehr „bei allen an Polemik beteiligten Instanzen um in den jeweiligen Text eingeschriebene Rollen [handelt]",[297] verfolgt die hinter diesem Gedanken stehenden Implikationen aber ebenso wenig wie Stenzel.[298] Auch Dieckmann denkt den angefangenen Gedanken Stenzels weiter, indem er konstatiert,

> dass die in einem polemischen Text oder auch in einer ausgedehnten polemischen Kontroverse sich darstellende Figur immer mehr oder weniger gemäß den Erfordernissen der polemischen Zielrealisation modelliert wird und deshalb keine sicheren Rückschlüsse auf die empirische Person des Schreibers zuläßt, wie umgekehrt nicht angenommen werden darf, dass dieser sich unverstellt und ungebrochen im polemischen Text ausdrückte.[299]

Dieckmann empfiehlt in dem Zusammenhang, die „Diskrepanz zwischen Autor und Textfigur als den Normalfall anzusehen und lieber umgekehrt zu fragen, ob und wieweit man beide im Einzelfall miteinander identifizieren kann."[300] Er stimmt insofern mit Paintner überein, indem er es als sinnvoll erachtet,

> den Stenzelschen Begriff der *polemischen Situation* auch terminologisch aufzuspalten in die (mit Einschränkungen) objektive, von außen betrachtbare *Realsituation* und die inszenierte polemische *Konstellation*, die der Polemiker in und mit seinem Text schafft [...].[301]

Dieckmann bestätigt hiermit die bereits erörterte Unterscheidung zwischen Textebene und Kontextebene.

Was jedoch trotz des Hinweises auf die „Diskrepanz zwischen Autor und Textfigur" nicht berücksichtigt wird, ist die Art der Diskrepanz. Der Beschaffenheit des Verhältnisses zwischen Inszenierung und

---

[297] Paintner (2011), S. 43.
[298] Zum Beispiel verpasst Paintner es, die Kategorien „Urheber und Drucker" in ihren gleichnamigen Unterkapiteln unter dem Gesichtspunkt der Inszenierung zu problematisieren. Anonyme Veröffentlichungen erklärt sie mit dem Umgang mit der Zensur und argumentiert, es sei „angebracht, [...] soweit möglich, die Urheber sozial zu verorten." Ebd., S. 234–237.
[299] Dieckmann (2005), S. 37f.
[300] Ebd., S. 38.
[301] Ebd., S. 38. Siehe auch die Herleitung: „Die von Stenzel in Hinblick auf das polemische Subjekt getroffene Unterscheidung zwischen ‚Autor in seiner Realexistenz' und ‚Rolle des Polemikers im Text' lässt sich analog auf alle anderen Elemente der *polemischen Situation* übertragen. In gleicher Weise bekommen nämlich auch das polemische Objekt, das polemische Thema, die polemische Instanz und die soziale Welt, in der die Auseinandersetzung stattfindet, eine doppelte Ausprägung." Ebd. (Hervorhebungen im Original).

‚Tatsächlichem' wurde insofern bisher geringe Beachtung geschenkt. Jedoch rechtfertigt sich die Beschäftigung mit ihr auf der Basis der Grundannahme, dass es Auswirkungen auf die Verwendung und das Funktionieren der Polemik hat, wenn die polemische Inszenierung, die ein Text darbietet, und die textexterne, ‚reale' polemische Kommunikationssituation übereinstimmen. Mögliche Fragen wären dementsprechend, ob und inwieweit die einzelnen Bestandteile der *polemischen Situation* (*Subjekt*, *Objekt*, *Thema* und *Instanz*) der Textebene jeweils auch Bestandteile der ‚realexistenten' *polemischen Situation* sind, in die der Text eingebunden ist bzw. aus der heraus er entstanden ist. Die Konstruktion der textinternen *polemischen Situation* in Übereinstimmung mit oder in Diskrepanz zu der ‚Realsituation muss als strategisches Vorgehen des Autors betrachtet und von daher bei einer Polemikanalyse berücksichtigt werden. Vor allen Dingen spielt es eine Rolle für die Polemik, welche *persona* vom Autor als *polemisches Subjekt* inszeniert wird.[302] Inwiefern sich diese These begründen lässt, wird im Folgenden anhand der unterschiedlichen Formen der Autorinszenierung, die in einem Ordnungssystem als ‚offenes' und ‚verdecktes Polemisieren' verortet werden, erörtert.

Die Rolle der (In-)Kongruenz von Autor und *polemischem Subjekt*

Das entscheidende Kriterium für die Differenzierung zwischen offenem und verdecktem Polemisieren ist die *qualitative* Kongruenz[303] von Autor und *polemischem Subjekt*. Dieser Fokus ergibt sich daraus, dass das Verdecken der anderen drei Bestandteile entweder nicht ohne Funktionsverlust vorgenommen werden könnte – und damit zur paradoxen Auflösung von Polemik beitragen würde – oder keine Relevanz für die Funktion von Polemik besäße.

---

[302] Dabei ist zwar davon auszugehen, dass der Autor eine reale Person ist, deren Identität muss aber nicht zwingend bekannt sein. Anonymes und pseudonymes Publizieren sind dementsprechend auch als Inszenierungen zu verstehen.

[303] Eine qualitative Kongruenz könnte man graphisch so darstellen: $X^{Kontext} = X^{Text}$. Im Gegensatz dazu wäre eine qualitative Inkongruenz z. B.: $X^{Kontext} = Y^{Text}$. Auch bei der qualitativen Kongruenz bleibt die bereits erwähnte Diskrepanz (Dieckmann) zwischen Autor und inszeniertem *polemischen Subjekt* vorhanden, da der Text immer eigenständiges Produkt und vom Kontext zu unterscheiden ist. Deshalb wird nachfolgend darauf verzichtet, durchgehend auf diese Form der (In-)Kongruenz hinzuweisen. Was folglich genau unter ‚Kongruenz' zu verstehen ist, wird im weiteren Verlauf des Kapitels ausführlich erklärt.

Zunächst einmal muss Polemik prinzipiell ein *polemisches Objekt* im Auge haben, das identifiziert werden kann, d. h. das *Objekt* der Textebene kann zwar maskiert oder versteckt sein, notwendige Bedingung für das Funktionieren von Polemik ist doch eine mögliche Demaskierung oder Dekodierung durch die Leserschaft, also eine klare Verbindung zwischen Text- und Kontextebene, zwischen *polemischem Objekt* und der ,realexistenten' polemischen Zielscheibe (eine Person, Gruppe oder Institution, gegen die sich die Polemik richtet). Ohne die Möglichkeit der Identifikation des *polemischen Objekts* kann es zu keiner Meinungsbildung kommen, so dass die Polemik ihre Funktion verliert, einen polarisierenden Antagonismus bzw. „säkularisierten Manichäismus"[304] vor einem Publikum zu entwerfen.

Für das *polemische Thema* gelten die gleichen Bedingungen, denn nur, wenn die ,Übersetzung' des Themas, über das gestritten wird, gelingt, kann die Polemik ihrer Funktion entsprechend erfolgreich sein. Würde der Transfer des *polemischen Objekts* oder des *polemischen Themas* zwischen Text und Kontext gestört, höbe sich die Polemik selbst als zweckgesteuerte Methode auf und würde so zu einer Paradoxie.

Der Transfer des Streitgegenstands ist hingegen etwas schwieriger zu identifizieren, denn die Kongruenz eines *polemischen Themas* auf Text- und Kontextebene ist nicht eindeutig zu belegen. Es gibt zwei Wege, wie man ihr logisch auf den Grund gehen kann: mittels der Annahmen, dass entweder eine eventuelle Übereinstimmung der polemischen Akteure auf beiden Ebenen ebenfalls eine thematische Kongruenz mit sich bringt, oder dass das Thema der Textebene automatisch in die Kontextebene übertragen wird – in dem Fall muss es gleichwohl Schlüsselinformationen im Text geben, die eine Einbettung in den Kontext möglich machen. Unterstützend lässt sich in dem Zusammenhang das Verständnis von Kultur (welche hier unter ,Kontext' einzuordnen ist) als Produkt performativer Handlungen und Kulturpraktiken und insofern auch von Texten heranziehen. Ausgehend von der kulturkonstruierenden und -reproduzierenden Funktion von Texten lässt sich begründen, dass das im Text eingeschriebene Thema sich in einem wechselseitigen Austausch auf den Kontext überträgt.

Stenzels Begriff des *polemischen Themas* bleibt aber dennoch eine schwierige und unkonkrete Kategorie der *polemischen Situation*, da es sich generell nur schwer ermitteln lässt, welches das *polemische Thema*

---

[304] Stenzel 1984, S. 7

ist, um das eigentlich gestritten wird.[305] Insbesondere bei Schriftwechseln kann das Thema variieren oder sich schließlich völlig auf eine Metaebene verlagern,[306] so dass das *polemische Thema* eines Schriftenwechsels im Prinzip dann nicht mehr eindeutig zu erkennen ist. Dies kann z. B. anhand des Streitschriftenwechsels, den Hoffman mit Amsdorf 1528 führte, deutlich gemacht werden. Grundsätzlich wird in den Schriften das *polemische Thema* der Datierung der Apokalypse verhandelt, was in einer Debatte mündet, ob die Datierung überhaupt rechtmäßig sei. Im weiteren Verlauf geht es unter anderem darum, ob Hoffman die Datierung mit Bibelstellen untermauern könne, ob Amsdorf die richtigen Bibelstellen auslege usw. Die daraus resultierende Frage nach dem *polemischen Thema* kann entsprechend vielfältig ausfallen: Ist die Apokalypse das *polemische Thema*? Ist es die Datierung der Apokalypse oder die Rechtmäßigkeit der Datierung? Beim Fortschreiten des Schriftwechsels geht es den beiden schließlich nur noch darum, wer von beiden die Wahrheit sagt. Hoffman und Amsdorf gelangen so im Verlauf des Streits immer mehr auf eine Metaebene, auf der die Regeln des Streitens offen diskutiert werden.

Ob die Metaebene und die einzelnen Etappen Varianten eines *Themas* sind oder sie jeweils unterschiedliche *polemische Themen* darstellen, ist fraglich. Wo die Grenze eines polemischen Themas liegt, ist unklar; zumindest gibt Stenzel bei der Einführung seines Denkmodells der „*polemischen Situation*"[307] darüber keinen Aufschluss. Es wäre dem Modell insofern anzukreiden, dass es das *polemische Thema* im Verlauf eines Streits nicht in seinen Nuancen erfassen kann. Eine anschauliche Verlaufsbeschreibung der Streitsache bietet sich mithilfe

---

[305] Vgl. dazu Paintner, die zu Recht anmerkt, dass Stenzel den in der *polemischen Situation* zentralen Begriff des ‚*polemischen Themas*' ad absurdum führt, „zumal Stenzel Polemik als Rede definiert, in der ‚unsachlicher Stil dominiert' [Stenzel 1984, S. 4], die also, so muß man wohl verstehen, vorrangig nicht auf das polemische Thema als ‚Sache' bezogen ist." Paintner (2011), S. 44.

[306] Vgl. dazu: „Wenn die Kontrahenten in der zu erörternden Streitsache nicht weiter kommen, sich nicht einigen oder wenigstens aufeinander zu bewegen können, beschuldigen sie sich gegenseitig rhetorischer Schein- oder Betrugsmanöver. Häufige Beschuldigungen sind, daß der Gegner sophistische Strategien verwende und mit *fucus verborum* seine Absichten verschleiere." Mahlmann-Bauer, Barbara (2010): „‚Luther gegen Eck, Luther gegen Erasmus und Castellio gegen Calvin'. Die Normalform reformatorischer Streitgespräche und die Entgleisung eines innerprotestantischen Streits". In: Laureys, Marc & Roswitha Simons (Hg.): *Die Kunst des Streitens. Inszenierung, Formen und Funktionen öffentlichen Streits in historischer Perspektive.* Göttingen: V&R unipress, S. 167–218, hier S. 175.

[307] Stenzel (1984), S. 5–7.

von Stenzels *polemischer Situation* dementsprechend nicht an. Überaus wertvoll zeigt das Denkmodell sich indessen, um in einer synchronen Betrachtung den jeweiligen Streitstatus näher zu beleuchten. So ermöglicht es jeweils *synchrone Schnittstellen* eines Streitverlaufs (z. B. Untersuchungen von Einzelschriften oder Textabschnitten) zu erstellen, die wiederum zu einer vergleichenden diachronen Betrachtung mit anderen Schnittstellenanalysen beitragen können. Das Problem der Abgrenzung eines *polemischen Themas* kann durch dieses Vorgehen hingegen nicht gelöst werden, da es bei einer Streitanalyse retrospektiv identifiziert werden muss. Einer fundierten Untersuchung obliegt es, das *polemische Thema* für eine bestimmte Schnittstelle zu ermitteln, es mit *Themen* anderer untersuchter Schnittstellen zu vergleichen und eventuelle Abweichungen zu bewerten: Handelt es sich noch um dasselbe oder ein neues *Thema*?

Das *polemische Thema* bleibt insofern eine abstrakte, schwer fassbare Größe, die im analytischen Verfahren punktuell identifiziert werden muss. Dafür, von einem Themenwechsel zu sprechen, würde jedoch plädieren, dass ein Schriftwechsel im Grunde eine Änderung des *polemischen Themas* impliziert, denn jede Seite versucht jeweils das *Thema* in eine andere, der eigenen Person dienlichen Richtung zu steuern. Auch verhindern neue thematische Impulse das Abebben eines Schriftwechsels bzw. das Abklingen des Streits.

Bei der *polemischen Instanz* ist eine Übereinstimmung der Text- und der Kontextebene generell nicht von Relevanz. Eine Rezeption ist zwar Voraussetzung für eine Wirkung der Polemik, die schließlich ‚reale‘ Leserschaft ist aber nicht in der textinternen *polemischen Situation* angelegt. Wichtig für die Polemik ist allein die Konstruktion der *polemischen Instanz* im Text: Ob die *polemische Instanz* des Textes eine mögliche Übereinstimmung mit einem potenziellen Publikum der Kontextebene suggeriert oder ob die *Instanz* nicht oder fiktiv definiert ist, verändert die Kommunikationssituation und somit die Streitinszenierung.[308] Möglich wäre zum Beispiel, dass die *polemische Instanz* weder angesprochen noch auf irgendeine Weise erwähnt wird oder dass sie eine vom Autor entworfene Fiktion ist. Selbst bei einem möglichen Kontextbezug bleibt das auf Textebene vom Publikum entworfene Bild (die Inszenierung der *polemischen Instanz*) von den ‚real-existenten‘ Rezipienten zu unterscheiden.

---

[308] Dies kann z. B. durch Widmungen an Obrigkeiten oder Anreden an die Bewohner einer bestimmten Stadt sein.

Anders verhält es sich dagegen mit dem Transfer des *polemischen Subjekts* zwischen Text- und Kontextebene. Zeigt der Autor einer polemischen Schrift sich auch gleichzeitig als *polemisches Subjekt*, bleibt für die Textebene nur die Inszenierung der eigenen Person, denn mit der Entscheidung, sich selbst als *polemisches Subjekt* auf der Textebene einzusetzen, trifft er gleichzeitig eine Entscheidung für eine Reihe daran geknüpfter Inszenierungsbedingungen sowie -potentiale.[309] Gleiches gilt für die andere Alternative, die Autorschaft durch Einsatz eines nicht mit sich übereinstimmenden *polemischen Subjekts* auf der Textebene zu verdecken, denn auch solch eine Inszenierung unterliegt bestimmten Bedingungen. Folglich rechtfertigt sich eine genaue Unterscheidung dieser unterschiedlichen Verhältnisse zwischen Autor und *polemischem Subjekt.*[310]

Offenes Polemisieren

Die Kommunikationssssituation der Polemik, bei der der ‚reale‘ Autor zum *polemischen Subjekt* des Textes analog ist bzw. bei der eine *qualitative* Kongruenz der beiden vorliegt, wird aufgrund der Offenlegung der ‚Identität‘ des Autors, der als *polemisches Subjekt* im Text ‚auftritt‘, unter dem Begriff des offenen Polemisierens gefasst.[311] Das für die Beschreibung des Verhältnisses verwendete Adjektiv ‚analog‘ (alternativ in den folgenden Ausführungen auch ‚deckungsgleich‘, ‚konform‘, ‚kon-

---

[309] Vgl. dazu: „Dabei zeigt sich, daß in vielen Fällen die Verfasserrolle bewußt inszeniert und die Lesererwartung in eine bestimmte Richtung gelenkt wird; bereits im Nennen oder Verschweigen eines Namens, Titels oder offensichtlichen Pseudonyms auf dem Titelblatt äußert sich ein Versuch der Rezeptionssteuerung, der dem argumentativen Gesamtziel des Textes dient." Paintner (2011), S. 40.

[310] Vgl dazu: „Der Autor kann sich über die Produktion und über die Rezeption in seinem Werk konstituieren. Es ist folglich zu untersuchen, wie der Autor seine Autorvorstellung im Text sprachlich realisiert und inwiefern diese Autorvorstellung mit dem Erzähler-Ich verbunden ist." Unzeitig, Monika (2010): *Autorname und Autorschaft. Bezeichnung und Konstruktion in der deutschen und französischen Erzählliteratur des 12. und 13. Jahrhunderts.* Berlin & New York: De Gruyter, S. 205. Obwohl der Untersuchungsgegenstand Unzeitigs ein anderer ist und der Erzähler durch die Rolle des *polemischen Subjekts* zu ersetzen wäre, ist ihre Forderung auch für das Text-Kontext-Verhältnis von Autor und textinterner Autorkonstruktion in polemischen Texten sinnvoll, denn die Art der Autorinszenierung zieht weitere Konsequenzen für die Polemikvermittlung nach sich.

[311] Die Wahl der Bezeichnungen der Kategorien ‚offenes‘ und ‚verdecktes‘ Polemisieren ist in Anlehnung an die Namensgebung der Kategorien der offenen (*overt*) und verdeckten (*covert*) Intermedialität bei Wolf, Werner (1999): *The Musicalization of Fiction. A Study in the Theory and History of Intermediality.* Amsterdam: Rodopi, S. 37–44 getroffen worden.

gruent', ‚übereinstimmend' usw.) kann von seiner Bedeutung ausgehend nur ungenau beschreiben, in welchem Nexus sie zueinander stehen. Die hier aufgezählten Adjektive vermögen die komplizierte, ambivalente Verbindung dieser auf zwei verschiedenen Ebenen angesiedelten Subjekte, nicht widerzuspiegeln.[312] Es ist dem verzwickten Verhältnis von Selbstinszenierung und Selbst,[313] also dem komplexen Prozess der Identitätskonstruktion im Spannungsfeld von Eigenkonstruktion und sozialer Wirklichkeit zuzuschreiben, dass die Grenzen zwischen Verbinden und Trennen, zwischen Kongruenz und Differenz, unscharf sind. Trotz dieser formulierten Vorbehalte gegenüber einer simplifizierenden Gleichung, soll hier dennoch das Gemeinsame, also die (*qualitative*) Übereinstimmung zwischen der Inszenierung auf Textebene und dem ‚real' existenten Autor auf Kontextebene, betont und die angesprochene Diskrepanz zwischen beiden zunächst in den Hintergrund gerückt werden. Die Inszenierung, die auf der Textebene stattfindet, ist demnach immer mit ihren kontextuellen Umständen zu betrachten, was Paintner wie folgt erklärt:

> Innerhalb der einzelnen Texte handelt es sich [...] um einen inszenierten Dialog. *Polemisches Subjekt* und *Objekt* sind nicht reale Personen in einem tatsächlichen Gespräch, sondern Rollen, die vom jeweiligen Verfasser in den Text eingeschrieben werden. Aus den einzelnen Texten entstehen jedoch publizistische Debatten; der ‚Gegner', der auf der Ebene des Einzeltexts eine Rolleninszenierung ist, hat in der Realität durchaus die Möglichkeit, die Publikation durch eine Gegenschrift zu erwidern.[314]

Paintner macht deutlich, dass sich der Gegner auf den zwei bereits genannten Ebenen (Text- und Kontextebene) manifestiert. Ohne es

---

[312] „Der Autor ‚im Text' ist demzufolge nicht als biographischer Verweis auf den ‚realen' Autor zu interpretieren, sondern als Repräsentation des Autors und seiner Autorschaft. Gemeint ist damit die Vorstellung, die der ‚reale' Autor von sich und seiner Autorschaft im Text etabliert, also ein sprachlich realisiertes Autorbild, das sich mit dem Autornamen verbindet." Unzeitig (2010), S. 203.

[313] Vgl.: „Inszenierung ist [...] *nicht* konträr zur Authentizität oder Wesenhaftigkeit einer Person zu setzen, vielmehr enthüllt sich eine Person immer auch bzw. überhaupt erst in der Inszenierung. Dabei ist der/die Einzelne immer auf Medien angewiesen [...]." Becker (2004), S. 416.

[314] Paintner, Ursula (2010): „Aus der Universität auf den Markt. Die *disputatio* als formprägende Gattung konfessioneller Polemik im 16. Jahrhundert am Beispiel antijesuitischer Publizistik". In: Gindhart, Marion & Ursula Kundert (Hg.): *Disputatio 1200–1800. Form, Funktion und Wirkung eines Leitmediums universitärer Wissenskultur.* Berlin: De Gruyter, S. 129–154, hier S. 144 (Hervorhebungen im Original).

direkt anzusprechen, thematisiert ihre Aussage jedoch jene Art der polemischen Publizistik, die hier unter dem Sammelbegriff des offenen Polemisierens gefasst wird, da sie implizit von einer (*qualitativen*) Kongruenz der beiden Ebenen ausgeht. Nur im Falle des offenen Polemisierens ist die Voraussetzung gegeben, dass der auf Textebene angesprochene Gegner dem ‚realen' Urheber der Polemik antworten kann, denn die Bedingung, dass der Verfasser der ersten Schrift sich offen zeigt und identifizierbar ist, muss erfüllt sein. Bei der Untersuchung der Schriften Melchior Hoffmans zeigt sich diese Art des Polemisierens insbesondere bei dem polemischen Schriftwechsel mit Nikolaus von Amsdorf, in dem sich beide Kontrahenten offen zeigen, d. h. die beiden Verfasser inszenieren sich auch jeweils in ihren Schriften als die *polemischen Subjekte* Melchior Hoffman und Nikolaus von Amsdorf. Der gesamte polemische Austausch der beiden Kontrahenten ist infolge der offen polemisierenden Initiationsschrift Amsdorfs in dieser Art der Vermittlung verblieben, da Hoffman ebenfalls offen polemisierend antwortet.

Zwar kann eine polemische Schrift auch beantwortet werden, wenn verdeckt polemisiert wird und der Verfasser ein von sich selbst (*qualitativ*) differierendes *polemisches Subjekt* im Text konstruiert. Jedoch sind die Möglichkeiten der Bezugnahme auf den Gegner dann auf die textinterne Inszenierung begrenzt, d. h. die Gegenschrift kann lediglich auf die Informationen reagieren, welche die polemische Schrift preisgibt.[315] Beim offenen Polemisieren hingegen hat der Verfasser einer Gegenschrift mehrere Möglichkeiten: Er kann zum einen auf die textinterne Inszenierung und zum anderen auf sämtliche textexterne Informationen zur Person und deren Handlungen Bezug nehmen. Darüber hinaus bietet sich zudem noch die Option, die Selbstinszenierung als *polemisches Subjekt* (Textebene) mit dem, was als ‚Realexistenz' des Autors aufgefasst wird (Kontextebene), abzugleichen. Eventuelle Diskrepanzen zwischen dem konstruierten Selbstbild und dem Bild des Verfassers, das aus dem Kontextwissen generiert wird, können infolgedessen aufgedeckt werden.

Die Situation einer (*qualitativen*) Kongruenz von Text- und Kontextebene, von Autor und *polemischem Subjekt*, erscheint naheliegend für die Polemikvermittlung, wenn man von einer gewöhnlichen Kommunikationssituation im Streit ausgeht, in der sich mindestens zwei Akteure, die sich hinsichtlich eines Sachverhalts uneinig

---

[315] Ausführungen dazu folgen im Abschnitt *Verdecktes Polemisieren* in diesem Kapitel.

sind, offen miteinander auseinandersetzen. Die Kongruenz der beiden Kommunikationsebenen beim offenen Polemisieren lässt wenig Raum für Ambiguitäten oder Fehlinterpretationen in Bezug auf den Streitgegenstand oder die beteiligten Akteure, so dass die Streitinszenierung geringer Erklärung bedarf. Weitaus komplexer gestaltet sich der Fall, wenn die Kommunikationssituation der Text- und der Kontextebene nicht analog sind und das *polemische Subjekt* somit nicht mehr (*qualitativ*) kongruent mit dem Autor ist, sondern von der Textebene in die Kontextebene ‚übersetzt' werden muss.

Verdecktes Polemisieren

Während beim offenen Polemisieren ein Autorbild im Text konstruiert wird, das eine Analogie zum ‚realen' Autor anstrebt, zeigt sich beim verdeckten Polemisieren hingegen das Potential, jegliche Kongruenz von beiden zu vermeiden und den Urheber des Textes durch ein anderes Autorbild im Text zu verbergen.[316] Der Autor schreibt sich demnach nicht als *polemisches Subjekt* in den Text ein, sondern es wird suggeriert, dass letzteres ein vom ‚realexistenten' Autor unabhängiges Subjekt ist. Es entsteht der Eindruck, dass der Urheber der Schrift ein anderer sei, als derjenige, der eigentlich der ‚reale' Autor ist. Erneut ist zu beachten, dass der ‚realexistente' Autor und das „sprachlich realisierte[] Autorbild"[317] im Text im Allgemeinen nicht gleichzusetzen sind. Erneut ist jedoch auch zu betonen, dass die Inkongruenz, die entsteht, wenn eine mögliche Verbindung (durch z. B. den gleichen Namen) wegfällt, eine andere Wertigkeit besitzt als die Diskrepanz zwischen ‚realem' Autor und Autorkonstruktion im Text, die selbst bei Namensgleichheit verbleibt. Fällt ein analogiebildendes Indiz (wie z. B. der Name) weg, bleibt der Verfasser hinter einer Art Maske verdeckt, so dass das Text-Kontext-Verhältnis sich durch eine vollständige *qualitative* Inkongruenz auszeichnet: Das *polemische Subjekt* der Textebene ist nicht auf den ‚realen' Autor zurückzubeziehen.

Bei genauer Betrachtung lassen sich drei Möglichkeiten finden, wie ein Autor seine Identität als „Texterzeugungsinstanz"[318] auf Textebene verdecken kann: Indem er erstens anonym bleibt, zweitens unter einem Pseudonym (fiktive *persona*) auftritt oder sich drittens als eine andere Person ausgibt bzw. unter anderem Namen (‚realexistente' *persona*)

---

[316] Vgl. dazu Umzeitig (2010), S. 202–205.
[317] Ebd., S. 203.
[318] Ebd., S. 204.

veröffentlicht. Bei der anonymen Veröffentlichung ist das *polemische Subjekt* auf Textebene eine Leerstelle, denn weder wird das *polemische Subjekt* im Text benannt, noch ein Verfasser im Paratext[319] angegeben. Im Idealtypus[320] einer anonymen Veröffentlichung wird bei der Publikation keinerlei Information über den Verfasser der Schrift gegeben, weder textintern noch -extern.[321] Infolgedessen ist die Ebene der Text-Kontext-Verbindung gänzlich blank oder vage und bleibt so offen für Interpretationen der Leserschaft. Ein konkretes Vorwissen über den Autor, sein Anliegen, seine Vergangenheit, seine Handlungen etc. werden dabei mit Absicht verschleiert. Zum Beispiel veröffentlichte Melchior Hoffman 1529 zusammen mit Andreas Bodenstein von Karlstadt anonym die Schrift *DJalogus vñ gründtliche berichtung gehaltner disputation im land zů Holsten*,[322] die als (Reformations-)Dialog zwischen zwei fiktiven Figuren konzipiert ist. Da sich das Gespräch der beiden Figuren als Bericht über die Flensburger Disputation, in der Hoffman seine religiösen Lehren vor Bugenhagen u. a. zu verantworten hatte, entpuppt, versucht die anonyme Veröffentlichung eine objektive Position des Autors (zu Melchior Hoffman und den Geschehnissen) zu suggerieren. Für die Polemik, die im *Dialogus* gegen Hoffmans Kontrahenten geäußert wird, wirkt die Anonymität insofern unterstützend, weil sie Glaubwürdigkeit generiert.

---

[319] Vgl. Genette, Gérard (2001): *Paratexte. Das Buch vom Beiwerk des Buches.* Frankfurt/Main: Suhrkamp.

[320] Unter ‚Idealtypus' (ebenso ‚idealtypisch') wird eine potenziell mögliche Reinform verstanden, die als heuristisches Hilfsmittel zu Kategorisierungszwecken dient. Weder gibt der Begriff ‚*Idealtypus*' eine Wertung ab, noch sagt er etwas über eine reale Existenz in der Wirklichkeit aus.

[321] Ein nachträgliches Autorbekenntnis oder ein Nachweis der Autorschaft durch Forschungen Dritter und andere Fälle, bei denen die Anonymität nachfolgend aufgehoben wird, sind zweifelsohne möglich. Solche Fälle sollen hier allerdings ausgeblendet werden, da es vorrangig darum geht, die bewusst angelegten Informationen im Zeitraum der Publikation zu betrachten, denn performative Handlungen haben nach Sibylle Krämer immer einen *„Ereignischarakter"*. D. h. trotz der im Akt und in der Wahrnehmung verwobenen „Elemente sowohl des Reproduktiven wie des Planvollen", steht das singuläre „In-Szene-Setzen", gebunden an eine bestimmte „Raum-Zeit-Stelle" im Zentrum. Krämer (2004), S. 21 (Hervorhebung im Original).

[322] Anonymus [i. e. Melchior Hoffman und Andreas Rudolf Bodenstein von Karlstadt] (1529): *DJalogus vñ gründtliche berichtung gehaltner disputation im land zů Holsten vnderm Künig von Deñmarck vom hochwürdigen Sacrament oder Nachtmal des Herren. In gegenwertigkeit Kü.Ma.Sun Hertzog Kersten sampt Kü.Räten / vilen vom Adel / vnd grosser versamlung der Priesterschafft. Jetzt kurtzlich geschehen den andern Donderstag nach Ostern / im jar Christi. Als man zalt. M. D. xxix.* Straßburg: Balthasar Beck, A2v. Kurztitel: *Dialogus*.

Ist das *polemische Subjekt* auf der Textebene (inkl. der Paratexte) mit einem Pseudonym gekennzeichnet, entsteht eine andere Situation als bei der anonymen Veröffentlichung. Ein Pseudonym ist ein bewusst eingesetzter Deckname, der zwar vorgibt, einen ,realexistenten' Referenten zu besitzen, in Wirklichkeit aber ein selbstreferenzielles Zeichen ohne außersprachliches Pendant ist, d. h. das Pseudonym täuscht eine entsprechende Person auf Kontextebene vor, die es nicht gibt.[323] Die Verbindung der Textebene mit der Kontextebene ist folglich eine Pseudoverbindung: Es wird zwar angedeutet, dass ein Autor auf der Kontextebene identifizierbar sei, aber der Name führt in eine referenzielle Leere. Diese Art der Suggestion eines Kontext-Bezugs im Text soll an dieser Stelle als ,Kontextfiktion' bezeichnet werden. Im Gegensatz zum ,Realkontext' erscheint die Kontextfiktion als eine dem Text eingeschriebene textexterne Referenz auf jemanden, der realiter nicht existiert – der Kontext wird lediglich fingiert. Die Verschleierung besteht insofern auf Text- und Kontextebene: Zum einen wird eine Autorrolle im Text fingiert, die den eigentlichen Autor verdeckt, zum anderen hat diese Autorrolle zudem einen fiktiven Referenten und kann auch auf der Kontextebene nicht identifiziert werden. Wie beim anonymen Veröffentlichen bedingen diese Umstände, dass die Leserschaft nur begrenzt ihr Vorwissen aktivieren kann. Zwar kann das Pseudonym eine Botschaft enthalten (der Nachname ,Bauer' z. B.), sie ist aber immer eine vom Autor angelegte Information und somit Teil der Inszenierung.[324] Ein von der Inszenierung unabhängiges Vorwissen bzw. Vor-Urteil, das auf Kontextebene bereits besteht, ist nicht abrufbar, insbesondere nicht für den eigentlichen Urheber der Schrift, der sich hinter dem Pseudonym verbirgt.

Die dritte Form des Verschleierns der Autoridentität beim verdeckten Polemisieren ist die Veröffentlichung unter anderem Namen. In Abgrenzung zum Pseudonym wird bei dieser Variante unter dem Deckmantel einer anderen, im ,Realkontext' existierenden Person veröffentlicht. Diese Person kann z. B. ein Herausgeber sein, der stellvertretend genannt wird. Möglich ist aber auch, dass der Name einer anderen

---

[323] Melchior Hoffman veröffentlichte Schriften unter dem Pseudonym Caspar Beck(er) und täuschte damit einen Autor vor, der in der Realität nicht existent war.

[324] Ein berühmtes Beispiel für diese Art des Verdeckens der Autoridentität sind die sogenannten *Dunkelmännerbriefe*. Der oder die Autor/en bleiben unbekannt, auf der Textebene werden aber Dominikanermönche als Verfasser der Briefe inszeniert.

Person als Autorname instrumentalisiert wird.[325] Für das Wirken von Polemik kann das Publizieren unter anderem Namen legitimierende oder autorisierende Funktionen haben, wenn z. B. der vorgetäuschte Autor oder der Herausgeber mehr Prestige oder Berechtigung besitzen. Bei der Verwendung eines anderen Namens wird so in der Regel auf vorhandenes kontextuelles Vorwissen (über die genannte Person) zurückgegriffen, das zwar ‚real' (also nicht-fiktiv) ist, sich jedoch als ‚falsch' in Bezug auf den ‚realen' Autor erweist.[326]

Alle drei Formen des verdeckten Polemisierens haben den Effekt, dass der ‚reale' Autor unerkannt bleibt. Für die Vermittlung der Polemik bedeutet das, dass der Polemiker sich ungeachtet seines eigenen Images äußern kann. Er muss seine eigene Person, seinen Status und seine Handlungen nicht erklären, legitimieren oder rechtfertigen, wenn er den Gegner angreift. Beim anonymen Veröffentlichen entsteht in Bezug auf den Autor eine Leerstelle, bei Verwendung eines Pseudonyms eine ‚Kontextfiktion' an ebendieser Stelle und bei der Veröffentlichung unter anderem Namen füllt das Image des Anderen den Platz aus.

Ein extrem wichtiger Punkt ist, dass der Autor beim verdeckten Polemisieren über sich selbst in der 3. Person sprechen kann und so in der Schrift für sich die Perspektive entwerfen kann, die wie die eines Außenstehenden erscheint. Die so umgestaltete Bewertungssituation hat zur Folge, dass sich auch die Möglichkeiten der Konstruktion des Selbstimages grundlegend verändern.

---

[325] Hoffman hat z. B. höchstwahrscheinlich *Die Epistel des Apostell Sanct Judas*, dessen Vorrede als von Cornelius Poldermann verfasst angegeben wird, geschrieben und publizieren lassen. Poldermann, Cornelis [i. e. Melchior Hoffman, Cornelius Poldermann (Hg.)] (1534): *Die Epistel des Apostell Sanct Judas erklert vnnd gantzs fleissig von wort zů worten / außgelegt zů eyner ernsten warnungen ia auch zů eynem köstlichen nutz vnd trost / allen Gotts forchtigen liebhabern der ewigen vnendlichen warheyt.* [Hagenau: Valentin Kobian]. Abgedruckt in den *TAE II*, Nr. 479, S. 241–245. Fritz Husner äußert wage den Verdacht, dass Melchior Hoffman der Autor dieser Schrift sei. Husner, Fritz (1946): „Zwei unbekannte Wiedertäuferdrucke". *Stultifera navis* 3, S. 84–88. Peter Kawerau bestätigt diese Vermutung: Kawerau, Peter (1958): „Zwei unbekannte Wiedertäufer-Drucke". *Zeitschrift für Kirchengeschichte* 69, S. 121–126.

[326] Zur Verdeutlichung: $X^{Kontext}$ (‚reale' Person) ist der Autor, jedoch wird $Y^{Kontext}$ (‚reale' Person) als *polemisches Subjekt* Y^{Text} eingesetzt. Durch die Inszenierung (Y für X) kann ein eventuell vorhandenes Vorwissen über $Y^{Kontext}$ aktiviert werden. Diese potenziellen Kenntnisse entsprechen jedoch nicht $X^{Kontext}$, es wird insofern eine ‚falsche' Kontextreferenz evoziert. Diese falsche Referenz ist immer noch Teil der Inszenierung.

Konstruktion des Selbstimages

Der Aufbau eines Images des *polemischen Subjekts* gehört generell ebenso zur *polemischen Situation* wie die Zerstörung oder Manipulation
des Fremd- oder Feindimages des *polemischen Objekts*.[327] Bei offenem
Polemisieren erfolgt die Imagekonstruktion auf Seiten des *polemischen
Subjekts* jedoch anders als bei verdecktem Polemisieren, da durch die
Kongruenz von *polemischem Subjekt* und ‚realem' Autor bereits ein
Image oder mehrere Images bestehen können, d. h. wenn das *polemische Subjekt* eine Selbstinszenierung des ‚realen' Autors ist, bildet
dessen bereits bestehendes Image eine potenzielle Deutungsgrundlage
für die Rezeption der Inszenierung des *polemischen Subjekts*.[328] Die
Inszenierung im Text muss sich dementsprechend innerhalb der
Grenzen befinden, die sowohl durch die mediale Vermittlung[329] als auch
durch die Identität (des ‚realen' Autors) im Spannungsfeld von produktiven „Acts of Identity"[330] und rezeptiver Identitätskonstruktion (durch
die Leserschaft) gesetzt werden.[331] Bei der Produktion ist die soziale
Wirklichkeit des Autors unvermeidlich präsent und wird folglich zu einem Teil der Selbstinszenierung, denn

> [d]ie narrativen Strukturen sind keine Eigenschöpfung des Individuums,
> sondern im sozialen Kontext verankert und von ihm beeinflusst, so dass
> ihre Genese und ihre Veränderung in einem komplexen Prozess der
> Konstruktion sozialer Wirklichkeit stattfinden. Insofern präformieren sie

---

[327] Vgl. dazu: „Polemische Texte bleiben jedoch bei der Konstruktion von Feindbildern
nicht stehen; das Wesen jeder Polemik besteht darin, daß sie eben nicht nur den
Gegner argumentativ vernichtet, sondern daß zugleich auch dem Leser ein positives
Gegenbild angeboten wird." Paintner (2011), S. 457.

[328] Die Deutungsgrundlage muss als theoretische Größe verstanden werden, denn die
konkrete Umsetzung in der Praxis ist immer an die jeweils rezipierende Person und
deren individuelles Vorwissen gebunden.

[329] Vgl. dazu: „[D]ie den Medien jeweils inhärente Struktur prägt die Art der indi-
viduellen Inszenierung in grundlegender Weise. Das Individuum ist also der
Eigengesetzlichkeit des Mediums unterworfen, mittels dessen es sich inszeniert."
Becker (2004), S. 416.

[330] Gehrke (2004), S. 11–19.

[331] Vgl. dazu: „Vielmehr erfasst ‚Performativität' eine Dimension aller kulturellen Praktiken im Spannungsverhältnis zwischen einem Ereignis und seiner
Wahrnehmung; und zwar soweit dieses Verhältnis so beschrieben werden kann,
dass das, was ein Akteur hervorbringt, von Betrachtern auf eine Weise rezipiert
wird, welche die Symbolizität und Ausdruckseigenschaften dieses Vollzugs gerade
überschreitet." Krämer (2004), S. 21.

die Art und Weise, in der eine Person sich erzählen kann, und damit auch ihr Verständnis von sich selbst.[332]

Die Verankerung des sozialen Kontexts kann sowohl unbewusst als auch bewusst geschehen. Sie zeigt sich bewusst beim offenen Polemisieren, wenn der Autor Überlegungen anstellen muss, wie er sich im Verhältnis zu dem bereits bestehenden Image glaubwürdig in Szene setzt, sich legitimiert und seine Person positiv gestaltet. Das eventuell bereits bestehende Image kann für die Rezeption des im Text konstruierten Images eine wichtige Rolle spielen, denn die Leserschaft mag schon ‚Vor-Urteile' gefällt haben, die nicht Teil der Inszenierung selbst sind oder dadurch hervorgerufen werden.[333] Im Idealtypus oder Denkmodell[334] des offenen Polemisierens nimmt das Vorwissen der Leserschaft dabei implizit und explizit Einfluss auf die Imagebildung im Text: Zum einen wird das antizipierte Vorwissen der Leserschaft bei der Textproduktion vom Autor mitbedacht, zum anderen wirken sich die tatsächlichen Vorurteile und -kenntnisse auf Seiten der Leser auf die Textrezeption aus. Folglich entsteht das Image des Autors (beim offenen Polemisieren) in der Wechselwirkung von Produktion und Rezeption. Rückwirkend kann ein bereits bestehendes Image auf diese Weise bestärkt, verändert oder widerlegt werden. Die Inszenierung im Text trägt dementsprechend wiederum zum Image bei, denn

[i]n dieser Re-Zitation können wir uns vom Zitierten zugleich distanzieren und es eben dadurch auch um- und neuinterpretieren. Kraft dieser dem Sprechen impliziten Struktur von Theatralität kann Mechanismus

---

[332] Kraus, Wolfgang (2002): „Falsche Freunde. Radikale Pluralisierung und der Ansatz der narrativen Identität". In: Straub, Jürgen & Joachim Renn (Hg.): *Transitorische Identität. Der Prozesscharakter des modernen Selbst.* Frankfurt/Main: Campus, S. 159–186, hier S. 161.

[333] Bei verdecktem Polemisieren können bestimmte Vorurteile als Teil der Inszenierung bewusst hervorgerufen werden. Da allerdings das Text-Kontext-Verhältnis unbekannt ist, funktioniert die Inszenierung unabhängig von einer ‚realen' Kontextebene, die die skizzierte Situation als Kontext-Realität bestätigen oder als konstruiert entlarven würde.

[334] Insbesondere im Hinblick auf die begrenzte Öffentlichkeit des 16. Jahrhunderts muss hier von einem Idealtypus oder Denkmodell gesprochen werden, dass sich nicht immer eins zu eins auf die frühneuzeitliche Realität übertragen lässt. Es ist dennoch auch für das 16. Jahrhundert möglich, von Potentialen auszugehen, die von Fall zu Fall auf ihre Ausschöpfung oder Umsetzung hin untersucht werden sollten. Es bleibt z. B. zu fragen, ob ein Schriftwechsel als solcher rezipiert wurde, ob eventuell mündliche Begegnungen (Predigt etc.) stattfanden oder ob andere Kenntnisse über die Funktion und Persönlichkeit einer Person durch Mundpropaganda kursierten.

und Macht des Überkommenen und Gewohnten immer auch unterlaufen werden.[335]

In dieser Hinsicht kann auch die Selbstimagebildung als andauernder Prozess betrachtet werden, in den ein Autor beim offenen Polemisieren mit der Selbstinszenierung im polemischen Text einzugreifen sucht.

Beim verdeckten Polemisieren hingegen funktionieren die Image-bildungen des *polemischen Subjekts* und des ‚realen‘ Autors getrennt voneinander. Da die Text-Kontext-Kongruenz verdeckt ist, wird von den Rezipienten nicht die Verbindung zum ‚realen‘ Autor hergestellt. Der Autor kann unter der Maske des *polemischen Subjekts* sein Selbstimage demgemäß vom Standpunkt eines Dritten aus konstruieren, was z. B. Distanz und Objektivität vortäuschen kann.[336] Zwar ist auch in solch einem Fall ein Image des Polemikers bereits vorhanden, da es beim Nennen des Namens des Polemikers ebenfalls zur Aktivierung des kontextuellen Vorwissens oder vorhandenen Vorurteilen kommen kann, aber als außenstehender Beobachter der eigenen Identität befindet sich das undefinierte, fiktive oder als alter Ego präsentierte *polemische Subjekt* auf vorgetäuschter Augenhöhe mit dem ebenfalls außenstehenden Rezipienten, was die Justierung oder Bestätigung eines Images im Text glaubwürdiger erscheinen lässt. Das Sprechen über sich selbst in der 3. Person hat somit durch die Maskierung des Selbst bzw. durch das Verdecken des eigentlichen Text-Kontext-Verhältnisses ein großes Funktionspotential in Bezug auf die Selbstimagekonstruktion.

Für die Kategorien offenes und verdecktes Polemisieren kann festgehalten werden, dass sie sich auf die Figur des Sprechers beziehen – und zwar sowohl auf das *polemische Subjekt* als auch auf die Repräsentation des ‚realexistenten‘ Polemikers. Es gibt grundsätzlich zwei unterschiedliche Verhältnisse zwischen diesen beiden Sprecherfiguren: 1. Kongruenz

---

[335] Krämer (2004), S. 16.

[336] Vgl. dazu Joachim Fischers Aussagen über die Rolle des Dritten: „Ich und Du liegen im Kampf um die Geltung unserer Teilnehmerperspektiven auf die Wirklichkeit. Erst das Erscheinen des Dritten, mit seiner Beobachterperspektive, zwingt uns nun real, die Wirklichkeit als die Sache selbst, das Dritte, so in unserer Perspektive zur Sprache zu bringen, daß es gleichsam von selbst sprechen würde. [...] Erst die um den Dritten bereicherte Anthropologie der Intersubjektivität vermag das Phänomen des Objektiven zu rekonstruieren, soweit es intersubjektiv konstituiert ist." Fischer, Joachim (2000): „Der Dritte. Zur Anthropologie der Intersubjektivität". In: Eßbach, Wolfgang (Hg.): *wir / ihr / sie. Identität und Alterität in Theorie und Methode* (= *Identitäten und Alteritäten* 2). Würzburg: Ergon, S. 103–136, hier S. 128f.

oder 2. Inkongruenz durch eine Maskierung, die ihrerseits in drei Variationen (anonym, pseudonym und unter anderem Namen) vollzogen werden kann. Bei ersterem ist die Situation des Polemisierens offen, bei zweiterem verdeckt. Relevanz für die Vermittlung der Polemik ergibt sich insofern, dass die Frage „Wer spricht?" bzw. „Wer äußert die Polemik?" Folgen für die Kommunikationssituation hat, die ihrerseits die Erscheinungsform der Polemik im Einzelnen beeinflusst: Insbesondere für die Konstruktion des Selbstimages des Autors stellt sich die Sprecherfrage als konstitutiv dar.

2.3.2 Direktes und indirektes Polemisieren

Während die Ermittlung des Sprechers die Grundlage der Unterscheidung zwischen offenem und verdecktem Polemisieren repräsentiert, steht bei der Differenzierung von direktem und indirektem Polemisieren die Frage „Wer wird angesprochen?" im Vordergrund. Die Frage nach dem Adressaten der (An-)Rede bzw. nach dem polemischen Objekt ist nicht an die Gestaltung der Sprecherrolle gebunden, so dass die Kategorien ‚direktes und indirektes Polemisieren' unabhängig von den bereits genannten Kategorien ‚offenes und verdecktes Polemisieren' sind. Ob offen oder verdeckt polemisiert wird, setzt der Ausformung der Rede keinerlei Grenzen.

Die Beantwortung der Adressatenfrage ist im Gegensatz zur Ermittlung des Sprechers ausschließlich auf der Textebene zu beantworten, so dass ein Abgleich mit der Kontextebene zwar von analytischem Interesse für die Inszenierung, aber für die Kategorieneinteilung nicht erforderlich ist. Begutachtet werden allein die textinterne Kommunikationssituation und der dort konstruierte Adressat. Ob der Adressat der Textebene auch gleichzeitig der auf der Kontextebene intendierte oder tatsächliche Empfänger ist, ist zum einen schwer zu untersuchen und zum anderen irrelevant, da die *polemische Instanz*, wie bereits erörtert, grundsätzlich der implizite *Haupt*empfänger von Polemik ist: Sie ist die richterliche Instanz, die erreicht werden soll, d. h. der ‚eigentliche', intendierte Adressat ist bei der Methode polemischen Schreibens vorbestimmt. Nicht die Anrede und Persuasion des Gegners (und damit Konsens) werden angestrebt, sondern der Entwurf und die Verstärkung antagonistischer Positionen (vor einem Publikum). Das *polemische Objekt* kann insofern nicht der *Haupt*adressat der *polemischen Situation* auf Kontextebene sein, sondern maximal ein *Neben*adressat. Vielmehr als auf die Überredung des Kontrahenten zielt Polemik darauf ab, das *polemische Objekt* auf eine Weise in Szene zu setzen, dass es vom Publikum abgelehnt wird.[337] Matt formuliert dieses polemische Primärziel überspitzter: Das Publikum soll „den Akt der sozialen Tötung selber vollziehen durch tätige Verachtung, durch die spontane Exkommunikation des andern im Urteil: Der gehört nicht mehr zu uns!"[338] Wie das *polemische Objekt* inszeniert wird, ist u. a. auch davon abhängig, welchen Platz es in der Kommunikationssituation auf der Textebene einnimmt, denn für das Erreichen des Primärziels kann auch das Mittel der Adressierung in vielfacher Weise im Text strategisch eingesetzt werden. Diese textinterne Inszenierung ist jedoch nicht an die textexterne Kommunikationssituation der Polemik gebunden.[339]

Bei der Untersuchung von streitinszenierenden Schriften in Bezug auf die textinterne Polemikvermittlung lassen sich zwei Grundarten der Rede des *polemischen Subjekts* im Verhältnis zum *polemischen Objekt* identifizieren: Zum einen kann das *polemische Subjekt* in einen Dialog mit dem *polemischen Objekt* treten, zum anderen kann es über das *polemische Objekt* sprechen, während es sich direkt an das Publikum wenden oder einen Monolog halten kann, ohne ein Publikum zu adressieren. Das Sprecher-Ich kann dementsprechend erstens mit der direkten Anrede, mittels der grammatischen 2. Person, mit dem *polemischen Objekt* in ‚Kontakt' treten oder zweitens das *polemische Objekt* in der grammatischen 3. Person gleichsam zum Thema machen – dabei ist es zunächst irrelevant, ob eine *polemische Instanz* direkt angesprochen wird oder nicht. Bremer erörtert die zwei möglichen Redeformen (in Bezug auf das *polemische Objekt*) ebenfalls als wichtiges Unterscheidungsmerkmal des reformatorischen Streitens:

> Neben den bisher genannten Streittechniken ist die Anrede des Gegners bzw. die Form, in der über den Gegner berichtet wird, ein wesentliches Differenzierungsmerkmal. Es gibt im Hinblick auf die Anrede zwei grundlegende Typen von Streitschriften. Zunächst gibt es die Möglichkeit, vom Gegner in der 3. Person Singular zu sprechen, im zweiten Typ wird der Gegner direkt in der 2. Person Singular angesprochen.[340]

---

[337] Stenzel (1984), S. 5–7. Dascals Separation von „staged polemics" als diejenige Form von Polemik, die sich vornehmlich an das Publikum richtet, ist insofern zu widersprechen, dass jegliche Anwendung von Polemik „staged polemics" ist bzw. dass es keine andere Form von Polemik als eben diese gibt. Dascal (2004), S. 7.

[338] Matt (1994), S. 35.

[339] Vgl. dazu: „Wir halten also daran fest, dass der primäre Adressat polemischer Texte das Publikum ist und dass dieser Sachverhalt ein konstitutives Element der Realsituation ist, auch wenn er in der polemischen Konstellation durch andersartige textinterne Adressierungen verwischt wird." Dieckmann (2005), S. 41.

[340] Bremer (2005b), S. 39.

Bremer spricht in diesem Zusammenhang sogar von „zwei grundlegenden Typen von Streitschriften", die durch die divergierenden Kommunikationssituationen hervorgebracht werden. Solch eine Differenzierung in zwei Typen von Streitschriften soll hier hingegen nicht vorgenommen werden, da es allzu selten möglich ist, die konstante Nutzung der einen oder anderen Redeform innerhalb einer ganzen Schrift zu erkennen.[341] Obgleich Bremers Einteilung verdeutlicht, dass die unterschiedlichen Redeformen (direkte Anrede des/der Kontrahenten oder Rede über ihn/sie) jeweils eine andere Kommunikationssituation mit sich bringen, wird hier jedoch Abstand davon genommen, diese Differenzierung auf den Text als Gesamteinheit zu beziehen. Anstatt von ganzen Schriften als Einheiten auszugehen, bietet es sich an, Texteinheiten und -abschnitte als kleinere Einheiten zur Grundlage der Untersuchung zu machen. Damit umgeht man gleichzeitig den Umstand, dass Gesamttexte selten durchgängig dem einen oder anderen Redeschema folgen.[342]

Die Kommunikationssituation der *polemischen Situation*, in der das *polemische Objekt* direkt angesprochen wird, wird in Analogie zur direkten Anredeform unter dem Begriff ‚direktes Polemisieren' gefasst. Das Sprechen über das *polemische Objekt* in der 3. Person wird hingegen ‚indirektes Polemisieren' bezeichnet.[343] Da der Einsatz beider Formen mit unterschiedlichen Funktionen verbunden ist und divergierende

---

[341] Bremer konstatiert im Anschluss an seine Typenidentifikation selbst, dass der Wechsel zwischen direkter Anrede des Gegners und Rede über den Gegner in der 3. Person oftmals innerhalb eines Textes vollzogen wird. Ebd., S. 39.

[342] Dieckmann identifiziert in Bezug auf den „gemeinten Adressaten" (jenseits der grammatischen 2. Person) vier verschiedene Texttypen: „Eine solche Analyse hätte voraussagbar das Ergebnis, dass in einem Teil der Texte das polemische Objekt angesprochen wird, in einem anderen das Publikum, die Leserschaft in ihrer Rolle als urteilende Instanz, dass in einer dritten Gruppe die Ansprache wechselt und in einer vierten ein Adressat sprachlich überhaupt nicht identifiziert wird." Dieckmann (2005), S. 40. Mit seiner potenziellen Einteilung räumt Dieckmann dem Wechsel der Anrede zwar einen sichtbaren Platz ein, er relativiert allerdings seine hypothetischen Vorüberlegungen nachfolgend, indem er zu dem Ergebnis kommt, dass als „gemeinter Adressat" nur das Publikum gelten kann. Ebd., S. 41. Damit widerspricht er seinem eigenen Vorschlag zur Kategorisierung von Texttypen. Die Einteilung von polemischen Texten nach dem Kriterium ‚Adressat' eignet sich insofern nicht als Verfahren. Nichtsdestoweniger ist es relevant, wie sich das *polemische Subjekt* gegenüber dem *polemischen Objekt* kommunikativ positioniert, ob es direkt angesprochen wird oder nicht, ob es wechselt oder ob gar kein Empfänger konstruiert ist.

[343] Wie bereits angedeutet wurde, kommen in der Regel weder die eine noch die andere Art des Polemisierens einförmig und konstant isoliert in einem Text vor, sondern werden realiter nebeneinander und mitunter sogar alternierend eingesetzt.

rhetorische Strategien mit sich bringen, ist die Differenzierung zwischen beiden Arten trotzdem sinnvoll. Dies bestätigt Bremer, indem er hervorhebt, dass die direkte Anrede ein „Hinweis auf die Personalisierung des Konflikts" darstelle und eine „emotionalisierende Streitschrift" zur Folge habe.[344] Die Unterscheidung der beiden Redeformen ist deshalb fruchtbar zu machen, weil die unterschiedlichen Kommunikationssituationen divergierende Funktionspotentiale in Bezug auf die Streitinszenierung beinhalten.

Direktes Polemisieren

Im Fall des direkten Polemisierens erfolgen die Diskreditierung des Gegners und die Widerlegung seiner Argumente bildlich gesprochen geradeaus ohne Umschweife. Die Kommunikationssituation ist formal gesehen ein lediglich einseitig geführter Dialog des *polemischen Subjekts* mit dem *polemischen Objekt*. Durch verschiedene Techniken kann das *polemische Objekt* jedoch so in den Text eingeschrieben werden, dass mitunter der Effekt eines Streitgesprächs unter vier Augen entsteht: Die Aussagen des Gegners werden mithilfe direkter oder indirekter Redewiedergabe eingeflochten, seine zukünftigen Reaktionen oder Antworten auf die eigenen Aussagen noch unmittelbar in derselben Schrift antizipiert und seine Person ausgiebig beschrieben, so dass der Gegner schließlich in der durch den Text konstruierten Form Gestalt annimmt:

> Von einem Verfahren ist hier unabdingbar zu reden: von dem dringlichen Streben der Polemiker, den Gegner selber auftreten zu lassen. Das kann sich eigentlichen Bühnenszenen annähern. Was Abhandlung war, wird jäh zum Dialog. Der Widersacher spricht, der Polemiker antwortet, und siehe, er behält immer recht. Der Gegner steht da, oft genug in seines Leibes Schwäche; er darf Satz um Satz vorbringen und bekommt für jeden eins aufs Haupt, sorgsam gezielt und liebevoll gesetzt.[345]

Durch die eingesetzten Mittel wird der Text performativ. Er vermittelt dem Leser den Streit nicht bloß, sondern er stellt dem Leser den Streit vor Augen. Der Text wird somit zur Bühne, auf der ein Aufeinandertreffen des *polemischen Subjekts* und *Objekts* nahezu bildlich inszeniert wird. Die *polemische Instanz* ist im Idealtypus des direkten Polemisierens auf der Textebene nicht explizit vorhanden – in der Bühnenmetapher

---

344 Bremer (2005b), S. 39.
345 Matt (1994), S. 40.

verbleibend sitzt das Publikum dementsprechend im Dunkeln, die Akteure hingegen treten auf der Bühne im Scheinwerferlicht auf.

Fasst man die erörterten Merkmale zusammen, kann als die idealtypische Situation des direkten Polemisierens jene bezeichnet werden, in der ein Zwigespräch zwischen *polemischem Subjekt* und *Objekt* vor einer nicht adressierten, aber als existent vorausgesetzten *polemischen Instanz* stattfindet. Das Publikum wird insofern immer mitgedacht und verbleibt Adressat der Polemik, wird aber nicht explizit angesprochen oder näher beschrieben. Anstatt des Publikums wird in diesem Fall das *polemische Objekt* als alleiniger Adressat inszeniert.[346]

Indirektes Polemisieren

Im Falle indirekten Polemisierens ist die Kommunikationssituation in der Weise konstruiert, dass das *polemische Subjekt* in der grammatischen 3. Person über das *polemische Objekt* spricht. Anstatt mit dem *polemischen Objekt* in den Dialog zu treten, wendet sich das *polemische Subjekt* entweder bewusst der *polemischen Instanz* zu – die direkte Anrede kann dort zum Einsatz kommen – oder sie hält eine Art Monolog, für den kein genauer Adressat identifizierbar ist. Das bedeutet, dass die *polemische Instanz* ebenso wie beim direkten Polemisieren auch eine textinterne Rolle einnehmen kann, es aber nicht muss. Auch beim indirekten Polemisieren bleibt sie in jedem Fall – präsent oder absent im Text – der Adressat, der jenseits des Textes erreicht werden soll. Im Unterschied zum direkten Polemisieren ermöglicht jedoch die Rede über das *polemische Objekt* in der 3. Person, dass der *polemischen Instanz* nicht nur implizit auf Kontextebene, sondern auch explizit auf der Textebene die Adressatenrolle zukommen kann. Das *polemische Objekt* wird im Idealtypus des indirekten Polemisierens hingegen als abwesende Kategorie behandelt und zu einem Thema ‚degradiert‘, über das räsoniert wird.

Die Polemik, die so kommuniziert wird, ist jedoch ärmer an performativen Elementen, da mit der Rede über den Gegner in der 3. Person die Narrativität begünstigt wird. In Bezug auf die Streitinszenierung

---

[346] Erneut muss hinzugefügt werden, dass selten ein gesamter Text nach dem Muster des direkten Polemisierens gestaltet ist, sondern dass häufig nur einzelne Textabschnitte einheitlich sind. Es ist beispielsweise zu beobachten, dass viele polemische Schriften eine Rahmenstruktur besitzen: Gruß und Schluss sind dabei deutlich an ein Publikum adressiert (z. T. mit direkter Anrede), während die Kommunikationssituation innerhalb des Rahmens überwiegend einen Dialog mit dem *polemischen Objekt* darstellt.

tritt das Erzählen vom Streit an die Stelle des Vor-Augen-Stellens des Streits. Die vorhandenen performativen Elemente der Inszenierung sind weniger bei der Streitaufführung zu verorten, als bei der Konstruktion des polemischen Antagonismus und des Selbst- und Fremdimages. Mit indirektem Polemisieren kann eine kommunikative Distanz geschaffen werden, der Gegner wird nicht adressiert, sondern als Ansprechpartner gemieden und aus der Kommunikationssituation gleichsam verbannt. Bildlich könnte man sagen, es wird mit dem Finger auf den Kontrahenten gezeigt, ohne dass dieser eine Stimme erhält. Bremer betont das Erzeugen einer solchen Distanz zum Gegner mittels der 3. Person und konstatiert in dem Zusammenhang: „Sie sprechen ihren Gegnern unausgesprochen die ‚Ehre‘ der direkten Rede ab [...].“[347] Damit identifiziert Bremer kommunikative Strategien in den schriftlichen Streitigkeiten um Glaubensfragen, die Krämer für die menschliche Kommunikation im Allgemeinen konstatiert: Da die „Entwicklung unserer Identität [...] der Anerkennung durch die Anderen“ bedarf, nimmt das Angesprochenwerden eine zentrale Stellung für die „Verletzungsmacht der Rede“ ein.[348] „Nicht mehr angesprochen zu werden, ist dann ein Kulminationspunkt sprachlicher Verletzbarkeit und kann kondensiert werden zur Chiffre vom ‚sozialen Tod‘. "Das Ignorieren einer Person ist demgemäß eine größere soziale Ächtung als die „*AnVerkennung*“ beleidigender Rede, da „jedwedes *Ansprechen* eines Anderen unausweichlich – und damit *unabhängig* von seinem Inhalt – einen Akt von Anerkennung vollzieht".[349]

Die kommunikative Distanz zum Gegner kann zusätzlich mit gezielt eingesetzter Nähe zum Publikum kombiniert werden, indem mittels direkter Anrede der Dialog mit der *polemischen Instanz* eröffnet wird. Die Anrede der *polemischen Instanz* impliziert noch eindringlicher die gezielte kategorische Ausschließung des *polemischen Objekts* aus dem Kreise der Kommunikationsteilnehmer bzw. seine soziale Ächtung. Eine (auf die Leserschaft bezogene) persuasive oder eine die Gruppenzugehörigkeit stärkende Funktion wird in dem Fall auch im Text offen inszeniert und der Fokus auf die Bindung zum Publikum gelegt.

---

[347] Bremer (2005b), S. 39. Mit „Sie“ sind bei Bremer zwar Martin Luther und Georg Scherer gemeint; das „Sie“ kann aber ebenso stellvertretend für viele andere Polemiker des 16. Jahrhunderts stehen.

[348] Krämer (2010), S. 40.

[349] Sämtliche vorangehenden Zitate in ebd. S. 41.

Ein Polemiker kann das indirekte Polemisieren auf unterschiedliche Weise einsetzen: Das narrative Element und die kommunikative Distanz können dafür genutzt werden, in einen berichtenden Stil zu wechseln, der emotionale Gleichgültigkeit zeigen soll, um auf diese Weise den Wahrheitsgehalt des Gesagten zu unterstützen. In solch einem Fall kann die Argumentation sehr sachlich ausgerichtet sein. Es können aber ebenfalls beleidigende Passagen eingebaut werden, wobei die kommunikative Distanz als bewusst ablehnende Haltung gegenüber dem Kontrahenten eingesetzt werden kann. Die Narrativität vermag auch hier die Objektivierung der eigenen Aussagen zu begünstigen. Das Sprechen über den Gegner in der 3. Person eröffnet insofern eine Fülle an möglichen Streittechniken, die sich stilistisch von der grobianischen Beleidigung bis zur sachlichen Abhandlung erstrecken.[350]

---

[350] Vgl. Bremer (2005b): In den einzelnen Textanalysen identifiziert Bremer sehr unterschiedliche Funktionen für die Rede über den Gegner in der 3. Person: Sie zielt auf die „Isolierung" (S. 160) des Gegners und wird eingesetzt, „um möglichst große Distanz zwischen sich und dem Gegner zu demonstrieren" (S. 150). Sie unterstützt den Wechsel hin zu einem „sachlichen Stil" (S. 142), wirkt dann aber an anderer Stelle „besonders abschätzig" (S. 93) und wiederum in einer anderen Schrift wird sie eingesetzt, um Streittechniken anzubringen, die dem „seelsorgerlichen Duktus [, der in direkter Anrede gehalten ist,] nicht angemessen sind" (S. 130).

3 Direktes und offenes Polemisieren bei Melchior Hoffman

3.1 Der Streit mit Nikolaus von Amsdorf I: Die Hintergründe

1526 formulierte Melchior Hoffman in seiner Auslegung des 12. Kapitels des Buches *Daniel*[351] erstmals schriftlich seine apokalyptische Lehre. Die Welt schien für Hoffman an einem Punkt angelangt, an dem nur noch eine apokalyptische Reinigung, ein Trennen der ‚Spreu vom Weizen‘[352] durch den Schöpfer, die Weltordnung wieder herstellen könnte.[353] Hoffman war nicht allein mit seinen apokalyptischen Visionen. Die im 16. Jahrhundert üblichen Endzeitvorstellungen lassen sich aus einer intensiven Sehnsucht nach einer neuen, besseren Welt und der endzeitlichen Stimmung dieser Zeit erklären: Vermehrte Naturkatastrophen, Dürreperioden, Epidemien (z. B. die Pest) sowie die ‚Enthüllung‘ des Antichristen unter dem Papstgewand wurden vor dem

---

[351] Hoffman, Melchior (1526): *Das xij Capitel des prophetē Danielis außgelegt / vnd das ewangelion des andern sondages / gefallendt im Aduent / vnd von den zeychenn des iüngsten gerichtes / auch vom sacrament / beicht vnd absolucion / eyn schöne vnterweisung an die in Lieflandt / vnd eym yden christen nutzlich zu wissen. M d xxvj.* [Stockholm: Königliche Druckerei]. Kurztitel: *Das xij Capitel [...] Danielis* oder *Daniel-Auslegung*.

[352] Vgl. zum Beispiel: „Dat ander wert sick all sůluest finden vnde begeuen mit der tydt / dat de důuel vnde dat kaff [die Spreu] / vnde de valsche buecknecht [Bauchknechte] wert geapenbaret werden." Hoffman (1528): *Dat Nicolaus Amsdorff*, A4r.

[353] Die Reform der evangelischen Bewegung Luthers, insbesondere nach dem Bauernkrieg 1525, schienen ihm nicht die gewünschten Effekte erreicht zu haben. Die angestrebten Veränderungen versprachen ihm wohl nicht, die elementaren sozialen Missstände auszumerzen, die er als Handwerker zu spüren bekam, den Menschen zu einem besseren zu machen und die Weltordnung herzustellen, die ihm vorschwebte.

How to cite this book chapter:
Lundström, Kerstin. 2015. Direktes und offenes Polemisieren bei Melchior Hoffman. In: Lundström, Kerstin. *Polemik in den Schriften Melchior Hoffmans: Inszenierungen rhetorischer Streitkultur in der Reformationszeit*, Pp. 118–205. Stockholm: Stockholm University Press. DOI: http://dx.doi.org/10.16993/bae.c. License: CC-BY

Hintergrund des religiösen Weltbilds als apokalyptische Vorzeichen interpretiert.[354] Hoffmans Lehre vom Jüngsten Tag ging in ihrer Intensität und Konkretheit jedoch weiter als die meisten eschatologischen Anschauungen seiner Zeit, denn er glaubte, einen Zeitpunkt in naher Zukunft errechnen zu können. Er behauptete – und dies sah er mit dem 12. Kapitel des Buches *Daniel* und der *Offenbarung des Johannes* belegt –, dass die Rechnung zum Jüngsten Tag bereits begonnen hätte und sich binnen der kommenden sieben Jahre, also bis zum Jahre 1533, erfüllen würde. Über diese Berechnung des Jüngsten Tages geriet er in den einzig erhaltenen Schriftwechsel seiner Laufbahn.[355] Erstmals geriet er in einen persönlichen Streit mit einem lutherischen Reformator, dem Magdeburger Superintendenten Nikolaus von Amsdorf, der in mehreren polemischen Schriften und Gegenschriften ausgetragen wurde. Insgesamt dauerte der Streitschriftenwechsel mit Amsdorf von Herbst 1527 bis Spätsommer 1528 an. Im Rahmen dieses Schriftwechsels wurden zwischen den beiden beteiligten Schreibern fünf Schriften ausgetauscht: Drei stammen aus der Feder Amsdorfs, die anderen zwei verfasste Hoffman.

In den folgenden Ausführungen sollen im Besonderen diese zwei Schriften Hoffmans im Zentrum der Untersuchungen stehen. Bevor die einzelnen Schriften erörtert werden, wird zunächst Hoffmans Wirken in Holstein beleuchtet und die Entstehung des Streits skizziert. Ziel ist es, eine kontextuelle Basis der Ereignisse zu schaffen, in die der Schriftwechsel eingebettet ist. Daran anschließend wird diskutiert, unter welchen Bedingungen die Drucke von Amsdorf und Hoffman entstanden sind. Da Hoffman nicht nur als Verfasser, sondern auch als Drucker seiner Texte fungierte, bedarf es einer näheren Betrachtung der jeweiligen Umstände der Drucklegung. Auf die Erläuterungen der Hintergründe folgen eingehende Untersuchungen der Polemik Hoffmans: Unter Berücksichtigung von Amsdorfs Schriften, der chronologischen Abfolge und der kausalen Zusammenhänge des Schriftwechsels werden

---

[354] Vgl. Aertsen, Jan A. (2002): „Ende und Vollendung: Eschatologische Perspektiven im Mittelalter. Einleitung". In: Ders. & Martin Pickavé (Hg.): *Ende und Vollendung: Eschatologische Perspektiven im Mittelalter.* Berlin & New York: De Gruyter, S. 69–75.

[355] Es ist zwar aus den Quellen bekannt, dass Hoffman noch einen Schriftwechsel mit Marquard Schuldorp geführt hat, aber da die Überlieferung sehr spärlich ist und die meisten Schriften nicht erhalten geblieben sind, kann hier nur der Schriftwechsel zwischen Hoffman und Amsdorf untersucht werden. Weitere Schriftwechsel zu einem späteren Zeitpunkt sind der Forschung jedoch nicht bekannt.

Hoffmans Schriften auf die Formen des Polemisierens und die einzelnen polemischen Strategien hin analysiert.

3.1.1 Melchior Hoffman in Schleswig-Holstein (1527–1529)

Anfang des Jahres 1527 zog Melchior Hoffman von Stockholm mit einem kurzen Zwischenhalt in Lübeck nach Kiel im zu der Zeit dänischen Holstein. König Friedrich I. von Dänemark rief Hoffman laut dessen eigener Beschreibung im *Dialogus* zu sich,

> nam jn [...] an für seinen diener / vnd gab jm brieff vnnd sigel im gantzen land zů Holstē das wort gots zů predigen / wo es jm geliebet / vnd befestiget in fürnemlich zum Kyll / zů einem prediger / nam all sein hab vnd gůt in seinen schutz / weib / kind / vnd all die seinen / zů handthaben / schützen / vnd beschirmē / in allen rechtfertigen Christlichen Sachen.[356]

Hoffman kam demnach als Laienprediger an die Nikolaikirche in Kiel, wo sich ebenfalls der altgläubige Kirchenvorsteher Wilhelm Pravest sowie der Diakon und Luther-Schüler Marquard Schuldorp befanden. Das Zusammentreffen dreier voneinander divergierender Parteien des christlichen Glaubens versprach Auseinandersetzungen, die nicht lange auf sich warten ließen. Hoffman beschuldigte den Rat der Stadt, Kirchengut veruntreut zu haben, was ihm den Zorn der Obrigkeiten einbrachte. Schuldorp missbilligte Hoffmans aufrührerische Predigten, die den Obrigkeiten gegenüber kritisch waren, und meinte, Hoffmans Anhänger wären weniger an religiösen Fragen als an einem Aufstand interessiert.[357] Zudem kritisierte Schuldorp, dass Hoffman die Aufgabe eines Predigers, nämlich die Unterstützung der weltlichen Obrigkeit, nicht wahrgenommen hätte. Mit Hinblick auf den Bauernkrieg (1525) gab es für den evangelischen Diakon durchaus Anlass zur Unruhe, nicht zuletzt weil Hoffman bereits mit mehreren Bilderstürmen in Livland in Verbindung gebracht worden war (obgleich jener nie selbst involviert war). Ein Aufstand war aufgrund der allgemeinen Unzufriedenheit der Handwerker und Bauern zudem nicht ganz auszuschließen.[358] Hoffmans apokalyptische Predigten waren ein weiterer Grund für Schuldorp, den aufsässigen Laienprediger mäßigen zu wollen. Da Hoffman sich vor Ort scheinbar nicht überzeugen ließ, sein Verhalten zu ändern, suchte

---

[356] Anonymus [i. e. Hoffman und Karlstadt] (1529), *Dialogus*, A2v.
[357] Deppermann (1979), S. 89f.
[358] Ebd., S. 91–94.

Schuldorp in dem bisher mündlich verlaufenen Streit mit Hoffman[359] Hilfe von außerhalb und beschwerte sich brieflich bei Martin Luther und Nikolaus von Amsdorf über Hoffman.[360] Die beiden Theologen standen in freundschaftlichem Verhältnis zu Schuldorp, der ebenfalls einige Jahre in Wittenberg studiert hatte. In seinem Beschwerdebrief an Amsdorf schickte er zudem auch Hoffmans *Daniel-Auslegung* von 1526 mit, woraufhin Amsdorf seine Geringschätzung der Auslegung in seiner Antwort mitteilte. Dies sprach sich anscheinend in Kiel herum.[361] Schließlich kam es auch Hoffman zu Ohren, der daraufhin den Versuch unternahm, das Wittenberger Lager auf seine Seite zu ziehen. Er reiste in Begleitung eines königlichen Kaplans über Magdeburg nach Wittenberg, um die Sache persönlich mit Amsdorf und Luther zu besprechen. Es ist davon auszugehen, dass Hoffman sich zu diesem Zeitpunkt noch zum Lager Luthers zählte und aufgrund eines früheren Empfehlungsschreibens,

---

[359] Aus der Zeit sind keine Schriften zwischen den beiden überliefert oder erwähnt worden. Vgl. dazu auch Deppermann (1979) und Krohn (1758). In seiner Schrift *Nasen geist* ruft Hoffman Schuldorp auf, seine Positionen in schriftlicher Form zu äußern. Dabei klingt an, dass dies bis zu dem Zeitpunkt (1528) nicht geschehen war. Vgl. Hoffman (1528): *Nasen geist*, C4r.

[360] Mark A. Noll behauptet fälschlicherweise: [B]efore Hofmann settled in Schleswig-Holstein, he felt constrained to make a second journey to Wittenberg in order to seek once again, justification for his ministry and to convince the stalwarts of the Reformation that his teaching was correct and profitable." Noll, Mark A. (1973): „Luther Defends Melchior Hoffman". *The Sixteenth Century Journal* 4: 2, S. 47–60, hier S. 52. Da Luther sich jedoch in seinem Brief an Amsdorf auf den Brief von Schuldorp bezieht, muss der Konflikt zwischen Hoffman und Schuldorp auch schon vor Hoffmans Reise nach Wittenberg bestanden haben. Demnach muss Hoffman schon eine Weile in Schleswig-Holstein tätig gewesen sein, als er seine zweite Reise nach Wittenberg antrat. Der Brief von Luther an Amsdorf vom 17.05.1527 ist zu finden in: Luther, Martin (1933): *D. Martin Luthers Werke. Kritische Gesamtausgabe. Briefwechsel*. Bd. 4. Briefe 1526–1528. Weimar: Hermann Böhlaus Nachfolger, S. 202f. (Originalwortlaut siehe Anmerkung 363). Luthers Werkausgabe wird im Folgenden mit dem Standardkürzel *WA* (Weimarer Ausgabe) wiedergegeben. Vgl. dazu auch Marquard Schuldorps *Breef an die gelövighen der Stadt Kyll* (B1v) von 1529, in der Schuldorp bestätigt, dass Hoffman erst nach seinem Kielaufenthalt in Richtung Magdeburg und Wittenberg reist. Der hier angegebene Titel ist lediglich eine nachträgliche Namensgebung der Forschung, da die ersten Seiten der Schrift fehlen. Auf B1r beginnt die Schrift mit der *salutatio*: „Marquardus Schuldorp gheeschet vnd geordenth tho Schleßwick tho predighen dat wort Gades / van Jhesu Christo dem Sône Gades / wunsche allen gelôuyghen der Stadt Kyle Gnade vnd frede van Gade vnsem vader / vnd vnsem Herren Jhesu Christo." Sie wird oftmals auch als Titel angegeben.

[361] Ilgner, Christoph (2008): „Nikolaus von Amsdorf ,wider den rotten vnnd secten gaist'". In: Dingel, Irene (Hg.): *Nikolaus von Amsdorf (1483–1565) zwischen Reformation und Politik*. Leipzig: Evang. Verlagsanstalt, S. 251–279.

das ihm Luther und Bugenhagen im Sommer 1525 ausgestellt hatten,[362] weiterhin darauf vertraute, bei jenem Unterstützung zu finden. Seit dem Empfehlungsschreiben hatte sich Luthers vormalig positive Einstellung zu Hoffman allerdings geändert und war einer geringschätzigen, ablehnenden Haltung gewichen. Da Hoffman seinen Besuch in Wittenberg, samt seinem Zwischenstopp in Magdeburg, brieflich angekündigt hatte, warnte Luther Amsdorf in einem Brief vom 17.05.1527 vor dem „livländischen Propheten" und riet ihm, Hoffman unfreundlich zu empfangen sowie ihn auf seinen Berufsstand zu verweisen.[363] Diesen Fingerzeig auf den Handwerkerstand kann man auf einen Gesinnungswandel Luthers zurückführen. Seine 1523 aufgestellte Forderung, „[d]as eyn Christliche versamlūg odder gemeyne: recht vn̄ macht habe: alle lere tzu vrteylen: vnd lerer zu beruffen: eyn vnd abzusetzen: Grund vnd

---

[362] Luther, Martin, Johannes Bugenhagen & Melchior Hoffman (1525): *Eyne Christliche vormanung von eusserlichem Gottis dienst vnde eyntracht / an die yn lieffland / durch D Martinum Luther vnde andere.* Wittenberg: [o. Dr.] Luther und Bugenhagen hatten in diesem Schreiben jeweils einen Sendbrief an die Livländer verfasst, Hoffman durfte seinen eigenen Sendbrief mit dem Titel *Jhesus* hinzufügen. Aufgrund mehrerer Tumulte und Bilderstürme durch Hoffmans Anhänger (Hoffman selbst hatte weder dazu aufgerufen, noch war er daran aktiv beteiligt gewesen) wurde Hoffman von der Dorpater Obrigkeit aufgefordert, ein Zeugnis Luthers einzuholen, in dem Hoffmans Lehre begutachtet werden sollte. Ohne ein solches Schreiben war ihm das Predigen fortan verboten. Auf einer Reise nach Wittenberg gelang es Hoffman zwar, ein solches Empfehlungsschreiben zu erhalten, bei seiner Rückkehr hatte sich die Lage jedoch weiter zugespitzt, so dass ihm die Approbation auch weiterhin verwehrt blieb. Nach der öffentlichen Beleidigung des Bürgermeisters wurde Hoffman schließlich aus Dorpat vertrieben. Nach kurzem Aufenthalt in Reval (wo er ebenfalls vertrieben wurde) zog er 1526 weiter nach Stockholm.

[363] Deppermann (1979), S. 97. Deppermann bezieht sich hier auf den Brief Luthers an Amsdorf vom 17.05.1527. *WA. Briefwechsel* 4, S. 202f: „Melchiorem illum prophetam Livoniensem si venerit, ne suscipias amice, neque familiariter. Passus sum serias litteras ob meum testimonium, quod illi stultus et deceptus dedi. Nam hoc fretus coepit illic ipsos praedicatores contemnere et superbire. Prorsus mihi displicet homo et spiritus eius, qui iniussus et non vocatus insanit ambulans in mirabilibus supra se. Si venerit, iube eum suae vocationi h.e. pellificio vacare et a prophetando vacare cessare que, donec in ecclesiam admissus fuerit, auditus et iudicatus." Vgl. dazu auch Ilgner (2008), S. 265. Eine englische Übersetzung der lateinischen Textstelle legt Noll vor: „Do not receive Melchior, the famous Livonian prophet, with kindness or intimacy if he comes. I have received a serious letter on account of my testimony which I (simple-minded and deluded) gave to him. For, making use of that, he began to censure and lord it over the preachers there. In sum, I am displeased with this man and his spirit who, unbidden and without a call, goes around dealing in marvelous things beyond himself. If he comes, order him to return to his vocation, the making of furs, and tell him to stop prophesying until he is admitted into the church after having been heard and judged." Noll (1973), S. 53.

vrsach aus der schrifft",[364] hatte er selbst nach 1525 wieder abgeschwächt.[365] Die Einsetzung der Priester durch die Obersten einer Gemeinde wurde anstelle der Wahl durch alle Gemeindemitglieder gesetzt. Dies ist vermutlich einerseits auf die Ereignisse des Bauernkrieges zurückzuführen,[366] andererseits aber auch darauf, dass immer mehr Laienprediger in das aktuelle Kirchengeschehen eingriffen und Luther seine eigenen Reformversuche durch deren radikale Forderungen sowie die daraus resultierende aufrührerische Stimmung in Gefahr sah. Hoffman war bereits in Livland und Stockholm mit Bilderstürmen und Massenaufruhr in Verbindung gebracht worden (obgleich er nie dazu aufgerufen hatte) und war infolge seiner obrigkeitskritischen Haltung bereits aus fünf Städten vertrieben worden. Luther war nun – zwei Jahre nach seinem Rekommandationsschreiben für Hoffman – darauf bedacht, den selbsternannten Laienprediger zu mäßigen bzw. ihn gänzlich vom Reformationsgeschehen auszuschließen.

In Magdeburg angekommen suchte Hoffman Amsdorf wie angekündigt für ein persönliches Gespräch auf. Der Empfehlung Luthers nachkommend verwies Amsdorf den Kürschner bei dem Zusammentreffen aber auf sein Handwerk und lehnte ein Gespräch über theologische Themen mit ihm ab. Nach dieser Zurückweisung zog Hoffman verärgert weiter nach Wittenberg, bekam dort jedoch ebenfalls nur Martin Luthers und Johannes Bugenhagens abschätzige Kritik für seine allegorische Auslegung des ersten Matthäus-Kapitels zu hören.[367] Nach

---

[364] Luther, Martin (1523): *Das eyn Christliche versamlüg odder gemeyne: recht vñ macht habe: alle lere tzu vrteylen: vnd lerer zu beruffen: eyn vnd abzusetzen: Grund vnd vrsach aus der schrifft.* Wittenberg: [o. Dr.]. Digitalisat: *Münchener Digitalisierungszentrum Digitale Bibliothek (MDZ)*, URL: http://www.mdz-nbn-resolving.de/urn/resolver.pl?urn=urn:nbn:de:bvb:12-bsb10162529-2 (18.10.2015). Siehe auch *Luther, Martin (1900): D. Martin Luthers Werke. Kritische Gesamtausgabe. Schriften.* Bd. 11. Predigten und Schriften 1523. Weimar: Hermann Böhlaus Nachfolger, S. 408–416.

[365] Fagerberg, Holsten (1978): „Amt / Ämter / Amtsverständnis VI". In: Krause, Gerhard & Gerhard Müller (Hg.): *Theologische Realenzyklopädie.* Bd. 2. Agende– Anselm von Canterbury. Berlin & New York: De Gruyter, S. 552–574, hier S. 560f.

[366] Vgl. Deppermann (1979), S. 61f.

[367] Hoffman selbst berichtet von den negativen Erfahrungen, die er 1528 in Wittenberg machen musste, in der Vorrede des Drucks jener Schrift: „Do ick mynen Lereren tho Wittemberch solck eine Grundt an den Dach stellede, unde der Schrifft klar nach wolde, do moste ick armes Wôrmeken ein grotter Sünder wesen, vnde vor einen Drômer geholden werden, vnde also schentlick geschendet, gelastert vnde voracht [...]". Hoffman, Melchior (1529): *[Das] Erste Capitel des Evangelisten St. Mattheus.* Das Original dieser Schrift ist verschollen. Lediglich der Titel und die Vorrede sind erhalten und zu finden in: Krafft, Johannes Melchior (1723): *Ein Zweyfaches*

diesen beiden Niederlagen begab sich Hoffman unverrichteter Dinge über Magdeburg zurück nach Kiel. Auf dem Rückweg wurde er jedoch in Magdeburg vom Rat der Stadt festgenommen und seine Besitztümer beschlagnahmt.[368] Mittellos zog er nach der baldigen Freilassung weiter nach Hamburg, wo er vom Pfarrer der Nikolaikirche, Johannes Ziegenhagen, einen Zehrpfennig zur Weiterreise nach Kiel erhielt.[369] Dort angekommen, erfuhr er von Amsdorfs Schreiben *Ein vormanung an die von Magdeburg / das sie sich fur falschen Propheten zu hůten wissen*,[370] das dieser unterdessen zur Warnung vor Hoffman in Magdeburg veröffentlicht hatte.

Im Rückblick kann Amsdorfs Flugschrift als Beginn des Schriftwechsels mit Hoffman betrachtet werden. Ob Amsdorf eine Gegenschrift Hoffmans intendierte, ist *Ein vormanung* jedoch nicht ablesbar: Eine konkrete Aufforderung, eine Gegenschrift zu verfassen, gibt es trotz des Anredewechsels im letzten Abschnitt (vom Publikum zu Hoffman) nicht. Hoffmans Reaktion mag mehr die Absicht gehabt haben, das Kieler Publikum auf seine Seite zu ziehen. Wie bereits erwähnt, wurden in dem daraus resultierenden Schriftwechsel in der ersten Hälfte des Jahres 1528 vier weitere Schriften ausgetauscht.

Der Streit zwischen Amsdorf und Hoffman blieb während des gesamten Schriftwechsels insofern exklusiv zwischen den beiden Kontrahenten, als sich niemand öffentlich, durch z. B. eine eigene Schrift zu dem *polemischen Thema*, am Streit beteiligte. Obwohl Luther vor dem Streit seine ablehnende Haltung gegenüber Hoffman deutlich gemacht hatte, mischte er sich nicht aktiv in das Geschehen ein. Am Rande spielte Luther aber trotzdem eine wichtige Rolle für die Gesamtentwicklungen an der Kieler Nikolaikirche, beginnend mit einem Briefwechsel mit dem altgläubigen Pfarrer Wilhelm Pravest. Auf der Basis des Streits mit Amsdorf sah Pravest seine Chance, mit Hilfe Luthers den aufrührerischen Hoffman loszuwerden. In einem Brief an den namhaften

---

Zwey-Hundert-Jähriges Jubel-Gedächtnis. Hamburg: Johann Wolfgang Fickweiler, S. 440–445, hier S. 445.

[368] Die Gründe für die Festnahme sind nicht nachvollziehbar. „[Hoffman] beschuldigte später Amsdorf, dass er dahinter stecke und wollte dafür sogar zwei Zeugen aufbieten; Amsdorf jedoch dementierte, mit seiner Verhaftung etwas zu tun zu haben; die Gründe des Rates blieben unklar." Ilgner (2008), S. 265.

[369] Deppermann (1979), S. 99.

[370] Amsdorf, Nikolaus von (1527): *Ein vormanung an die von Magdeburg / das sie sich fur falschen Propheten zu hůten wissen.* Magdeburg: Hans Bart. Kurztitel: *Ein vormanung.* Die Quellenangaben bei Zitaten werden mit den Initialen *EV* und der Folienangabe der Übersichtlichkeit halber in Klammern gestellt.

Reformator würdigte Pravest am 21. Februar 1528 die evangelische Lehre, beklagte aber den Verlust alter Kirchenrituale in Kiel unter ihrem Einfluss, und dass ein neuer Prediger mit Namen Melchior im Namen der evangelischen Lehre seine apokalyptische Prophetie verkünde.[371] Luther schrieb Pravest am 14. März wohlwollend zurück und bestätigte ihm, dass er diejenigen, die Verbrechen im Namen des Evangeliums begingen, mehr bekämpfe als den Papst. Melchior Hoffman sei möglichst durch die Obrigkeiten vom Predigen abzuhalten, da er unberufen unbillige Visionen verbreite – diese Empfehlung solle Pravest an die Kieler weitergeben.[372] Luthers Brief diente Pravest jedoch zu anderen Zwecken als Luther im Sinn hatte. Zusammen mit einem selbstverfassten Spottgedicht auf Luther machte der Kieler Pfarrer den Brief in seiner Gemeinde publik, um den Reformator im Interesse des alten Glaubens zu diskreditieren.[373] Als Luther schließlich von dem Vorgehen Pravests erfuhr, schrieb er am 9. Mai 1528 an letzteren, dass er dessen Täuschung missbillige und es nicht intendiert habe, dass Diener des Wortes angegriffen werden sollten, selbst wenn sie Unruhen stifteten.[374]

---

[371] „Advenit ad nos quidam, qui se fatetur euangelii promotorem Christi seque destinatum iactitat a Deo, et quicquid dixerit, pro lege, pro euangelio complectendum persuadere nititur, nec tamen latini sermonis sapit quicquam (ut dicit) homo, Melchior nomine, pellifex quondam, qui temere imo et scripto tradidit de novissimo die mundumque finiendum infra septennium." Pravest an Luther, WA. Briefwechsel 4, S. 381–383, hier S. 383. Übersetzungen von Teilen des Briefwechsels zwischen Pravest und Luther sowie eine Erklärung der Zusammenhänge gibt Noll (1973), S. 55–57.

[372] „Scio, mi frater in Domino, sub praetextu euangelii plurima scandala patrari, et omnia mihi imputari; sed quid ego faciam? Nemo est illorum, qui se non putet me centuplo doctiorem, nec me audiunt. Nam magis mihi cum ipsis est bellum quam cum papa, et magis ipsi nocent. Ego sane nullas ceremonias damno, nisi quae pugnant cum euangelio, caeteras omnes in ecclesia nostra servo integras. [...] Ego innocuus sum ab ipsorum furore et tumultu. Nam nos habemus, Dei gratia, Ecclesiam pacatissimam et quietissimam, templum liberum et integrum, sicut antea, nisi quantum est ante me ab Carolostadio turbatum. A Melchiore Pellifice velim cavere vos omnes, et curare apud magistratum, ne ad conciones admittat, etiamsi literas Regis ostendet. Ad docendum neque valet neque vocatus est. Haec dicito omnibus vestris nomine meo, ut ipsum vitent ac tacere cogant." Luther an Pravest, WA. Briefwechsel 4, S. 410–412, hier S. 411f.

[373] „Luther's reply now became fodder for anti-Lutheran propaganda. Pravest had a papal fieldday at Luther's expense: speaking out of one side of his mouth he scored Luther for dangerous liberties taken with the essentials of the faith; out of the other side of his mouth (and contradictorily) he claimed that Luther in spite of his posturing was still a Roman Catholic." Noll (1973), S. 56. Vgl. auch Deppermann (1979), S. 104.

[374] „Esto sane, Melchiorem noluerim tumultuari, at credidi, te esse placidum et sincerum verbi doctorem, ut multo minus voluerim te in verbi ministros etiam unquam

Am selben Tag schrieb Luther ebenfalls an den Kieler Bürger Konrad Wulf und den Bürgermeister Paul Harge. Er erklärte die Umstände des Briefs, den Pravest in Kiel für seine Zwecke missbraucht hatte und machte auf die Täuschung aufmerksam. Das in seinem zweckentfremdeten Brief gefällte Urteil über Hoffman schwächte er dieses Mal ab, indem er ihm die rechten Absichten zusprach. Seiner ungezügelten Art sei jedoch Einhalt zu gebieten.[375]

Die Briefe vom 9. Mai deuten an, dass Luther erst einmal keine Maßnahmen gegen Hoffman ergreifen wollte. Nicht vor dem 24. Juli sollte Luther seine Meinung gegenüber Hoffman negativ kundtun: In einem Brief an Herzog Christian, Statthalter der Herzogtümer Schleswig und Holstein und Kronprinz von Dänemark (später König Christian III.), warnte er diesen vor Hoffman, da das, was er von ihm gehört und gelesen habe, „gar nichts zur Sachen dient vnd vergebliche Tichterei ist".[376] Luther bat Herzog Christian, „die Einträchtigkeit der Lehre zu foddern vnd solchen Steigergeistern nicht zu viel Raum [zu] lassen".[377] Gegen Hoffman persönlich zur Feder zu greifen, erachtete Luther wohl nicht als wichtig genug.[378]

Dass Luther mit dem Brief an den Herzog Christian im Juli schließlich doch Maßnahmen gegen Hoffman ergriff, mag auch daran liegen, dass sich der Streit im weiteren Verlauf des Jahres 1528 einerseits thematisch von der Apokalyptik auf die für die Wittenberger Reformatoren wesentlich wichtigere Abendmahlsfrage[379] und andererseits personell

---

inquietiores debacchantem et fuerentem concitare et animare, sed potius admonere et retinere, si scivissem hostem esse te." Luther an Pravest, *WA. Briefwechsel* 4, S. 453f., hier S. 454. „To be sure, I did not want Melchior to cause an uproar; moreover, I believed you were a peaceful and genuine teacher of the Word. Much less, however, did I want to incite you and stir you up against ministers of the Word, even one who stirs around madly causing disturbances; rather, I would have admonished and restrained you if I had known you were an enemy." Übersetzung von Noll (1973), S. 57.

[375] Luther an Paul Harge, *WA. Briefwechsel* 4, S. 454f. Luther an Konrad Wulf, *WA. Briefwechsel* 4, S. 456.

[376] Luther an Herzog Christian, *WA. Briefwechsel* 4, S. 503–505, hier S. 504.

[377] Ebd., S. 505.

[378] In einem Brief an Amsdorf schrieb Luther am 25.11.1528, dass er nicht direkt an Melchior Hoffman schreibe, weil er zu beschäftigt sei: „Vellem Melchiorem istum, tuum hostem, petere stylo, si vacaret, mi Amsdorfi; sed modo sum certe occupatior." Luther an Amsdorf, *WA. Briefwechsel* 4, S. 610.

[379] Hoffmans Auffassung des Abendmahls steht insbesondere der Auffassung Karlstadts nahe, mit der sich Luther bereits 1525 schriftlich auseinandersetzte: Da Karlstadt das Abendmahl lediglich als Zeichen wertete und insbesondere die guten Werke ins Zentrum für den rechtmäßigen Empfang des Abendmahls stellte, sah Luther

von Nikolaus von Amsdorf wieder auf Marquard Schuldorp verlagert hatte. Dieser befand sich zu diesem Zeitpunkt zwar an seiner neuen Wirkungsstätte, am Laurentius-Altar des Domes in Schleswig, kehrte aber immer wieder nach Kiel zurück, um sich über die Geschehnisse an der Kieler Nikolaikirche und die Arbeit seiner Kollegen zu informieren.[380] So muss es sich ereignet haben, dass Schuldorp sowohl von den fortschreitenden Streitigkeiten Hoffmans mit den Lutheranern als auch von Hoffmans Abendmahlsauffassung[381] erfahren hatte und daraufhin zur Feder gegen Hoffman griff und ein Traktat mit dem Titel *Inhalt vom Sacramente und Testamente des Leibes und Blutes JEsu Christi* verfasste.[382] Nach Barthold Nikolaus Krohn, der sich wiederum auf die Überlieferung Johannes Mollers bezieht, führte dies zu zwei Gegenschriften Hoffmans:[383] 1. *Inhalt und Bekenntnisse vom Sakrament*

---

seine zentrale Lehre von der Rechtfertigung durch den Glauben allein in Gefahr: „Weyl deñ nu Doctor Carlstad [...] nit ain mal leeret / was glaube vñ liebe sey [...] sonder auf eusserliche werck dringet vnd treybt / sey ain yeglicher vor jm gewarnet". Luther, Martin (1525): *wider die himelischen Propheten / Vō den bildern vnd Sacrament [et]c.* [o. O: o. Dr.], A3r–v. Der Abendmahlsstreit mit Zwingli bestätigt zudem die Brisanz des Themas für Luther.

[380] Deppermann führt weiter aus: „An die Stelle Schuldorps trat als Diakon Herrmann Biestermann, der im Anfang ein zuverlässiger Parteigänger Luthers zu sein schien, sich dann aber Melchior Hoffman anschloß." Deppermann (1979), S. 89.

[381] Hoffman lehnte die Auffassung der Realpräsenz Jesu Christi im Brot und Wein des Abendmahls ab und bestritt sowohl die Transsubstantiationslehre der römischen Kirche als auch die lutherische Auffassung der Konsubstantiation. Das Abendmahl sei eine Gedächtnisfeier und fände lediglich im Geiste des Gläubigen statt. Hoffman teilte seine spiritualistische Auffassung des Abendmahls unter anderem mit Andreas Rudolf Bodenstein von Karlstadt und Ulrich Zwingli. Mit beiden stritt Luther um die Abendmahlsfrage (besonders heftig war der Abendmahlsstreit mit Zwingli, der seinen Höhepunkt im Marburger Religionsgespräch 1529 fand). Zu der Rolle Melchior Hoffmans im Abendmahlsstreit der Reformation siehe Deppermann (1979), S. 119–132.

[382] Im *Dialogus* wird auf eine Schrift Hoffmans Bezug genommen, wobei es sich vermutlich um die hier erwähnte Schrift handelt: „Zum letsten / hat er da selbst vß getruckt vnd bekandt den warē grundt / vō dem nachtmal des herren Jesu Christi / da haben sich die / welche Luthers vnd Pomeranus meinung seind / gantz hart wider jn gelegt / vnd ein groß geschrey über den kürßner gemacht [...]." Anonymus [i. e. Hoffman und Karlstadt] (1529), *Dialogus*, A2v.

[383] Krohn schreibt: „Ich habe die Titel dieser drey Schriften (hier gemeint sind die erste Schrift Schuldorps und die zwei Schriften Hoffmans) so in hochdeutscher Sprache hieher gesetzt, wie ich sie beym Moller, am angef. Orte T.I S. 604. und T.II. S. 353. und andern angetroffen habe. Ich vermuthe, daß Moller die Urschriften so wenig gesehen hat, als ich. Aber es ist wahrscheinlich, daß sie plattdeutsch verfertigt sind. Wenn Hofmann für die Holsteiner schrieb, so bediente er sich dieser Sprache [...]." Krohn (1758), S. 140. Krohn bezieht sich auf Moller, Johannes (1744): *Cimbria literata, sive scriptorum ducatus utriusque Slesvicensis et Holsatici.* Havniae [= Kopenhagen].

und Testament des Leibes und Blutes JEsu Christi und 2. *Beweis das Marquard Schuldorp in seinem Inhalt vom Sakrament und Testament ketzerisch und verführerisch geschrieben.* Aus dem Schriftwechsel zwischen Schuldorp und Hoffman ist lediglich Schuldorps letzte Schrift (ohne Titelblatt) erhalten. Sie wird in der Forschung oftmals als *Breef an die gelöuighen der Stadt Kyll* betitelt.[384] Dieser Umstand macht eine eingehende Untersuchung von Hoffmans Polemik hier unmöglich, es kann lediglich auf Schuldorps Redewiedergaben referiert werden, die etwas über Hoffmans Argumentation und Polemik verraten.

Nachdem die Streitigkeiten mit Hoffman bis Ende des Jahres 1528 wenig Aufmerksamkeit auf Seiten der Obrigkeiten erhalten hatten, nahm König Friedrich I. von Dänemark schließlich doch eine kritische Haltung gegenüber Hoffman ein, dem er noch zwei Jahre zuvor einen Schutzbrief ausgestellt hatte. Verschiedene politische Veränderungen zwangen den König dazu, eine andere Politik als vorher zu betreiben und sämtliche von der lutherischen abweichenden Reformbewegungen zu unterbinden.[385] Vermutlich in dem Kontext sowie durch Luthers Fürsprache (vom 24. Juli 1528) unterstützt, beauftragte Herzog Christian zu Beginn des Jahres 1529 seinen Berater Eberhardt Weidensee mit einem Gutachten über Hoffmans Abendmahlslehre.[386] Dieser hatte mit Amsdorf die Reformation in Magdeburg durchgeführt und stand immer noch in freundschaftlichem Verhältnis zu ihm.[387] Weidensees

---

Deppermann gibt insgesamt drei Schriften an und nennt als weiteren Titel die Schrift, auf die Eberhardt Weidensee antwortet: *Sendebreef dat he nich bekennen konne dat een stuck lyvlikes brods syn god sy.* Jedoch ist der Wortlaut des Titels aus dem Titel von Eberhardt Weidensees Schrift gegen Hoffman von 1529 entnommen: *Eyn vnderricht vth der hilligen schryfft / Dem Dorchlüchtygen Hochgebarnen Forsten vnd Hernn / Hernn Christiarnn / Erffgenomem tho Norwegenn / Hertoghenn tho Schleßwigk Holsten etc. Dorch Eberhardt Wydenßehe gedan / Melchior Hoffmans sendebreff / darynne hee schryfft / dat he nycht bekennen köne dat eyn stucke lijvlikes brodes syn Godt sy / belangende* [Haderslev: o. Dr.]. Der Wortlaut des Titels kann jedoch allein aufgrund des Personalpronomens „he" (er) nicht aus Hoffmans Feder stammen. Die Annahme, dass es sich um eine dritte Schrift handelt, bleibt daher eine vage Vermutung. Weidensee kann ebenso auf eine der beiden von Krohn genannten Schriften Hoffmans Bezug genommen haben. Es kann dennoch nicht völlig ausgeschlossen werden, dass Hoffman noch einen weiteren Sendbrief an Weidensee verfasste, dessen Titel aber nicht bekannt ist.

[384] Deppermann gibt folgende Informationen über den Titel dieser Schrift: „Vermuteter Titel, da Titelblatt und A–A4b fehlen." Deppermann (1979), S. 353. Die Grußworte, die oftmals als Titel angegeben werden, sind bei Anmerkung 360 zu finden.

[385] Vgl. ebd., S. 106f.

[386] Ebd., S. 107.

[387] Ebd., S. 106.

Traktat *Eyn vnderricht vth der hillighen schryfft* bezieht sich auf den bereits genannten *Breef an die gelöuighen der Stadt Kyll*. Die Schrift war verfasst worden, um Hoffmans Abendmahlsauffassung zu entkräften. Kronprinz Christian sah sich daraufhin gezwungen, Hoffmans Wirken ein Ende zu setzen und ordnete eine Disputation für den 8. April 1529 an, bei der Hoffman seine Lehre verteidigen bzw. zurücknehmen sollte. Hoffman weigerte sich jedoch vehement, seine Auffassungen zu revidieren. Die Folge der Widerrufsverweigerung war ein Landesverweis, den König Friedrich I. dem u. a. vorgeschlagenen Todesurteil vorzog.

Die Disputation stellte einen großen Einschnitt in Hoffmans Leben dar – nicht nur weil er ein weiteres Mal vertrieben wurde, sondern auch weil sie den endgültigen Bruch Hoffmans mit den Lutheranern zur Folge hatte.[388] Die Streitigkeiten, die der Kürschner bis zu diesem Zeitpunkt immer nur mit einzelnen Vertretern der Gruppe der Lutheraner hatte, weiteten sich nun in seinen folgenden Schriften auf „des Luthers hauff"[389] aus, den er seitdem als homogene Gruppe verwarf. Für Hoffman war mit dem für ihn unglücklichen Ausgang der Disputation die bis dahin noch bestehende Bindung an Luther und seine Glaubensgenossen gelöst. Hoffman besiegelte die vollzogene Ablösung noch im selben Jahr (1529) mit dem von ihm und Karlstadt verfassten *Dialogus*, einem als Reformationsdialog konzipierten Bericht über die Flensburger Disputation.

3.1.2 Unzensierte Polemik? Die Entstehungs- und Druckbedingungen des polemischen Schriftwechsels

Reformationspolemische Schriften waren oftmals von den lokalen, (religions-)politischen und ideologischen Umständen, in denen sie produziert wurden, bestimmt. Wie waren die Bedingungen, die der Magistrat einer Stadt den Druckern setzte, welche Überzeugung hatten

---

[388] Inwiefern der Bruch mit den Lutheranern in Hoffmans Schriften, die nach der Disputation in Flensburg entstanden sind, ablesbar ist, kann nachgelesen werden in: Lundström, Kerstin (2011): „Der Freund wird zum Feind. Selbst- und Fremdzuschreibungen als Mittel zur Abgrenzung von den Lutheranern in Melchior Hoffmans Schriften der Straßburger Zeit". In: Unzeitig, Monika (Hg.): *Grenzen überschreiten – transitorische Identitäten. Beiträge zu Phänomenen räumlicher, kultureller und ästhetischer Grenzüberschreitung in Texten vom Mittelalter bis zur Moderne*. Bremen: edition lumière, S. 221–232.

[389] Hoffman (1529/30): *WEissagung vsz heiliger götlicher geschrifft*, B3v (vollständige Angabe bei Anmerkung 643). Dies ist nur ein Beispiel, das repräsentativ für einige weitere Schriften Hoffmans ab 1529 steht, die auf die Lutheraner in ähnlicher Weise – immer in Form einer Gruppenbeschreibung – referieren.

die Drucker, waren sie einem Risiko durch den Druck bestimmter Schriften ausgesetzt und waren sie in solch einem Falle bereit, dieses Risiko zu tragen? Die Zensur war zwar gängiges Mittel zur Kontrolle des Reformationsschrifttums, aber eine Vielzahl der Autoren und Drucker setzte sich über diese hinweg und veröffentlichte und druckte anonym oder unter Pseudonym. Eine Untersuchung des unmittelbaren Entstehungskontextes ist insofern als wichtige Ergänzung zur Textanalyse zu betrachten.

Nikolaus von Amsdorf brachte seine drei Schriften gegen Hoffman bei dem Drucker Hans Bart in Magdeburg heraus.[390] Aufgrund der dort schon seit mehreren Jahren vorangetriebenen Reformation kann davon ausgegangen werden, dass das Publikum ebenfalls mehrheitlich evangelisch war. Es ist weiterhin anzunehmen, dass Amsdorfs Ziel die Aufrechterhaltung der noch relativ neuen evangelischen Ordnung war, als er sowohl 1525 gegen Wolfgang Cyclop als auch 1527/28 gegen Melchior Hoffman zur Feder griff. Da Amsdorf eine machtvolle Stellung in Magdeburg besetzte und die wenigen ansässigen Drucker zumeist reformatorische Schriften druckten, sind Schwierigkeiten beim Druck oder Einschränkungen durch den Drucker eher auszuschließen. Amsdorf hatte schon vorher mehrfach bei Hans Bart, aber auch bei Heinrich Öttinger drucken lassen, deshalb ist es höchstwahrscheinlich, dass er seine Schriften ohne Probleme und ohne Zensur publizieren konnte. Nicht zuletzt kann der doch überwiegend sachliche Ton von Amsdorfs Schriften dazu beigetragen haben, dass der Druckprozess problemlos ablief. Auflagen oder Verbreitungskreis sind allerdings nicht übermittelt.

Hoffman hingegen hatte eine andere Position. Als Handwerker und Laienprediger besaß er keine hohe gesellschaftliche Stellung. Er hatte jedoch durch sein Gewerbe und/oder durch die Hilfe seiner Schwiegereltern[391] die finanziellen Mittel und besaß in Kiel sogar eine eigene Druckerpresse,[392] die bei der Verbreitung seiner

---

[390] In Magdeburg gab es in den Jahren 1524 bis 1530 nur vier Drucker: Hans Knappe der Jüngere (1524–1525), Heinrich Öttinger (1525–1531), Hans Bart (1527–1528) und Michael Lotter (1528/29–1530). Kapp, Friedrich (1886): *Geschichte des Deutschen Buchhandels*. Bd 1. Leipzig: Verlag des Börsenvereins der Deutschen Buchhändler, S. 166.

[391] Vgl. Bailey, Richard G. (1990): „Melchior Hoffman: Proto-Anabaptist and Printer in Kiel, 1527–1529". *Church History* 59: 2, S. 175–190, hier S. 186.

[392] „Er [Hoffman] hat das Verdienst, die erste Druckerpresse nach Kiel gebracht zu haben." Ficker (1926), S. I des Nachwortes zu Hoffmans *Nasen geist*. Bailey gibt Informationen zur Größe und zum Inventar der Druckerpresse Hoffmans: „A

theologischen Auffassungen und beim Schriftwechsel mit Amsdorf
förderlich war. Mit dem Besitz der Druckerpresse nahm Hoffman
große Kosten auf sich, verfolgte aber keine kommerziellen Zwecke
mit dem Verkauf seiner Druckerzeugnisse.[393] Der Besitz der
Druckerpresse lässt zum einen seine gute finanzielle Lage und zum
anderen Hoffmans Zielstrebigkeit bei seiner theologischen und publizistischen Tätigkeit erahnen: „Hoffman's fory into printing was
occasioned by his characteristic need to propagate his teaching and
defend himself against his opponents."[394] Die Druckerpresse ermöglichte ihm die Unabhängigkeit von Machtstrukturen und -instanzen,
die eine Publikation hätten verhindern oder einschränken können.[395]
Eine Beeinträchtigung seiner Veröffentlichungen wäre nicht gänzlich
auszuschließen gewesen, erstens weil Hoffman keine einflussreiche
Stellung besaß und von einigen Lutheranern bereits gemieden wurde,
zweitens weil es keine Drucker in der Region gab[396] und drittens weil
Kiel sowie ganz Holstein religionspolitisch einen unklaren Status hatten. Hoffman entging diesen möglicherweise hinderlichen Faktoren
durch den eigenen Druck.

Die religionspolitisch uneindeutige Lage hatte für Hoffman so keine Nachteile, sondern nur Vorteile, denn die Kirchenpolitik, die in
Schlewig-Holstein betrieben wurde, kam ihm eher zur Hilfe, als dass
sie ihn in seinem Wirken einschränkte. Klaus Deppermann erklärt die
Umstände Holsteins mit der verzwickten politischen und finanziellen

---

survey of Hoffman's inventory, provided by Volbehr, reveals a moderate-sized prin-
tery. It consisted of two presses [...]." Weiterhin macht er die Annahme, dass die
Presse sehr alt, vielleicht sogar eine der frühesten Pressen war. Hoffman hatte sie
von dem Lübecker Drucker Steffan Arndes erworben. „Arndes is known to have
had five presses, so Hoffman purchased only part of the Arndes inventory." Bailey
(1990), S. 185.

[393] „Vellum and paper was expensive to buy, and it would have been financially pru-
dent for Hoffman to keep his pamphlets short and his editions small. [...] To recoup
some of the costs Hoffman may have sold some of his pamphlets at fairs and book
markets, but it was not a capitalist venture. He probably covered his own costs with
help from friends." Ebd., S. 186.

[394] Ebd., S. 187.

[395] Vgl. dazu Paintner, die folgende Begrenzungen der Publizistik aufzählt, die zwar
die zweite Hälfte des 16. Jahrhunderts betreffen, aber auch in der ersten Hälfte
ebenso vorhanden waren: „Zum einen begrenzt der Zugang zur Druckerpresse
die Möglichkeiten zur Diskussionsbeteiligung, Sowohl eine finanzielle Basis als
auch Beziehungen sind nötig, um den eigenen Text auf den Markt zu bringen." In
Paintner (2010), S. 144. Hoffman konnte beide Grundvoraussetzungen erfüllen und
so am Diskurs teilnehmen.

[396] Bailey (1990), S. 187.

Lage Friedrichs I. von Dänemark, der sich „[i]n der Religionsfrage [...] durch die bestehenden Machtverhältnisse zu einer zwiespältigen Politik veranlaßt [sah]."[397] Teils war er gezwungen, den alten Glauben offiziell weiterhin zu vertreten, teils galten seine persönlichen und finanziellen Interessen dem neuen evangelischen Glauben. Er forderte auf der einen Seite Geld von den Prälaten ein und versprach mit der Zahlung, den alten katholischen Glauben zu schützen, gab aber auf der anderen Seite Wanderpredigern die Möglichkeit, unter seinem Schutz auf seinem Territorium das „‚reine Gotteswort' (eine Umschreibung für Luthers Lehre) zu verkünden".[398] Da diese Prediger nicht mit Pfründen ausgestattet werden mussten, war der König nicht gezwungen, den altgläubigen Priestern ihre Pfründe wegzunehmen oder zu kürzen.[399] Die Situation in Kiel während Hoffmans Aufenthalt beruhte auf einer ambivalenten Kirchenpolitik, denn mit Melchior Hoffman hatte der König einen weiteren Vertreter des neuen Glaubens an die Kieler Nikolaikirche geholt (Hoffman zählte sich in den Jahren 1523–1529 selbst zum Lager Luthers und wurde scheinbar auch trotz seiner bereits in wichtigen Punkten divergierenden Auffassungen von anderen dazu gezählt).[400] Erst nach einiger Zeit wurde klar, dass Hoffmans Auffassungen und Predigten sich von denen der Lutheraner zu weit entfernt hatten, um noch als lutherisch gelten zu können – vor allem auch in Anbetracht des Kurswechsels Luthers nach dem Bauernkrieg 1525.

Der Schriftwechsel mit Nikolaus von Amsdorf macht diese Differenzen schließlich sehr deutlich, obgleich Hoffman seinerseits noch nicht auf eine Abspaltung vom Wittenberger Lager zielte. Ungeachtet der Tatsache, dass Hoffmans zwei polemische Schriften bereits die unvermeidliche Separation von protestantischen Theologen und Laienpredigern stellenweise erahnen lassen, inszenieren sie vorwiegend nur einen Streit zwischen zwei Individuen anstatt zwischen Gruppen – das persönliche Zwiegespräch, das dialogische Wortgefecht zweier einzelner Kontrahenten, bildet dementsprechend das polemische Programm.

---

[397] Deppermann (1979), S. 85.
[398] Ebd., S. 87.
[399] Ebd.
[400] „König und Adel hatten nichts dagegen, wenn der altgläubige Klerus auch von unten her unter Druck gesetzt wurde." Ebd.

3.2 Der Streit mit Nikolaus von Amsdorf II: Die Schriften

> Seid ich vernym das es yo nicht anders
> sein mag / sondern mit gröblichen sachen
> zu schreiben gedrungen werde / wil ich
> der verantwortung vberbütig sein.
>
> (Melchior Hoffman)[401]

Amsdorfs Schreiben *Ein vormanung*, das er 1527 in Magdeburg drucken ließ, kann – wie bereits erläutert – als Initiationsschrift des Streits
zwischen ihm und Hoffman betrachtet werden. Wie der Titel verrät,
sollte es die Bewohner Magdeburgs vor dem kurz zuvor durchgereis-
ten Melchior Hoffman warnen bzw. diesen in Misskredit bringen, um
die Reformation in Magdeburg nicht zu gefährden. Vermutlich fühlte sich Amsdorf durch seine bisherigen Erfahrungen mit sogenannten
‚Schwarmgeistern‘,[402] Irrlehrern aus der Sicht der Reformatoren, dazu
gezwungen, in Magdeburg Präventivmaßnahmen für eine eventuelle
Rückkehr Hoffmans zu ergreifen. Amsdorf bekleidete seit September
1524 das Amt des Pfarrers von St. Ulrich in Magdeburg und man hatte ihn mit der Aufgabe betraut, die schon begonnene Reformation in
Magdeburg voranzutreiben.[403] Noch 1521 hatte Amsdorf eine große
Unsicherheit gegenüber ‚Schwarmgeistern‘ bewiesen, als er in Wittenberg
in Kontakt mit den „Zwickauer Propheten" kam. Er hatte Probleme,

---

[401] Hoffman (1528), *Nasen geist*, A2r. Vollständige Angabe bei Anmerkung 36.

[402] Das Schlag- bzw. – die pejorative Komponente exakter erfassend – das Stigmawort
Schwarmgeist ist synonym mit dem Schlag-/Stigmawort *Schwärmer*, das nach
Hans-Joachim Diekmannshenke eines „[...] der Lieblingsworte Luthers im Kampfe
gegen die Radikalen ist, [...] entstanden aus der Terminologie der Bienenzüchter,
dann ‚im 16. jahrh. und später gern in religiösem sinne auf irrgläubigkeit zielend'
[Grimm Bd. 9, Sp. 2288]. In diesem Sinne eine Neuprägung Luthers, bezeichnet
es anfangs nicht nur Radikale, sondern Abweichende aller Art, d. h. auch im reformatorischen Lager selbst. Im Gegensatz zum *Ketzer* assoziiert *Schwärmer* eine
spöttische Komponente, die im summenden, schwirrenden Flug der jungen Bienen
ein Zeichen von Unreife und Übermut erblickt. *Schwärmen* als Fehlen von ‚Ruhe
und Besonnenheit' charakterisiert aus der Sicht Luthers jugendliches Ungestüm,
welches leicht zu religiöser Verworrenheit führt. [...] Die spöttische Titulierung von
Abirrenden als *Schwärmer* wird bald zur spezifisch Lutherschen Gesamtbezeichnung
der Radikalen. [...] *Schwärmer* wird als Schlagwort ausschließlich gegen religiöse
Irrlehren verwendet [...]." Diekmannshenke (1990), S. 337–340. Das Stigmawort
wurde jedoch nicht allein auf lutherischer Seite angewandt, sondern u. a. auch
von den Radikalen selbst, um die Lehre der Lutheraner oder anderer religiöser
Gruppierungen als unfundierte und demnach schwärmerische Irrlehre darzustellen.
Auch Hoffman verwendet das Stigmawort *Schwärmer* bzw. *Schwarmgeist* zu diesem Zweck in seinen polemischen Schriften.

[403] Ilgner (2008), S. 255f.

die Situation und die „wundersame[n] vnd vnerhorte[n] ding[e]" einzuordnen, und erbat sich die Hilfe von Melanchthon und Spalatin, da
er selbst glaubte, dass der Auftritt der „Zwickauer Propheten" das
Weltende ankündigen würde.[404] Nachdem Amsdorf jedoch 1525 ein
weiteres Mal mit einem so genannten ‚Schwarmgeist', dem Mediziner
Wolfgang Cyclop, in Kontakt gekommen war und sich mit diesem
schon in einem Streitschriftenwechsel über das Abendmahl auseinandergesetzt hatte,[405] war er zum Zeitpunkt des Zusammentreffens mit
Hoffman im Jahr 1527 nicht mehr zu verunsichern, zumal Luther ihm
geraten hatte, Hoffman unfreundlich zu empfangen. *Ein vormanung* ist
demzufolge nicht die erste Warnung, die Amsdorf an das Magdeburger
Publikum richtete.

Ihrer unterrichtenden, pastoral warnenden und mahnenden Funktion
folgend, ist die kleine Schrift *Ein vormanung* als Dialog mit „lieben
Freunde[n]"[406] angelegt, bricht aber am Ende mit dieser Konzeption
der Anrede, denn die Schlussworte richten sich plötzlich direkt an
Hoffman.[407] Als Anlass des Schreibens nennt Amsdorf die Unklarheit
von Melchior Hoffmans Errechnung der Apokalypse. Hoffmans Lehre
vom Jüngsten Tag sei „tunckel vorgebliche vnd vnnütze rede",[408] die
Angaben nicht genau genug. Amsdorf wirft Hoffman also einerseits vor,
eine zu ungenaue Datierung gemacht zu haben und damit unklar zu

---

[404] Ilgner (2008), S. 253.

[405] Ilgner gibt eine Darstellung der Streitigkeiten zwischen Amsdorf und Wolfgang
Cyclop in seinem Aufsatz. Der Streit hatte sich über Cyclops Predigten entfacht, in
denen er behauptet hatte, dass das Brot und der Wein beim Abendmahl nicht Christi
Leib und Blut wären, sondern diese nur bedeuteten. Daraufhin sah Amsdorf sich
gezwungen, Cyclop schriftlich entgegenzutreten und das Publikum in Magdeburg
zu warnen: *Vermanung Nicolai von Amsdorff an die von Magdeburg wider den
rotten vnnd secten gaist D. Ciclops. M. D. XXV.* Ebd., S. 252–263. Das vorliegende
Exemplar wurde 1525 in Augsburg gedruckt.

[406] Amsdorf beginnt seine vier Textseiten lange Schrift mit den groß- und fettgedruck-
ten Begrüßungsworten: „Mein lieben Freunde" (*EV*, A2r).

[407] „O du schwarzter Teuffel ich ken dich wol / ich hab dich noch bey einem ergriffen /
do ich mit dir redte / das wil ich sparen bis du kompst / vnd dich (wils Gott) aller
welt zeigen / vnd offenbar machen wer du bist / Der Teuffel kan auch schleichen vnd
sich demütig machen / gleube mir." (*EV*, A3v)

[408] „Die vrsach aber warumb mirs nicht gefelt ist die / Es ist ein tunckel vorgebliche
vnd vnnütze rede / ynn dem das er die zween Propheten nicht anzeiget wer sie sein /
vnd auch nicht die zeit wenn sie angefangen haben zu weissagen / das man kundt
rechen wenn die sieben jar vmb weren / Der heilige geist redet nicht so tunckel vnd
vnuerstendig / sondern klar / hell vnd verstendig / vnd zeigt an gewisse zal / der iar
den anfang vnd das ende / wie der Engel die zeit von Christo dem Daniel klerlich
anzeigt." (*EV*, A2r)

sein, kritisiert aber gleichzeitig, dass Hoffman überhaupt eine Datierung vornimmt, da man aus seiner Sicht jederzeit auf die Wiederkunft Christi warten solle. Als Untermauerung diskreditiert er Hoffman als selbsternannten Propheten, der infolge seiner Selbsternennung nur vom Teufel geschickt sein könne anstatt von Gott.

Bevor Hoffman jedoch zur Feder gegen die Denunzierungen Amsdorfs griff, schickte er trotz seines zuvor missglückten Besuchs in Wittenberg (1527) Amsdorfs *Ein vormanung* mit eigenen kritischen Kommentaren versehen an Luther. Luther schrieb daraufhin am 30.12.1527 an Amsdorf:

> Melchior ille Hofman ad me misit quaternionem a te editum, cum scholiis in te. Sed Marquardus [Schuldorp] sic testimonium de eo scribit, ut mihi totus sit suspectus multis modis, vanus, vix quieturus, nisi malum sibi conciliet. Monebo, ubi potero, ut sibi caveant ab illo.[409]

Da die von Hoffman gewünschte Reaktion Luthers ausblieb, verfasste Hoffman dann schließlich, vermutlich Anfang des Jahres 1528, auf Niederdeutsch seine erste polemische Schrift gegen Amsdorf mit dem Titel *Dat Nicolaus Amsdorff der Meydeborger Pastor / nicht weth / wat he setten / schriuen edder swetzen schal / darmede he syne lôgen bestedigen môge / vnde synen gruweliken anlop.*[410] Mit der Nennung Amsdorfs im Titel wird bereits deutlich die personalisierte Polemik hervorgehoben und die Funktion der Schrift angekündigt.

3.2.1 Direktes Polemisieren und Ironisieren als Mittel der Streitkonstruktion in *Dat Nicolaus Amsdorff [...] nicht weth / wat he setten / schriuen edder swetzen schal*

Hoffmans erste polemische Schrift gegen Amsdorf ist einer der ersten Kieler Drucke.[411] Die Auflagenzahl ist unbekannt. Der spärliche

---

[409] „Melchior Hofmann hat mir einen von Dir herausgegebenen Bogen geschickt mit Bemerkungen wider Dich. [sic: Auslassung in der Originalübersetzung] Aber Marquard Schuldorp charakterisiert mir ihn so, daß ich vor ihm warnen werde, wo ich kann." Lateinischer Originalwortlaut und Übersetzung in *WA. Briefwechsel* 4, S. 311.

[410] Vollständige Angabe siehe Anmerkung 36. Die Quellenangaben bei Zitaten werden mit den Initialen *DNA* und der Folienangabe der Übersichtlichkeit halber in Klammern gestellt. Übersetzung des Titels: „Dass Nikolaus Amsdorf, der Magdeburger Pastor, nicht weiß, was er setzen, schreiben oder schwätzen soll, damit er seine Lügen bestätigen möge und seinen grauenvollen Angriff."

[411] Siehe die nachgestellten Anmerkungen Gerhard Fickers (eine Seite) zur Faksimileausgabe von *Dat Nicolaus Amsdorff* in: Ficker (1928).

Erhalt der Schrift lässt zwar auf keine große Auflage schließen, diese Schlussfolgerung bleibt jedoch eine Vermutung. *Dat Nicolaus Amsdorff* kann als Replik auf Amsdorfs Schrift betrachtet werden, denn Hoffman orientiert sich inhaltlich sehr an Amsdorfs Initiationsschrift: Amsdorfs Argumente gegen Hoffman werden zumeist genannt und entkräftet. Es werden u. a. die Forderungen Amsdorfs wiedergegeben, dass Hoffman seine Prophezeiung mit Bibelstellen untermauern müsse und die zwei Zeugen, die laut diesem zugegen seien, benennen solle. Hoffman aber begegnet diesen Forderungen in seiner Schrift lediglich mit Ironie und schreibt Amsdorf ein naives Verständnis des Sachverhalts zu. Er verweist einerseits auf seine *Daniel-Auslegung* – Amsdorf solle diese doch richtig lesen – und bestreitet andererseits, den Beginn der prophezeiten sieben Jahre verkündet zu haben. Amsdorfs Argument, dass man den Jüngsten Tag stets erwarten solle, entkräftet Hoffman mit einem Gegenbeweis aus der Bibel (2 Thess 2). *Dat Nicolaus Amsdorff* gibt direkte Repliken auf die meisten Argumente Amsdorfs, doch der Vorwurf, aufgrund einer fehlenden Priesterberufung ein Gesandter des Teufels zu sein, wird in Hoffmans erster Schrift nicht direkt kommentiert.[412] Nach der polemischen Bearbeitung der ausgewählten gegnerischen Argumente richtet sich Hoffman im letzten Abschnitt an die Leser und bringt seine *peroratio* an, dass sie trotz des Streits zwischen den Gelehrten keinen christlichen Lehrer um eines solche Schreibens willen verachten sollen (A4r).

Zur Sprache und Struktur von *Dat Nicolaus Amsdorff*

Dat Nicolaus Amsdorff ist mit insgesamt sechs Seiten Text[413] eine recht kurze Flugschrift. Trotzdem ist sie zwei Textseiten länger als Amsdorfs *Ein vormanung*. Sie besteht aus dem Titelblatt (A1r),[414] das ein Bild des Weltenrichters im herzförmigen Inneren der fünfblättrigen Lutherrose trägt (siehe Abb. 1), sechs Textseiten (A1v–A4r) und der unbedruckten Rückseite. Die Struktur des Textlayouts ist durchgehend gleichförmig (Fließtext, Abschnitte mit Einzug), heraus sticht nur die typographische Abtrennung des letzten Abschnitts mit einer ganzen Leerzeile Abstand. Bereits die sich optisch abhebende Trennung der Abschnitte weist in Hinsicht auf die sonst gebrauchten Abschnittstrennungen

---

[412] In seiner zweiten Schrift gegen Amsdorf (*Nasen geist*) macht Hoffman dieses Thema hingegen zu einem zentralen Punkt. Siehe Kapitel 3.2.2 *Imagekonstruktion und die Integration inter- und kontextueller Bezüge durch offenes Polemisieren in* Das Niclas Amsdorff [...] ein lugenhafftiger falscher nasen geist sey.

[413] Insgesamt umfasst die Schrift acht Seiten: Titelblatt A1r–A4v (letzte Seite leer).

[414] Die Angabe der Folien für *Dat Nicolaus Amsdorff* erfolgt aufgrund des zentralen Stellenwerts dieser Schrift in diesem Kapitel in Klammern im Fließtext.

Abbildung 1. In den drei Kieler Drucken verwendete Hoffman dieses Bild des Welternrichters in der Lutherrose. Es handelt sich um eine typische Abbildung des Welternrichters: Jesus sitzt auf dem Himmelsbogen, die Erde zu seinen Füssen. Aus seinem Mund kommen eine Lilie zu seiner rechten Seite und ein Schwert zu seiner linken Seite heraus. Ein Heiligenschein in Form eines Nimbus hinter dem Kopf ist angedeutet, die volle Rundung wird aber am oberen Ende durch die obere mittlere Einbuchtung der Herzform, die das Blüteninnere der Lutherrose darstellt, unterbrochen. Jesus trägt ein typisches umhangartiges Gewand, die linke Hand auf der davon unbedeckten Brust, eine Geste, die das Bedecken der tödlichen Seitenwunde – und somit das Leid Christi – mit der Hand andeutet. Der rechte Arm ist in die Höhe, in Richtung der Lilie gestreckt, was darauf hinweisen könnte, dass Hoffmans Weltenrichter die Erlösung (Lilie) eher als die Verdammnis (Schwert) verspricht. Gerade in der Stellung der Hände variieren viele Darstellungen des Weltenrichters: Oftmals zeigen beide Hände schräg nach oben zu den beiden Gegenständen. Manchmal zeigt die Rechte schräg nach oben, die Linke schräg nach unten, welches man als Andeuten des Himmels auf der rechten Seite und der Hölle auf der linken interpretieren könnte. Auch die Händestellung bei Hoffmans Weltenrichter kommt öfter vor, deswegen soll hier keine Überinterpretation vorgenommen werden. Diese Abbildung ist aufgrund der besseren Qualität nicht aus der besprochenen Schrift, sondern der letzten Seite (Q3v) von Hoffmans 1 5 2 9 erschienenen Schrift *Dat Boeck Cantica Canticorum: edder dat hoge leedt Salomonis: vthgelecht dorch Melchior Hoffman Köninckliker maiestat tho Dennemarcken gesetter Prediger thom Kyll: ym lande tho Holsten* entnommen.

durch Einzug der ersten Zeile auf eine strukturelle Distanz hin. Sie korrespondiert auf textueller Ebene mit einer expliziten Änderung der Kommunikationssituation: Hoffman spricht in dem Abschnitt ausschließlich seine Leserschaft an und wechselt damit den auf Textebene markierten Hauptadressaten von Amsdorf zum Publikum.

Abgesehen von dem letzten hervorgehobenen Abschnitt sind die anderen 13 Abschnitte inhaltlich nach kleineren Themen eingeteilt, es geht, wie oben erwähnt, um Amsdorfs einzelne Aussagen und Argumentationen. Die Schrift ist nicht nach einer *dispositio* der Rhetoriklehre durchstrukturiert.[415] Eine beinahe einzeilige *salutatio* („De gnade sy allen gelŏuigen in Christo Amen" [A1v]) ist zwar noch klar zu erkennen, dann aber fließen die in der Rhetorik unterschiedenen Teile der Rede oder des Briefs ineinander, so dass *narratio* und *argumentatio* nicht als einzelne Einheiten nacheinander ausfindig zu machen sind. Vielmehr sind die Redeteile jeweils in den einzelnen Abschnitten nebeneinander vorhanden. Hoffman berichtet oftmals erst über bisherige Geschehnisse, um zu zeigen, wie schlecht er in der Vergangenheit behandelt wurde, und/oder gibt das Argument Amsdorfs wieder, um es dann mit einem Gegenargument oder einer Schimpftirade auf Amsdorfs lügnerischen Charakter zu entkräften. Diesem Muster folgend, steigt Hoffman, nach der kurzen *salutatio, in medias res* in die polemische Auseinandersetzung mit Amsdorf ein, ohne die Leserschaft aktiv ins Geschehen einzuführen (*exordium*) oder deren Wohlwollen zu erheischen (*captatio benevolentiae*). Schon im zweiten Satz danach wird Amsdorf mit „Ey du fyner dreper" (A1v)[416] direkt angesprochen, die sarkastisch verhöhnende Grundstimmung des Schreibens wird – vom Titel bereits angedeutet – unmittelbar am Anfang deutlich.

Die folgenden Abschnitte werden meistens mit einer *Inquit*-Formel im weitesten Sinne[417] eingeleitet: „Den anderen punct / den de fyne dreper schrifft [...]" (A1v), „Darumme secht dat lŏgenmuel [...]" (A1v), „Ock schrifft de dappere stryder vnde auerwinner [...]" (A2r), „De wyle de peltzer dat gesecht hefft [...]" (A2r), „Ock sprickt dat schone kindt [...]" (A2r), „Du schriffst ock [...]" (A2v), „Ock secht dat schalcksoge [...]"

---

[415] Zum Aufbau der Rede und des Briefs sowie den rhetorischen Termini siehe u. a. Plett, Friedrich (2001): *Einführung in die rhetorische Textanalyse.* Hamburg: Buske.

[416] „Ei, du feiner Schütze". Diese und folgende Übersetzungen aus dem Mittelniederdeutschen durch die Verfasserin.

[417] *Inquit* = lat. er sagt. Die Erweiterung bezieht sich hier ebenfalls sowohl auf das Schreiben als auch auf andere grammatische Personen, wie z. B. „Du schriffst ock [...]" (A2v).

(A2v), „Sindt du ōuerst dy lest beduncken [...]" (A3r), „Du scheldest my falsch in myner vthlegginge [...]" (A3v).[418] Mit der *Inquit*-Formel wird jeweils eine Redewiedergabe indiziert, so dass Abschnitt für Abschnitt jeweils ein Argument oder eine Aussage des Gegners vorgestellt und kommentiert wird. Nur wenige der Abschnitte beginnen ohne *Inquit*-Formel: „Euen ein solcker lōgener ys de Amsdorff [...]" (A3r), „Sůh Amsdorff [...]" (A3r), „Wo du dat nicht doen kanst / so blyff men mit dynem stanck tho huss [...]" (A3v).[419] Sie tauchen erst ab der Mitte der Schrift auf, der erste Abschnitt ohne die *Inquit*-Formel setzt den Wendepunkt, indem festgestellt wird, dass Amsdorf ein Lügner sei (s. o.). Die Argumente sind in der ersten Hälfte des Textes bereits genannt und widerlegt worden und Hoffman betont noch einmal die Quintessenz seiner Auseinandersetzung mit Amsdorfs Argumenten: Er konstatiert, dass Amsdorf Hoffman geschändet sowie die Bibel falsch ausgelegt habe, er nun damit aufhören und anhand der von Hoffman genannten Kapitel eine richtige Auslegung vornehmen solle. Wenn dies nicht möglich sei, möge er es lieber gänzlich lassen. Er stellt also eine *petitio* an Amsdorf innerhalb des Rahmens, der die Leserschaft anspricht. Der letzte Abschnitt schließlich ist wieder deutlich als Briefform identifizierbar und eine *petitio* und *peroratio* sind an die „leuen vtherwelden Christen vnde Gades hylgen" (A4r)[420] gerichtet.

Sprachlich ist Hoffmans Schrift dem Kieler Raum angepasst,[421] denn sie ist auf Niederdeutsch verfasst. Bereits vorher hatte Hoffman seine Texte sowohl auf Hochdeutsch (z. B. seine *Daniel-Auslegung* von 1526) als auch auf Niederdeutsch (z. B. *An de gelöfigen vorsambling inn Liflant ein korte formaninghe* von 1525) verfasst. Da Hoffman aus dem hochdeutschen Sprachraum (Schwäbisch-Hall) stammte, lässt sich anneh-

---

[418] „Der andere Punkt, von dem der feine Schütze schreibt [...]", „Darum sagt das Lügenmaul [...]", „Auch schreibt der tapfere Streiter und Überwinder [...]", „Als der Pelzer das gesagt hat [...]", „Auch spricht das schöne Kind [...]", „Du schreibst auch [...]", „Auch sagt das Schalksauge [...]", „Seit du dich zuoberst bedünken lässt [...]", „Du beschuldigst mich, mit meiner Auslegung falsch zu liegen [...]".

[419] „Eben ein solcher Lügner ist der Amsdorf [...]", „Sieh, Amsdorf [...]", „Wenn du das nicht tun kannst, so bleibe doch mit deinem Gestank zu Hause [...]".

[420] „lieben auserwählten Christen und Gottesheiligen/Gottes Heilige".

[421] Das livländische Niederdeutsch, das Hoffman verwendete, zählt Agathe Lasch zum Nordniedersächsischen. Dieses spaltet sie wiederum in das Ostfriesisch-Oldenburgische, Nordalbingische, das im Kieler Raum gesprochen wurde, und das Ostelbische, das sowohl das Lübische als auch das livländische Niederdeutsch erfasst, auf. Demnach ist Hoffmans Schriftsprache dem Kieler Niederdeutsch ähnlich, weist aber grundsätzliche Unterschiede auf. Lasch, Agathe (1914): *Mittelniederdeutsche Grammatik*. Halle/Saale: Niemeyer, S. 16–19.

men, dass er das Niederdeutsche bei seinen langjährigen Aufenthalten im niederdeutschen Sprachraum (z. B. spätestens 1523–1526 in Livland und 1526–1527 in Stockholm), insbesondere auch durch sein Handwerk und Handelsbeziehungen bedingt, erlernte. Die innerdeutsche Sprachgrenze schränkte mitunter das Verstehen ein, so dass sie durchaus den Kreis der potenziellen Leser vordefinierte und begrenzte.[422] Dass Hoffman seine Schrift auf Niederdeutsch verfasste, lässt insofern noch vor einer Analyse die These zu, dass das intendierte Publikum der Polemik eher die Leserschaft in Kiel war als der Gegner Nikolaus von Amsdorf selbst, denn dieser beherrschte das Niederdeutsche nicht,[423] obgleich sein Hauptwirkungskreis Magdeburg zum niederdeutschen Sprachraum gehörte. Die Wahl des Niederdeutschen unterstreicht darüber hinaus die grundlegende Ausrichtung der Polemik auf die *polemische Instanz* und lässt eine Nebenadressierung Amsdorfs letztendlich sogar fraglich erscheinen. Die in der Schrift dominante Form des direkten Polemisierens (die Dominanz wird im Folgenden noch ausführlich begründet), also der direkten Anrede des *polemischen Objekts*, lässt sich insofern als bewusst eingesetzte Strategie der Streitinszenierung betrachten. Die dialogische Struktur der Schrift intensiviert und dynamisiert den polemischen Antagonismus, den der Text vor einem Publikum bzw. für ein Publikum entwirft.

Dass die *polemische Instanz* (Haupt-)Adressat ist, bestätigen auch die einzelnen Teile der einem Brief ähnlich aufgebauten Schrift: Der Titel, *salutatio* und *peroratio* (inklusive einer *petitio*) richten sich – wie bereits erwähnt – nicht an das *polemische Objekt*, sondern an die *polemische Instanz*: Der Titel nennt Amsdorf in der 3. Person, in den Begrüßungsworten wünscht Hoffman allen gläubigen Christen die Gnade Gottes und die Schlussworte (die sich über fast eine ganze Seite erstrecken) sind sogar in der 2. Person Plural an die lieben auserwählten

---

[422] Die Existenz und die Auswirkungen der Sprachgrenze lassen sich z. B. daran zeigen, dass Martin Bucers Bericht *Handlung inn dem offentlichen gesprech zů Straßburg iůngst im̄ Synodo gehalten / gegen Melchior Hoffman / durch die Prediger daselbst / von vier fürnemen stucken Christlicher leere vnd haltung / sampt getrewem dar geben / auch der gründen / darauff Hoffmā seine irthumben seßet.* Straßburg: [Mathias Apiarius] „auch in Münster durch den Prädikanten Adam Briccius Nordanus ,in die westphälische Sprache', also ins Niederdeutsche übersetzt [wurde], um dem in Münster verbreiteten Gerücht, Melchior Hoffman habe auf der Synode zu Straßburg gesiegt, den Boden zu entziehen." Kawerau (1954), S. 9. Binnenzitat aus Krohn (1784), S. 307.

[423] Deppermann (1979), S. 100.

Christen und Gottesheiligen gerichtet.[424] Die ersten erklärenden Worte der polemischen Schrift sind ebenfalls so gestaltet, dass über Amsdorf in der 3. Person erzählt wird, was die Adressierung der *salutatio* unterstützt: „De kloge dûre Heldt tho Meydeborch schrifft / vnde rhômet sick gantz hoech / wo he den dûuel vnde synen Apostel so wol gedrapen hebbe" (A1v).[425] Hoffman gibt in den ersten Zeilen einen vagen Hinweis auf das, was der Anlass des Schreibens sei, und zwar in der Form, dass er sich nicht zuerst an den Gegner wendet, sondern über ihn in der 3. Person spricht, ohne überhaupt einen Adressaten durch direkte Anrede zu spezifizieren.

Anfang und Ende bzw. die Rahmenstruktur von Hoffmans Schrift entsprechen diesen Beobachtungen nach nicht der Strategie des direkten Polemisierens, denn in der briefähnlichen Rahmenstruktur wird anfangs noch unbestimmt, am Ende dann aber sehr konkret die *polemische Instanz* angesprochen, der Dialog wird mit dieser und nicht mit dem *polemischen Objekt* (Amsdorf) geführt. Innerhalb dieser einrahmenden Kommunikationssituation wird die direkte Anrede Amsdorfs in der grammatischen 2. Person, also der direkte, einseitige Dialog des *polemischen Subjekts* mit dem *polemischen Objekt*, jedoch zur dominanten Redesituation erhoben. In diesen Fällen ist das Prinzip des direkten Polemisierens erfüllt: Die Kommunikation findet in einer dialogischen literarischen Form in direkter Rede zwischen *polemischem Subjekt* und *Objekt* statt. Zudem wird in dem gesamten Schriftwechsel mit Amsdorf offen polemisiert, da sich sowohl Hoffman als auch Amsdorf als *polemische Subjekte* in ihren Texten inszenieren. Die Konstruktion der Kommunikationssituation des direkten Polemisierens kann eine Strategie der besonderen Inszenierung, Personalisierung und Dramatisierung des Streits bedeuten. Der Streit entfaltet und intensiviert sich performativ im Text – und zwar zwangsläufig vor den Augen der *polemischen Instanz*.[426] Die Adressierung der *polemischen Instanz* ihrerseits bestärkt den Inszenierungscharakter der direkten Anrede des *polemischen Objekts*. Der Dialog zwischen dem *polemi-*

---

[424] Gruß: „DE gnade sy allen gelôuigen in christo Amen." *Dat Nicolaus Amsdorff* (1528), A1v. Beginn der Schlussworte: „Gy leuen vtherwelden Christen vnde Gades hylgen [...]". Ebd. A4r.

[425] „Der kluge, teure Held zu Magdeburg schreibt und rühmt sich ganz hoch, dass er den Teufel und seinen Apostel so gut getroffen habe."

[426] Die bereits diskutierten Faktoren, die Rahmenstruktur und die sprachliche Situation (Niederdeutsch vs. Hochdeutsch), lassen diesen Schluss zu. Auf verallgemeinernde Feststellungen wird jedoch verzichtet, da jede Schrift hinsichtlich ihres konkreten Adressaten gesondert analysiert werden muss.

schen Subjekt und *Objekt* innerhalb des genannten Rahmens zeigt sich als polemische Strategie. Inwiefern sich die These konkret im Detail bestätigt, soll im Weiteren anhand der Untersuchung der konzipierten Kommunikationsszenarien, -teilnehmer und -wechsel erörtert werden.

Die Kommunikationssituation als inszenatorisches Moment

In *Dat Nicolaus Amsdorff* gibt es jeweils mehrere Formen der grammatischen Bezeichnungen für das *polemische Subjekt*, das *polemische Objekt* und die *polemische Instanz*. Grammatisch kommen die 1. Person Singular, die 2. Person Singular sowie Plural und die 3. Person Singular vor. Die den Bezeichnungen entsprechenden Bezeichneten variieren allerdings in mehreren Fällen jeweils für das *polemische Subjekt* Melchior Hoffman und das *polemische Objekt* Nikolaus von Amsdorf. Die 3. Person Singular z. B. bezieht sich mal auf Amsdorf und mal auf Hoffman.[427]

Auf Seiten des *polemischen Subjekts* wird überwiegend das „Ich" als Personaldeixis eingesetzt. Insgesamt vier Mal (über den gesamten Text verteilt) wechselt Hoffman diese jedoch und spricht über sich selbst in der 3. Person als dem „Pelzer" (*DNA*, A1v, A2r & A3v).[428] Es fällt auf, dass er in dieser Form des Sprechens über sich selbst ausschließlich die Berufsbezeichnung für sich wählt. In Anbetracht der Feststellungen, die Johannes Schwitalla über das strategische „[Sprechen] [v]on sich selbst oder dem direkten Adressaten in der 3. Person" macht,[429] erscheint

---

[427] Auch wenn es beim Lesen des Textes offensichtlich erscheint, muss bei der kontextuellen Verortung von *polemischem Subjekt* und *Objekt* verdeutlicht werden, dass die Textebene die Kontextebene (re)präsentiert. Hoffman inszeniert sich selbst als *polemisches Subjekt*, es liegt also kein verdecktes Sprechen vor, die Beteiligten werden namentlich genannt und es werden klare Bezüge zur Kontextebene gemacht: Hoffman bezieht sich z. B. auf seinen Gefängnisaufenthalt, den er auf Amsdorfs Initiative zurückführt (vgl. *DNA*, A1v).

[428] Die Referenz auf den „Pelzer" kommt noch zwei weitere Male im Text vor, allerdings einmal in einer generalisierten Form, wo es um „einen Peltzer" (A3r) geht und einmal in Kombination mit der 1. Person: „dat du my [mich] Peltzer auerwinnen schalt [überwinden wirst]" (*DNA*, A3v).

[429] „In Bezug auf das Face-Management sind Selbstreferenzen eher selbstaufwertend, gerade auch bei der demonstrativen Vermeidung von Prahlerei. Bei der Fremdreferenz gibt es auch spöttische [...] und kritische bis verurteilende Einstellungen [...]." Schwitalla, Johannes (2010b): „Von sich selbst oder dem direkten Adressaten in der 3. Person sprechen". In: Kallmeyer, Werner, Ewald Reuter & Jürgen F. Schopp (Hg.): *Perspektiven auf Kommunikation. Festschrift für Liisa Tiittula zum 60. Geburtstag*. Berlin: Saxa, S. 163–184, hier S. 183. Obwohl Schwitalla sich in diesem Aufsatz eher dem aktuellen Sprachgebrauch widmet, können seine Ergebnisse auch

Hoffmans Wahl der Selbstreferenz bedeutsam. Schwitallas Feststellung folgend, dass die Selbstreferenz vorwiegend zur Selbstaufwertung beitragen soll, kann angenommen werden, dass Hoffman seinen Status als Kürschner nicht als einen Nachteil für die religiöse Auseinandersetzung gesehen, sondern diesen als ein positives Attribut verstanden hat. In diesem Zusammenhang sticht insbesondere eine Passage in der ersten Texthälfte heraus:

> De wyle de Peltzer dat gesecht hefft / dat de tyde der tůgen sy / vnde dat de tůgen vorhanden synt / so hefft de Amsdorff darveh ermeten vnde erkant / dat de vij. yaer hebben angefangen / De Pelzer secht ôuerst solckes nicht / vnde hefft ydt ock ny gesecht / De Amsdorff wolde eme gerne eine nasen maken[.] (A2r)[430]

Durch die Referenzen auf sich selbst und den Gegner Amsdorf in der 3. Person wirkt die Passage wie eine Nacherzählung durch einen unbeteiligten Dritten anstelle von Hoffman. Die Rede über sich selbst leistet insofern eine Perspektivenverschiebung, denn der Sprecher nimmt eine unbestimmte Position ein, von der aus eine neutrale Bewertung möglich ist.[431] Vergleicht man jedoch die Bezeichnungen der beiden Figuren, fällt die neutrale Referenz auf den Gegner Amsdorf auf. Er wird mit seinem Nachnamen anstatt der Berufsbezeichnung (wie z. B. als „Meydeborger Pastor" im Titel) genannt. Hoffman verzichtet an dieser Stelle sowohl auf eine ironische Anrede als auch auf eine Übereinstimmung der sich gegenübergestellten Fremd- und Selbstreferenz. Die Berufsbezeichnung „der Pelzer" wird einerseits durch die paradigmatische Inkongruenz der Referenzen und andererseits durch die „markierte Verwendung" der 3. Person, die „sekundäre Bezugnahme auf sich",[432] besonders hervorge-

---

auf das 16. Jahrhundert angewendet werden, da sie Allgemeingültigkeit beanspruchen können.

[430] „Dadurch dass der Pelzer gesagt hat, dass die Zeit der Zeugen angebrochen sei und dass die Zeugen existent sind, so hat der Amsdorf daraus ermessen und erkannt, dass die sieben Jahre angefangen haben. Der Pelzer sagt aber solches nicht und hat es auch nie gesagt. Der Amsdorf wollte ihm gerne eine Nase machen [= jemanden täuschen, siehe „NASE", DWB 13, Spalte 408: „viele redensarten können bestimmt auf die angedrehte wachsnase, die sich nach allen seiten biegen und wenden läszt, zurückgeführt werden". In dem Zusammenhang wird auch „eine nase machen" benutzt.]."

[431] „Im Zuge von berichtenden und anderen sprachlichen Tätigkeiten kann man über sich selbst von einem neutralen Standpunkt aus sprechen, [...]. Man behandelt sich dann wie einen Teil des Geschehens, über das gesprochen wird." Schwitalla (2010b), S. 169.

[432] Beide Zitate aus Schwitalla (2010b), S. 182.

hoben. Diese besondere Akzentuierung der Rolle bzw. des gesellschaftlichen Status' Hoffmans dient kommunikativen Zwecken, womöglich in Anbetracht des überwiegend aus Laien bestehenden Publikums, und impliziert eine positive Konnotation des Kürschnerdaseins.[433] Darüber hinaus kann sie auch eine ironische Bezugnahme darauf sein, dass Amsdorf Hoffman bei dem vorherigen Zusammentreffen in Magdeburg nahegelegt hat, sich lieber seinem Berufsstand zu widmen als theologischen Themen.[434] In dem Zusammenhang lässt sich auch folgende Aufforderung an Amsdorf deuten:

> Doe du eins leue Amsdorff / als S. Paulus i. Cor. xiiij. leret / Tritt mit dyner schrifft her vôr / legge den grunt anders vth / Kanstu den grundt mit warer schrifft anders vthleggen / vnde beter / ick wil dy ruem geuen / vnde wyken na S. Paulus leer / Wo ôuerst nicht / so holde ick ydt dy nicht / deñ ydt gelt nicht schenden / vorlesteren ein werck / dat ick nicht weth beter tho maken / Dat ick einen Peltzer wolde in synem arbeide straffen / so moste ick se weten beter tho maken / Also ock mit allen Ampten / So du nicht solckes kanst / hôde dy vor straffen / vnde blyue men mit dynem losen geist tho huss / de mit fusche vnde blode dar ynheer swermet. Du sceldest my valsch in myner vthlegginge / dat mostu beweren / so kan me dy gelôue / So du ydt ôuerst nicht deist / bistu ein stock narr erfunden. (A3r–v)[435]

---

[433]   „Auf sich mit einer Bezeichnung seiner eigenen privaten, beruflichen oder institutionellen Rolle zu verweisen, deutet auf kommunikative Bedingungen dieser Rolle hin und qualifiziert die Geltung der Rede als diejenige des Rolleninhabers. Der Sprecher fordert dann vom Adressaten die entsprechende Einstellung." Ebd., S. 169f.

[434]   In *Ein vormanung* (A2v) fasst Amsdorf Hoffmans Besuch in Magdeburg wie folgt zusammen: „Darauff ist Melchior Hoffman am Mitwochen negst vorgangen ynn ein fremb haus zu mir kommen / vnd mich vngeferlich mit diesen worten angeredt / was mir an yhm feilet das ich brieffe von yhm geschrieben hette / dadurch yhm gros leid widerfaren were / [...] vnd als ich hort das er Melchior war / weiste ich yhn kurtz abe vnd sagt / er solt thun was er kûnde / denn es fiel mir nicht so eilend ynn was die Artikel waren vnd wie ich geschrieben hatte." (Hervorhebungen K. L.)

[435]   „Tu eins, lieber Amsdorf, wie es St. Paulus im 1 Kor 14 lehrt: Tritt mit deiner Schrift hervor, lege den Grund anders aus. Kannst du den Grund mit wahrer Schrift anders auslegen und besser, will ich dir Ruhm geben und nach St. Paulus Lehre weichen. Wenn aber nicht, so glaube ich es dir nicht, denn es gilt nicht, ein Werk zu schänden oder über eins zu lästern, das ich nicht besser machen kann. Wenn ich einen Pelzer in seiner Arbeit tadeln wollte, müsste ich sie besser machen können. Gleiches gilt für alle Ämter. Wenn du solches nicht kannst, hüte dich vorm Tadeln und bleib mit deinem losen Geist zu Hause, der mit Pfusch und blöde da umher schwärmet. Du beschuldigst mich, mit meiner Auslegung falsch zu liegen. Das musst du beweisen, dann können wir dir glauben. So du es aber nicht tust, bist du als ein Stocknarr erwiesen."

Hoffman appelliert an Amsdorf, die Bibel auszulegen und auf diese Weise einen Beweis anzubringen, dass Hoffmans Weissagung wirklich nicht der Wahrheit entspreche. Er kündigt an, dass er sich bei einer Beweisführung durch die Bibel fügen wolle[436] und spielt Amsdorf damit vordergründig die Möglichkeit des Gewinns zu. Die Wenn-Dann-Struktur impliziert zwar oberflächlich, dass Amsdorf die Entscheidung in den Händen halte, aber durch den folgenden Vergleich mit dem Pelzerhandwerk wird ihm diese Fähigkeit abgesprochen: Dadurch, dass Hoffman die Situation umdreht und plötzlich von der Kürschnerarbeit spricht, die in keiner Weise von Amsdorf bislang angegriffen oder angezweifelt wurde – denn Amsdorf thematisiert ja gerade die *theologische* Tätigkeit Hoffmans und nicht sein Handwerk – lässt er Amsdorf als den Unkundigen erscheinen. Jener hätte keinesfalls die Arbeit eines Kürschners erledigen können und dieser Umstand wird für die Rezipienten ebenfalls offensichtlich gewesen sein. Hoffman rechtfertigt also seine Arbeit als Bibelausleger und Weissager mit einem invertierten Vergleich mit dem Kürschnerhandwerk und deutet an, dass Amsdorf die Bibel nicht besser auslegen könne als er selbst und somit der logischen Schlussfolgerung nach nur ein „stock narr"[437] sein könne. Die Textstelle wird noch zusätzlich in dem Aufbau einer logischen Argumentation unterstützt, indem hier die Rede von „ick" ist, und zwar in diesem Falle nicht von einem Ich, das sich deiktisch auf den Sprecher Hoffman bezieht, sondern eher die Funktion eines generalisierenden ‚man' oder sogar eines ‚du' (stellvertretend für Amsdorf) übernimmt.[438] Letzteres erscheint durch die implizite Rollenvertauschung

---

[436] Das Vorgeben einer potenziellen Einsicht, wenn denn nur gute Argumente von der Gegenpartei erbracht würden, ist eine allgemein genutzte Argumentationsstrategie. Sie soll suggerieren, dass der Verfasser nur an der Wahrheit interessiert und eine Persuasion grundsätzlich möglich sei, aber die rechten Argumente bisher gerade ausschließlich auf der eigenen Seite seien. So schreiben sich die Verfasser selbst Einsichtigkeit und die Fähigkeit, zwischen rechten und unrechten Argumenten unterscheiden zu können, auf den Leib, während sie gleichzeitig die Aussagen des Gegners als unrechte oder unwahre Argumentation beurteilen.

[437] Der Stocknarr war während der Reformation eine durchaus geläufige Beschimpfung. Vgl. „STOCKNARR", *DWB* 19, Sp. 116 unter Punkt 2), Stichwort *reformationsflugschriften*. Siehe dazu auch: „STOCKNARR, [...] *ursprünglich nicht eine blosze steigerung von* narr, *etwa wie oben* erznarr [...], *sondern ein narr von kurzer (oft verwachsener) gestalt wie ein* stock, klotz [...] (*bildungen wie diese haben neben* [...] stockdunkel, stockfinster *usw. die grosze menge der mit* stock *gebildeten verstärkenden zusammensetzungen erst angeregt*)." Ebd., Sp. 115.

[438] Vgl. dazu: „Grammatische Kategorien sind nicht einfache Abbildungen außersprachlicher Kategorien. Ebensowenig wie das grammatische *Genus* eine einfache

Hoffmans mit Amsdorf plausibel: Da Hoffman der Pelzer ist, kann er nicht gleichzeitig derjenige sein, der es besser als der Pelzer machen soll. Demnach ist das ‚Ich' an dieser Stelle nicht stellvertretend für das *polemische Subjekt*, sondern für das *polemische Objekt*. Diese referenzielle Besonderheit komplettiert die Passage in ihrem Umgekehrtsein: Zum einen sind die Rollen Prediger und Kürschner vertauscht und zum anderen wird der von Amsdorf mündlich geäußerte und in *Ein vormanung* festgehaltene Zweifel an Hoffmans theologischer Kompetenz bei der Bibelauslegung entkräftet und an Amsdorf zurückgegeben. Der Status als Handwerker wird aufgewertet, so dass Hoffman sich selbst in seiner handwerklich-theologischen Doppelbegabung hervorzuheben vermag. Gleichzeitig wird suggeriert, dass Amsdorf mit dem Fehlen der handwerklichen Kompetenz auch seine theologische einbüßt.

Der funktionalisierte Wechsel zwischen direktem und indirektem Polemisieren

Der von der Häufigkeit der Anwendung auffälligste Wechsel der grammatischen Person ist der von der 2. zur 3. Person Singular (und vice versa) als indexikalischer Referent für das *polemische Objekt* Amsdorf. Überwiegend wird die Anrede Amsdorfs mit ‚du' verwendet, vom höflicheren Ihrzen, das noch im Spätmittelalter die gebräuchliche Form der höflich distanzierten Anrede war,[439] sieht Hoffman in *Dat Nicolaus Amsdorff* vollkommen ab. Das Duzen ist aber nicht nur in Hoffmans Schriften zu erkennen, sondern vielmehr ein allgemeines Phänomen im Reformationsschrifttum, denn „[d]as binäre T/V-System der Anredepronomina des Mittelalters beginnt sich in der Reformationszeit

---

Abbildung des biologischen *Geschlechts* ist oder das grammatische *Tempus* ein einfaches Modell der physikalischen *Zeit*, stellt die grammatische Kategorie *Person* eine digitale Eins-zu-eins-Abbildung der anthropologischen Kommunikationsrollen dar. Grammatische Kategorien sind analoge Modelle, also Metaphern außersprachlicher Kategorien. [...] Und so geht die Vorstellung, die grammatische ‚2. Person Singular' sei die ‚natürliche' Bezeichnung der Gesprächsrolle *Empfänger* [...] am metaphorischen Charakter grammatischer Kategorien völlig vorbei." Kretzenbacher, Heinz Leonhard & Wulf Segebrecht (1991): *Vom Sie zum Du – mehr als eine neue Konvention?* Hamburg: Luchterhand, S. 22.

[439] Vgl. Besch, Werner (2003): „Anredeformen des Deutschen im geschichtlichen Wandel". In: Ders., Oskar Reichmann & Anne Betten, Stefan Sonderegger (Hg.): *Sprachgeschichte. Ein Handbuch zur Geschichte der deutschen Sprache und ihrer Erforschung.* 3. Teilband. Berlin & New York: De Gruyter, S. 2600–2628, hier S. 2600.

aufzulösen."⁴⁴⁰ Dem Stil von Hoffmans Schrift entsprechend kommt das ehrerweisende und hierarchisch eine höhere Stellung markierende ‚Ihr' dementsprechend gar nicht vor, sondern die direkte Anrede wird ausschließlich in der 2. Person Singular vorgenommen.⁴⁴¹ Dabei wird sie mehrheitlich abwertend gebraucht, was deutlich durch die ironischen oder beleidigenden Benennungen markiert wird. Die direkte Anrede ‚du' wird am häufigsten mit einem ‚Ich' kombiniert, so dass eine ‚Ich-Du-Kommunikationssituation' die überwiegende Form der Rede ausmacht. In dieser Hinsicht ist das dialogische Prinzip des direkten Polemisierens, bei dem das *polemische Subjekt* mit dem *polemischen Objekt* redet, für *Dat Nicolaus Amsdorff* dominant.

Die Wechsel zwischen direktem und indirektem Polemisieren sind zahlreich und fließend. Sie sind aber keinesfalls willkürlich, denn sie erfüllen bestimmte Funktionen bei der Inszenierung des Streits. Es ist beispielsweise zu erkennen, dass mit der 2. Person sehr oft konkrete Aufforderungen einhergehen:

1. Du hônescher dreper / Du most noch anders datan / Meinstu dat du de godtlosen Papen vor der handt hebbest / Du werst feylen / Schrift mostu bringen / nasen laruens gylt hyr nicht / Mit minschen dreck werstu my nên drepen don / Gades wort nym vor dy / lath sehen wat du kanst. (A1v)⁴⁴²

2. Leue Amsdorff scheme dy doch / vnde gha nicht mit so losem geswetze vmme / Wultu wat doen / so gha in krafft des wordes / so mach dyne sake bestant hebben[.] (A3r)⁴⁴³

3. Thom ersten ys dat myn begere an dy / de wyle du dy gelered lest dûncken / vnde de Peltzer valsch / so legge my vth dat xij. Capit. ym Daniel. [...] Dûsse dorchgha my alle van anfang beth

---

⁴⁴⁰ Kretzenbacher & Segebrecht (1991), S. 24. „T/V" steht für die lat. Pronomina *tu* und *vos*.
⁴⁴¹ Amsdorf hingegen benutzt vereinzelt und scheinbar recht willkürlich (denn der Wechsel zwischen du und ihr wird mitunter in zwei aufeinanderfolgenden Sätzen vollzogen) die höflichere Form des ‚Ihr': „Hôrt yhrs auch Melchior hoffman [...]" (*FP*, A4r).
⁴⁴² „Du höhnischer Schütze, du musst es noch anders tun. Meinst du, dass du den gottlosen Papst vor dir hättest? Du wirst scheitern. Schrift musst du erbringen, sich zu maskieren gilt hier nicht. Mit Menschendreck wirst du mich nicht treffen können. Nimm dir Gottes Wort vor, lass sehen, was du kannst."
⁴⁴³ „Lieber Amsdorf, schäme dich doch und geh nicht mit so losem Geschwätz um. Willst du etwas tun, so gehe mit der Kraft des Wortes. So mag deine Sache Bestand haben."

thom ende. Wo du dat nicht doen kanst / so blyff men mit dynem stanck tho huss / dat rade ick dy / edder ick werde dy ein Valete geuen / dat me seggen schal / ydt sy ein Valete. (A3v)[444]

Mit der direkten Anrede des *polemischen Objekts* geht vermehrt die Nutzung des Imperativs einher, was das appellative Moment besonders deutlich und nachdrücklich macht. Insbesondere im Zitat 1 wird eine Steigerung der Aufforderung durch den Imperativ am Ende des Satzes („Gades wort nym vor dy / lath sehen wat du kanst") erreicht. Die vorausgehenden Formulierungen mit dem Hilfsverb ‚müssen' drücken zwar einen Zwang aus, sind aber nicht ebenso appellativ wie der Imperativ, der schließlich fast einem Befehl gleichkommt. Auch die Wahl des Imperativs im Zitat 3 („so legge my vth") – eine Satzkonstruktion mit der Konjunktion „dass" wäre ebenfalls eine denkbare Fortsetzung des begonnen Satzes („Thom ersten ys dat myn begere an dy") gewesen – wirkt bewusst gewählt, um die Herausforderung bzw. Aufforderung glaubwürdig zu inszenieren. Hoffmans Aufruf zur Auslegung der Bibel als Beweisführung ist nicht zuletzt daher als Inszenierung zu betrachten, weil er von der Unfähigkeit Amsdorfs, diesen Beweis zu erbringen, ausgeht. Der Appell ist insofern ein vorgetäuschter, dem die Antizipation inhärent ist, dass Amsdorf der abverlangten Handlung gerade nicht nachzukommen vermag, ohne dabei gleichzeitig Hoffman Recht geben zu müssen und seine eigene Position einzubüßen: Hoffman impliziert, dass Amsdorf bei korrekter Bibelauslegung zu Hoffmans Ergebnissen kommen müsse und Amsdorfs Position somit keinen Bestand hätte. Dementsprechend handelt es sich lediglich um einen strategischen Appell, der weniger eine reelle Appellfunktion erfüllt, als dass er Hoffmans Bibelauslegung und Position in ihrer Richtigkeit bestärken soll.

Die vermehrte Anwendung von Aufforderungen als theatralische Streittechnik steht funktional im engen Zusammenhang mit der bereits behandelten Textstelle (Hoffmans Berufung auf 1 Kor 14, A3r–v, s. Anmerkung 447), in der Hoffman lediglich suggeriert, Amsdorf im wörtlichen Sinne die Federführung in die Hände zu legen, ihm also die Möglichkeit zu geben, seinen Standpunkt anhand der Bibel zu bestätigen.

---

[444] „Zum ersten ist es mein Begehren an dich – da du dich als gelehrt ausgibst und den Pelzer als falsch – so lege mir das 12. Kapitel des Buches *Daniel* aus. [...] Gehe mir diese alle vom Anfang bis zum Ende durch. Wenn du das nicht tun kannst, so bleib doch mit deinem Gestank zu Hause, das rate ich dir, oder ich werde dir den Laufpass geben, dass man sagen soll, es sei ein Laufpass."

Ähnlich ist die Vorwegnahme von Amsdorfs Scheitern den anderen in-szenierten Appellen eingeschrieben. Die direkt an Amsdorf gerichteten Aufforderungen zeigen sich als in Szene gesetzte Herausforderungen zum Kräftemessen, das zwar schon als entschieden vorausgesetzt wird, trotzdem aber seine dramatisierende Wirkung entfaltet.[445] Es gilt für Hoffman das Scheitern Amsdorfs so zu implizieren, dass auch das Publikum dies erkennt.

Neben den Appellen ruft auch vor allem die Drohung, die Hoffman mit der Ankündigung eines ordentlichen „Valete" ausspricht (A3v), bildlich Gewaltszenen hervor und intensiviert die Dringlichkeit der Sache und die Brisanz des Streits. Die Anwesenheit Amsdorfs ist in den Text eingeschrieben, während die *polemische Instanz* in die Rolle des schaulustigen Betrachters gerückt wird. Diese Konstellation gleicht der Situation bei einem Duell, das vor den Augen der Zuschauer durch-geführt wird. Die dialogische Kommunikationssituation des direkten Polemisierens (die Ich-Du-Situation) zeigt sich auf diese Weise als pro-duktives Mittel des In-Szene-Setzens des Streits zwischen Hoffman und Amsdorf, indem sie bekannte Bilder und Szenen eines gewaltvol-len (Zwei-)Kampfes oder eines inbrünstig geführten Streitgesprächs evoziert.

Die Rede über Amsdorf in der 3. Person – also indirektes Polemisieren – wird hingegen häufig dann eingesetzt, wenn berichten-de, zusammenfassende oder nacherzählende Aussagen gemacht werden, insbesondere dann, wenn Hoffman rekapituliert, was Amsdorf gesagt oder geschrieben habe:

4. De kloge důre Heldt tho Meydeborch schrifft / vnde rhőmet sick gantz hoech / wo he den důuel vnde synen Apostel so wol gedra-pen hebbe[.] (A1v)[446]

5. Den andern punct / den de fyne dreper schrifft / ys de / wo Martinus syn vader sy / J hebbe nicht geweten / dat de fyne heldt eines Mőnnekes sőne was / vnde knecht / Jck woste nicht / wo syne voruolginge so hart wedder my vmme der warheit willen was / En hefft őuerst de arth der huren kinder gesteken / de in

---
[445] Hoffman bedient sich mit der (Zwei-)Kampfmetapher einer üblichen Strategie in polemischen Schriften der Reformationszeit. Wiederkehrend werden gelehrte Streitigkeiten z. B. als „Kampf Mann gegen Mann" oder auch als „Schlacht zwi-schen ‚Geschwadern'" inszeniert. Bremer (2005b), S. 130.
[446] Übersetzung siehe Anmerkung 425.

dem alten Testament ock also de vtherwelden Gades vorfolge-
den[.] (A1v)[447]

6. Ock schrifft de dappere stryder vnde auerwinner / ick schal eme
   mit schrifft bewysen / dat de Jůngeste dach in vij. yaren kamen
   schal[.] (A2r)[448]

7. Ock schal ick dem dapperen Helde seggen de ij. tůgen[.] (A2r)[449]

8. Ock sprickt dat schone kindt / de vorwesselde důuel / Me schôle
   nichtes predigen / denn dat Christus beualen hebbe[.] (A2r)[450]

9. Ock secht dat schalcksoge / Me schal beden / vnde alle stunde
   waken[.] (A2v)[451]

In diesen Fällen, in denen Hoffman über Amsdorf in der 3. Person
spricht, wird das anfangs definierte Publikum (alle gläubigen Christen)
automatisch wieder zum Hauptadressaten der Rede. Zudem weicht
die Streitinszenierung als performativer Akt der scheinbar sachlichen
Aufklärung des Publikums, einer *narratio*,[452] die als ein *rewriting*
(Umschreiben) der Geschehnisse fungieren soll, so dass die Leserschaft
die beschriebenen Ereignisse aus Hoffmans Perspektive bewertet oder
umdeutet. Auffällig unsachlich ist jedoch in jeder dieser eingewebten berichtenden Abschnitte die Art und Weise der Referenz auf Amsdorf, die
in fast allen Beispielen Teil einer *Inquit*-Formel[453] ist. Er wird auf ironi-

---

[447] „Den anderen Punkt, den der feine Schütze schreibt, ist der, in dem Martin sein
Vater sei. Ich habe nicht gewusst, dass der feine Held eines Mönches Sohn und
Knecht wäre. Ich wusste nicht, dass er mich so hart wegen der Wahrheit verfolgen
würde und als Krönung dessen die Art der Hurenkinder angenommen hätte, die im
Alten Testament ebenso die Auserwählten Gottes verfolgten."

[448] „Auch schreibt der tapfere Streiter und Überwinder (= Gewinner), ich solle ihm
mit der (Heiligen) Schrift beweisen, dass der Jüngste Tag in sieben Jahren kommen
wird."

[449] „Auch soll ich dem tapferen Helden die zwei Zeugen nennen."

[450] „Auch spricht das schöne Kind, der verwechselte (maskierte) Teufel, dass man
nichts predigen solle außer dem, was Christus befohlen habe."

[451] „Auch sagt das Schalksauge, dass man beten solle und jederzeit Wache halten."

[452] Bremer erkennt einen Zusammenhang von sachlichem Stil und dem Sprechen über
den Gegner in der 3. Person in religionspolemischen Schriften: „Am Ende der
Schrift wechselt Scherer in einen sachlichen Stil. Um diesen zu betonen, verzichtet er
völlig auf die direkte Anrede und spricht nur noch über Osiander." Bremer (2005b),
S. 142.

[453] Die *Inquit*-Formeln haben im Text eine Strukturierungsfunktion, denn sie leiten
in den meisten Fällen einen Themenwechsel (in Bezug auf die Argumentation)
oder zumindest eine Verschiebung des Gesichtspunktes ein. Vgl. dazu Bremer, der
eine ähnliche Funktion für die Leseranrede konstatiert: „Die Leseransprache zu
Beginn von Absätzen kommt dem kursorischen Lesen nicht nur entgegen, sie unterstützt es regelrecht." Bremer, Kai (2005a): „Techniken der Leserlenkung und

sche Weise als kluger, teurer oder tapferer Held, feiner Schütze oder tapferer Streiter und Überwinder (Gewinner) bezeichnet, womit Hoffman auch hier die in Reformationsschriften übliche Kampfesmetaphorik einsetzt. Der Streit wird als Kampf dargestellt, in dem Amsdorf – die Ironie Hoffmans impliziert es – sich auf der Seite des Siegers wähne und sich selbst als Helden sehe. Hoffman nimmt mit den ironischen Bezeichnungen Amsdorfs Bezug auf dessen *narratio* in *Ein vormanung*, in der das Zusammentreffen mit Hoffman in Magdeburg aus Amsdorfs Perspektive geschildert wird. Hoffman vermischt diese Leseeindrücke mit seiner eigenen persönlichen Erfahrung des Zusammentreffens[454] und schildert Amsdorf als arrogant und überheblich und kritisiert dessen Verachtung, die er Hoffman gegenüber gezeigt hat, als er ihn abwies und ihm riet, „er solt thun was er kůnde / denn es fiel [ihm] nicht so eilend ynn was die Artikel waren vnd wie [er] geschrieben hatte" (*EV*, A2v). Amsdorfs Erklärung, warum er Hoffman abgewiesen habe, demonstriert sein Desinteresse an Hoffman und vor allem dem, was er zu sagen hätte, obwohl er seinen Lesern wenig später erklärt, „wie klug / gelert vnd beredt er [Hoffman] ist" (*EV*, A3r). Die Ablehnung und Überlegenheit, die Amsdorf in *Ein vormanung* gegenüber seinem Gegner aufbaut, beantwortet Hoffman einerseits mit ironischem Sarkasmus, meist *ad hominem* gerichtet, andererseits mit bibelgestützter Argumentation, mittels derer er seine Weissagung zu bestätigen und Amsdorfs Bewertung derselben als „tunckel vorgebliche vnd vnnůtze rede" (*EV*, A2v) zu widerlegen bezweckt: Durch die Ironie der übertrieben positiven Bezeichnungen für Amsdorf (s. Zitat 4–8) führt Hoffman die Entlarvung des Gegners sowohl als arrogant als auch als

---

-selektion im volkssprachigen Buch der Gegenreformation um 1600". In: Enenkel, Karl A. E. & Wolfgang Neuber (Hg.): *Cognition and the Book. Typologies of Formal Organisations of Knowledge in the Printed Books of the Early Modern Period*. Leiden: Brill, S. 509–531. Die *Inquit*-Formel bei Hoffman ist der von Bremer untersuchten Leseranrede in ihren Funktionen fast gleichzusetzen, denn eine direkte Anrede des Publikums wäre aufgrund der Rede von Amsdorf in der 3. Person denkbar und es erscheint insofern beinahe so, als wäre sie lediglich elliptisch ausgelassen.

[454] Die Integration textinterner und textexterner Informationen wird durch die Form des offenen Polemisierens ermöglicht. Ausführlicher untersucht wird die Funktion des offenen Polemisierens im Schriftwechsel zwischen Hoffman und Amsdorf in Kapitel 3.2.2 *Imagekonstruktion und die Integration inter- und kontextueller Bezüge durch offenes Polemisieren in* Das Niclas Amsdorff [...] ein lugenhafftiger falscher nasen geist sey.

unprofessionell vor, denn Amsdorf habe die Bibel nicht ganz und kor-
rekt ausgelegt, insbesondere nicht die apokalyptischen Kapitel.[455]

Die Ironie wird zum einen durch die mehrmaligen Wiederholungen
der Bezeichnungen deutlich, z. B. taucht der „dreper" (Schütze)
mehrmals im Text auf, zweimalig als „fyner dreper" und ein Mal als
„hönescher dreper".[456] Zum anderen ist sie daran erkennbar, dass
Hoffman positive Bezeichnungen und frei geäußerte Beschimpfungen
kombiniert, z. B. nennt er Amsdorf erst „dat schone kindt", fügt dann
aber „der vorwesselde dûuel" hinzu und behauptet, dass Amsdorf sich
demnach nur als ein ungefährliches Kind maskiere bzw. als ein solches
erscheine. Eine weitere Bedeutung bekommt die Bezeichnung Kind in
Hinsicht auf die am Anfang geäußerte metaphorische Äußerung, dass
Amsdorf der Sohn Luthers, also eines Mönches, sei und dass er die
Art der Hurenkinder aus dem Alten Testament angenommen habe. Ein
Kind eines Mönches galt als ‚Bastard' und bezeugte darüber hinaus auch
noch den Bruch des Zölibats, eine als ähnlich unehrenhaft angesehene
Herkunft hatten die ‚Hurenkinder' (s. Zitat 5). Insofern gibt es etliche
Bezüge auf die Bezeichnung Kind, die trotz des Zusatzes „schön" eine
negative Konnotation haben. Diese pejorative Komponente überlagert
ironisch die Denotation des Ausdrucks „dat schone kindt". Solche ironischen Bezeichnungen nehmen im Verlauf der Schrift an Häufigkeit
ab und weichen direkten Beschimpfungen. Schließlich ist z. B. die Rede
vom „schalcksoge",[457] womit Hoffman Amsdorf eine „arglistige, böse
anschauungsweise, denkungsart"[458] zuschreibt.

Auf uneigentliche sowie auf unvermittelte, geradlinige Weise wird
das Sprechen über Amsdorf in der 3. Person genutzt, um distanzier-
ter zum Gegner ein scheinbar objektives Urteil zu sprechen.[459] Die
ironischen sowie die ironiefreien denunzierenden Zuschreibungen
oder Kommentare werden durch das indirekte Polemisieren sowohl

---

[455] Hoffman nennt „dat xij. Capit. ym Daniel.- Dat iij. vnde leste Capittel in Johel. Dat
xxiiij. Cap. Matthei. Dat xxi. in Luca. Jn S. Paulus andern Epistel thon Tesalon.
dat ij. Capit. Jm boeck der hemeliken Apenbarunge [heimliche Offenbarung] des
Apostels Johannis dat xi. vnde xij. Capit" (A3v).

[456] Die Zusammensetzung mit ‚höhnisch' sprengt die Ironie schließlich, so dass die
Abwertung offenkundiger und gesteigert wird.

[457] Mk 7, 21f: „denn von innen, aus dem Herzen der Menschen, gehen heraus böse
Gedanken; Ehebruch, Hurerei, Mord / Dieberei, Geiz, Schalkheit, List, Unzucht,
Schalksauge, Gotteslästerung, Hoffart, Unvernunft." *www.bibel-online.net*, nach
Luther 1912.

[458] „SCHALKSAUGE", *DWB* 14. Sp. 2083.

[459] Vgl. Schwitalla (2010b), S. 179.

vom *polemischen Subjekt* als Sprecher als auch vom gesamten Dialog zwischen *polemischem Subjekt* und *Objekt* gelöst. Damit geht eine Entdramatisierung bei gleichzeitiger Narrativisierung des Geschehens einher, was wiederum eine Objektivierung der Proposition zur Folge hat. In Kombination mit der Ironie lässt Hoffman Amsdorf auf diese Weise als lächerlich erscheinen:

> Ock schal ick dem dapperen Helde seggen de ij. tůgen / dar ys syn herte so sere vpgestôrtet / wo he ydt vor der tydt nicht tho weten kryget / wert em ein hart beswyment thokamen / dem krancken / sêken / begherigen / Ach dat doch ein Doctor vorhanden were / de dem sůluen den gecken snyden kônde /Wo krencken dat harde begherent. (A2r)[460]

Das polemische Bild, das Hoffman von dem „dapperen Helde" zeichnet, kommt dem Bild eines Anti-Helden gleich: Er entrüstet sich so sehr darüber, die Namen der zwei Zeugen nicht in Erfahrung bringen zu können, dass er Probleme mit seinem Herzen bzw. mit seinen überbordenden Gefühlen bekommt, die ihm letztendlich Schwindel bereiten und ihn (geistes-)krank machen. Zum einen wird die Heldenhaftigkeit, die sich Amsdorf laut Hoffmans Darstellung an dieser Stelle selbst zuschreibt, als Trugbild entlarvt. Für den Zweck bedient sich Hoffman der Rede über Amsdorf in der 3. Person, denn so erscheint die Zuschreibung des „dappere[n] Helde[n]" als eine, die nicht ursprünglich aus Hoffmans Feder stammt. Es wird suggeriert, dass es sich um eine Selbstzuschreibung Amsdorfs oder – in Bezug auf eine Anhängerschaft Amsdorfs – eine Fremdzuschreibung Dritter handelt. In beiden Fällen wird die Umkehrung der positiven Zuschreibung mittels des im Anschluss beschriebenen Kränklichseins Amsdorfs bewirkt und bestärkt das Ironische in der Bezeichnung des „dapperen Helde[n]". Daran anschließend treibt Hoffman das Bild des kranken Amsdorfs auf die Spitze: Durch die Reihung „dem krancken / sêken / begherigen" wird die vermeintliche Kränklichkeit Amsdorfs besonders hervorgehoben. Das „Ach" weckt den Eindruck gespielter Besorgnis auf Hoffmans Seiten, die Ironie und das verhöhnende Moment werden sofort deutlich, nicht zuletzt durch die im Konjunktiv Irrealis (II) geäußerte Erfordernis eines Doktors, der Amsdorf wie in Hans Sachs' Fastnachtsspiel *Das*

---

[460] „Auch soll ich dem tapferen Helden die zwei Zeugen nennen. Da ist sein Herz so sehr aufgeregt, wenn er es vor der Zeit nicht zu wissen kriege, würde ihn ein harter Schwindel überkommen, den Kranken, Siechenden, Begierigen. Ach, dass doch ein Doktor vorhanden wäre, der demselben den Gecken schneiden könnte, wo das harte Begehren krank macht."

Narrenschneiden von 1534 den „gecken snyden kônde".⁴⁶¹ Das Verlangen Amsdorfs, dass Hoffman die Zeugen namentlich nennen solle, wird auf diese Weise als Torheit bzw. sogar als Geisteskrankheit charakterisiert und ins Lächerliche gezogen. Da die Redewendung (‚einem den Gecken schneiden') auf ein sichtbares „Gehirnübel der Zuchtkälber" zurückzuführen ist, das durch Schneiden oder Stechen entfernt wurde,⁴⁶² zeichnet sich der Vergleich Amsdorfs mit einem wild oder verrückt gewordenen Kalb zusätzlich ab, so dass die Vorstellung eines orientierungslos umherirrenden, irrsinnigen Amsdorfs durch den Tiervergleich gleichsam pointiert wird.

Wie einerseits anhand der Personenbezeichnungen und andererseits anhand der besprochenen Textstelle beispielhaft gezeigt wurde, kommt ironisches Sprechen in der kleinen Schrift Hoffmans wib wie in vielen streitinszenierenden Schriften der Reformation – in permanentem Wechsel mit Rechtfertigungen,⁴⁶³ Argumenten auf Grundlage der Bibel,⁴⁶⁴

---

⁴⁶¹ Der Geck = Thor, Narr (vgl. „GECK", *DWB* 4, Sp. 1914 und *Schiller-Lübben* 2, S. 26. Zur Redewendung ‚jemandem einen Gecken schneiden' siehe „GECK", *DWB* 4, Sp. 1920: „[5] d) der geck *erscheint auch wie ein zweites, fremdes ich, das uns vorübergehend besitzt, in uns haust koboldartig, uns ansticht, beiszt, treibt u. ähnl.*" „e) *daher einem den gecken schneiden, losschneiden, stechen, bohren, eigentlich ihn durch eine operation davon befreien, dann aber durch eine bekannte handbewegung [...] dieses stechen vorzunehmen miene machen und damit ihn für einen narren erklären, verhöhnen, auch anführen u. ä.*". Als Variante gibt es auch „einem den narren schneiden" (siehe „NARR", *DWB* 13, Sp. 359). In dieser Variante setzt das Fastnachtsspiel *Das Narrenscheiden* (1557) von Hans Sachs eben dieses von Hoffman beschriebene Entfernen des Narren durch den physischen Eingriff eines Arztes für die Bühne um.

⁴⁶² Das Entfernen dieses Übels durch Stechen oder Schneiden war aufgrund des erforderlichen Könnens für diese Behandlung hoch angesehen. Vgl. Hoffman-Krayer, Eduard & Hanns Bächtold-Stäubli (1932/33): *Handwörterbuch des deutschen Aberglaubens*. Bd. 5. Knoblauch–Matthias. Berlin & Leipzig: De Gruyter, Sp. 1806.

⁴⁶³ Hoffman erklärt z. B. seine Bibeltreue: „Wente ick hange an Gade / vnde an Christo Jhesu / vnde holde syne wôrde / De my valsch wil maken / de kan ydt mit der Bibel nicht endigen / denn ick bin mit der Bibel vnde nicht wedder de Bibel". (A3r). „Denn ich hänge an Gott und Jesus Christus und halte seine Worte. Wer mich verleumden will, der kann es mit der Bibel nicht vollenden, denn ich bin auf Seiten der Bibel nicht gegen die Bibel."

⁴⁶⁴ Vgl. dazu: „S. Paulus hefft de wort ock wol gewust / hefft ôuerst allikewol dat wedderspêl geschreuen ij. Tessa. ij. Vnde strafft de gennen / de ock vorkûndigeden / dat de Jûngeste dach vorhanden were / dat me syner alle stunde vorwachen scholde / S. Paulus secht / ydt sy nicht war" (A2v) „St. Paulus hat die Worte auch wohl gewusst, hat aber dennoch das Gegenteil geschrieben (2 Thess 2) und straft diejenigen, die auch verkündigen, dass der Jüngste Tag vorhanden (immer aktuell) wäre, dass man ihn jederzeit erwarten sollte. St. Paulus sagt, es sei nicht wahr."

Aufforderungen zur ‚korrekten' Bibelauslegung und Anprangerung der gegnerischen Vorwürfe als Lügen oder Fehlinterpretation.[465]

Streitintensivierung durch emotionalen Ton, Invektiven und Kampfesmetaphorik

Hoffman nutzt durchgehend eine wechselhafte Mischung von sachlicher und unsachlicher Argumentation, die sich mal *ad rem* und mal *ad personam* richtet. Während Amsdorf in *Ein vormanung* seinen Gegner fast ausschließlich mit rationaler Argumentation zu widerlegen versucht, schlägt Hoffman einen weitaus emotionaleren Ton an. Amsdorf verzichtet fast völlig auf Beschimpfungen, lediglich am Ende seiner Schrift weicht er von diesem sachlichen Konzept ab. Dafür wechselt er interessanterweise die Kommunikationssituation zum direkten Polemisieren, indem er Hoffman in direkter Rede mit „O du schwartzer teuffel" (*EV*, A3v) anspricht. Diese, durch die Interjektion einem spontanen Ausruf gleichende, Beschimpfung bleibt die einzige in *Ein vormanung*, denn selbst die Argumente, die Amsdorf gegen Hoffman (*ad personam*) hervorbringt, werden mit vorgeblich sachlicher Argumentation begründet.[466] Nicht nur am Stil, sondern auch an der Struktur von Amsdorfs Schrift lässt sich die lateinische Disputationskultur ablesen: *Ein vormanung* hat sehr deutlich die Gestaltung der klassischen Rede, unterteilt in *exordium*, *narratio*, *argumentatio* und *peroratio*. Diese streng rhetorische Strukturierung, den sachlichen Stil und rational nüchternen Ton Amsdorfs beantwortet Hoffman mit einer beinahe willkürlich anmutenden Struktur, einer durchgehenden Mischung aus sachlichem sowie unsachlichem Stil und einem emotional aufgeladenen Ton. Hoffman passt sich insofern nicht dem schriftlichen Ausdruck der gelehrten

---

[465] Hoffman wirft Amsdorf z. B. vor, ihn misszuverstehen und damit die Wahrheit verkannt zu haben: „Werestu vth Gade Johan. i. van eme geleret Johan vi. wǒrdest de warheit erkant hebben / vn̄ my vmme der warheit willen nicht geschendet hebben / vnde gequelet mit gefenckniss" (A1v). „Wärst du von/aus Gott (geboren) (Joh 1), hättest du von ihm gelernt (Joh 6), würdest du die Wahrheit erkannt haben und mich wegen der Wahrheit nicht geschändet haben und mit Gefängnis gequält."

[466] Der Behauptung Hoffmans, dass er ein von Gott gesandter Prophet sei, begegnet Amsdorf mit dem Argument, dass er nur vom Teufel gesandt sein könne, da er erstens unberufen sei, zweitens nicht weissagen dürfe, bis er von Gott gesandt sei (denn ein ‚Geist' der Weissagung allein reiche nicht aus, man müsse auch die Autorisierung haben), und drittens weder seine von Gott mitgegebene Botschaft anzeige noch etwas Neues predige oder Amsdorfs Position mit der Schrift widerlege. Aus diesen Argumenten zieht Amsdorf *ex negativo* den Schluss, dass Hoffman nur ein Gesandter des Teufels sein könne (*EV*, A3r–v).

rhetorischen Streitkultur seines Widersachers an, sondern agiert von der Struktur und dem Stil von Amsdorfs *Ein vormanung* verhältnismäßig losgelöst. Die Gestaltung von *Dat Nicolaus Amsdorff* mischt grob die Briefstruktur mit Elementen der *argumentatio* der klassischen Rede. Innerhalb des Briefrahmens gleicht der Text einer Thesenliste, indem Hoffman einzelne Argumente Amsdorfs in scheinbar willkürlicher Reihenfolge wiedergibt und kommentiert und durch Argumente *ad hominem, ad personam* oder *ad rem* widerlegt. Injurien, Schimpf- und Stigmawörter begleiten diese Argumentation von Anfang an und komplettieren die Inszenierung des Streits.

Schimpf- und Stigmawörter sowie andere Arten der Beleidigung kommen sowohl in direkter Anrede als auch in der Form des Sprechens über Amsdorf in der 3. Person vor. Die Verteilung erscheint jedoch nicht willkürlich: In der 3. Person gibt es mehr ironische Bezeichnungen (s. o.) als in der direkten Anrede in der 2. Person. Man kann dementsprechend eine Tendenz erkennen: Je direkter die Kommunikationssituation des Polemisierens, desto eher kommen Beleidigungen ohne die Anwendung von Ironie vor: z. B. „du ellender bloet důuel" (A2v)[467] oder „du lose larue" (A2v).[468] Auch Possessivkonstruktionen kommen zum Einsatz, um Beleidigungen auszusprechen: Hoffman mahnt Amsdorf, dass er mit seinem „losen geist" (A2v) und mit seinem „stanck tho huss" (A2v) bleiben solle, dass er ihn mit seinem „lögen mule" (A3v) in seinen „losen dreck" (A3v) nicht verwickeln könne.

Sämtliche Angriffe Hoffmans scheinen aufeinander abgestimmt: Amsdorf wird hauptsächlich entweder als blind für die Wahrheit bzw.

---

[467] Das Schimpfwort ‚Blutteufel' gehört zu den zahlreichen Komposita mit ‚-teufel', die sich während der Reformation besonderer Beliebtheit erfreuten (z. B. auch Lügenteufel). Der Blut- oder auch der Fleischteufel sind oftmals bildliche Ausdrücke für die ‚fleischlichen' Laster, insbesondere den Sexualtrieb, die ‚Fleischeslust'. Die Bezeichnung als ‚Teufel' kann in Anlehnung an das Neue Testament und den vermutlich daher rührenden Glauben daran, dass bestimmte teuflische Geister in die Menschen fahren und infolgedessen die Lasterhaftigkeit der Menschen verursachen.

[468] Die „Larve" hat mehrere Bedeutungen, in Luthers Texten wird sie meist im Sinne von ‚Gestalt' oder auch ‚Kostüm' verwendet. Grimms Wörterbuch zählt die vier für Beschimpfungen relevante Bedeutungen auf: „1) *gespenst, schreckgestalt* [...], 2) *copie, darstellung einer solchen schreckgestalt um der unterhaltung willen*: larfen machen [...], 3) larve, *in manigfacher bildlicher verwendung; wie maske* [...], 4) larve *auch die form und erscheinung des menschlichen antlitzes* [...]". „LARVE", *DWB* 12, Sp. 207–209. Die ‚Maske' ist der üblichste der vier Bedeutungszweige, von daher ist hier von dieser Bedeutung auszugehen.

ignorant[469] oder – und dies ist weitaus häufiger der Fall – als Lügner bzw. Verleumder der Wahrheit dargestellt.[470] In dem Zusammenhang steht auch die Auswahl der pejorativen Verben und Substantive des semantischen Wortfeldes SPRECHEN: Hoffman spricht von Amsdorfs „losem geswetze" (A3r) und „[s]ynem losen geist [...] de mit fusche vnde blode dar ynheer swermet" (A3v), er behauptet, dass Amsdorfs Reden keinen Bestand haben, denn „nasen laruens" (A1v) gelte nicht,[471] und klagt ihn u. a. an: „Du sceldest my valsch in myner vthlegginge [...]" (A3v). Die Häufung des pejorativen Wortgebrauchs mündet in einer Fülle von negativ charakterisierenden Zuschreibungen, die die Funktion übernehmen, ein innerhalb der Schrift überwiegend einheitliches Feindbild (Amsdorf als Lügner) zu entfalten. Basierend auf diesen Zuschreibungen entwickelt Hoffman schließlich auch die Rechtfertigung für sein Schreiben: „Bystu doch alles scheldens ein anfanck / vnde heffst my tho schryuende gedrungen" (A1v).[472] Hoffman begründet damit nicht nur sein Schreiben, sondern auch den Ton des Schreibens, denn er spricht vom ‚Schelten‘ und dass Amsdorf mit dieser Art des Umgangs miteinander begonnen habe. Er nimmt damit eine mögliche Kritik vorweg, einen unangemessenen Ton in seiner Schrift anzuschlagen, und rechtfertigt seine polemische Schreibart als notwendiges apologetisches Vorgehen, seine polemischen Angriffe rekonstruiert er so lediglich als Abwehr unrechtmäßiger Vorwürfe und als Richtigstellung der Lügen über ihn und seine *Daniel-Auslegung*.

Hoffman macht mit der Rechtfertigung des ‚Scheltens‘ gleichzeitig eine Aussage zur Streitkultur. Er rekurriert auf die impliziten Regeln des Streitens, indem er den Beginn des Streits als regelwidrig bezeichnet. Die Antwort auf einen Angriff wird zu einem legitimierten Akt, da sie vom Verhalten des Anderen forciert ist und somit dem Prinzip von *actio* und *reactio* folgt. Die Bedeutung des von äußeren Umständen

---

[469] „Du heffst ny der Apostel schrifft erkant nach vornamen / de bueck důuel hefft dy de ogen vorblendet" (A2v). „Wenn dyn gudtdůnckent sick dar hen strecken scholde / wo du ydt meinst / scholde de schrifft gantz wilde gegen einander staen" (A3r). Siehe auch Textbeispiel bei Anmerkung 465.

[470] Der Lexemverband LÜGEN taucht beispielsweise insgesamt viermal auf.

[471] „[Das] Nase-Maskieren gilt hier nicht". Hier im Sinne von (vor)täuschen, etwas vorgeben (zu sein), ein falsches Spiel treiben (vgl. dazu die Verbform des bereits erklärten Wortes ‚Larve‘ [siehe Anmerkung 468]: „LARVIEREN, verb. *sich vermummen, maskenscherz treiben*". DWB 12, Sp. 209).

[472] „Du hast doch mit sämtlichem Schelten begonnen und hast mich zum Schreiben gedrungen."

auferlegten Zwangs weiter vorantreibend führt Hoffman unmittelbar darauf folgend aus:

> Heddestu vnde Schuldorp frede geholden / were my leef gewest / vnde hed-
> den my rouwen laten / De ôuerst Rydder werden wil / einen anderen ym
> kampe nedderleggen / de moet sick streyke vormoden / dat he ock yo so
> balde vnder alse bauen ligge. (A1v–2r)[473]

Aus der Kampfesmetaphorik abgeleitet, erklären sich die polemischen „streyke" Hoffmans als unvermeidliche kausale Folge darauf, dass Amsdorf den Frieden mit seiner ersten Schrift gebrochen habe. Die Notwendigkeit einer Verteidigung bzw. eines Gegenangriffes bekommt mittels der metaphorischen Verbindung einen existenziellen Wert, denn im Gegensatz zu einer verbalen Auseinandersetzung beinhaltet der Quellbereich der Metapher ‚Kampf' Verletzungs- oder mitunter Todesgefahr. Hoffman nennt zwar in diesem Textabschnitt nur ein un-definiertes Subjekt („de", „he") und ein ebensolches Objekt („einen anderen"), setzt sich selbst und Amsdorf (samt Schuldorp) aber durch den unmittelbar vorausgehenden Text in die bildhafte Szenerie eines Ritterkampfes und inszeniert den verbal geführten Streit als Gewaltakt und Waffengefecht.

Indem Hoffman sich hier auf die Regeln einer ‚Kampfkultur' beruft, nimmt er auch Bezug auf die Regeln der ‚rhetorischen Streitkultur': Ein polemischer Gegenangriff legitimiert sich nach Hoffman durch den bös-willigen und aus seiner Sicht unbegründeten Angriff. Das Schelten bzw. das Polemisieren wird zum zulässigen Mittel der Verteidigung gegen einen ungerechtfertigten Angriff. Amsdorfs *Ein vormanung* und seine Auffassungen werden dementsprechend auf einer Metaebene als bös-williger Angriff, als unrechtmäßiges Verhalten gedeutet. Hoffman be-zeichnet Amsdorfs Verbreitung von vermeintlichen Unwahrheiten in *Ein vormanung* als böswillige polemische Attacke, die den Streit begründet. Hoffman argumentiert, dass Amsdorf aufgrund seiner Unwissenheit und dem (absichtlichen) Missverstehen der hoffmanschen Auslegung sich Lügen ausdenken muss und zu unlauteren Streittechniken greift: „Darumme sôket Amsdorff lôgen rêck / so eme de Bibel nicht mach

---

[473] „Hätten du und Schuldorp Frieden gehalten, wäre mir [das] lieb gewesen, und hätte[t ihr] mich ruhen lassen. Wer oberster Ritter werden will [und] einen anderen im Kampf niederstrecken, der muss mit (Waffen-)Hieben rechnen, so dass er ebenso schnell verliert wie siegt." „rouwen" wurde hier nach Grimms Wörterbuch mit „ru-hen" (vgl. „RUHEN", *DWB* 14, Sp. 1427) und nicht mit „reuen, betrüben, trauern" (vgl. *Schiller-Lübben* 3, S. 538) übersetzt.

tho hůlpe kamen" (A3r).[474] Der Vorwurf, sich falscher und unerlaubter Streittechniken zu bedienen, stellt selbst eine gebräuchliche Streittechnik dar, die durchweg in den Religionsstreitigkeiten des 16. Jahrhunderts zum Einsatz kommt. Ziel ist es, den Gegner als ernstzunehmende, ehrenvolle Persönlichkeit zu disqualifizieren und sich damit selbst als Sieger der Kontroverse zu qualifizieren, denn „the audience's favor will not be won unless it somehow comes to believe that the game has been played in all fairness by the contendants".[475] Die Demaskierung des Gegenübers als ein betrügerischer, sich unlauterer Mittel bedienender Charakter soll dementsprechend dahin führen, dass die inhaltlichen Argumente dieser Person ihre Wirksamkeit beim Publikum einbüßen.[476] Sowohl in der 2. als auch in der 3. Person wird mittels Verwendung von Wörtern aus dem semantischen Wortfeld LÜGEN[477] ebensolch ein Bild von Amsdorf gezeichnet, das ihn als Erfinder von Unwahrheiten, als Verdreher von Tatsachen bzw. von Hoffmans Auffassungen, als Denunziant und allgemein als Betrüger darstellt. Damit wird Amsdorf regelwidriges (Streit-)Verhalten unterstellt, dem sich Hoffman hilflos ausgeliefert sieht. Hoffmans Text inszeniert das sprechende Ich (in der ersten Person) bzw. den „Pelzer" (in der 3. Person) dementsprechend mehrfach als das Opfer von Amsdorfs Angriffen: „Ey du fyner dreper / wo schoen heffstu en gesineten / Wo wee ys doch dem armen Pelzer gescheen" (A1v).[478] Als Gebeutelter versucht Hoffman die Sympathien auf seine Seite zu ziehen und seinen eigenen groben Angriff zu verharmlosen.

---

[474] „Darum erfindet Amsdorf reichlich Lügen, sobald ihm die Bibel nicht zu Hilfe kommen kann."
[475] Dascal (1989), S. 157.
[476] Vgl. dazu Paintners Feststellungen für die antijesuitische Publizistik in der zweiten Hälfte des 16. Jahrhunderts: „Protestantische Theologen setzen sich nicht nur inhaltlich mit den theologischen Thesen der Jesuiten auseinander, sondern kritisieren auf einer übergeordneten Ebene auch ihre Argumentationstechnik. Sachliche und logisch einwandfreie Argumentation und korrektes Zitieren werden vom Gegner gefordert; man geht davon aus, dass der jeweilige Kontrahent als Theologe eine akademische Ausbildung besitzt, und erwartet dementsprechend, dass er sich an die akademischen Gepflogenheiten hält. [...] Auf dieser Metaebene verlässt die Diskussion den Bereich der sachlichen Argumentation und wird persönlich, indem dem Gegner die Qualifikation zur Teilnahme an einer akademischen Auseinandersetzung schlichtweg abgesprochen wird." Paintner (2010), S. 143.
[477] Dazu zählen z. B.: „nase maken", „nasen laruens", „valsch maken", „lögner", „lögen mule" und „lögenmuel", „gudtdůnckent", „scheldens", „fusche", „swermet", „lose larue" etc.
[478] „Ey, du feiner Schütze, wie herrlich hast du ihn im Visier gehabt; wie ist doch dem armen Pelzer Schaden zugefügt worden."

Erstaunlicherweise wirft Hoffman im Titel seiner polemischen Schrift Amsdorf „synen gruweliken anlop" vor, um diesen Angriff dann in Bezug auf den Ton sowie die Nutzung polemischer Mittel zu übertreffen. Die ‚Verteidigung' Hoffmans besteht – im Gegensatz zu Amsdorfs „anlop" durch *Ein vormanung* – nicht nur aus sachlicher Widerlegung der Argumente, sondern zum Großteil aus polemischen (Gegen-)Angriffen, die die Imagezerstörung und Denunzierung Amsdorfs anstreben. Merkwürdig erscheint in diesem Zusammenhang auch der Nachsatz ans Publikum, sich wegen des Streits der Gelehrten nicht zu ärgern, da der Streit zwischen ihnen das klarere Gotteswort auf die Erde bringt (A4r). Diese positive Konnotation des Streits transportiert Hoffman an keiner anderen Stelle seiner Schrift, schon gar nicht in Bezug auf seinen Widersacher, dessen Streitbarkeit gänzlich negativ dargestellt wird. Die positive Illustration, die Hoffman in seiner *petitio* ans Publikum vornimmt, steht einerseits in Bezug zu Hoffmans Rechtfertigung der polemischen Ausformung seines Schreibens, und ist andererseits Reaktion auf *Ein vormanung*, in der Amsdorf seiner Leserschaft rät, Hoffman aufgrund seiner Unberufenheit bzw. seines Laienstatus' zu ignorieren (*EV*, A3r–v). Hoffman entgegnet diesem Argument, indem er seine

> [...] bede an de geleueden Gades hylgen [anbringt] / dat se nênen Lerer vorachten vmme solckes schriuens willen / De en men Christum predigen / dar sehen se vp / Dat ander wert sick all sûluest finden vnde begeuen mit der tydt / dat de dûuel vnde dat kaff / vnde de valsche buecknecht wert geapenbart werden. (A4r)[479]

---

[479] „[...] Bitte an die gläubigen Gottesheiligen [anbringt], dass sie wegen eines solchen Schreibens keinen Lehrer/Gelehrten verachten. Die ihnen aber Christus predigen, denen sollen sie ihre Aufmerksamkeit schenken. Das andere wird sich alles selbst finden und es sich mit der Zeit ergeben, dass die Teufel und die Spreu und die falschen Bauchknechte offenbar werden." Das Stigmawort ‚Bauchknecht' ist in Anlehnung an Röm 16, 18 („Denn solche dienen nicht dem HERRN Jesus Christus, sondern ihrem Bauche; und durch süße Worte und prächtige Reden verführen sie unschuldige Herzen.") sowohl auf lutherischer, katholischer als auch auf radikalreformatorischer Seite benutzt worden und impliziert, dass die so bezeichneten Prediger auf ihren eigenen Vorteil mehr bedacht sind als auf das Gotteswort. Vgl. die Bildungen mit Bauch (Bauchdiener, -knecht, -prediger, -pfaff, -lehrer, -prophet usw.) in Lepp, Friedrich (1908): *Schlagwörter des Reformationszeitalters*. Leipzig: Verlag von M. Heinsius Nachfolger, S. 131–134. Hoffman erweitert die Verwendung des Begriffs und greift mit dem Stigmawort generell das Empfangen von Pfründen als dem eigenen ‚Bauch dienend' an. Als Laienprediger verlangte er selbst keine Bezahlung, sondern predigte aus rein religiösem Interesse. Diese idealistische Einstellung betont er in seinen Texten, indem er den berufenen Theologen materialistische Ziele unterstellt und sie als ‚Bauchdiener' verurteilt.

Er überlässt damit Gott und dem natürlichen Lauf der Zeit die Selektion der Lehrer, indem er das Vertrauen vermitteln will, dass das Böse entlarvt und das Gute siegen wird. Er wehrt damit indirekt Amsdorfs Rat an die Gemeinde in Magdeburg ab, bestimmte Lehrer zu ignorieren. Das Thema der Berufung umgeht er damit geschickt, ohne es zur Sprache und damit in den Fokus des Publikums zu bringen. Das Publikum solle lieber auf diejenigen achten, die Christus predigen. Dass Hoffman sich in dieser Gruppe verortet, wird im Verlauf des Textes deutlich, denn wiederholt bekundet er sein Selbstbewusstsein, auf der Seite des Siegers, also auf der Seite der Wahrheit zu stehen. Er mahnt Amsdorf:

> Wultu my straffen / vnde valsch maken / so mostu andere schrifft vŏren / denn du noch vŏrest / Du most der Bibel anders vnder de ogen sehen / De gantze Bibel schal dy vth Gades krafft nicht hůlplick syn / dat du my Peltzer auerwinnen schalt[.] (A3r)[480]

Dieses paradoxe Argument gleicht einer doppelten Verneinung: Amsdorf müsste eine andere Auslegung der Bibel liefern, um ihn zu widerlegen, was allerdings prinzipiell nicht möglich wäre, da die ganze Bibel ihm dazu keine Möglichkeit gäbe. Amsdorf ist demnach schon gescheitert und kann auch bei jedem neuen Versuch nur scheitern, denn Hoffman beansprucht, das Gesamtwerk der Bibel und damit das göttliche Wort auf seiner Seite zu haben. Hier zeigt sich ein weiteres Mal das theologische Selbstbewusstsein Hoffmans, das durch sein Handwerkerdasein und seinen Status als Laienprediger eher gestärkt als geschwächt wird.

Zusammenfassend zeigt sich in Hoffmans erster Schrift gegen Nicolaus von Amsdorf, dass das direkte Polemisieren als inszenatorisches Moment eingesetzt wird. Insbesondere die Verwendung der direkten Anrede bewirkt eine Verschärfung des Streits vor dem Publikum. Während das passagenweise Sprechen über Amsdorf in der 3. Person, also indirektes Polemisieren, zur Objektivierung von Argumenten beiträgt und eine Distanzierung Hoffmans von dem Geschriebenen ermöglicht, kreiert der Einsatz von direkter Anrede, Beschimpfungen und Imperativen wiederholt Szenen des mündlichen oder tätlichen Zweikampfes und bringt so den sich im Anfangsstadium befindenden Streit zwischen Hoffman und Amsdorf zur Aufführung. Indem Hoffman Amsdorfs abweisendes

---

[480] „Willst du mich strafen und mich als falsch darstellen, so musst du andere Argumente bringen, als du jetzt führst. Du musst der Bibel anders ins Gesicht schauen (sie anders lesen). Die ganze Bibel wird dir aus Gottes Kraft nicht hilfreich sein, dass du mich Pelzer überwinden wirst."

Verhalten beim Zusammentreffen in Magdeburg und dessen darauf folgende Schrift *Ein vormanung* als bösartigen Angriff stilisiert, legitimiert
er seine polemische Schrift als Apologie, die allerdings den Streit erst
performativ entfaltet und somit weniger Replik als Initiationsschrift
ist. Während Amsdorf sich in *Ein vormanung* darauf beschränkt, nüchtern und sachlich zu argumentieren und ein Streit zwischen den beiden
Widersachern weder berichtet noch präsentiert wird, lässt Hoffman keinen Zweifel mehr an dem Vorhandensein eines Streits und setzt diesen vor
seinem Publikum in Szene. Ironisches Sprechen und direktes Polemisieren
dienen dabei als emotionalisierende und dramatisierende Mittel, die den
Streit an sich und den Antagonismus zwischen Lüge und Wahrheit, falscher und rechter Lehre vor einem Publikum entstehen lassen. Der Text
Hoffmans lässt mittels seiner performativen Funktion schließlich den
Streit erst heranreifen und sich manifestieren. Die Ausweitung des Streits
zu einer Kontroverse durch drei weitere Schriften bestätigt dies.

Amsdorfs Reaktion auf Hoffmans *Dat Nicolaus Amsdorff*

Amsdorfs Erwiderung ließ nicht lange auf sich warten und folgte noch
in der ersten Hälfte des Jahres 1528 mit einer etwas längeren Schrift im
Vergleich zu seinem ersten Warnschreiben *Ein vormanung*. Dieses Mal
richtete er sich mit seinem Schreiben nicht mehr an die Magdeburger,
sondern an die „heiligen vnnd gleubigen an Christum Jhesum zum
Kiel vnd ym gantzen Holstein" (*FP*, A2r).[481] Die Distribution der in
Magdeburg gedruckten Schrift im Kieler Stadtgebiet übernahm laut
Hoffman Marquard Schuldorp.[482] Der Kontakt zu ihm war vermut-
lich auch der Grund für die Umorientierung Amsdorfs in Bezug auf die
Adressierung der Leserschaft. Es lässt sich vermuten, dass Hoffmans
Schrift nicht ohne Nachhall in Kiel geblieben ist, und Amsdorf von
Schuldorp über die Schrift und ihre Wirkung informiert wurde, so dass
er trotz Unkenntnis des Niederdeutschen über die Inhalte von *Dat
Nicolaus Amsdorff* Bescheid wusste. Seine Antwort mit dem Titel *Das
Melchior Hoffman ein falscher Prophet, und sein leer vom jüngsten
Tag unrecht, falsch und wider Gott ist*[483] bezeugt dies, denn Amsdorf

---

[481] Die Initialen *FP* stehen für Amsdorfs Schrift *Falscher Prophet*.

[482] In der darauffolgenden Schrift *Nasen geist* gibt Hoffman dazu folgende Information:
„Das du Schuldorff [...] mit des Amsdorffs buchlein mir das volck wolst abfellig
machen / vnd du die selben allenhalben sendest / vnnd verkeuffest / kan ich wolle-
iden [...]" (C3v–C4r).

[483] Amsdorf, Nikolaus von (1528): *Das Melchior Hoffman ein falscher Prophet / und
sein leer vom jüngsten Tag unrecht / falsch und wider Gott ist.* [Magdeburg: Hans

nimmt, wenn auch nicht im Detail, Bezug auf *Dat Nicolaus Amsdorff,*
indem er zusammenfasst, was Hoffman in dem „bûchlein widder [ihn]"
(*FP*, A2r) geschrieben hat:

> Zum ersten / vertediget er seine leer vom Jûngsten tag / das er vber sieben
> iar komen sol / Zum andern / schilt er mich vbel / vrteilt vnd richt mein
> leben / das yhm doch vnbekant ist / nicht mein leer vnd predigt / die er doch
> wol gehôrt vnd gelesen hat. (*FP*, A2r)

Anhand dieser kurzen Zusammenfassung ist abzulesen, dass die vorherige Schrift Hoffmans von Amsdorf als polemischer Angriff *ad personam* aufgefasst wurde. Amsdorfs Reaktion ist hingegen sachlich,
sie ist von dem emotionalen Stil Hoffmans scheinbar nicht beeinflusst
und steht im Kontrast zu Hoffmans Schreiben. Vermutlich aus zwei
Gründen zügelt Amsdorf sein Schreiben. Er scheint sich zum einen
an den Gepflogenheiten der akademischen Disputationskultur zu ori-
entieren, um sich als Angehöriger der Gelehrtenkultur, der Hoffman
im Gegenzug nicht zugerechnet wird, in Szene zu setzen.[484] Zum anderen ist die Vermutung naheliegend, dass Amsdorf in seiner Position
als Superintendent mit dem Auftrag, die Reformation in Magdeburg
einzuführen, „Rücksichten auf kirchliche und städtische Obrigkeiten
zu nehmen hatte – und sich folglich nicht ganz ungehemmt ausdrücken konnte [...]".[485] Außerdem kann angenommen werden, dass er
sich nicht so sehr an Hoffmans Schreiben orientiert hat, da er sich dieses aufgrund des Niederdeutschen nicht im Detail erschließen konnte.

Auf seinen elf Textseiten nimmt Amsdorf hauptsächlich auf zwei
Punkte in Hoffmans vorausgehender Schrift Bezug: zum einen auf die
Verteidigung der Lehre vom baldigst eintretenden Jüngsten Tag, zum
anderen auf die Angriffe Hoffmans auf seine Person. Mit Bibelzitaten
und logischen Schlüssen arbeitet Amsdorf strukturiert die zentralen inhaltlichen Punkte ab und bleibt dabei seiner Strukturierung aus *Ein*

Bart]. Kurztitel: *Falscher Prophet.* Die Quellenangaben bei Zitaten werden mit den
Initialen *FP* und der Folienangabe der Übersichtlichkeit halber in Klammern ge-
stellt. Insgesamt umfasst sie 14 Seiten, wovon 11 Seiten Text sind. Paginierung:
Titelblatt A1r–A4v, B1r–B3r.

[484] Ob Amsdorfs Schrift bewusst als Schrift der Gelehrtentradition wahrgenommen wurde, kann für den einzelnen Rezeptionsfall nicht nachvollzogen werden. Es ist anzunehmen, dass ein geübter Leser (oder regelmäßiger Zuhörer)
von Reformationsschriften Amsdorfs Stil, insbesondere auch hinsichtlich der
Unterschiede zu Hoffmans Schrift (z. B. bezüglich des Tons, des Sachlichkeitsgrades),
zumindest unbewusst als gelehrten Stil interpretieren konnte.

[485] Ilgner (2008), S. 263.

vormanung treu: Zuerst widmet er sich Hoffmans Lehre (*argumentum ad rem*) und widerlegt sie in drei Punkten (A2r–A4v), in dem zweiten, einer Tadelrede (*vituperatio*) ähnelnden, Teil degradiert er seinen Gegner, indem er „diesen teuffel ynn Melchior Hoffman also abmal[t] / das [die Kieler Gläubigen] greiffen sol[len] / das er nicht von Gott ist" (*FP*, B1r). Er erklärt dem Kieler Publikum Hoffmans Charakter als lügnerisch und unchristlich, Hoffmans Handeln sei das eines ‚falschen Propheten'.[486] Der Idee der Tadelrede entsprechend konzentriert sich Amsdorf in diesem Abschnitt darauf, „die sprachliche Vorführung negativer Eigenschaften primär einer Person bzw. ihrer Handlungen"[487] vorzunehmen und so das Publikum davon zu überzeugen, dass Hoffman nur vom Teufel gesandt sein könne, man ihm deshalb keinen Glauben schenken dürfe sowie seine Lehren missachten müsse. Amsdorf hält sich auch dabei weiterhin meistenteils an die Techniken der Widerlegung, die auf logischen Schlüssen basiert, was sich u. a. durch Schlüsselphrasen wie „Daraus schliessen wir aber eins vnwiddersprechlich" (*FP*, B2r) äußert. Lediglich einige ironische Kommentare und rhetorische Fragen ragen aus dem sonst überwiegend sachlichen Schreibstil heraus: Mit beißender Ironie nennt er Christus und die Heilige Schrift einfältig im Vergleich zu dem hochverständigen Melchior Hoffman[488] und lässt Gott zu einem Narren werden, der sich von eben diesem klugen Melchior Hoffman

---

[486] Das Stigmawort ‚falscher Prophet' wurde sowohl auf protestantischer Seite für die Bezeichnung der radikalen Reformatoren, als auch von den Radikalen selbst für sowohl altgläubige als auch protestantische ‚Irrlehrer' eingesetzt: „Im NT spielen sich fälschlich für Propheten ausgebende, also nicht über die Gabe rechter Prophetie aus dem wahren Bekenntnis zu Christus verfügende Prediger eine gefährliche Rolle [...]. Der falsche Prophet handelt nicht mehr aus ungestümer Schwärmerei, sondern aus Berechnung [...]. Bei den Schlagwörtern *neue Propheten*, *himmlische Propheten*, und *falsche Propheten* handelt es sich um eine Gruppe von Begriffen, die, von Luther geprägt und verbreitet, sich im Laufe der Auseinandersetzung in ihrer negativen Semantik verstärken und durch eine immer größere pejorative Affektivität gekennzeichnet sind. [...] *Falsche Propheten* bleiben letztlich alle, die gegen die jeweils absolut gesetzte Wahrheit polemisieren." Diekmannshenke (1994), S. 363–235. Vgl. dazu auch Jörgensen, Bent (2014): Konfessionelle Selbst- und Fremdbezeichnungen: Zur Terminologie der Religionsparteien im 16. Jahrhundert. Berlin: Akademie Verlag, S. 99 & 125.

[487] Bremer (2009b), *HWRh* 9, Sp. 419.

[488] Bey diesem einfeltigen verstandt / welchen ewer Melchior ein vnuerstandt nômet / den vns der einfeltige / vnuerstendige Christus ynn der einfeltigen schrifft gegeben hat / wôllen wir bleiben / vnd Melchior Hoffman mit seinem hohen verstandt / den yhm der hochuerstendige listige Satan eingegeben hat / faren lassen [...]" (*FP*, B1r).

Vorschriften machen lässt.[489] Während solche ironischen Passagen häufiger vorkommen, wendet Amsdorf unmittelbare Beschimpfungen nur sehr vereinzelt an. Die wiederholten Beschimpfungen Hoffmans stehen diesem gemäßigten Tonfall Amsdorfs diametral gegenüber. Nur zusammenfassend thematisiert Amsdorf die Vielzahl der Beschimpfungen Hoffmans, ohne konkret auf einzelne der Anfeindungen zu antworten. Amsdorf inszeniert auf diese Weise seine Selbstbeherrschung, denn um seine Überlegenheit als Gelehrter zu demonstrieren, ignoriert er die Diffamierungen bewusst:

> Nu wolan / die weil Melchior Hoffmans geist so frech vnd freuel ist / [...] so las ichs gehen vnd befiel es Gott / vnd denen die teglich mit mir vmbgehen / vnd lasse widderumb yderman richten / ob das die art des heiligen geists sey / das er seinen nechsten so leichtlich vmb eines stoltzen worts willen fur der gantzen welt schendt / lestert vnd dem teuffel gibt / Ein Christ hilfft seines nechsten sunde decken / aber Melchior lesset sich nicht daran genůgen / das er die sunde auff deckt / offenbart / vnd seinen nechsten zu schanden macht / sondern schendt vnd lestert auch yhn mit offentlichen erdichten lůgen / wenn das Gots geist thut / so weis ich nicht was der teufel thut. (*FP*, B2v)

Dem Anschein nach legt er die richterliche Urteilskraft in Gottes Hände sowie in die des Publikums, das durch den Zuspruch der Urteilsfähigkeit aufgewertet und umschmeichelt wird. Er stellt sich auf diese Weise als zurückhaltend dar (Bescheidenheitstopos), was einen Urteilsspruch betrifft. Er setzt sich selbst als jemand in Szene, der den Gerechtigkeitssinn nicht für sich beansprucht, sondern den Urteilsspruch in die Hände anderer legt, während er sich gleichzeitig von Hoffmans emotionalem Stil distanziert und damit ein klares Urteil der Missbilligung spricht. Hoffman wird zu einem unchristlichen Zeitgenossen deklariert, der seinen Nächsten lästert, anstatt dessen Sünde zu decken, Amsdorf selbst wird zum reuigen Sünder und Opfer böser Lästerei stilisiert.[490]

---

[489] „Denn Gott ist ein narr worden / er weis nicht stund vnd zeit / wenn er einem volck prediger senden sol / Darumb muste Melchior Hoffman / als ein kluger / vnserm Gott stund vnd zeit setzen / wenn yn Liffland solt geprediget werden" (*FP*, B1v–B2r).

[490] Es ist nicht ganz klar, worauf Amsdorf hier Bezug nimmt. Denkbar wäre, dass Amsdorf auf die Trauung Marquard Schuldorps mit der Tochter seiner Schwester (vor Beendigung des Jahres 1525), die er selbst vollzog, Bezug nimmt. Die Heirat der beiden wurde aufgrund des nahen Verwandtschaftsgrades selbst bei Reformationsanhängern mit Argwohn betrachtet und verursachte starke Gegenreaktionen (auch Hoffman verurteilte diese Eheschließung). Luther hingegen

Abschließend dementiert Amsdorf noch zwei Aussagen, die Hoffman angeblich über ihn verbreitet habe: Er habe weder mit Hoffmans Verhaftung zu tun, noch habe er in seiner Flugschrift geschrieben, dass Hoffman in Magdeburg hätte predigen wollen. Die darauf folgenden Schlussworte wirken abschätzig und abwinkend: Hoffman sei ein „vnnützer schwetzer / der viel wort kan machen da nichts hinder ist" (*FP*, B3r), und darum kümmere sich Amsdorf nicht um die restlichen Dinge, die gesagt wurden, und gebe es in Gottes Hand. Diese beinahe gleichgültig und nüchtern anmutende Einstellung gegenüber Hoffmans Schreiben am Ende wird in der gesamten Schrift immer wieder passagenweise geschaffen. Gekrönt wird diese betonte emotionale Distanz durch das In-Szene-Setzen der Geringschätzung durch gezielt eingesetztes Schweigen über das, „[w]as sonst mehr fur vnnütz geschwetz ynn seinem [Hoffmans] büchlein ist" (*FP*, B3r).[491] Amsdorf wiederholt mit dieser Aussage die Verachtung, die er Hoffman auch schon beim persönlichen Zusammentreffen 1527 in Magdeburg entgegenbrachte.

---

hatte die Ehe gebilligt. Die allseitigen Proteste führten in kürzester Zeit so weit, dass 1526 eine auf Niederdeutsch gedruckte Rechtfertigungsschrift zu dem Thema veröffentlicht wurde, in der je ein Teil von Amsdorf, Luther (Brief vom 05.01.1526) und Schuldorp verfasst ist: *Grundt vnd orsake worup Marquardus Schuldorp hefft syner suster dochter thor ehe genamen / boweret dorch Ern Nicolaū Amßtorp Licentiaten / vñ Ern Martinum Luther Doctor yn der hylligen schrifft. Anno 1526.* [o. O.: o. Dr.]. Amsdorfs Teil hat die Überschrift *Eyn apenbar bokantnisse Ern Nicolaus Amstorp / Liceciaten yn der hylligen schrifft / dat he christlich vnd gotlich Marquardus Schuldorp vñ des suluygē susterdochter hefft tho samen vortruwet.* Luthers Brief an zweiter Stelle ist folgendermaßen betitelt: *Dem Erbarn fursichtigen Marquardo Schuldorp vam kile / wunst e ick Martinus Luther gnad vnd frede yn Christo.* Schuldorps eigener Teil der Schrift ist nicht betitelt, sondern wird lediglich durch den wesentlich größeren Anfangsbuchstaben eingeleitet. Amsdorf war infolge der Trauung kritisiert worden (u. a. von den Dompredigern). Daher ist es denkbar, dass Amsdorf mit der begangenen Sünde die Durchführung der Trauung meint. Es ist ebenfalls möglich, dass Amsdorf generell auf seine Zeit als altgläubiger Theologe rekurriert und diese Zeit als seine Sünde erachtet. Auch in Hoffmans vorausgehender Schrift *Dat Nicolaus Amsdorff* werden die genauen Umstände nicht erklärt.

[491] Amsdorf bedient sich mit der Inszenierung des Schweigens einer Streittechnik aus dem Bereich des mündlichen Gesprächs. In schriftlicher Form kann ein demonstratives Schweigen nicht real stattfinden, sondern nur als ein solches in Szene gesetzt werden, und zwar erst durch die Form des Schreibens – also des Nicht-Schweigens. Vgl. dazu Paintner: „Diese Möglichkeit [seinen Protest durch Verweigerung zu äußern] ist in der Publizistik nicht gegeben, wollte er die Anschuldigungen durch demonstratives Schweigen entkräften, so müsste er auch dies paradoxerweise durch eine Publikation kundtun." Paintner (2010), S. 146.

3.2.2 Imagekonstruktion und die Integration inter- und kontextueller Bezüge durch offenes Polemisieren in *Das Niclas Amsdorff [...] ein lugenhafftiger falscher nasen geist sey*

Hoffman setzte den Schlagabtausch fort, indem er nur kurze Zeit später (ebenfalls 1528) seine bis zu dem Zeitpunkt polemischste Schrift und insofern sein bereits in *Dat Nicolaus Amsdorff* angedrohtes „Valete" (*DNA*, A 3 v) mit dem Titel: *Das Niclas Amsdorff der Magdeburger Pastor ein lugenhafftiger falscher nasen geist sey / offentlich bewiesen durch Melchior Hoffman / Kőniglicher wirdē gesetzter prediger zum Kyll / ym landt zu Holstein*[492] verfasste. Der genaue Zeitpunkt des Drucks, der erneut mit Hoffmans eigener Druckerpresse erfolgte, ist ebenfalls nicht bekannt. Es wird geschätzt, dass er in der Mitte des Jahres 1528 publiziert worden ist.[493] Diese polemische Schrift Hoffmans ist seine zweite im Zusammenhang des Streits mit Amsdorf und damit die vierte in der Chronologie des Schriftwechsels. Im Vergleich zu Hoffmans erster Schrift nimmt sie aber eine weitaus prominentere Stellung ein, da sie sich ausführlicher und schärfer dem *polemischen Thema* und der Denunzierung des *polemischen Objekts* widmet. Zudem fasst Hoffman in seiner Schrift (fortan *Nasen geist*) seine Lehre von der Apokalypse kurz zusammen. Er verteidigt sie damit, dass er sich in die Reihe biblischer Propheten stellt, die ebenfalls nur vage Prophetien ausgesprochen haben und begegnet somit Amsdorfs Argument, dass seine Weissagung vom Jüngsten Tag aufgrund der Ungenauigkeit nicht wahr sei. Er begründet seine figürliche Auslegung der Bibel, die er dem pejorativ umgedeuteten „einfeltigen sinn" (A4v), der wörtlichen Auslegung Luthers, entgegenstellt. Im Gegensatz zu seiner ersten Schrift nimmt Hoffman hier Amsdorfs Argument der Berufung als Kriterium für rechte Lehre auf[494] und wendet es gegen Amsdorf, indem er diesem vorwirft, nur die Berufung anstatt die wahre Liebe zu Gott zu sehen. Den Laienstatus hebt Hoffman als besonders positiv hervor, während Amsdorf konträr

---

[492] Unter dem Titel befindet sich derselbe Holzschnitt, der bereits das Titelblatt der ersten Schrift, *Dat Nicolaus Amsdorff*, ziert: Er bildet den Weltenrichter auf dem Hintergrund der fünfblättrigen Lutherrose ab. Darunter sind noch Psalm 61 und die Jahresangabe abgedruckt: *Du bist mein zuuersicht / ein starcker thurn vor meinen feinden / Psalm. 61. M. D XXviij.* Quellenangaben für diese Schrift werden aufgrund der zentralen Stellung in diesem Kapitel in Klammern ohne Initialen (sonst mit den Initialen *NG*) nachgestellt.

[493] Vgl. Deppermann (1979), S. 105.

[494] Amsdorf hatte die Forderung nach kirchlicher Berufung schon in *Ein vormanung* gegen Hoffman verwendet, der dieses Argument jedoch zu ignorieren schien und in *Dat Nicolaus Amsdorff* nicht thematisierte.

dazu als ein ‚Papist‘ dargestellt und verhöhnt wird. Neben verschiedenen Argumentationsstrategien gibt es eine beträchtliche Menge an Beschimpfungen und polemischen Wendungen, so dass mit Ausnahme der ersten Textseite durchgängig Schimpfnamen und grobianische Ausdrücke den Ton der Schrift ausmachen.

Die Schrift *Nasen geist*[495] zählt insgesamt 18 Seiten Text.[496] Im Unterschied zur ersten Schrift gegen Amsdorf ist diese zweite nicht nur wesentlich länger, sondern auch auf Hochdeutsch verfasst. Hoffman kann damit bezweckt haben, den Wirkungskreis seiner Schrift zu vergrößern und auf den hochdeutschen Sprachraum auszuweiten. Eventuell sollte damit insbesondere das Zentrum der lutherischen Reformation, Wittenberg, deutlicher angesprochen werden, denn Hoffman sah sich selbst noch als Anhänger Luthers[497] und hoffte wohl trotz des misslungenen zweiten Besuchs in Wittenberg (1527) auf dessen Unterstützung. Ob Hoffman auch oder gar vorrangig intendierte, seinem Gegner

---

[495] Die bei dieser Arbeit verwendete Ausgabe ist eine Nachbildung: „Auf Grund des Kopenhagener Exemplars ist die vorliegende Nachbildung gemacht worden und zwar nach Schwarz-Weiß-Photographien, nach denen die Firma Meisenbach, Rissarth & Co. die Druckstöcke hergestellt hat.“ Ficker, Gerhard (1926): „Anmerkungen“. In: Ders. (Hg.): *Schriften des Vereins für Schleswig-Holsteinische Kirchengeschichte*. 4. Sonderheft, Preetz: J. M. Hansen, S. II.

[496] Insgesamt umfasst die Schrift 20 Seiten. In der Nachbildung ist die Anordnung der Seiten dem Original entsprechend falsch. Da nach dem Titelblatt fälschlicherweise eine leere Seite eingefügt wurde, sind sämtliche Seiten um eine Position verschoben, so dass die Verso-Seiten jeweils auf der rechten Seite abgedruckt wurden. Im Folgenden sind die originalen Seitenangaben AII, AIII usw. jeweils auf der linken Seite abgedruckt, obwohl sie die Recto-Seite anzeigen. Bei sämtlichen Seitenangaben in dieser Arbeit wird dieser Anordnungsfehler ignoriert und die Seiten nach dem üblichen System benannt: Seiten mit einer Paginierung werden als ‚recto‘ bzw. ‚r‘ bezeichnet, die jeweils darauffolgende Seite gilt als das respektive ‚verso‘ bzw. ‚v‘. Für die Schrift ergibt sich so folgende Paginierung: Titelblatt A1r–A4v, B1r–B2v, C1r–C4v (C4v leer). Dieselbe Paginierung wendet auch Deppermann in seiner Monographie zu Hoffman an. Vgl. Deppermann (1979), besonders S. 83–109. Richard G. Bailey erklärt die falsche Folienzählung als einen Fehler seitens Hoffman: „His mistake of reversing the signatures in *Das Niclas Amsdorff* (the verso of folio A1 should have been the recto of folio A2) suggests that he was self-taught, worked without professional help, and drew from well of knowledge of the art accumulated from past contacts with printers in Livonia, Sweden, and Lübeck. It was probably a ‚one man press,‘ which makes his work schedule for 1528/29 even more impressive.“ Bailey (1990), S. 187.

[497] Dass er auch bei dieser zweiten Schrift denselben Holzschnitt auf dem Titelblatt verwendet, welcher die Lutherrose im Hintergrund des Weltenrichters deutlich erkennen lässt, ist ein Indiz dafür, dass Hoffman die sich abzeichnenden Abweichungen seiner Lehre von der Wittenberger Reform noch nicht als Grund für eine Abgrenzung von dieser erachtete.

Amsdorf die Rezeption zu erleichtern, um mit diesem in den direkten Dialog zu treten, ist unsicher bzw. eher unwahrscheinlich, da Hoffman diesen Zweck bei seiner ersten Schrift gegen Amsdorf nicht offenkundig verfolgte.

Die Struktur dieser zweiten Schrift betont – wie auch die Struktur von *Dat Nicolaus Amsdorff* – zudem die Ausrichtung auf die *polemische Instanz*. Die erste Seite und die Schlusszeilen auf der letzten Seite bilden einen Rahmen, in denen die *polemische Instanz* in Form einer nicht definierten Leserschaft angesprochen wird. Dieser Rahmen weist abermals Elemente der Briefstruktur auf (*salutatio* und *captatio benevolentiae* auf der Anfangsseite; *petitio* und *peroratio* im letzten Abschnitt) und ist der Funktion zur unmittelbaren Kontaktaufnahme[498] entsprechend gespickt mit Strategien zur Meinungsbildung beim Publikum. In seiner kurzen *salutatio* verwendet Hoffman eine allgemein übliche Anrede an den gläubigen Leser, die man ähnlicher Natur häufig in Flugschriften der Reformation antrifft:

> Gnad und der ewig fried – und das ewig heyl / sey allen gleubigen von Gott vnserm vater durch Christum Jhesum vnsern Heylandt / der vns geliebet hat / vnd gewasschen van den sunden mit seinem blut / vnd hat vns zu königen vnd Priestern gemacht / fur Gott vnd seinem vater / Dem selbigen sey preys vnd reich /von ewigkeit zu ewigkeit / A M E N. (A1v)

Hoffman spricht hier nicht nur einfach einen Gruß an die Gläubigen aus, sondern legitimiert sein Predigerdasein, indem er für seine eigenen Begrüßungsworte den Gruß Johannes' in der *Offenbarung* (Offb 1, 5–6) zitiert. Darüber hinaus drängt sich auch der intertextuelle Bezug auf Luthers Schrift *An den christlichen Adel deutscher Nation* förmlich auf, denn dort wird u. a. eben diese Stelle aus der *Offenbarung* zitiert.[499] Sie liefert die Legitimation für laikale Predigertätigkeiten mit dem ‚Priestertum aller Gläubigen'.

---

[498] Vgl. Haug (1985), S. 9.

[499] „Demnach so werden wir durch die Taufe allesamt zu Priestern geweiht, wie Sanct Peter 1 Petr. 2 sagt: ‚Ihr seid ein königlich Priestertum und ein priesterlich Königreich'; und die Offenbarung: ‚Du hast uns gemacht durch Dein Blut zu Priestern und Königen.' Denn wo nicht eine höhere Weihe in uns wäre, denn der Papst oder Bischof giebt, so würde nimmermehr durch Papsts oder Bischofs Weihe ein Priester gemacht, könnte auch weder Messe halten noch predigen noch absolvieren." Luther, Martin (1524): *An den christlichen Adel deutscher Nation von des christlichen Standes Besserung*. Hg. von Karl Benrath (= *Schriften des Vereins für Reformationsgeschichte* 4, 1884). Halle: Niemeyer, S. 7.

Insbesondere nach dem Bauernkrieg musste Hoffman als nicht aus-gebildeter Theologe seine Predigten und schriftlichen Auslegungen ge-sondert rechtfertigen,[500] was auch in dieser Schrift auf vielerlei Weise zu erkennen ist. Schon im Titel bezeichnet er sich selbst als *„königlicher wirden gesetzter prediger zum Kyll / ym landt zu Holstein"*[501] und weckt damit die Assoziation, er sei womöglich ein Hofprediger des Königs. Hoffman bezieht sich hier auf ein Schreiben des Königs Friedrich I., in dem ihm unter dem Schutzmantel des Königs das Predigen in ganz Schleswig-Holstein erlaubt wurde. Durch das Nennen des Königs im Titel verschafft sich Hoffman den Eindruck des Beistands dieser promi-nenten Autorität und suggeriert die Berufung zum Predigeramt durch die Obrigkeit. Später im Text rekurriert er sogar erneut darauf und in-szeniert sich in dieser Rolle, um Amsdorf zu widerlegen, denn letzterer hatte die Kieler aufgerufen, sie sollten ihrem „Melchior ynn seiner leer keinen glauben geben / sondern yhn fur einen falschen Propheten vnd lůgner halten" (*FP*, B2v). Hoffman kommentiert dieses Argument mit der rhetorischen Frage, was „doch das fur ein schwermer vnd auffrürischer mordischer bôswicht [sei] / der einem fromen Christlichen Kônig / ein

---

[500] Nach dem Bauernkrieg wurden Einschränkungen aller sozialen Änderungen, die zuvor von Luther vorangetrieben worden waren, vorgenommen. Die Reformation schlug einen neuen, institutionalisierten Weg ein, um die Glaubensreform nicht durch das sozialrevolutionäre Aufbäumen der „Schwärmer" zu gefährden. „Kaum waren diese Lehren ausgesprochen, so wurden sie auch schon wieder eingeschränkt. Angesichts des Bauernkriegs bestritt Melanchthon das Recht der Gemeinden, allein ihre Pfarrer wählen zu dürfen. Tatsächlich blieb das aus dem germanischen Eigenkirchenwesen stammende Kirchenpatronat des Adels, der Stadtmagistrate und der Landesherren erhalten. An die Stelle des proklamier-ten Selbstbestimmungsrechtes der einzelnen Gemeinde trat das landesherrli-che Kirchenregiment. Alle Reformatoren verwarfen die von den aufständischen Bauern und von den Täufern geforderte Verfügungsgewalt der Gemeinde über den Kirchenzehnten." Deppermann, Klaus (1975): „Melchior Hoffmans Weg von Luther zu den Täufern". In: Hans-Jürgen Goertz (Hg.): *Umstrittenes Täufertum 1525–1975. Neue Forschungen*. Göttingen: Vandenhoeck & Ruprecht, S. 173–205, hier S. 202f. Luther schränkte seine Lehre vom Priestertum aller Gläubigen ein: Nicht jeder hätte das Recht zur Predigt, sondern eine Berufung (vom Kirchenpatron bzw. Landesherren) wäre nötig. Durch diese Einschränkungen war auch Hoffmans Predigertätigkeit gefährdet. „Nicht nur der biblische Text, sondern auch die ‚reine Lehre' der Reformatoren erhielt eine pseudosakramentale Weihe. Im Dogma von der Realpräsenz Christi in den Abendmahlselementen wurde das Heil wieder ver-dinglicht. Die alte Herrschaft der Geistlichen über ihre Gemeinden stellte sich in verwandelter Form wieder ein." Deppermann (1975), S. 203.

[501] Dies war schon in *Dat Nicolaus Amsdorff* der Fall, dort nahm die Bezeichnung jedoch noch nicht solch einen prominenten Platz im Titel ein.

solch vngehorsam vnd abfellich volck wolt machen / vnd zu auffrur weisen" (C1v). Im direkten Anschluss betont er, dass seine Lehre „Kŏnigliche
wirde von Denmarck" (C2r) nicht nur wohl bekannt sei, sondern das
dieser sie sogar „mit seinen gelerten helden wol geprŏbet vnd versucht"
(ebd.) habe. Nach dieser Prüfung habe der König Hoffman „den[en] zu
Kyll zu eim prediger gesandt / vnd befestiget / befolhen" (ebd.). Infolge
seiner königlichen Berufung und Legitimation als Prediger interpretiert
Hoffman Amsdorfs *petitio* an die Kieler als Aufruf zum Abfall von der
göttlichen Lehre und vom Glauben überhaupt:

> Vnnd du schreibst nu / das sie mir der Gŏtlichen lere sollen abfellig werden /
> vnd nicht gleuben / es wil dir auffrurischen bŏswicht aber nicht gelingen /
> denn die ŏbrigkeit ym land zu Holstein kennen auch aus Gottis gnaden
> schwarz vnd weis / die warheit vnd die vnwarheit[.] (C2r)

Hoffman nutzt seinen Status als von der Obrigkeit eingesetzter Prediger,
indem er ausgehend von der zentralen Stellung des Königs in seiner
Argumentation implizite Vergleiche zieht: Zum einen lässt er unter der
Oberfläche mitschwingen, dass die weltliche Autorität des Königs mit
der göttlichen Autorität gleichzusetzen ist (der König kennt die göttliche
Wahrheit), zum anderen überträgt er die königliche Autorität auf sich
selbst. Durch die wiederholte Beleuchtung seiner Relation zum König
macht Hoffman sich dessen Glaubwürdigkeit zunutze. Seine eigene
Glaubenslehre wird daher zur einzigen weltlich und göttlich legitimierten, die als Alternative daneben nur ihren Gegensatz – den Unglauben –
übrig lässt. Gegen Ende von *Nasen geist* geht Hoffman sogar so weit,
sein Leben in die Hände des Königs zu geben:

> Vnd ist es sach das ewer einer mit der warheitt kan beweisen / vnd an tag
> stellen aus Gottis wort / das ich das volck verfŭr / vnd nicht rechtlere / so
> hab ich den hals / vnd Kŏnigliche wirden von Dennmarck das schwerde /
> vnd ich beger auch kein gnad meines lebens nicht auff diesem erderich"
> (C3v)

Geschickt legt er damit ein weiteres Mal die Entscheidungsgewalt
in die Hände des Königs, während er gleichzeitig seine Gegner als
Urteilsprechende entmachtet. Stattdessen stellt Hoffman sie in die
Beweispflicht, ihn zu widerlegen. Diese Forderung nach Widerlegung
bei gleichzeitigem Einsatz des eigenen Lebens bestärkt implizit aber nur
mehr die Gültigkeit seiner Lehre.

Dieses Beispiel zeigt, dass Hoffman mit unterschiedlichen Mitteln
seine Autorität und Authentizität zu steigern versucht. Dies beruht

unter anderem darauf, dass er auch in *Nasen geist* offen polemisiert. Da Hoffman sich offen als *polemisches Subjekt* ausweist, muss er sich – im Gegensatz zu einer verdeckten *polemischen Situation* – selbst als Melchior Hoffman positiv in Szene setzen, um der Polemik grundsätzliche Wirkmächtigkeit zu verleihen. Da Amsdorf in seinen zwei Schriften Hoffmans Image bereits angegriffen bzw. als negativ konstruiert hat, ist Hoffman zum einen gezwungen, auf diese Imageverletzungen zu reagieren, zum anderen gehört die positive Selbstimagebildung grundsätzlich zur Polemik und den antagonistischen Positionen, die sie entwirft, hinzu.

Um eine Festigung des polemischen Antagonismus zu seinen Gunsten zu erreichen, legt Hoffman in seiner zweiten Schrift gegen Amsdorf besonderes Gewicht auf die Imagekonstruktion – und zwar sowohl das Selbstbild als auch das Fremdbild betreffend. Da der Streit nach dem Austausch von drei polemischen Schriften bereits weiter fortgeschritten war und Amsdorf in seiner vorausgehenden Schrift *Falscher Prophet* ganz explizit ein Publikum ansprach, das Melchior Hoffman eher zugewandt sein mochte,[502] tat es ihm vermutlich besonders not daran, den Kampf um den polemischen Antagonismus zu seinen Gunsten zu wenden, Unentschlossene oder Zweifler zu überzeugen sowie den Zusammenhalt seiner Anhänger zu stärken. Infolgedessen verwendet Hoffman in seinem zweiten polemischen Text wesentlich intensiver unterschiedliche Formen von Selbst- und Fremdzuschreibungen, die den inszenierten Rollen des *polemischen Subjekts* und *Objekts* zudem inhaltliche Dimensionen hinzufügen und deutlicher oppositäre Profile verleihen.

Schon in seiner ersten Schrift gegen Amsdorf entwirft Hoffman gegensätzliche Rollen für sich selbst und seinen Gegner Amsdorf: Dort wird Amsdorf als ein hetzerischer Lügner charakterisiert, der sein unschuldiges Opfer hart mit seinen Verleumdungen attackiert und sich als gelehrter Geistlicher dem gebildeten Laien gegenüber arrogant und überheblich verhält. Nach Hoffmans Beschreibung des Sachverhalts ist der arme Pelzer diesen vorsätzlich bösen Angriffen völlig schutzlos ausgeliefert, obwohl jener doch die Wahrheit vertritt, und sieht sich deshalb zum Verfassen einer polemischen Verteidigungsschrift genötigt. Die oppositären Rollenstilisierungen von Täter vs. Opfer, von Lügner vs. – im

---

[502] Amsdorf schreibt unter anderem „ewer prediger Melchior Hoffman" (*FP*, A2r), „ewer Melchior Hoffman" (*FP*, A3r & A4r) oder auch nur „ewer/m Melchior" (*FP*, A2v, B1r & B2v).

wörtlichen sowie übertragenen Sinne – Wahrsager und schließlich von Geistlicher vs. Laie werden auf verschiedene Weise in *Nasen geist* fortgeführt, erweitert und intensiviert. Für die Umsetzung dessen bedient sich Hoffman insbesondere der Bibel als Argumentationsstütze und Bezugsfolie für die Imagekonstruktion, nutzt das semantische Potential von Schimpf- und Stigmawörtern und verwendet verschiedene Formen bildlicher Sprache, wie im Folgenden erörtert wird.

Die Bibel als Argumentationsstütze und Bezugsfolie für die Imagekonstruktion

In reformationspolemischen Texten allgegenwärtig ist das Bibelzitat. Es ist eine der wichtigsten Überzeugungs- bzw. Argumentationsstrategien der Reformatoren. Im Sinne des protestantischen Prinzip des *sola scriptura* findet die Bibel als alleinige Quelle der sogenannten ‚göttlichen Wahrheit' Einzug in sämtliche religiösen Debatten. Insbesondere dem bibelkundigen Laien Hoffman,[503] dem andere religiöse Literatur durch fehlende Lateinkenntnisse verschlossen blieb, kam die Einschätzung der Bibel als alleinige Autorität in Religionsfragen zur Hilfe. Durch zahlreiche Bibelübersetzungen hatten Laien wie Hoffman auch ohne Lateinschule und theologisches Studium Zugang zum Diskurs erhalten. Angesichts dessen verwendeten sie die Heilige Schrift „auch zur Untermauerung ihrer Kenntnisse der christlichen Lehre",[504] da sie die fehlenden Kenntnisse der lateinischen Schriften der Theologie so zu kompensieren wussten.[505] Überraschenderweise stellte die Bibel für viele Laienprediger die einzige Autorität dar; andere Reformatoren wie z. B. Luther oder Zwingli wurden nur vereinzelt zitiert oder genannt.[506] Auch Hoffman

---

[503] Vgl. dazu: „Hofmann's knowledge of the Bible was widely recognized and was said to exceed that of most of the regular clergy." Noll (1973), S. 49.

[504] Schwitalla, Johannes (2001): „Schreibstile von Laien in der Zeit der frühen Reformation". In: Jakobs, Eva-Maria & Annely Rothkegel (Hg.): *Perspektiven auf Stil*. Tübingen: Niemeyer, S. 459–477, hier S. 462.

[505] Schwitalla gibt eine kurze Übersicht über die Veränderungen, die zur Aufwertung des Laienstatus geführt haben. In den Reformationsdialogen wird der bibelkundige Laie dem unwissenden Priester oftmals sogar diametral gegenüber gestellt. „Irrelevant war außerdem von reformatorischer Seite das Kriterium des Studiums, speziell des Theologiestudiums für die Interpretation der Bibel. Den Reformatoren war die Bibel ohne Erläuterungsinstanz verständlich (‚scriptura sui ipsius interpres'). Die Vertreter der römischen Kirche warfen den Laien vor, sie könnten kein Latein und könnten deshalb auch nicht von göttlichen Dingen reden." Schwitalla (2001), S. 462.

[506] Miriam U. Chrisman kommt bei ihren Untersuchungen des Laienschrifttums zu dem Ergebnis: „[L]ay men and women did not simply repeat, parrot fashion, the

verzichtet in seinen Texten darauf, sich mittels Referenz auf Luther – den er noch bis zur Flensburger Disputation 1529 als seinen geistigen Führer empfunden haben muss – Autorität zu verschaffen. Anstatt auf die Theologie des angesehenen Reformators zurückzugreifen, um sich Gehör zu verschaffen, präsentierte Hoffman seine eigenen Auslegungen, erklärte seine individuellen Ansichten und theologische Vorstellungen und kreierte ein eigenständiges Lehrgebäude.[507] Lediglich intertextuelle Bezüge zur Bibel durch Zitate, Paraphrasierungen, Anspielungen oder Referenzen[508] komplettierten die eigenständige Deutung der Bibel sowie der zeitgenössischen Diskussionen und Geschehnisse.

Hoffman nutzt die Bibel jedoch nicht nur als Beleg oder Nachweis seiner Argumente, sondern verwendet sie vielmehr als Bezugsfolie für seine Polemik. Sie wird mitunter zu einem narrativen Projektionsraum, in den Hoffman sich selbst, seinen Gegner Amsdorf und die für ihn relevanten Geschehnisse überträgt. Er setzt Elemente aus der biblischen

---

arguments of the theologians. The theological points, the blasphemy of the monastic services [...] had been stated by Luther, Zwingli and other reformers; but in each case the lay person constructed his own argument, reflecting his own particular grasp of the problem." Chrisman, Miriam U. (1980): „Lay Response to the Protestant Reformation in Germany, 1520–1528." In: Brooks, Peter Newman (Hg.): *Reformation Principle and Practice*. London: Scolar Press, S. 33–52, hier S. 43. Vgl. dazu auch Lundström, Kerstin (2012): „Lay Pamphlets in the Early Reformation: Turning Points in Religious Discourse and the Pamphlet Genre?" In: Nünning, Ansgar & Kai Marcel Sicks (Hg.): *Turning Points. Concepts and Narratives of Change in Literature and Other Media*. Berlin: De Gruyter, S. 319–336.

[507] Hoffmans Lehre ist ein Produkt der andauernden Wechselwirkung eigener Lektüre mit unterschiedlichen Fremdeinflüssen. Darin sieht Deppermann viele „irritierende Widersprüche in seiner Entwicklung und [...] heterogene Elemente in seinem Denken" begründet. Deppermann (1975), S. 174. William R. Estep nennt ihn einen „marginal Anabaptist", denn „Hofmann concocted a strange mixture of spiritualism, Christology (derived from Caspar Schwenckfeld), and elements of Anabaptism [...]." Estep, William R. (1996): *The Anabaptist Story: An Introduction to Sixteenth-Century Anabaptism*. Grand Rapids: Eerdmans.

[508] Bibelzitat und -paraphrasierung sind oftmals schwer voneinander zu trennen, da der exakte Wortlaut nicht immer nachvollziehbar ist. Da die Übereinstimmung des exakten Wortlauts für die vorliegende Untersuchung nicht relevant ist, wird im Weiteren vom Bibelzitat gesprochen, wenn offensichtlich zusammenhängende Abschnitte als Bibeltext ausgezeichnet werden oder eine Ähnlichkeit der Formulierung erkennbar ist. Eine Anspielung kann davon abgegrenzt werden, wenn nur einzelne Worte, Ausdrücke, Namen, Gleichnisse und Geschichten oder ähnliches genannt werden. Anspielungen setzen für ihr Verständnis die Kenntnis des Bezugstextes voraus. Bibelreferenzen hingegen bestehen aus einem expliziten Hinweis auf das relevante Buch (und das Kapitel), das an einer bestimmten Stelle von Bedeutung ist. Ein Nachschlagen ist somit durch eine konkrete Quellenangabe möglich. Referenzen tauchen z. B. in Marginalien oder hinter einem Argument (als z. B. ‚1 Thess 2') auf.

und der eigenen ‚Welt' in eine Parallele zueinander oder integriert sie bisweilen sogar. Schon zu Anfang von *Nasen geist*, bevor er Amsdorf im Fließtext erwähnt oder sich überhaupt dem *polemischen Thema* widmet, nimmt Hoffman eine Einschätzung seiner Zeit vor, indem er sie mit der Zeit der Apostel vergleicht. Er bittet

> „alle[] lieben freunde der Gôtlichen warheit / das sie sich nicht ergern [...]. Denn es was auch ein solcher lauff zu der zeitt der Apostel / das dreyerley art prediger waren / doch nur eine recht / Das etliche vmbs bauchs willen predigten / etliche vmb neidt vnd hass willen / also wils ytzt auch sein / da ein yder nur mit gedult auff sehe / Denn die warheit wird den sieg behalten / vnd der geist der lûgen ym dreck sitzen bleiben / als von anfang der welt de falschen lûgengeistern geschehen ist. (A1v)

Hoffman vergleicht die aktuelle Situation mit den Begebenheiten zur apostolischen Zeit, der frühchristlichen Geschichte, und setzt so die für ihn aktuellen Geschehnisse und Unruhen der christlichen Lehre in den Kontext der Judenbekehrung.[509] Die Parallele, die Hoffman schafft, ist deutlich: Es geht um die Bekehrung zum rechten Glauben. In der Apostelzeit waren es die Juden, die zum Christentum bekehrt wurden, für Hoffman ist seine Zeit erneut eine solche Phase, in der die Menschen zum rechten Glauben geführt werden müssen. Dass Hoffman sich zu denen zählt, die den rechten Glauben besitzen und ihn vor allem lehren, ist zum einen durch Logik zu erschließen, zum anderen aber auch dadurch begründet, dass Hoffman sich selbst schon zu Anfang als Apostel bezeichnet, denn er begründet sein Schreiben damit, dass er „der verantwortung vberbûtig sein [will] als des Apostels befelh ist" (A1v)[510]. Damit deutet er schon seine Rollenidentifizierung an, die dann im weiteren Verlauf weiterentwickelt wird. Durch den sich daraufhin anschließenden intertextuellen Bezug auf die Evangelien und die Apostelgeschichte, lässt sich der Vergleich leicht aufschlüsseln. Wie zur Zeit der Apostel gibt es schlechte Lehrer – diese Rolle fällt dem Titel nach dem „lugenhafftigen falschen nasen geist" Amsdorf zu. Die

---

[509] Bereits in den Schlussworten von *Dat Nicolaus Amsdorff* macht er den Vergleich mit der Zeit der Apostel: „Deñ by der Apostel tydt ghinck ydt ock also tho / dat ein deyl sick vpworpen / beter tho syn / denn de rechten Apostele / gelerder vnde geschickter / dar van S. Paulus in synen Epistelen schrifft" (A4r). Was er hier nur kurz anschneidet, führt er in *Nasen geist* weiter und knüpft somit an die Thematik und seine vorherige Schrift wieder an.

[510] Paraphrasierung zum Verständnis: Er will sich der Verantwortung beugen, wie es des Apostels Auftrag ist. Der „Befehl" wird in dieser Lesart vom Apostel empfangen und nicht ausgesprochen.

Rolle des rechten Predigers, der die wahre christliche Lehre verbreitet, hat folglich Hoffman selbst inne. Aber Letzterer stellt sich selbst weniger als individueller Akteur dar, sondern sieht sich in der Funktion des Botschafters, dessen Auftraggeber Jesus Christus ist.

Das angesprochene Problem, das Auftauchen falscher Prediger, wird allerdings schon von Anfang an als sich selbst lösend erklärt: „Denn die warheit wird den sieg behalten / vnd der geist der lůgen ym dreck sitzen bleiben / als von anfang der welt dē falschen lůgengeistern geschehen ist" (A1v). Dies steht im eigentlichen Widerspruch dazu, dass Hoffman hier eine Schrift vorlegt, um die einzig gültige Wahrheit festzustellen, zu verteidigen und die Lügen der Gegenseite zu entlarven. Die Analogie mit der Apostelzeit lässt dennoch die Vorausdeutung Hoffmans bezüglich des Siegs der ‚wahren Lehre' zu, denn dort ist der Prozess schon abgeschlossen, den Hoffman für seine Zeit noch als im Vollzug deklariert. Dass Amsdorf in dieser Analogie als ein Widersacher der Apostel und folglich auch Gegner der rechten Lehre gilt, lassen der Titel und der ähnliche Wortlaut der Beschimpfungen („dē falschen lůgengeistern" und „lugenhafftiger falscher nasen geist") vermuten.

Aber nicht nur wird eine bestimmte biblische Zeit als Bezugsfolie für Hoffmans Gegenwart benutzt, sondern es werden auch potenzielle Szenarios entworfen, in denen die beiden ‚Zeiten', die Bibelgeschichte und die hoffmansche ‚Wirklichkeit', imaginär aufeinandertreffen. So stellt Hoffman beispielsweise Überlegungen an, wie es gewesen wäre, wenn Amsdorf mit seinen Argumenten auf Christus getroffen wäre:

> Der lügenhafftige laruen geist schreibt / so Melchior nicht anzeigt anfang der zeit / vnd das ende vom Jůngesten tag / so ist sein lere falsch / dēn sein geist der yhm heilig ist / redt nicht so dunckel / Růltz / filtz / nasen vnd laruen geist / schreibstu doch selbs[511] / das Christus seinen iůngern sagt / das yhn nicht gebůr zu wissen der stickē[512] / <u>Werestu ellender laruen geist zu der zeit gewest / soltest eben also gesagt haben zu Christo dem Heilandt.</u> (A3v, Hervorhebung K. L.)

---

[511] Hier referiert Hoffman auf Amsdorfs Schrift *Falscher Prophet*: „Christus gebeut seinen Jůngern vnd allen Christen / das sie wachen vnd beten sollen / denn es ist vmb vnsert willen geschrieben / vnd gehet vns eben so wol an als die Aposteln selbst [...]" (A4r).

[512] Der ‚sticken', eigentlich *„jedes langgestreckte, spitze (nadelförmige) Ding"* (*Schiller-Lübben* 4, S. 397f., Hervorhebung im Original), kann hier aufgrund der produktiven Verwendung in Redensarten mit ‚Ende' oder auch ‚Zeitpunkt' übersetzt werden. Vgl.: „hierzu verschiedene redensarten, vor allem den sticken stecken in mannigfachen bedeutungsschattierungen, z. B. ‚ein ende machen'[.]" „STICKEN", *DWB* 18, Sp. 2736.

Mit der Verwendung des Konjunktivs versetzt Hoffman Amsdorf imaginär in einen biblischen Kontext, um ihn in Interaktion mit Christus
dem Leser vor Augen zu stellen. Hoffman bedient sich hier des Mittels
der Evidenz (*evidentia*),[513] d. h. er nutzt eine Strategie, „strukturelle Performativität"[514] zu erzeugen, um ein Bild vor den Augen des
Lesers entstehen zu lassen.[515] Anstatt ein explizites Gegenargument
auf Amsdorfs Forderung nach genauen Angaben des Anfangs und
des Endes der Prophetie anzubringen, konstruiert Hoffman ein fiktives Szenario, das die Absurdität von Amsdorfs Forderung ironisch zur
Schau stellt, ohne dass es einer Erklärung bedürfe. Die evozierte Szene,
in der Amsdorf zu Jesus Christus sagen würde, dass seine Prophetien
nicht stimmen können, weil sie „dunckel vnd finster geredt" (*FP*, A2r)
seien, ja dass es sogar „des teuffels wort [sei] / der so finster vnd dunkel zu reden pflegt" (*FP*, A2v), lässt für den ‚christlichen Leser' nur
eine Interpretation zu: Der Zweifel an Jesus Christus kommt einer
Gotteslästerung gleich. Bei der Rückübertragung der virtuellen Szene
in die aktuelle Situation bleibt dann der neu gewonnene Eindruck von
Amsdorf als ebensolch eines Lästerers der göttlichen Wahrheit, obgleich
es sich ursprünglich um Zweifel an Hoffmans und nicht Christus'
Prophetien handelte. Dadurch aber, dass Hoffman seinen Gegner in
die Zeit von Christus versetzt, gelingt es ihm zum einen, die Bibel als
Autorität für seine Sache einzubinden, und zum anderen, Christus an
seine eigene Stelle zu setzen und damit eine Analogie zu sich selbst herzustellen. Auf diese Weise schreibt sich Hoffman die Rolle eines (neu-
en) Messias auf den Leib. Amsdorf bleibt in diesem Zusammenhang
nur die Rolle eines Pharisäers. Die vorausgesetzte Kenntnis des Neuen
Testaments legt diese Deutung nahe, ohne dass Hoffman es weiter ausführen muss. Amsdorf wird in den narrativen Raum der biblischen

---

[513] „Evidenz (lat. *evidentia*, griech. *enárgeia, hypotýposis*) bedeutet das Prinzip der
Anschaulichkeit, des Vor-Augen-Stellens von etwas (*ante oculus ponere*). [...] Im
Gegensatz zur Klarheit, die intellektuell belehrt, und zum Schmuck, der das ästhe-
tische Vermögen bereichert, eignen sich die Mittel der Evidenz zum Bewegen der
Affekte. [...] Dieser [der Rezipient] wird zum ‚fiktiven Augenzeugen' (Lausberg)
eines inneren Schauspiels, wozu der Text manchmal durch die cernas-Formel
(‚sieh doch, wie [...]') ausdrücklich einlädt. [...] Das Endziel der ‚enargetischen'
Darstellung ist die Ununterscheidbarkeit von Fiktion und Wirklichkeit, anders gesprochen: eine Illusionswirkung." Plett (2001), S. 32.

[514] Häsner et al. (2011), S. 82.

[515] Bo Andersson identifiziert eine ähnliche Form der Evidenz in Gregorius Richters
Pasquill gegen Jacob Böhme (imaginäre Gegenüberstellung Christi und Böhmes)
und würdigt sie als eine „außerordentlich wichtige rhetorische Technik". Andersson
(2012), S. 39.

Geschichte eingebettet und wird zu einem Akteur innerhalb dieser bereits existierenden Narration. Amsdorfs Einbindung in die Geschichte ändert sie jedoch nicht in ihrem Verlauf, vielmehr nimmt er eine bereits existierende Rolle ein, die dann auf die Interpretation zurückwirkt. Daher kann das bekannte Ende der Narration ebenfalls gedanklich aktiviert werden, so dass die Kreuzigung Christi implizit mitschwingt. Die performative Einbettung Amsdorfs in die biblische Geschichte birgt insofern ein weitaus höheres Potential, Emotionen auf Seiten der Leser hervorzurufen, als es ein sachlich formuliertes Gegenargument Hoffmans könnte. Die Strategie Hoffmans, die Leserschaft zu überzeugen, ist der Appell an das Pathos.

Hoffman nutzt die Strategie des Vor-Augen-Stellens noch mehrmals, um seine Prophetie als wahrhaftig zu beweisen und sich damit gegen die Anschuldigungen Amsdorfs zu verteidigen. Letzterer sieht seine Angriffspunkte darin, dass Hoffman einerseits vom begonnen Prozess der apokalyptischen Zeitrechnung von sieben Jahren ausgeht, andererseits aber keinen exakten Zeitpunkt für den Jüngsten Tag nennen will. Amsdorf kritisiert dies als einen Widerspruch, da Hoffman doch auch einen Endpunkt setzen müsse, wenn er behaupte, dass der Prozess schon begonnen habe. Auch die zwei Zeugen, die Hoffman als die Vernichter des Antichristen erwähnt, könne er nicht beim Namen nennen.[516] Deshalb sei die Prophetie ungenau und Hoffman ein „falscher Prophet" (*FP*, A2r–v). Den Vorwürfen Amsdorfs, ein Gesandter des Teufels zu sein (*EV*, A3v) bzw. den Teufel zum Gott zu haben (*FP*, A4r), entgegnet Hoffman auf die Weise, dass er sich in eine Reihe mit Propheten aus der Bibel stellt, die ebenfalls ungenaue Prophezeiungen gemacht haben.

Dabei geht Hoffman rhetorisch geschickt vor und setzt in mehrfacher Weise Stilfiguren der Wiederholung und Amplifikation ein. Er reiht Beispiel an Beispiel, Name an Name und wiederholt jeweils immer wieder, dass auch jene Propheten, die er aufzählt, weder Anfang noch Ende genannt haben. Durch die immer dichter werdende

---

[516] „Ein stück ist wol deudsch geredt das yderman verstehen kan / nemlich / wenn die zwen zeugen nidderliggen / das die halbe zeit der sieben iar vmme sey / Es bleibt aber gleichwol finster / dunckel vnd vnbekant / in welchem iar das mittel der sieben iar seyn wirt / denn niemant weis es / er zeigt es auch nicht an / wenn die zeugen vnterliggen / ia niemant weis wer die zeugen sind / odder wo sie sind / Derhalben die weil er nicht anzeigt wer die zeugen sind / wo sie sind / odder auffs wenigste wenn sie angefangen haben / so bleibt anfang / mittel vnd ende der sieben iar vngewiss / finster vnd dunckel" (*FP*, A2r).

Wiederholungsstruktur und die sich inhaltlich summierenden sowie semantisch anschwellenden Aufzählungen intensivieren sich spürbar die Ironie und die emotionale Aufgeladenheit der Passage. Beginnend damit, dass mit Amsdorfs Anklage der Ungenauigkeit „das figurlich ampt gar hart gelestert" (A2v) würde, erklärt Hoffman, dass andere Propheten in der Bibel die Forderungen Amsdorfs nicht erfüllten:

> Auch Jacob der Patriarch prophetirt vō Christo / so das zepter wůrd weg genommen von Juda / were der Heylandt verhanden / Do war auch kein anfang vnd end / als mein narrenfex schreibt / Joseph weissaget vor seinen brůdern / vnd vor der mutter vnd seinem vater / sagt nicht anfang vnd end / **darumb solts nicht Gots geist sein** / Gott verhiesch Adam vnnd Eua den Heylandt / sagt nicht anfang vnd end / **darumb mus es dem lůgengeist nicht Gottis wort sein** / Des gleichen die verheisschung die geschehen ist zu Mohe / Abraham / Isaac / Jacob / David vnd der gleich / ist yhn nicht verkůndet anfang / end / **Darumb ists nicht war / denn des Amsdorffs heiliger geist redt nicht so dunckel** / auch darzu haben alle Propheten Gottis aus Gottis mund prophetirt / aber nicht gesagt anfang end den sticken des meist teil / **Darumb ists nicht war / dann Amsdorfs heiliger geist redt nicht so dunckel** / auch haben die Aposteln des gleichen / den tag der letzten zeit verkůndet / Christus selber zeiget nicht an den sticken / **Darumb ists nicht war / denn Amsdorffs heiliger geist redet nicht so dunckel** / So sind nu alle / die geprophetiret haben aus Gottis krafft / die nicht anfang vnd end gemeldet haben / **falsch / deñ Amsdorffs heiliger geist redt nicht so dunckel.** (A3r)[517]

Mit der Aufzählung verschiedener Propheten, sowohl aus dem Alten als auch aus dem Neuen Testament, holt Hoffman sich die biblische Legitimation für seine Art des Prophezeiens.

Das Sich-Einreihen in die biblischen Propheten funktioniert wie das Aufdecken eines logischen Fehlschlusses. Amsdorfs Satz, der widerlegt werden soll, könnte in etwa wie folgt lauten: *Prophetien ohne Anfang und Ende sind falsche Prophetien.* Gegen diesen Satz stellt Hoffman die Beispiele der biblischen Propheten, woraus sich folgender Satz ableiten ließe: *Viele biblische Prophetien haben keinen Anfang und kein Ende.* Durch die Autorität der Bibel ist zudem implizit: *Biblische Prophetien sind wahr.* Die Schlussfolgerung daraus ist, dass Amsdorfs Satz nicht wahr sein kann, da er auf die biblischen Beispiele nicht passt.

---

[517] Die Hervorhebungen sind von der Verfasserin so gewählt, um die Wiederholungen der zwei markierten Phrasen zu verdeutlichen. Der Fettdruck und die Unterstreichungen markieren jeweils ihre Zusammengehörigkeit.

Hoffman bedient sich auf diese Weise einer Widerlegungsstrategie, die Arthur Schopenhauer unter dem Begriff der „Instanz, [...] *exemplum in contrarium*",[518] fasst. Die Autorität der Bibel gilt dabei als entscheidender Wahrheitsindikator,[519] der notwendig für das Funktionieren des Gegenbeispiels ist.

Diese Widerlegungsstrategie wird durch die Anwendung von sich verschärfender Ironie begleitet. Hoffman verdreht strategisch Amsdorfs Aussage, so dass sie sich schließlich mittels Ironisierung gegen ihn selbst wendet. Um deutlich zu machen, wie diese Verdrehung im Detail erfolgt, bedarf es einer kurzen Darlegung, auf welche Aussagen Amsdorfs sich Hoffman bezieht.

In *Falscher Prophet* betont Amsdorf mehrere Male, dass Melchior Hoffmans Informationen über den Beginn und das Ende der vorhergesagten Geschehnisse unklar sind. Die gebrauchte Bildhaftigkeit von heller und dunkler Rede ist dabei der Schlüssel der Polemik Amsdorfs gegen Hoffman, da hell und dunkel gleichzeitig auch konnotativ für Himmel und Hölle, Gott und den Teufel stehen. Amsdorf erklärt seinen Lesern in seiner zweiten Schrift gegen Hoffman, letzterer habe selbst geschrieben, „er hab den anfang der sieben iar nicht angezeigt / aber das mittel der sieben iar hab er klar vnd hell angezeigt" (*FP*, A2r). In mehrfacher Ausführung kommentiert Amsdorf diese fälschlich wiedergegebene Aussage Hoffmans – eine äquivalente Textstelle lässt sich in *Dat Nicolaus Amsdorff* nicht finden[520] – und wiederholt dabei immer wieder die antithetische Gegenüberstellung:

1. [W]enn das <u>klar vnd hell</u> geredt ist / so weis ich nicht was <u>dunkkel vnd finster</u> geredt ist. (*FP*, A2r)
2. Es bleibt aber gleichwol <u>finster / dunckel vnd vnbekant</u> / in welchem iar das mittel der sieben iar seyn wirt [...]. (*FP*, A2r)

---

[518] Die Instanz ist nach Schopenhauer die „Widerlegung des allgemeinen Satzes durch direkte Nachweisung einzelner unter seiner Aussage begriffener Fälle, von denen er doch nicht gilt, also selbst falsch seyn muß." Schopenhauer (1923), S. 406.

[519] Wahrheit wird hier als *das als wahr angenommene* verstanden. Vgl. dazu Schopenhauer, der die objektive Wahrheit für die (eristische) Dialektik als irrelevant erklärt. Schopenhauer (1923), S. 403–405.

[520] Hoffman schreibt lediglich, dass er seine Prophetie vom Jüngsten Tag genügend in seiner *Daniel-Auslegung* begründet habe, die Amsdorf nur richtig verstehen müsse. Die Adjektive ‚klar' und ‚hell' benutzt er nicht: „Jck hebbe dy grundes genoechsam angetôget / wat ick vam Jůngesten dage geschreuen hebbe / vnde der schrifft ynholt / Vorstae myn Bôkeschen Daniel recht / vnde doe de ogen vp" (*DNA*, A2r).

3. [S]o bleibt anfang / mittel vnd ende der sieben iar <u>vngewiss / finster vnd dunckel</u> / denn wenn das mittel gewiss were <u>klar vnd hell /</u> so were der anfang auch <u>klar vnd hell /</u> Die weil aber das mittel <u>vngewiss</u> ist [...] so ist auch <u>vngewiss finster vnd dunckel</u> anfang vnd ende [...]. (*FP*, A2r–v)

4. [...] das ist [...] des teuffels wort / der so <u>finster vnd dunckel</u> zu reden pflegt. (*FP*, A2v)

5. [Wenn Melchior Hoffman die genaue Zeit und die Zeugen nenne,] so wûrde er vns solchs alles <u>klarlich</u> anzeygen [...] das were <u>klar / gewiss vnd hell</u> von der sach geredt / wie der heilige geist thut [...]. (*FP*, A2v) (Hervorhebungen K. L.)

Insbesondere die letzte Aussage (Zitat 5) greift Hoffman auf und verdreht sie zu seinen Gunsten, indem er den Heiligen Geist, der „gewiss vnd hell von der sach" spricht, in den „geist der yhm [Amsdorf] heilig ist" (A3r) verkehrt. Es findet eine Umdeutung statt, die den Heiligen Geist zu Amsdorfs heiligem Geist macht. Damit ist angedeutet, dass es nicht *der* Heilige Geist sei, von dem Amsdorf spreche, sondern ein Geist, der gerade nur von Amsdorf für heilig befunden würde. Bei der Umdeutung des Heiligen Geistes handelt es sich um eine übliche Form der Reformationspolemik. Die Verwendung von ‚Geist' besitzt zum Teil Stigmawortcharakter,[521] der hier allerdings nicht zum Einsatz kommt, da von Hoffman keine Programmatik angedeutet wird. Vielmehr geht es darum, eine spirituelle Verwirrung anstatt einer spiritualistischen Programmatik anzuzeigen, die mit Aufruhr in Verbindung gebracht wird. Zwar mag es sein, dass der Gebrauch des Stigmawortes ebenfalls ins Gedächtnis gerufen wird, aber vordergründig geht es darum, Amsdorf als verwirrt bloßzustellen und ihm so seine geistigen Fähigkeiten in Bezug auf die Argumentation abzusprechen. Ähnliche Techniken der Polemik, die darauf abzielen, Amsdorfs Glaubwürdigkeit zu diskreditieren, wendet Hoffman bereits in seiner ersten Schrift an, indem er nach einem Arzt ‚ausruft', der Amsdorf den Gecken schneiden möge, da dieser offenbar irrwitzig geworden sei.

Infolge der Charakterisierung von Amsdorfs Geist als einen anderen als *den* Heiligen Geist, wird die positive Bedeutung davon, dass dieser

---

[521] Siehe Diekmannshenke (1994), S. 369–375. Bei der Anwendung des Stigmawortes ist „die spezielle, spiritualistische Programmatik und de[r] damit verbundene[] Willen zur revolutionären Umgestaltung der feudalen Gesellschaft [samt Aufruhr gemeint]". Ein deutliches Beispiel dafür ist der ‚Rottengeist'.

Geist nicht „so dunkel redet", ironisiert und als Trugschluss entlarvt.[522] Durch die Häufung ähnlicher Aussagen, die schließlich in einer viermaligen Wiederholung des gleichen Wortlauts „Darumb ists nicht war / denn des Amsdorffs heiliger geist redt nicht so dunckel" mündet, wird der Effekt der Ironie noch verstärkt. In der etwa eine Seite umfassenden Passage verflechtet Hoffman die Widerlegung mittels einer Klimax der prophetischen Gegenbeispiele[523] mit der ironischen Verdrehung von Amsdorfs eigenem Argument und verstärkt so doppelt seinen polemischen Gegenangriff.

Ergänzend wird auch die Rede Amsdorfs vom Anfang, Mittel und Ende permanent wiederholt. Allein in der kurzen zitierten Passage (s. o.) ist die Rede sieben Mal von „anfang vnd end" (bzw. „sticken"). Hoffman wiederholt damit ebenfalls eine Formulierung, die Amsdorf in *Falscher Prophet* mehrfach in seinem Argument gegen Hoffman verwendet. Auch in diesem Fall nutzt er den argumentativen Angriff für seine eigenen Zwecke. Zunächst zeigt er – wie bereits erörtert –, dass auch andere Propheten auf die gleiche Art und Weise prophezeit haben. Danach geht Hoffman noch zusätzlich auf die Argumentation Amsdorfs ein, denn letzterer führt in *Falscher Prophet* als drittes Argument gegen die Lehre vom Jüngsten Tag an, dass sie wider Gott, sein heiliges Wort und die Evangelien sei, da Christus klar formuliere, dass man alle Tage wachen solle.[524] Anstatt auf die einzelnen Bibelstellen (sämtliche aus den Evangelien) einzugehen, kontert Hoffman mit Paulus, der „hell vnd klar [sagt] / wenn vnnd zu welcher zeit man Christum verwachten ist zum iůngsten tag" (A3v).[525] Mit Paulus sieht Hoffman bestätigt, dass

---

[522] Später im Verlauf der Schrift wird das Thema des Amsdorfschen Geistes erneut aufgegriffen. Dort verwendet Hoffman aber keine Ironie, sondern spricht ein direktes Urteil über den Geist Amsdorfs: „Darumb ist dein geist eben ein solcher vnuerstendiger geist / als der ienigen geist war widder die sanct Paulus schreibt / vnd sie verfůrer nennet [...]". (A3v) Hier ist allerdings nicht der spirituelle Geist, sondern ausschließlich der Verstand gemeint.

[523] Von einzelnen Figuren wie Moses, Joseph, Abraham etc. über die alttestamentlichen Propheten zu den neutestamentlichen Aposteln hin zu „alle[n] / die geprophetiret haben aus Gottis krafft" (A3r).

[524] Amsdorf gibt eine Vielzahl von Bibelstellen an, da er die implizite Herausforderung Hoffmans, er „kônne mit der warheit nicht beweisen / das man des iůngsten tags alle tag wachten sol" (*FP*, A3v), scheinbar annimmt. Er zitiert für den Zweck des Beweisens folgende Bibelstellen: Mt 24: 44 & 50, Mt 25: 13, Mk 13: 33, 35 & 36 und Lk 21: 36. (*FP*, A3r–A4r).

[525] Hoffman bezieht sich hier auf 2 Thess 2 und sieht das Eintreten der Weissagung darin begründet, dass der Papst als Antichrist entlarvt wurde: „Vnd spricht der heilig Paulus also / der Jůngst tag kom nicht / es geschehe denn zuuor der abfal / vnd

seine Prophezeiung wahr sei und betont dies durch die direkte Anrede
Amsdorfs:

> Thu die augen auff du lůgen geist / vnd sich was du ellender nasen geist fur
> lůgen schreibest / vnnd sihe das dis der erste punct ist / das dein schreiben
> vom Jůngsten tag falsch sey / vnd die wort also nicht zu verstehn sein / die
> du furgibst vom stets wachen / sondern wenn die zeit vollendet ist / die hie
> Paulus an tag stecket / so gehn denn die wort ynn krafft / das man sol auff
> sehen vnd wachen / [...] so merck nu du lůgen geist recht auff / wie die wort
> klingen / das du nicht also die wort rausser qwaxst / hin vnd widder ynn
> der schrifft / sondern sihe auch an den vor klapff vnd das ende / was mittel /
> end / anfang darbey thut / Denn so ich dir also solt zugeben die schrifft
> also zu brechen / soltest mir wol die gantz Bibel verwirren / das man weder
> anfang end noch seiner art verstehn wůste. (A4r)

Mit dem Wechsel zum direkten Polemisieren wird ebenso der performative Charakter der Polemik evoziert. Die Leserschaft bekommt
eine Szenerie vor Augen gestellt, die durch die direkte Anrede, die
Wiederholungen der Ansprache als Lügen- oder Nasengeist und bildliche Sprache (‚quaken' anstatt ‚sagen') gefördert wird. Als Schlusspunkt
des Abschnitts und finales Statement greift Hoffman dann wieder die
bereits mehrfach verwendeten Schlüsselbegriffe „anfang vnd end"
auf. Hoffman entnimmt sie dem vorherigen Kontext der Diskussion
um die Prophetie und deren Beginn und Erfüllung und stellt sie in einen neuen Kontext: Dieses Mal geht es um die Ordnung in der Bibel,
die er durch Amsdorfs Auslegung in Gefahr sieht. Hoffman nutzt so
die Redewiedergabe und die Wiederholung im Allgemeinen, um eine
teils ironische Verdrehung, teils eine semantische Umdeutung zu seinen
Gunsten zu erreichen. Der Bezug auf die Bibel spielt auch hier eine
wichtige Rolle, denn sie ist die Quelle der ‚objektiven Wahrheit', an der
alles gemessen werden kann. Die eigene Lesart der heiligen Schrift als
diejenige zu stilisieren, die diese objektive Wahrheit gleichsam sichtbar zu machen vermag, ist das Ziel der polemischen Argumentation
schlechthin.

Es kann an dieser Stelle festgehalten werden, dass der Einsatz der Bibel
als Bezugsfolie und integratives Narrativ sowohl die Eigenimage- als
auch die Fremdimagekonstruktion unterstützt, indem Analogien zu

---

das geoffenbart werd das kindt der verterbuug [sic!] / welchen der Herr erwurgen
wird mit dem geist seines mūdes / welches ytzt ynn krafft geschicht vnd verhanden
ist [...]" (*NG*, A3v).

biblischen Geschichten und Figuren hergestellt werden, die nicht zuletzt durch ihren Pathosgehalt dem erwünschten polemischen Antagonismus dienen. Dadurch, dass Hoffman sich dabei an Amsdorfs Schrift orientiert und den Gegner durch die Figuren der Wiederholung, Gradation und Amplifikation in mehrerer Hinsicht zu überbieten sucht, ist die Polemik gegen Amsdorf besonders eingängig und wirkungsvoll. Durch die Kenntnis der vorausgehenden Schrift entfaltet sich die polemische Wirkungsmächtigkeit vollends für die Leserschaft. Die Form des offenen Polemisierens kann (durch Kenntnis des Autornamens der zu beantwortenden Schrift) dem Publikum dazu dienen, diesen intertextuellen Bezug zur vorausgehenden Schrift zu erkennen.

Die Replik beim offenen Polemisieren: Die Integration inter- und kontextueller Bezüge

Das offene Polemisieren hat nicht nur zur Folge, dass die Leserschaft einen leichteren Zugang zu einem Schriftwechsel bekommt, sondern wirkt sich auch auf die Möglichkeiten der schreibenden Kontrahenten aus: Repliken auf verdeckt polemisierende Texte haben eine beschränkte Angriffsfläche, denn bei dieser Form des Polemisierens bleibt allein die textinterne Inszenierung des *polemischen Subjekts* ein bekannter und deshalb sicherer Angriffspunkt für den Antwortenden. Die Situation des verdeckten Polemisierens hat zur Folge, dass der ‚Wahrheitsgehalt‘ der Inszenierung nicht überprüft bzw. die kontextuellen Bezüge nicht hergestellt werden können. Infolgedessen bleiben Aussagen hinsichtlich des Urhebers, dessen Hintergrunds und der konkreten Umstände Spekulationen, da sie auf Informationen bauen, die sich aus der Inszenierung ergeben. Insofern ist eine Replik auf eine verdeckt polemisierenden Schrift von der textinternen Inszenierung vorbestimmt.

Beim offenen Polemisieren hingegen hat der antwortende Polemiker bereits bei der ersten Replik die Möglichkeit zur direkten Bezugnahme auf die gegnerische Schrift unter Zuhilfenahme des personellen Kontexts. Die intertextuelle Bezugnahme bei einer Replik kann also nicht nur aufgrund der vorliegenden textuellen Inszenierung geschehen, sondern es kann zugleich Bezug auf die Person und deren Handlungen (jenseits des vorliegenden Textes) genommen werden.[526] Die Inszenierung beim offenen Polemisieren erlaubt somit grundsätzlich eine Prüfung durch bzw. einen Abgleich mit dem Kontext. Fragen

---

[526] Inwiefern sich diese theoretische Antwortmöglichkeit beim offenen Polemisieren auch in der Praxis niederschlägt, ist in jedem konkreten Fall zu überprüfen.

nach dem Urheber, dessen Hintergrund und den konkreten Umständen sind nicht nur möglich, sondern in der Regel auch beabsichtigt. Für eine Antwort oder einen Schriftwechsel bedeutet dies, dass bei der Polemik sowohl Bezug auf die Inszenierung im Text – hier besonders auf das *polemische Subjekt* und *Thema* – als auch auf die ,realexistente', kontextuelle Situation genommen werden kann. In erster Linie sind es die Figur und die Handlungen des ,realen' Autors der gegnerischen Schrift, welche die Angriffspunkte für die antwortende Polemik liefern. Es eröffnen sich andere Möglichkeiten für die Argumentationen *ad hominem* und *ad personam* bzw. zum „*Persönlichwerden*",[527] da die Replik über die Textgrundlage hinaus entfaltet werden kann.[528] So kann der Angegriffene auf eine Beleidigung oder *argumentum ad personam* ebenfalls mit *Persönlichwerden* kontern, anstatt sich zu verteidigen oder die Aussage zu entkräften. Es kann viel eher zu einem sehr persönlichen Schlagabtausch kommen als beim verdeckten Polemisieren, weil in letzterem Fall die dahinter stehende ,Persönlichkeit' verborgen und unangreifbar bleibt.

Bei dem Streit zwischen Hoffman und Amsdorf ist genau dies der Fall, denn in dem gesamten polemischen Schriftwechsel wird auf beiden Seiten offen polemisiert, so dass der jeweils Schreibende sowohl die Rolle des Verfassers als auch die des *polemischen Subjekts* übernimmt. Durch Amsdorfs gedruckte Warnschrift (*Ein vormanung*) einerseits und Hoffmans ebenfalls publizierte Antwort (*Dat Nicolaus Amsdorff*) andererseits entwickelte sich der bereits beim persönlichen Aufeinandertreffen der Kontrahenten in Magdeburg bestehende Konflikt zu einem öffentlichen Streit. Die Streitinszenierung mittels offen polemisierender Schriften eröffnet schon bei der ersten Replik die Möglichkeit, die gegnerische Schrift in Kombination mit dem Kontext als strukturelle und inhaltliche Unterlage für die eigene Polemik zu benutzen. Sowohl Hoffman als auch Amsdorf setzen dieses theoretische Potential auch in die Praxis um und bedienen sich der Integration intertextueller und kontextueller Bezüge als Streittechnik während des polemischen Schriftwechsels.

---

[527] Dieckmann (2005), S. 63–76 (Hervorhebung im Original). Zum Unterschied zwischen *argumentum ad personam* nach Schopenhauer und *Persönlichwerden* nach Dieckmann siehe Anmerkung 254.

[528] Im Falle verdeckten Polemisierens fällt die Möglichkeit der Bezugnahme auf den ,realen' Autor weg und damit auch die Chance die Person jenseits der im Text mitgelieferten Informationen anzugreifen und gegen sie zu argumentieren.

Den obigen Ausführungen zur Folge erscheint das offene Polemisieren zunächst einmal nachteilig für Amsdorf als Verfasser der Initiationsschrift. Er macht sich persönlich angreifbar, indem er sich in seiner Schrift gegen Hoffman als Autor preisgibt. Für Hoffman eröffnet sich dadurch die Möglichkeit, jenseits der *res* und der Inszenierung im Text anzuknüpfen und sich polemisch an der *persona*[529] Amsdorfs abzuarbeiten. Jedoch bietet gerade die Selbstkonstruktion Amsdorfs im Initiationsschreiben die Chance, das bereits bestehende textexterne Image auf eine positive Weise und den Gegner in Opposition dazu darzustellen, so dass die (antagonistischen) Positionen, die durch die Erstschrift gesetzt wurden, zunächst umgestoßen werden müssen, bevor sie glaubhaft neu konstruiert werden können. Nicht zuletzt deswegen ist der Bezug auf die gegnerische Schrift – beispielsweise in Form der Widerlegung von aufgestellten Behauptungen oder der Anklage, der Gegner nutze unlautere Mittel – üblich. Die Überprüfung der gegnerischen Streitinszenierung anhand des Kontextes wird dabei vorgeblich als Strategie der Wahrheitsfindung eingesetzt. Letztendlich ist dieser Wahrheitsabgleich jedoch die subjektive Interpretation des Verfassers, die zur objektiven Wahrheit stilisiert wird.[530]

In seiner ersten Schrift *Dat Nicolaus Amsdorff* nimmt Hoffman bereits Bezug auf die Initiationsschrift Amsdorfs (*Ein vormanung*) und stellt immer wieder Verbindungen zu textexternem Wissen über Amsdorfs Leben und Handlungen her,[531] um Amsdorfs Aussagen zu entwerten und seine eigene Position und Glaubwürdigkeit zu stärken, d. h. die ‚Wahrheit‘ aus seinen Worten sprechen zu lassen. Dieses Vorgehen intensiviert Hoffman in *Nasen geist*, indem er das Potential des Wechselspiels zwischen intertextuellem und kontextuellem Bezug umfassender ausschöpft. Er reagiert dabei stellenweise auf einzelne Formulierungen Amsdorfs mit umfangreichen Repliken, in denen er die Gegenargumente mit Amsdorfs beruflicher Funktion und dessen vorausgegangenen Handlungen eng verknüpft. Nahezu jeder

---

[529] Der Begriff *persona* beinhaltet das Resultat sämtlicher „acts of identity" (Fludernik & Gehrke 2004) und demnach sowohl die textinterne Imagekonstruktion als auch das Spannungsfeld der Identitätskonstruktion Amsdorfs, das als textexterner oder kontextueller Hintergrund zu verstehen ist.

[530] Siehe dazu die Diskussion über die objektive Wahrheit bei Aristoteles sowie bei der eristischen Dialektik in Schopenhauer (1923), S. 403–405.

[531] Beispielsweise erzählt Hoffman (ebenfalls wie Amsdorf) von den Geschehnissen des Zusammentreffens und nimmt dazu aus seiner Perspektive Stellung. Zudem erwähnt er seine Verhaftung in Magdeburg und klagt Amsdorf an, jene initiiert zu haben.

Argumentationsstrang stellt eine Bezugnahme auf Amsdorfs *Falscher Prophet* dar, meistens gekoppelt mit Angriffen auf Amsdorfs *persona*, so dass die Schrift *Nasen geist* sich nicht nur auf die Entkräftung von Amsdorfs Argumentation, sondern auch auf die Zerstörung seines Images konzentriert. Hoffmans zweites Schreiben stellt insofern eine polemische Steigerung sowohl von Amsdorfs als auch von seiner eigenen Schrift dar.

Der Pelzer gegen den Geschmierten

Wie bereits in *Ein vormanung* – und auch schon in dem 1525 geführten Schriftwechsel mit dem Zwickauer Mediziner Wolfgang Cyclop – bringt Amsdorf in *Falscher Prophet* sein „Verständnis des Amtes und der Berufung"[532] als Hauptargument gegen Hoffmans Person an,[533] der er sich in dem einer Tadelrede gleichkommenden zweiten Teil von *Falscher Prophet* widmet: Nur ein Berufener (Priester) dürfe das Gotteswort predigen, nicht einmal Jesus Christus hätte ohne Berufung gepredigt (B1v). So könne Hoffman nur

> einer [sein] da Christus von sagt / Sie werden komen yn meinem namen / ich werde sie nicht senden / auch nicht fordern lassen / dennoch werden sie komen / vnd ynn meinem namen / das ist / sie werden sich rhůmen meines worts vnd geists [...]. (*FP*, B1r)

Demzufolge müsse er ein „falscher Prophet" (*FP*, B1v) und vom Teufel gesandt sein, da kein „apostel / prophet odder prediger ynn der gantzen schrifft von yhm selbst komen vñ auffgestanden" (*FP*, B2r) sei. Hoffman setzt diese von Amsdorf bereits in *Ein vormanung* begonnene und in *Falscher Prophet* wiederholte Thematisierung der Berufung in seiner zweiten Replik *Nasen geist* explizit fort und kontert in mehrerer Hinsicht: Zum einen nennt Hoffman mit Apollos und Stephanus Beispiele für biblische Vertreter,[534] die laut Hoffman „vngeeisschet

---

[532] Ilgner (2008), S. 269. Zu dem Streit mit Cyclop siehe auch Kapitel 3.2 *Der Streit mit Nikolaus von Amsdorf II: Die Schriften* und Anmerkung 405 in der vorliegenden Arbeit.

[533] Bereits die *salutatio* Amsdorfs betont diese Argumentation: „Allen heiligen vnnd gleubigen an Christum Jhesum zum Kiel vnd gantzen Holstein / wůnsch ich Niclas Amsdorff ytzt zu Magdeburg ein beruffener knecht des Evangelij Jhesu Christi / Gnad vnd sterck des heiligen geistes." Amsdorf (1528): *Falscher Prophet*, A2r (Hervorhebung K.L).

[534] Apollos taucht insbesondere im 1. *Brief an die Korinther* auf, in dem darauf Bezug genommen wird, dass er zeitlich nach Paulus in Korinth gepredigt und die Gemeinde

geprediget yn der not" (B1r), um das Argument Amsdorfs, dass nur
Berufene in der Bibel predigen, zu widerlegen.[535] Zum anderen stellt
Hoffman die Berufung, von der Amsdorf spricht, generell in Frage und
zweifelt zudem die Allgemeingültigkeit und das System der kirchlichen
Berufung an. Auf den Vorwurf, ein falscher Prophet zu sein, der lediglich
vorgebe, im Namen Jesus Christi zu predigen, stattdessen aber mangels
Berufung nur vom Teufel geschickt sein könne, reagiert Hoffman zu-
nächst damit, denselben als einen Angriff *ad personam* darzustellen:

> Nu weis ich wenn ich ein gesmirter were / vnd latinisch kůnd / vnnd nicht
> ein Kőrßner odder peltzer / so wůrd ich wol vō euch laruengeistern frid
> haben / aber der teuffelisch bluteiffer vnnd der auffgeblosen nasengeist
> treibt solches ynn etlichen geschmirten esels laruē. (B1v)

Hoffman formuliert hier zum einen die Erfahrung, als Laienprediger nicht
ernst genommen zu werden und versucht diese negativen Erfahrungen
für die eigenen argumentativen Zwecke einzusetzen. Als Handwerker
und Lateinunkundiger erfahre er eine generelle Ablehnung, die in ihrer
Oberflächlichkeit nicht seine Lehren und deren Gehalt, sondern lediglich die äußeren Umstände – d. h. die soziale Ordnung – betrachte.
Die Abwertung der Lehren Hoffmans werde demnach aufgrund von
Vorurteilen seiner Stellung und Person gegenüber getroffen und nicht
auf Basis einer fairen inhaltlichen Prüfung. Zum einen äußert Hoffman
auf diese Weise die anzunehmende gesammelte Frustration darüber, als
Verkünder der christlichen Lehre nicht ernst genommen zu werden, zum
anderen kreidet er Amsdorf auf einer Metaebene an, den Streit nicht
um der Wahrheitsfindung willen zu führen, sondern zur Verteidigung

---

in Korinth sich infolgedessen in zwei Lager gespalten habe (1 Kor 1: 12 und 3: 4–22).
Hoffman könnte sich zudem auf die *Apostelgeschichte* beziehen, in der Apollos als
Jude, der christlich zu predigen beginnt, eingeführt wird (Apg 18: 24–28). Stephanus
gilt als der erste christliche Märtyrer, da er für den christlichen Glauben gesteinigt
wurde (Apg 6: 5–15 und 7). Stephanus war in sein Amt berufen worden, von daher
ist anzunehmen, dass Hoffman sich in diesem Fall auf die christliche Predigt bezieht,
die nicht erbeten war. Diese Vermutung liegt auch im Falle Apollos' nahe.

[535] „Sihe doch du ellende larue / sein das vnrechte prediger / die Gottis wort ynn der
not yhre mitbrůder vnd schwestern leren / Wo wiltu doch das beweisen mein lieber
laruen geist / so dein wort solt krafft haben welches du so őde aus scheumest / so
must der Apollo [sic!] auch falsch sein vnd der heilig Steffanus / die da haben vngeeisschet geprediget yn der not / Wie viel hundert die Gotis wort wol also gelert
haben / vnd Christus selber spricht / Ein stadt auff einem berg kan nicht verborgen
bleibē / also auch ein angezůndt liecht sol leuchten vnd nicht yns důster gesetzt sein
als du laruen geist furgibst." Hoffman (1528), *Nasen geist*, B1r-v (Bibelparaphrase:
Mt 5: 14).

des klerikalen Alleinrechts auf theologische Auslegung. Er unterstellt ihm zudem eine unlautere Vorgehensweise, nämlich *ad personam* und nicht *ad rem* zu argumentieren. Anstatt die Sache in den Mittelpunkt zu stellen, zeige Amsdorf nur seine überhebliche Einstellung gegenüber Laien, die, verursacht durch den „teuffelisch bluteiffer[536] vnnd de[n] auffgeblosen nasengeist" (B1v), nicht nur bei Amsdorf wiederzufinden sei, sondern bei „etlichen geschmirten esels larūe" (ebd.). Durch die Verwendung der in der protestantischen Polemik üblichen spöttischen Bezeichnung ‚Geschmierter'[537] für den geweihten Priester knüpft Hoffman an die antiklerikale Polemik Luthers an[538] und weitet diese

---

[536] Der ‚Bluteifer' mag sowohl die Bedeutung des heutigen Wortes ‚Eifersucht', als auch des ‚Zorns' (auf Luthers Deutung von ‚Eifer' basierend) beinhalten. Durch das vorangestellte ‚Blut-' wird zudem eine körperliche Komponente hinzugefügt, die im Kontext der Ablehnung der Körperlichkeit zugunsten einer Vergeistigung während der Reformation und besonders bei Hoffman pejorativ zu verstehen ist. Siehe dazu: „Das Substantiv *Eifer,* zuerst in der 2. Hälfte des 15. Jhs. für 'Eifersucht' (zu *eifern* als postverbale Ableitung?), findet durch Luthers Bibelübersetzung Eingang in die nhd. Literatursprache. Luther verwendet es mit der Bedeutung 'aus Sorge und liebevoller Anteilnahme erwachsende zornige Erregung' zur Wiedergabe von griech.-lat. *zēlus* und begründet diese Entscheidung ausdrücklich. Hieraus geht der heutige Gebrauch hervor, während der ursprüngliche Sinn 'Eifersucht' im 18. Jh. zurücktritt." *Etymologisches Wörterbuch* (nach Pfeifer) (= *Digitales Wörterbuch der deutschen Sprache*), URL: http://www.dwds.de/?qu=Eifer&submit_button=Suche&view=1 (18.10.2015).

[537] Das Schimpfwort ‚Geschmierter' lässt noch weitere Bedeutungen anklingen: Das Grimmsche Wörterbuch verzeichnet z. B. für „GESCHMIERT" folgende: „1) *gesalbt, spöttisch von katholischen geistlichen* [...] 2) *geschminkt, falsch* [...] „3) listig, schlau [...] 4) bestochen". *DWB* 5, Sp. 3945. Ergänzend lassen sich noch weitere Bedeutungen des Verbs „SCHMIEREN" nennen: „schmieren, in weiterer sinnlicher bedeutung, mit dem nebenbegriff des sudelns oder besudelns". *DWB* 15, Sp. 1083. „schlechthin einen schmieren, in selbstsüchtiger absicht liebkosen, schmeicheln". Ebd., Sp. 1085. Aufgrund dieser anderen Bedeutungszweige, beinhaltet der ‚Geschmierte' eine wesentlich pejorativere Konnotation als der ‚Gesalbte' und eignet sich als Schimpfwort für den geweihten Priester.

[538] Siehe z. B.: „Die Clericken hayst er seyne gaystlichen / darunder er der ôberste priester vnd fürste seyn will / welche er damit allain gaystlich macht / das er sie beschirt / mit ôle schmirt an fingern / vnd das sie lange klayder tragen / hayst vnnd gibt für / das er in ain vnaußleschlich malzaychen in ire seele drucke / wels doch nichts anders ist / deñ das maltzaychen der Bestien in Apocalip. Also das der / wer des Bapsts pfaffe ist / hayst nicht Christen (denn der Christliche name stinckt vor dem aller hôchsten vatter) aber er hayst der beschorne / geschmirte / gezaychnete vnd wolgeklaydte Clerick der ist bey im hoch vnd wolgehalten. Vnd diese eynsatzung hayst man den hayligen orden oder die haylige weyhung / ains von den siben sacramenten / vil hayliger vnnd besser / denn die tauff selbst." Luther, Martin (1522): *Vom Mißbrauch der Messen.* Wittenberg: [o. Dr.], R1v. Die Doppelung „beschorne vnd geschmirte" Priester und andere Formen von „geschmirt" kommen noch mehrmals in Luthers Text vor.

von seiner Position als Laie aus. Was sich zuvor bei Luther noch auf die Papstanhänger und auf den Sakramentsstatus der Weihe bezog, gilt bei Hoffman, der sich außerhalb dieser Gruppe befindet, für den ordinierten Priester im Allgemeinen.

Nachdem Hoffman Amsdorfs Schmähung des Kürschners aufgrund äußerlicher Gegebenheiten als eine regelwidrige Streittechnik erklärt hat, geht er direkt daran anknüpfend auf den Inhalt des Vorwurfs ein, um ihn mit einer zu Amsdorfs Deutung konträr stehenden Interpretation desselben Textes von Mt 24: 5[539] (ähnlich auch bei Mk 13: 6 und Lk 21: 8) zu entkräften:

> So bringt diser laruengeist ein spruch herein mich zu dempffen / vnd ist doch der selbige spruch gesagt auff die widder Christen / welcher Amsdorff auch so lang einer gewesen ist / vnd ist ein lerer der nu meint das er aus des widderchrists hauffen gesprungen sey / vnnd versteht doch nicht diesen spruch Mat 24. da Christ[us] spricht / <u>Es werden viel kommen vnter meinem namen vn̄ sagen / ich bin Christus</u> / Da hörstu narrenfex das Christus von den sagt / die sich fur Christum dar geben / die / welche den menschen helffen künden mit yhren Messen / beten / fasten / keuscheit vnd andern der gleichen wercken / der du esels larff io auch ein solcher falscher verfürer gewest bist / Gott weis was du noch ym hertzen bist. (B1v, Hervorhebung K. L.)

In seiner Deutung der Aussage Jesus Christi knüpft Hoffman ebenfalls an bereits bestehende protestantische Polemik an: Er stützt sich auf die lutherische (antipäpstliche) Antichrist-Polemik[540] und macht sich die bereits etablierten Feindbilder des Papstes als Antichrist[541] und der altgläubigen Kirchenvertreter als die „widder Christen" zunutze, wendet dann aber erneut jene polemische Waffe, die bis dahin die Reformatoren gegen die Altgläubigen ausspielten, selbst gegen den Reformator Amsdorf. Als Laie ist es Hoffman ein Leichtes, die (kirchlich) Berufenen

---

[539] „Denn es werden viele kommen unter meinem Namen, und sagen: ‚Ich bin Christus‘ und werden viele verführen." *www.bibel-online.net*, nach Luther 1912.

[540] Siehe dazu Sebaß, Gottfried (1978): „Antichrist IV". In: Krause, Gerhard & Gerhard Müller (Hg.): *Theologische Realenzyklopädie*. Bd. 3. Anselm von Laon–Aristoteles, Aristotelismus. Berlin & New York: De Gruyter, S. 28–43.

[541] Vgl. dazu auch: „Die Gestalt des Antichristen wurde [...] immer dann besonders populär, wenn die Menschen der Überzeugung waren, kurz vor dem Weltende zu stehen. [...] Auch Luther war von Endzeiterwartungen geprägt. Daher verwundert es nicht, dass sich bei ihm der erste Nachweis für ‚Antichrist‘ bereits 1509 findet, also noch lange vor dem Ausbruch des Konflikts in Rom. [...] Mit dem Werk ‚Aversus execrabilem Antichristi bullam‘ setzte er Papst und Antichrist entgültig gleich. Auf Deutsch vertrat er diese Ansicht erstmals in seiner Schrift ‚An den Christlichen Adel deutscher Nation‘. Jörgensen (2014), S. 66.

als eine Gruppe abzuurteilen: Da er kein Mitglied dieser Gruppe ist, ist er nicht nur nicht darauf angewiesen, den Ruf des geistlichen Standes partiell zu schützen, sondern kann sämtlichen berufenen Klerus als Einheit von sich und seiner Position als laikalem Reformator abgrenzen.[542] Demzufolge kehrt Hoffman Amsdorfs Verdikt, dass die mangelnde Berufung Hoffman unglaubwürdig mache, ins Gegenteil um, wertet den Stand der Berufenen mittels diskursiver Anspielung auf antiklerikales Gedankengut ab und macht sprichwörtlich die Not zu einer Tugend, indem er sich selbst außerhalb der Gruppe der berufenen Prediger positioniert. Durch die Instrumentalisierung der protestantischen Polemik, die sich ursprünglich nur gegen einen Teil des Klerus – die lasterhaften ‚Papisten' – richtete, als Polemik auf die Gesamtheit aller Berufener (und damit auch als anti-protestantische Polemik) verstärkt Hoffman die antagonistischen Positionen von Theologe und Laie. Er bemüht sich demnach nicht, Amsdorfs Rollendenken entgegenzuwirken, sondern intensiviert umso mehr die Unaufhebbarkeit der Opposition der Stände, indem er die Grenzziehung zwischen berufenem und laikalem Prediger rezitiert. In seiner Position als ein durch äußere Umstände (Status, Ausbildung etc.) Ausgegrenzter vermag Hoffman die Grenzziehung selbst nicht glaubwürdig aufzuheben, sondern muss von Anbeginn seiner Tätigkeit die ihm zugängliche Position stärken, indem er sie neu beurteilt: Die fehlende Berufung und das „armgeistige" Leben werden zum Ideal,[543]

---

[542] Diese explizite Form des Antiklerikalismus ist nicht allein typisch für Hoffman, sondern generell für die Laienbewegungen. Vgl. dazu: „Im Täufertum, das sich je länger je mehr zu einer ausgesprochenen Bewegung von Laien entwickelte, nahm der Antiklerikalismus eine besonders handfeste, wenig subtile Form an: Wort und Widerwort, Schlag und Gegenschlag, Typ und Gegentyp. Daraus erklärt sich die auffällige Tendenz im Täufertum, den Glauben zu ethisieren und auf den frommen Laien hin zu personalisieren. Nicht Priester oder Mönch, sondern der fromme, tätige Laie war der eigentliche *homo spiritualis*." Goertz (1993), S. 86f.

[543] Für Hoffman kommt die Gnade Gottes gerade den Armen zu. „Vnd Gott in solchen seinen hohen gaben des heyligen geistes oder seines mūthes / kein anseher der person ist / sunder vß allen geschlehcten vnnd zungē heiden / vőlckern / vnnd scharen / seine vsserwőlten rūfft / herschet / vnnd durch Christum zeücht vnd erwőlet / fürnemlich die armen / welche da seind eins zerschlagnen zerknutschten gemūts / geistes vnnd hertzens die er an numpt / vnnd jm ein wolgefellig vnd süsses opffer seind / das er nit verschmahē thūt wie der heylige Dauid vermeldet / Psal.I. vnd Christus Matth.v. die armen des geistes selig spricht / aber was from / heilig / vnd in reichem hoffertigem geist hereiner drit / mag gott nicht gefallen [...]." Hoffman (1530), *Außlegūg der heimlichē Offenbarung*, A4r (vollständige Angabe bei Anmerkung 39). Die Armut ist jedoch nicht bloß Voraussetzung für die Empfängnis des göttlichen Geistes, sondern der empfangene Geist zieht auch die Weltabkehr und somit die Armut wiederum mit sich. Siehe dazu auch Kawerau (1954), S. 102–105.

um die Position als Laienreformator und Auserwählter zu legitimieren und mittels Anknüpfens an zeitgenössische Frömmigkeitsideale und Kleruskritik zu unterstützen.[544] Konsequenterweise betont Hoffman Amsdorfs Zugehörigkeit zum Klerus und somit zu des „widderchrists hauffen", obgleich letzterer selbst die Meinung habe, diesem entsprungen zu sein. So begonnen, führt Hoffman in direktem Anschluss weiter aus:

> Auch schreibt der narrenfex / Es werden falsche Propheten zu euch ynn schaffskleidern komen / fur den wachtet euch / Mein lůgen geist / geht der spruch nicht auff die welch dein mit gefallen waren vom geölten vn̄ gekresamten hauffen / Verstehestu aber die schrifft nicht / schempstu dich nicht / das dich ein peltzer erst die schrifft lernen sol / hörestu nicht / das Christus auff die selben wort spricht / An yhren früchten solt yhr sie erkennen / Jch mein du mit deinem geölten hauffen habe hůpsche frucht bracht / als du denn auch noch solche faule frůcht ertzeigen thust / Du ellender laruen geist als ich sihe so verstehstu dich eben auff Gottis wort / als sich ein Kue versteht auff ein muscaten / es wer gnug / das ein öder vnsinniger narr diese schrifft geschrieben het. (B1v–B2r)

Die polemische Bezeichnung der Berufenen als „geölte[r] vn̄ gekresamte[r] hauffen" und die Rede von den Früchten, an denen man gute und falsche Prediger erkennen möge, machen zusätzlich deutlich, dass es nicht Hoffmans Ziel ist, die Opposition zwischen Priester und Laie aufzuheben,[545] sondern sie vielmehr aufrecht zu erhalten, dabei aber neu zu interpretieren. Die Theologen, Amsdorf inbegriffen, hätten schließlich „faule frůcht" gebracht, wohingegen Hoffman sich an dieser

---

[544] Zur Verbindung von Volksfrömmigkeit und Antiklerikalismus konstatiert Rainer Postel: „Andererseits war die Volksfrömmigkeit offenbar gerade deshalb für außerkirchliche Vorstellungen empfänglich, weil in den Augen der Gläubigen Kirche und Klerus den eigenen Maßstäben weithin nicht mehr genügten und weil insbesondere der Weltklerus zu durchgreifenden Reformen unfähig erschien. Die Frömmigkeit bewies sich geradezu in der zunehmenden Kritik an Kirche und Geistlichen, weil deren vermeintliche oder wirkliche Verfehlungen und Unzulänglichkeiten vor allem die Gewissen der Gläubigen bekümmerten und deren Unmut hervorriefen." Postel, Rainer (2002): „Ouvertüre zur Reformation? Die spätmittelalterliche Kirche zwischen Beharrung, Reform und Laienfrömmigkeit". In: Deventer, Jörg, Susanne Rau & Anne Conrad (Hg.): *Zeitenwenden. Herrschaft, Selbstbehauptung, und Integration zwischen Reformation und Liberalismus. Festgabe für Arno Herzig zum 65. Geburtstag.* Münster: LIT Verlag, S. 205–217, hier S. 213.

[545] Vgl. dazu: „Die soziale Kategorie *Laie* (*idiota*, *vir indoctus*) stand zwei anderen sozialen Kategorien gegenüber: der des Gelehrten (*vir doctus*, *litterarus*) und der des Priesters. Diese zweite Opposition wurde sozusagen von heute auf morgen für irrelevant erklärt und blieb es im Protestantismus auch [...]." Schwitalla (2001), S. 460.

Stelle durch sein höheres Verständnis der heiligen Schrift auszeichne, denn der „peltzer" müsse Amsdorf erst noch die Schrift lehren.[546]

In diesem Vorwurf wird ganz besonders auch textexternes und intertextuelles Wissen aktiviert, indem der Text an Reformdiskurse vor 1525 anknüpft, die Hoffmans Interpretation teilen, dass Laien die verständigeren Leser der Bibel seien, während die Altgläubigen vielfach Missbrauch mit der Schrift betrieben hätten.[547] Gleichzeitig macht Hoffman Amsdorf in seiner Priesterfunktion lächerlich und verspottet ihn, weil er sich von einem Pelzer in seiner eigenlichen Profession belehren lassen müsse. Mit der darauf folgenden Redewendung, dass Amsdorf sich auf Gottes Wort so gut verstünde wie eine Kuh auf Muskat,[548] gibt Hoffman seinen Gegner schließlich mit bildlicher, volksnaher Sprache der Lächerlichkeit preis. Anlass des salopp formulierten Spottes ist deutlich der Kampf um den „Anspruch auf Deutungshoheit",[549] den es zu gewinnen gilt, damit die Umdeutung des bereits durch Amsdorf etablierten Antagonismus (Laie vs. berufener Priester) gelingt. Um diesen Kampf zu gewinnen, schließt Hoffman den Abschnitt seiner Polemik gegen Amsdorf (in Position des Berufenen) mit Verhöhnung von dessen Argumentation ab. Mittels rhetorischer Fragen stempelt Hoffman diese als heuchlerisch ab:

> So du aber so seer stehst auff die <u>beruffung der menschen</u> / so ist doch des gantzen Babstes hauffe beruffen / warumb stehstu denn widder sie / darumb weistu nicht lieber lůgen geist was du schreipst / so du nu sagst von der <u>beruffung Christi durch Gottis stim vom vater gesandt</u> / kanstu nicht auch so lang harren vnd dein lallen stehn lassen / bis du ein solche offenbarung von hymel kriegest / was wiltu mir ein sonders kochen / das du selber nie

---

[546] Das Verständnis der Schrift speist sich für Hoffman nicht mehr aus dem äußerlichen Amt des Klerikers, sondern aus dem verinnerlichten göttlichen Geist, der die Erkenntnis der Schrift möglich macht. „Wenn Gnade und Armut die Bedingungen für das richtige Auslegen der Schrift sind, so schließt das ein, daß die buchstabischen Bauchknechte die Schrift nicht richtig auslegen können." Kawerau (1954), S. 107.

[547] Vgl. dazu: „Anstelle der Fremdsprachen trat die Bibelkenntnis. In den Streitdialogen wurden die Laien als in der Bibel beschlagen, die Geistlichen dagegen als unwissend dargestellt." Schwitalla (2001), S. 462.

[548] Die hier angewandte Redewendung hat ihren Ursprung in den Varianten der Sprichwörter „Was soll einer Kuh Muscatnus; es thuts jhr noch wol Haberstroh" (auch z. B. Was soll der Kuh der Muskaten?) und „Die Kuh nimmt Haberstroh für Muskaten". Wander, Karl Friedrich Wilhelm (1870): *Deutsches Sprichwörter-Lexikon*. Bd. 2. Gott–Lehren. Leipzig: Brockhaus, S. 441 & 566.

[549] Bachorski, Hans-Jürgen, Jürgen Behütuns & Petra Boden (2000): „Editorial". In: Dies. (Hg.): *Literaturstreit* (= *Mitteilungen des Deutschen Germanistenverbands* 47: 4). Bielefeld: Aisthesis Verlag, S. 370–373, hier S. 372.

versucht / gehort / gesehen / noch geschmecket hast. (B2r, Hervorhebungen
K. L.)

Hoffman unterscheidet hier klar zwischen der Berufung durch die
Menschen und der Berufung durch „Gottis stim vom vater gesandt" und
impliziert damit, dass Amsdorf sich lediglich auf die menschliche und
damit auf eine nichtige Berufung konzentriert. Für Hoffman ist diese
Form der Berufung durch Menschenhand nur ein nichtiges Verfahren,
das mit religiöser Überzeugung und Verinnerlichung der Gottesfurcht
und des Glaubens in keinem Zusammenhang steht. Wie auch bei anderen Laienreformatoren begründet Hoffman seine Legitimation nicht
mit äußerlichen, menschlichen Ritualen wie der Salbung, sondern
durch eine rein internalisierte Form des Glaubens, der ohne äußerliche, liturgische Rituale auskommt. Stattdessen erhebt er es in seiner
Daniel-Auslegung zum christlichen Ideal, den weltlichen Gütern,
Ruhm und Ehre zu entsagen und sämtliches persönliches Streben
(auch das Streben nach dem Seelenheil) aufzugeben, um sich vollends
in Gottes Hände zu geben und diesem aus reiner Liebe zu dienen.[550]
Der ideale Christenmensch wird bei Hoffman in Anlehnung an my-
stisches Gedankengut[551] durch das Bild „des ‚gelassenen Menschen'[,]
der die Furcht vor Strafe und die Hoffnung auf Lohn hinter sich
gelassen hat",[552] verkörpert.[553] Hoffman spricht von dem „vergôtten

---

[550] Vgl. Deppermann (1979), S. 73.

[551] Calvin Augustine Pater und Richard G. Bailey zeigen z. B. den Bezug zur Mystik
an Hoffmans Kommentar *Dat Boeck Cantica Canticorum* von 1529. Pater, Calvin
Augustine (1977): „Melchior Hoffman's Explication of the Songs (!) of Songs". *Archiv
für Reformationsgeschichte* 68, S. 173–191 und Bailey, Richard G. (1991): „Some
Remarks on St. Bernard of Clairvaux as a Literary Source for Melchior Hoffman's
Commentary *Dat Boeck Cantica Canticorum* (1529)". *The Sixteenth Century Journal*
22: 1, S. 91–96. Bailey fasst seine Ergebnisse folgendermaßen zusammen: „The trans-
mission of the bernardine spiritual tradition through works of medieval piety to
Melchior Hoffman is a reasonable argument. The tentative evidence put forward here
suggests that Hoffman studied the glosses in the Lübeck Bible and they, coupled with
German mystical and Karlstadtian influences, became formative in shaping the spiritualizing hermeneutic used in his commentary *Cantica Canticorum*." Ebd., S. 96. In
Anmerkung 27 fügt er noch hinzu: „This conclusion supplements W. Packull's fin-
dings vis-à-vis Hoffman's links to Spiritual Franciscan eschatology. Hoffman borro-
wed liberally from the ideas contained in the currents of medieval popular piety. His
semi-mystical assumptions, spiritualizing hermeneutic, and eschatology can all be tra-
ced back to medieval prototypes." Ebd. Siehe dazu auch Deppermann (1979), S. 95f.

[552] Deppermann (1979), S. 74.

[553] Zu Meister Eckharts Neuschöpfung von ‚gelassen' als Adjektiv (neben ‚gelassen' als
Partizip Perfekt von ‚lassen') siehe Eintrag „GELASSEN", *DWB* 5, Sp. 2864–2872,
insbesondere Sp. 2865.

menschen / der in gātzer gelossenheit steht / daß er nicht acht wie es gott mit yhm macht / zum leben oder sterben / zum reich des lebēs oder des dodes / ist yhm als eyns".[554] Das Menschenideal Hoffmans ist vollkommen unabhängig von Stand, Bildung oder kirchlicher Berufung, sondern geprägt von innerer Bereitschaft zum Leid und zur Aufgabe des menschlichen Strebens – der Mensch solle sein Schicksal völlig in Gottes Hände legen.[555] Hoffman sieht in Amsdorf jedoch jemanden, der sich insbesondere auf die weltlichen Dinge und Regeln beruft, anstatt dem mystischen Ideal der Selbstaufgabe zugunsten der Gottesliebe zu folgen.[556] Demzufolge spricht er Amsdorf das Recht ab, von einer solchen Gotteserfahrung, die als synästhetisch-körperliche Erfahrung (hören, sehen, schmecken) geschildert wird,[557] überhaupt sprechen zu können. Aus Hoffmans Perspektive konzentriert sich Amsdorf insofern auf die falschen – eben die weltlichen – Werte und äußerlichen Dinge, so dass er in Hoffmans Augen nur als eine dem neuen Glauben feindlich gesinnte Person gelten kann. Hoffman verteidigt sich nicht nur, sondern

---

[554] Hoffman, Melchior (1526): *Das xij Capitel [...] Danielis*, C3r.

[555] Hoffman steht hier noch in der Tradition der mittelalterlichen Mystik, geprägt durch u. a. Meister Eckhart, Johannes Tauler und der von Luther 1516 im Druck herausgebrachten *Theologia deutsch* (Ende des 14. Jahrhunderts entstanden). Vgl. dazu: „Und in dieser Wiederherstellung und Besserung [des menschlichen Falls (durch Adam)] kann und mag und soll ich nichts dazu thun als ein bloßes lauteres Leiden, also daß Gott allein alle Dinge in mir thue und wirke und ich leide Ihn und alle Seine Werke und Seinen göttlichen Willen." *Theologia deutsch* (1855). Zweite verbesserte und mit einer neudeutschen Übersetzung vermehrte Auflage. Hg. von Franz Pfeiffer. Stuttgart: Verlag von Samuel Gottlieb Liesching, S. 11. Ob Hoffman diese Schrift rezipiert hat, ist nicht belegt, jedoch weisen die Spuren ähnlichen mystischen Gedankenguts auf die generelle Rezeption mystischer Texte und Ideen hin. Vgl. dazu: „The *Theologia Germanica*, for example, was the most read theological treatise of the Reformation and it was probably contained in the inventory of Hoffman's own printing office. There is also evidence that Eckhart, Tauler and Suso helped to prepare the introduction to the East and Westphalian Cologne Bibles which Hoffman may have used. These Bibles were the forerunners to the Lübeck Bible which Hoffman did use." Bailey (1991), S. 95.

[556] Deppermann fasst in seiner Forschungsdiskussion zusammen: „[Es] zeichnet sich ab, daß die theologische Differenz zwischen Reformation und Täufertum aus dem unterschiedlichen Grad der Bindung an mittelalterliche Traditionen resultiert. Während bei den Reformatoren der Einfluß der Mystik im Laufe ihrer Entwicklung sank, blieb bei vielen Täufern das mystisch-apokalyptische, aber auch das asketische Erbe des Mittelalters in hohem Maße erhalten, womit freilich nicht behauptet werden soll, daß dadurch das ‚Täufertum' theologisch wieder zu einer festen Gestalt und klar umrissenen Größe geworden ist." Deppermann (1979), S. 14f.

[557] Auch in der *Theologia deutsch* ist die Rede von der Verinnerlichung Gottes als dem höchsten Ziel, das unter anderem auch „geschmeckt und empfunden wird". *Theologia deutsch* (1855), S. 33.

greift Amsdorf im Gegenzug scharf an, indem er ihn als einen Gegner
des Evangeliums und des rechten Glaubens stilisiert.

Durch das offene Polemisieren (im gesamten Schriftwechsel) stehen Hoffman dafür nicht nur Informationen aus den Texten zur
Verfügung, sondern er kann auch textexternes Wissen über Amsdorfs
Leben einflechten. Um die Wirkung zu maximieren werden speziell solche Informationen mit eingebaut, die der Imagezerstörung des
Magdeburger Pfarrers dienen: Im Kreuzfeuer steht Amsdorf demzufolge besonders aufgrund seiner Vergangenheit als Anhänger
der Papstkirche bzw. als ,Papist'. Paradoxerweise setzt Hoffman
Information sowohl über Amsdorfs altgläubige Vergangenheit („du
mit deinem geölten hauffen habe hůpsche frucht bracht", B2r) als auch
über dessen Gesinnungswandel hin zum Protestanten ein („warumb
stehstu denn widder sie", B2r), um Amsdorf in ein schlechtes Licht
zu rücken und dessen Berufungs-Argument gegen den Laienprediger
Hoffman in seiner Glaubwürdigkeit zu entkräften. Hoffman schwankt
demnach dazwischen, dass Amsdorf immer noch ein Papstanhänger sei
und dass er „wol newe strick legen [solle] / herter denn der Babst vor-
hin gethan hat" (C2v). Hier ist deutlich die strategische Verwendung
jeweils einzelner, isoliert betrachteter Informationen aus dem Leben
Amsdorfs zu erkennen. Die Informationen werden aus der Integration
von Texthinweisen und textexternen Quellen generiert und die personengerichtete Polemik darauf aufgebaut. Dabei hebt Hoffman die
von Amsdorf aufgegriffenen Differenzen zwischen „peltzer" und
„gesmirter" nicht auf, sondern verstärkt vielmehr die antagonistische
Rolleninszenierung durch die Wiederholung der polarisierenden Selbst-
und Fremdzuschreibungen. Gegen Ende der Schrift fordert er z. B. seine Gegner auf: „Nu yhr blutteuffelischen geister / thut all zu hauff /
last sehen was yhr kůndt / als viel ewer sein / die lust haben sich an dem
peltzer zu versuchen" (C3v) und betont seinen Status als Handwerker,
indem er auf sich selbst in der 3. Person mit der Berufsbezeichnung
referiert. Ein paar Zeilen später betont er seinen Status als Laie ein
weiteres Mal:

> Das sey nu euch scorpion geistern gesagt / last sehen / braucht ewer bestes /
> was yhr kůnd widder diesen armen leyen / peltzer odder korßner auffbrin-
> gen / so yhr doch euch důnckt die gelerten / vnnd der arm peltzer ein vnge-
> lerter / noch ewrem nasen geist / auch ein vngeölter kreßemter knecht. (C3v)

Hoffman greift erneut auf die Differenzen zwischen Amsdorf und ihm
zurück und stilisiert sich selbst als den „armen leyen", der zu Unrecht

angegriffen wird, da Gott doch auf seiner Seite steht.[558] Das Anliegen Hoffmans mit der wiederholten Zitation der Statusunterschiede scheint die konnotative Umdeutung seines Status' zu sein. Die Entscheidung, pejorative Synonyme (,Geschmierter' etc.) anstelle der exakten Wiedergabe des von Amsdorf ursprünglich verwendeten ,Berufenen' einzusetzen, bestärkt diesen „semantischen Kampf"[559] um die zugrunde liegenden Deutungsmuster und somit die Wirkungsabsicht einer performativen Rolleninszenierung. Diese Form der Wortwahl gehört in den Bereich der für Polemik genutzten Strategien, die nicht argumentativ sind.

Nicht-argumentative Strategien bei der antagonistischen Rollenkonstituierung

Unterstützende und komplettierende Funktionen für die Inszenierung des Antagonismus bestimmter Rollen (z. B. als Laie oder berufener Prediger) bzw. für den Aufbau bestimmter Eigen- und Fremdimages im Allgemeinen erfüllen die nicht-argumentativen Mittel der Polemik wie z. B. Schlag- und Schimpfwörter, Schimpfnamen, bildhafte Sprache (mittels Sprichwörtern, Redewendungen, Metaphern oder Vergleichen), Ironie und Witz. Durch sie werden die argumentative Seite der Polemik lebendiger und die streitinszenierenden Texte anschaulicher, eindringlicher, plastischer und insofern performativer. Indem sie andere (Be-)Deutungsbereiche integrieren, gedanklich Bilder und Szenarien hervorrufen und auf bekannte Handlungsabläufe in belustigender Art verweisen, geben sie der Polemik ihre besondere individuelle Form und Wirkmächtigkeit.

Insbesondere in Bezug auf diese Techniken der Streitführung, lassen sich die Schriften der Kontrahenten Amsdorf und Hoffman als auffallend unterschiedlich charakterisieren. Während Amsdorf überwiegend auf die argumentativen Mittel der Widerlegung setzt und sogar die Tadelreden auf Hoffman grundlegend argumentative Züge besitzen,

---

[558] Hoffman schreibt: „ich wil mein trost nemen vnd den hort meines heils / vnnd wil sehen wie mich mein Gott vnd Heylandt fur euch blut teuffeln erhelt" (C3v).

[559] „Unter ,semantischem Kampf' wird [...] der Versuch verstanden, in einer Wissensdomäne bestimmte sprachliche Formen als Ausdruck spezifischer, interessensgeleiteter und handlungsleitender Denkmuster durchzusetzen." Felder, Ekkehard (200): „Semantische Kämpfe in Wissensdomänen. Eine Einführung in Benennungs-, Bedeutungs- und Sachverhaltsfixierungs-Konkurrenzen". In: Ders. (Hg.): *Semantische Kämpfe. Macht und Sprache in den Wissenschaften*. Berlin & New York: De Gruyter, S. 13–46, hier S. 14.

zielt Hoffman vielmehr darauf ab, seinen Gegner zu beleidigen, zu schmähen und zu verspotten. Zwar nutzen beide Kontrahenten die Mittel der Ironie zur Verhöhnung des jeweiligen *polemischen Objekts*, aber hinsichtlich persönlicher Invektiven unterscheiden sich die für die Polemik verwendeten Strategien. Amsdorfs gemäßigter Ton, der mitunter eine emotionale Distanziertheit inszeniert, steht in scharfem Kontrast zu Hoffmans aggressiven Schimpftiraden.

Bereits durch die Wahl der Bezeichnungen bzw. der Namensgebung für den jeweiligen Gegner inszeniert sich Hoffman in seinen Schriften als emotionaler Verfechter der in seinen Augen rechten Sache – ganz im Gegensatz zu dem sich meist sachlich äußernden Amsdorf. Während Letzterer sowohl in *Ein vormanung* als auch in *Falscher Prophet* Melchior Hoffman fast ausschließlich in der 3. Person und beim vollen Namen oder beim Vornamen nennt,[560] wartet sein Kontrahent mit Salven von Schimpfnamen für ihn auf.[561] Die im Titel angekündigte Gleichsetzung Nikolaus von Amsdorfs mit einem „lugenhafftige[n] falsche[n] nasen geist" wird dann im restlichen Text zur programmatischen Konzeption der Referenz auf Amsdorf: Die Bezeichnungen „nasen geist", „lügen geist" und „laruen geist" werden durchgängig im Laufe der Schrift wiederholt, dabei z. T. miteinander und mit unterschiedlichen Attributen kombiniert.[562] Die häufigen Komposita

---

[560] In der längeren Schrift *Falscher Prophet* ist dies weitaus öfter der Fall, in *Ein vormanung* referiert Amsdorf kaum explizit auf Hoffman. Der volle Name wird in beiden Schriften insgesamt ca. 20-mal, der Vorname allein etwa 13-mal genannt. Exemplarischen Charakter haben auch die Phrasen „ewer Melchior Hoffman" und „ewer Melchior" in *Falscher Prophet*, die Amsdorf nutzt, um bei der Referenz auf Hoffman gleichzeitig die *polemische Instanz* anzusprechen. Wenige Ausnahmen dieser namentlichen Referenz stellen „du schwartzer teuffel" (*EV*, A3v & *FP*, A4v), „du lediger teuffel" (*FP*, B2r), „teuffel" (*FP*, A4r & B1v) und „ein vnnützer schwetzer" (*EV*, B3r) dar.

[561] Hoffmans Kreativität und Unermüdlichkeit beim Beschimpfen ist keine Ausnahme im Vergleich zu anderen Flugschriftenautoren: „Ist ein Ausdruck genügend ausgepresst, so greift man in den reichen Vorrat neuer Möglichkeiten, junger Ersatz tritt in die gelichteten Reihen, bis auch er wieder frischem Sprachgut weichen muss. Es herrscht ein stetiger Wechsel das ganze Jahrhundert hindurch. Solange die Ideen lebendig bleiben, ist man um Wendungen, sie deutlich auszudrücken, nie verlegen. Ein ungeheurer Drang macht sich bei der allgemeinen Gärung und Aufregung der Zeit geltend **Schimpfnamen zu häufen,** um dadurch die Wirkung zu erhöhen. Manche Schriftsteller leisten darin Unglaubliches." Lepp (1908), S. 5 (Hervorhebung im Original).

[562] Man begegnet im Verlauf der Schrift u. a. folgenden Kombinationen: „ellender laruen geist" (A2r, A2v, B2r, C2r & C2v), „ellender nasen geist" (A4r), „lügengeistiger larue" (A2v), „lügenhafftige laruen geist" (A2v), „lügenhafftiger laruen vnd nasen geist" (A2v), „der falsche lügenhafftige laruen vnd nasen geist" (A3r), „lieber lügen

mit einem nachgestellten ‚geist' werden durch andere Invektiven komplettiert: Hoffman lässt seinen Widersachern – sei es in der 2. oder der 3. Person – eine Vielzahl an Schimpfnamen aus verschiedenen Bereichen zukommen:

- *Narrheit/Narrendasein*: „narrenfex" (A3r, A4v, B1r, B1v, B2r & C2r), „narrenmaul" (B1r), „grober esel" (B2r), „narren larff" (B2v) „esels larff" (B2v)
- *Verstellung/Lüge*: „ellende larue" (B1r), sämtliche ‚geist'-Komposita
- *Schwärmertum*: „stoltzer schwermer" (B2v), „nerrisches schwermerhirn" (B2v), „schwermer vnd auffrůrischer mordischer bóswicht" (C1v), „auffrurischen bóswicht (C2r), „dein auffrůrisch schwermerisch schreiben" (C2r)
- *Ketzerei/Gotteslästerung*: „Du Gottis ehr dieb / vnd du ellender Gottis verrethrischer lesterer" (A3r), „lesterer vnd sehender Gótlicher warheit" (C3r)
- *Sonstige*: „grober vnuerschempter růltz / filtz vnd lůgengeistiger larue" (A2v), „Růltz / filtz / nasen vnd laruen geist" (A2v), „ellender maden sack" (C3r), „mein lieber Organist" (C3v)

Die Anhänger Amsdorfs vergleicht Hoffman mit „schlůpfferigen eel odder solcher art fisch", „nottern / scorpion[en] vnd [...] schlangen" (C3r), „lůgen meuler" (C3v), „scorpion geister[]" (C3v) und „blut teuffel[]" (C3v) oder einer Schar von Eseln oder Kühen, den „io brůder / wenn einer y a schreyet / so schreyen sie all y a / wenn ein Kue biset / so bisen sie alle" (C3r–C4r).[563] Die Vielzahl der beleidigenden Bezeichnungen und Vergleiche zielt darauf ab, dass der Gegner schließlich mit der durch sie hervorgerufenen Stimmung zu einer unzertrennbaren Einheit verschweißt wird, denn ein „wichtige[s] Kampfmittel im Schlagabtausch ist [...] die Einbettung der pejorativen Prädikation, die weniger beleidigen als unglaubwürdig machen soll, in einen aggressiv aufgeladenen Argumentationszusammenhang [...]."[564] Auf diese Weise trägt die Wahl

---

geist" (A4v, B1r, B2r & C2r), „lieber laruen geist" (B1r & C2r), „auffgeblosen nasengeist" (B1v), „yhr losen nasen geister" (C2v).

[563] Hoffman nimmt hier die bereits populäre anti-katholische Esels-Polemik auf: „So machte man sich lustig über die ‚vollen und faulen Mönche und Pfaffen' und der Vergleich mit dem bequemen Esel war deshalb – treffend – bevorzugt, zumal auch das Chorsingen der Mönche mit dem Geschrei der Esel verglichen wurde." Lepp (1908), S. 135. Lepp nennt an dieser Stelle „Papstesel", „Choresel" und „Klosteresel" als die prominentesten Schimpfwörter.

[564] Stuhlmann (2010), S. 32.

der negativen Semantik aus den unterschiedlichen Bereichen dazu bei, eine aggressive Atmosphäre zu konstruieren, dessen dunkle Wirkung nicht Hoffman, sondern Amsdorf als Urheber zugerechnet wird.

Auf den letzten zwei Seiten von *Nasen geist* ergreift Hoffman abschließend auch das Wort gegen seinen zweiten Widersacher Marquard Schuldorp, mit dem er bereits seit ihrer gleichzeitigen Tätigkeit am Kieler Dom in einem mündlichen Streit stand. Mit dem Wechsel des *polemischen Objekts*, geht auch ein Umschwung der Beleidigungen einher. Das vorher nur einmalig verwendete Wort ‚Blut' steht ab da – z. T. kombiniert mit ‚Teufel'[565] – im Mittelpunkt fast sämtlicher Beschimpfungen: Hoffman nennt seine Gegner in der Mehrzahl „blutteuffelische[...] geister" und „blut teuffel[...]" (C3v), die der „lose auffgeblasene blut teuffel hat [...] besessen / der treibt solche spil ynn [ihnen] / die [sie] nu gern das Euangelion widder schendeten / wenn nicht Gott so reichlich die erkentnis hett ausgeteilt" (C3v). Der direkt angesprochene Marquard Schuldorp wird zum „blůtling" (C4r), der das Evangelium durch das eigene Blut geschändet habe. Hoffman stellt mit seiner Wortwahl und seiner Formulierung die kontextuelle Referenz auf die Geschehnisse um Schuldorps Heirat mit der Tochter seiner Schwester (vor Beendigung des Jahres 1525) her, die bei der Bevölkerung und innerhalb der Kirche auf große Proteste gestoßen waren. Schuldorp hatte mit der Eheschließung nicht nur gegen das Zölibat, sondern auch gegen die Inzestgesetze verstoßen. Vor dem Hintergrund des Tumults um diese Heirat sind Hoffmans Andeutungen für die Kieler Leserschaft, aber auch für Leser über die Grenzen Kiels hinaus leicht zu dekodieren gewesen. Aber Hoffman geht hier nicht nur *ad personam* vor, sondern auch *ad hominem*. Hoffman schreibt:

> du hast einst das Evangelion geschendt durch dein eigen blut / das doch ym gantzen newen Testament nicht gehort ist / also wolstu ytzt auch gerne thun dem wort vnd Euangelio / das ich nu v. iar geprediget hab / Nein mein blůtling / es sol dir ab Gott wil an mir feilen". (C4a)

Hoffman stützt sich damit auf die Verteidigungsschrift Schuldorps,[566] in der das Beispiel Abrahams von Luther und Amsdorf zur Rechtfertigung

---

[565] Zum Schimpfwort ‚Blutteufel' siehe Anmerkung 467.

[566] Schuldorp hatte sich von Luther und Amsdorf die Rechtmäßigkeit seiner Ehe bestätigen lassen, die dann mit einer Stellungnahme seinerseits zusammen 1526 unter dem Titel *Grundt vnd orsake worup Marquardus Schuldorp hefft syner suster dochter thor ehe genamen [...]* gedruckt wurden. Vollständige Titelangabe und weitere Informationen bei Anmerkung 490.

herangezogen wird. Schuldorp selbst bringt das 18. Kapitel im 3. Buch *Mose (Leviticus)* als Beweis, in dem die verbotenen Eheverbindungen aufgezählt werden, in denen die Nichte nicht genannt wird. Vorausgesetzt, dass die Leserschaft auch diesen Hinweis interpretieren konnte, funktioniert Hoffmans Polemik hier auch *ad hominem*, da er sich auf Äußerungen Schuldorps bezieht, die als Indiz für die Disqualifizierung Schuldorps bezüglich der Kenntnis des Evangeliums gedeutet wird.

Neben einer Fülle von Schimpfnamen und -wörtern gebraucht Hoffman in seinen Schriften auch auf andere Weise Anschaulichkeit und Bildhaftigkeit für seine Polemik. Im Vergleich zu Amsdorfs Texten zeigt sich die verwendete Sprache bei Hoffman wesentlich gemeinsprachlicher und lebhafter. In Bezug auf die unterschiedliche Verwendung von Metaphern, Vergleichen, Wortwitz, Redewendungen und Sprüchen scheinen die Ergebnisse Tomothy Nelsons (für Johannes Nas' antilutherische Polemik) auch auf die Texte Amsdorfs und Hoffmans zuzutreffen:

> Das Vorkommen der Verdichtung von Redewendungen und Sprüchen, als Glossen oder Einschübe in Texte kleineren Umfangs, ist eine Selbstverständlichkeit in der Polemik des 16. Jahrhunderts. Um den Gegner zu überrumpeln bzw. mit den Worten Wolfgang Pfeifers ‚zu vernichten', zog man eine Fülle von Zitaten und alten Weisheiten für die Argumentation heran. [...] Je sachlicher die Diskussion, desto seltener begegnet man ihnen; je polemischer der Ton, desto häufiger treten sie in Erscheinung[.][567]

Hoffman inszeniert den Streit als einen, der im Höchstmaß persönlicher Natur ist, in dem er sich als einer der Hauptakteure für die göttliche Wahrheit mit der gesamten Kraft seiner Seele einsetzt. Amsdorf hingegen distanziert sich davon, emotional involviert zu sein, und inszeniert sich als überlegenen, sachlich agierenden Theologe. Auch bei Hoffman scheint die Polemik mit bildhafter Sprache zu korrelieren:

> Der laruen geist sagt / er woll bey dem <u>einfeltigen sinn</u> bleiben / ist recht gesprochen / Einfeltig ist dein sinn gnug / narheit zu speyen gegen Gotis krafft vnd wort / aber Götliche einfeltigkeit wird ynn diesem narrenfex nicht gespürt / sondern es geht yhm eben nach der <u>Fabel / die vom Fux laut / der gutte birnen auff einem baum sahe / vnd mit seinem stertz dran schlug / da sie nicht fielen / sprach er / ich wil yhr auch nicht</u> / so sein die einfeltigen narren geister auch / die so nasen geistich von der einfalt reden / der sie nie

[567] Nelson, Tomothy C. (1990): *„Oh du armer Luther..." Sprichwörtliches in der antilutherischen Polemik des Johannes Nas (1534–1590)*. Diss. Uppsala: Uppsala universitet, S. 92.

sein noch kommen vn̄ kommen yhr auch nicht noch / Die rechten einfalt der
Gồtlichen weisheit ist diesen lauen geistern ein nasen růmpffen / nach solt
mancher meinen der es nicht besser verstůnd / wenn solche lauen geister
yhr ồdes loses geschwetz aus scheumpten / es were Gottis einfalt / Mein
lieber lůgen geist / da ist Gottis wort ein edler golt stein / darauff wir armen
auch ytzt den schaum vor dem golt vnd silber kennen kồnnen aus Gottis
gnaden.“ (A4v–B1r, Hervorhebungen K. L.)

Anhand dieser kurzen Textstelle lässt sich beispielhaft zeigen, wie die
Polemik gegen Amsdorf sprachlich realisiert wird. Hoffman verdreht die
Aussage seines Kontrahenten bezüglich des „einfeltigen verstandt[s]“,[568]
und spielt mit der Polysemie des Wortes ‚einfältig‘ und den zwei
Synonymen ‚Verstand‘ und ‚Sinn‘. Was bei Amsdorf zum einen noch
positive, edle Einfalt im Sinne einer Absage an den Menschenverstand
und zum anderen Lob des einfachen Schriftsinns war, wird in Hoffmans
Text zur bloßen Dummheit und Naivität, die den Blick für die wahre Göttlichkeit verhindert. Der Vergleich Amsdorfs mit dem Fuchs aus
der *Fabel vom Fuchs und dem Birnenbaum*,[569] der das eigentlich Gute
(die Birnen) als nicht erstrebenswert deklariert, nachdem er dieses Gute
nicht erreichen konnte, mutet spöttisch an: Amsdorf wird dadurch
nicht nur kritisiert, sondern auch – und weitaus stärker – verhöhnt
und lächerlich gemacht. Durch die Zuhilfenahme des Sprichworts
gelingt dies besonders gut, denn Sprichwörter „setzen ein kollektives
Einverständnis voraus, das sie im Moment der Benutzung perpetuie-
rend wieder herstellen.“[570] Das Sprichwort beinhaltet dementsprechend
ein vorgefertigtes Urteil, dass die hämische Wirkung unterstützt.

---

[568] „Bey diesem einfeltigen verstandt / welchen ewer Melchior ein vnuerstandt nồmet /
den vns der einfeltige / vnuerstendige Christus ynn der einfeltigen schrifft gegeben
hat / wồllen wir bleiben / vnd Melchior Hoffman mit seinem hohen verstandt /
den yhm der hochuerstendige listige Satan eingegeben hat / faren lassen / Vns als
sympeln genůget wol an der sympeln / einfeltigen leer Christi [...] Wir wồllen die
klugen / scharpffsynnigen spitzlinge sich mit der scharpffsynnigen leer bekůmmern
lassen / aber wir wồllen vns fur yhn hůten als fur dem teuffel selbst“ (*FP*, B1r).
[569] Zu der Fabel mit dem Fuchs siehe Burkard Waldis’ Fabelsammlung, die 1536–40
geschrieben und 1548 gedruckt wurde. Titel: „Die lxxiij. Fabel / Vom Fuchß / vnd
einem Byernbaum“. Waldis, Burkard (2011): *Esopus. 400 Fabeln und Erzählungen
nach der Erstausgabe von 1548*. 2 Bde (1. Teil: Text, 2. Teil: Kommentar). Hg. von
Ludger Lieb, Jan Mohr & Herfried Vögel. Berlin & New York: De Gruyter, Bd. 1,
S. 297f.; Bd. 2, S. 224f.
[570] Lobenstein-Reichmann (2013), S. 147.

Solchen wirksamen Spott – wirksam, da er zumeist an (Sprach-)Witz gekoppelt ist[571] – trifft man in *Nasen geist* mehrfach an: An anderer Stelle schreibt Hoffman z. B., dass Amsdorf „einen schilt môch[]t erlangen / aber die esels oren ragen achter diesem schilt erfur / die werden aus Gottis gnaden recht troffen werden." (B2v) Er antwortet seinem Widersacher hämisch „Weine nicht lieber Amsdorff" (C1r) auf den Vorwurf, er habe seinen Namen geschändet mit der Verbreitung falscher Gerüchte.[572] Das semantische Wortfeld SAGEN in *Nasen geist* – ebenso wie in *Dat Nicolaus Amsdorff* – stellt einen besonders reichen Fundus an bildhaften Ausdrücken dar. In *Nasen geist* lässt Hoffman Amsdorf quaken (A4r), „narheit [...] speyen" (A4v), ausschäumen, „welch so ein ôdē stanck an tag stelt / damit man wol ratten vnd meusen vergeben kûnd" (B1v), „her als ein gôckler [gokeln]" (A3r) und „lalle[n] / als einer der truncken / odder ynn die kindheit kommen ist" (A2v). Indem Hoffman Amsdorfs Art zu sprechen mit Tierlauten oder dem Äußerungsvermögen eines Betrunkenen oder Kindes vergleicht, entstehen komische Bilder, die die Polemik lebhafter machen. Es ist anzunehmen, dass Hoffman mehr an eine mündliche als an eine schriftliche Lektüre gedacht hat, denn sein Stil ist einer mündlichen Sprechsituation durch die konzeptionelle Mündlichkeit näher.[573] Zeitgenössische Vorbilder, wie z. B. Luther, mögen ebenfalls zu seiner scharfen und bildhaften Polemik beigetragen haben. Zudem mag Hoffman mit seiner anschaulichen Polemik das im 16. Jahrhundert sehr übliche laute Vorlesen vor einem vermutlich überwiegend städtischen

---

[571] Nelsons Untersuchungen bestätigen das polemische Potential von Fabeln, Redewendungen und Sprichwörtern, die auch bei Hoffman gelegentlich anzutreffen sind: „Einzelergebnisse können nicht angeführt werden; es soll genügen, mit Goedeke festzustellen, dass die Fabel (und das Sagwort) fast dafür erfunden schienen, ‚um als polemische Waffe gehandhabt zu werden' (S. 115)." Nelson (1990), S. 293a–b.

[572] „ob das die art des heiligen geists sey / das er seinen nechsten so leichtlich vmb eines stoltzen worts willen fur der gantzen welt schendt / lestert vnd dem teuffel gibt / Ein Christ hilfft seines nechsten sunde decken / aber Melchior lesset sich nicht daran genügen / das er die sunde auffdeckt / offenbart / vnd seinen nechsten zu schanden macht / sondern schendt vnd lestert auch yhn mit offentlichen erdichten lûgen / wenn das Gotes geist thut / so weis ich nicht was der teuffel thut" (*FP*, B2v).

[573] Vgl. Koch, Peter & Wulf Oesterreicher (1994): „Schriftlichkeit und Sprache". In: Günther, Hartmut & Otto Ludwig (Hg.): *Schrift und Schriftlichkeit. Writing and Its Use. Ein interdisziplinäres Handbuch internationaler Forschung. An Interdisciplinary Handbook of International Research.* Bd. 1. Berlin & New York: De Gruyter, S. 587–604.

(vorwiegend kaufmännischen und handwerklichen) Publikum im Kopf gehabt haben.[574]

Hoffmans zweite Schrift *Nasen geist* kann zusammenfassend als eine Steigerung der ersten polemischen Schrift gelten und löst Hoffmans Versprechen auf ein ordentliches „Valete" ein. Quantitativ und qualitativ wird die Polemik in *Dat Nicolaus Amsdorff* weit überboten. Hoffman nutzt in seinem zweiten Schreiben mehr die Möglichkeiten, die ihm bei einer Replik in einem offen polemisierenden Schriftwechsel zur Verfügung stehen, wie z. B. die Verarbeitung von sowohl kontextuellen als auch intertextuellen Hinweisen. Er verwendet sämtliche Informationen, die ihm zur Verfügung stehen, zweckgerichtet für z. B. die Konstruktion des Eigen- und Fremdimages oder die Überprüfung und Widerlegung der gegnerischen Aussagen. Nicht etwa die Aufhebung des polemischen Antagonismus oder gar die Überredung des Gegners, die Differenzen fallen zu lassen, sondern die Umdeutung bzw. der Sieg im Kampf um die Deutungshoheit über den polemischen Antagonismus ist das Ziel der Inszenierung. Für die Umsetzung dessen macht Hoffman Gebrauch von der Bibel, von Schimpfnamen, Invektiven und bildhafter Sprache. Insbesondere die ironische Verzerrung oder angebliche Entlarvung Amsdorfs spielt dabei eine wichtige Rolle, die durch den gezielten Einsatz jeweils gewählter kontextueller oder intertextueller Referenzen auf die Bibel oder die gegnerische Schrift gelingt.

Amsdorfs Reaktion auf Hoffmans „Valete" *Nasen geist*

Von dem polemischen Stil scheinbar unbeeindruckt, antwortet Amsdorf auf die Beschimpfungen Hoffmans mit bewusst gelassener Haltung und erklärt in seiner Replik, *[d]as Melchior Hoffman / nicht ein wort auff*

---

[574] Es ist anzunehmen, dass sich Hoffmans Anhänger in Kiel ähnlich zusammensetzten. Die Quellenlage lässt jedoch lediglich Vermutungen zu. Vgl. dazu: „Die livländischen Hoffmanianer rekrutierten sich aus zwei heterogenen Schichten der Bevölkerung, die auch an allen Bilderstürmen führend beteiligt waren: aus den jüngeren deutschen Kaufgesellen, die in der Regel aus begüterten Familien stammten und in der angesehenen Schwarzhäuptergilde zusammengeschlossen waren, und aus den undeutschen städtischen Plebejern." Deppermann (1979), S. 77. In Stockholm wurde Hoffman „von den führenden deutschen Bürgern in der Stadt [unterstützt]: von dem Kaufherrn Gorius Holst, einem der reichsten Männer Schwedens, Hans Bökman, dem Kirchenvorsteher von St. Nikolai, Kort Piper, Lukas Bartscherer, Jürgen von Sotteren und Brand Schreiber." (Ebd., S. 80).

[s]ein Büchlein geantwortet hat.[575] Auf acht Textseiten konzentriert Amsdorf sich darauf, mit inszenierter Überheblichkeit zu zeigen, „wie der Sathan ynn diesem Melchar Hoffman an allen schein / so wůeten vnd toben kan" (*NEW*, A2r). Amsdorfs kleine Schrift bezieht sich sogar auf beide Schriften Hoffmans, kommentiert aber lediglich den polemischen Ton der Schriften, ohne auf konkrete Argumente oder Textstellen einzugehen. Inhaltlich werden keine neuen Akzente gegen die Prophetie Hoffmans gesetzt. Stattdessen werden bereits verwendete Argumente wiederholt, um Hoffmans Lehre der baldigen Apokalypse zu entkräften. Trotz des im Vergleich weniger emotionalen Tons, zielt die Schrift Amsdorfs ebenfalls deutlich auf die Imagezerstörung Hoffmans ab. Die Polemik ist bewusst entschärfter, gezähmter und emotionsloser, der Kontrast zu Hoffmans „schelden fluchen vñ vormaledeien" (*NEW*, B1v) bewusst in Szene gesetzt. Amsdorfs polemische Waffen sind vielmehr Ironie, rhetorische Fragen und herablassende, verhöhnende Kommentare, die Hoffmans Person und Argumente ins Lächerliche ziehen.

Wie bereits erläutert, sollte Amsdorf mit dieser Schrift das letzte Wort in dem Streit zwischen den beiden haben. Die zweite Hälfte des Jahres 1528 war bereits angebrochen und der Schriftwechsel hatte länger als ein halbes Jahr angedauert. Dass Hoffman keine Antwort mehr verfasste, kann u. a. darauf zurückgeführt werden, dass der Streit einen Punkt erreicht hatte, an dem eine weitere Schrift nichts Neues gebracht hätte. Beide Kontrahenten hatten erneut auf dieselben Argumente zurückgegriffen, ohne neue Akzente zu setzen. Ausgehend von Hoffmans enthusiastischer Gesinnung wäre eine Antwort von ihm zwar höchst wahrscheinlich gewesen, wurde dann aber vermutlich durch die Verlagerung des Streits auf die Abendmahlsfrage, die Hoffman parallel durch seine mündlichen Predigten in Kiel aufgeworfen haben muss, verhindert.

---

[575] Vollständiger Titel: Amsdorf, Nikolaus von (1528): *Das Melchior Hoffman / nicht ein wort auff mein Büchlein geantwortet hat.* [Magdeburg]: Hans Bart. Paginierung: A1r–B1v (Seite nach dem Titelblatt leer). Kurztitel: *Nicht ein wort.* Die Quellenangaben bei Zitaten werden mit den Initialen *NEW* und der Folienangabe der Übersichtlichkeit halber in Klammern gestellt.

4 Indirektes und verdecktes Polemisieren bei Melchior Hoffman

4.1 Hoffman in Straßburg, Ostfriesland und den Niederlanden: Die Hintergründe

Nach einem zweimonatigen Aufenthalt in Ostfriesland kam Melchior Hoffman im Juni 1529 erstmals nach Straßburg.[576] Hoffman wurde als offener Gegner Luthers von den Straßburger Reformatoren zunächst freundlich empfangen.[577] Dies beruhte hauptsächlich auf der Tatsache, dass Hoffman in seiner Ablehnung der lutherischen Abendmahlslehre mit den Straßburger Reformatoren übereinstimmte, da jene sich an der zwinglischen Reformation und Abendmahlslehre orientierten. Die Straßburger Theologen lehnten ebenso wie Hoffman die Denkweise ab, dass der Leib Christi im Brot und das Blut Christi im Wein tatsächlich vorhanden wären:

> Den Gedanken der ‚Impanation Gottes‘, die Vorstellung, das Heilige in die irdischen Elemente zu bannen, konnten die Straßburger Theologen nicht nachvollziehen. Im Unterschied zu Zwingli waren sie nur bereit, die geistige Gegenwart Christi in der Abendmahlsfeier und die Aneignung seines

---

[576] Am 30. Juni 1529 schrieb Bucer an Zwingli von der Ankunft Melchior Hoffmans. In: *Quellen zur Geschichte der Täufer* (1959). Bd. XII. *Elsaß I, Stadt Straßburg 1522–1532 (= TAE I)*. Bearb. von Manfred Krebs & Hans Georg Rott. Gütersloh: Mohn, Nr. 188, S. 240.

[577] Hoffman hatte sich am 8. April des Jahres bei einer Disputation in Flensburg gegen u. a. Johannes Bugenhagen verteidigen müssen. Da er seine Lehre, insbesondere seine Abendmahlsauffassung, jedoch nicht widerrief, konfiszierte König Friedrich I. seine Habe und verwies ihn seines Territoriums. Die Disputation kann als Schlüsselereignis gelten, denn sie ließ Hoffman schließlich von einem Lutheranhänger (seit 1523) zu einem erbitterten Gegner der lutherischen Reformationsbewegung werden.

How to cite this book chapter:
Lundström, Kerstin. 2015. Indirektes und verdecktes Polemisieren bei Melchior Hoffman. In: Lundström, Kerstin. *Polemik in den Schriften Melchior Hoffmans: Inszenierungen rhetorischer Streitkultur in der Reformationszeit*, Pp. 206–277. Stockholm: Stockholm University Press. DOI: http://dx.doi.org/10.16993/bae.d. License: CC-BY

Verdienstes unter dem Zeichen von Brot und Wein durch die gläubige Seele in stärkerem Maße hervorzuheben.[578]

Zwischen den Straßburger Reformatoren und Luther hatte es in den ungefähr zwei Jahren vor Hoffmans Ankunft schon mehrfach die Abendmahlsfrage betreffende Unstimmigkeiten und schriftliche Auseinandersetzungen gegeben, so dass sie Luthers Gegnern gegenüber freundlich gesinnt waren.[579] Hoffman profitierte aber bei seiner Ankunft nicht nur von der antilutherischen Einstellung der Reformatoren, sondern auch von der toleranten Führungspolitik des Straßburger Magistrats.

4.1.1 Religiöse Toleranz und die Einführung der Reformation in Straßburg

Zu Beginn der Reformationszeit hatte Straßburg inklusive der 25 umliegenden Dörfer etwa 22.000 Einwohner.[580] Als freie Reichsstadt war die Stadt Straßburg unmittelbar dem Kaiser unterstellt, was ihr eine gewisse Entscheidungsfreiheit gewährte. Ein gewählter Magistrat besaß die Bevollmächtigung zur Machtausübung, „insbesondere durch zwei Kommissionen: die geheimen Stuben der XIII. und der XV. Die eine befasste sich mit der Außenpolitik und die andere mit den Finanzen und dem Handwerkswesen."[581] In vielen Fragen konnte der Magistrat mittels dieser zwei Gremien eigene Entscheidungen treffen. So war es ihm möglich, auch in Reformationsfragen eine vom Kaiser weitestgehend unabhängige Stellung einzunehmen.

Die Forderung nach kirchlicher Reformation wurde schon früh durch die evangelischen Prediger Matthäus (Mathis) Zell, Anton Firn,

---

[578] Deppermann (1979), S. 154.
[579] Vgl. dazu: „When he first appeared in Strasbourg in June 1529, having been exiled from Schleswig-Holstein by the Lutherans, Hoffman was greeted by Bucer as a pioneer in the struggle against the ‚magic' of the Lutheran eucharistic teaching." Deppermann, Klaus (1977): „Melchior Hoffman and Strasbourg Anabaptism". In: Lienhard, Marc (Hg.): *The Origins and Characteristics of Anabaptism / Les débuts et les caractéristiques de l'anabaptisme*. Den Haag: Nijhoff, S. 216–219, hier S. 216. Das Marburger Religionsgespräch Anfang Oktober 1529 war der Höhepunkt dieser Streitigkeiten, es besiegelte die Unvereinbarkeit der lutherischen und zwinglischen Abendmahlsauffassungen.
[580] Lienhard, Marc (1991): *Religiöse Toleranz in Straßburg im 16. Jahrhundert* (= *Abhandlungen der Geistes- und Sozialwissenschaftlichen Klasse / Akademie der Wissenschaften und der Literatur* 1). Stuttgart: Franz Steiner, S. 5f.
[581] Lienhard (1991), S. 6.

Caspar Hedio, Martin Bucer und Wolfgang Capito geäußert.[582] „[I]n Verbindung mit dem Kleinbürgertum und einigen Intellektuellen" hatten sie Druck auf den Magistrat ausgeübt, der diesem schließlich nachgab und 1523 ein Mandat erließ, das dazu aufrief, alleinig das christliche Evangelium und die reine Lehre Gottes zu predigen.[583] „Bezeichnenderweise fehlte aber die Stelle des Nürnberger Mandats vom 6. März: ‚nach Auslegung der von der christlichen Kirche gutgeheißenen und angenommenen Schriften'."[584] Infolgedessen stand den Predigern die Tür zur evangelischen Predigt in der Straßburger Kirche offen. Eine offizielle Einführung der Reformation war jedoch aufgrund des Anteils von Altgläubigen im Magistrat sowie „außenpolitische[n] Rücksichten auf den Kaiser" noch nicht möglich.[585] Ab 1524 veränderte sich die kirchliche Praxis in Straßburg zunehmend: Die Messe wurde in deutscher Sprache gehalten, das Taufritual sowohl auf Latein als auch auf Deutsch durchgeführt,[586] das „Abendmahl unter beiden Gestalten gereicht", Pfarrer heirateten, während Klöster sich aufzulösen begannen, und es wurden evangelische Predigten von Pfarrern gehalten, die von den Pfarreien selbst gewählt worden waren.[587] Der Magistrat schützte und unterstützte evangelische Prediger, ließ evangelische Schriften unbehelligt erscheinen und nahm eher eine tolerant vermittelnde Position ein, da das Interesse des Magistrats insbesondere darin lag, den inneren Frieden zu bewahren. Dabei wurde den Wünschen der ansässigen Theologen und Bürger oftmals mehr Beachtung geschenkt als in anderen Städten. Allgemein wurde den lauteren Stimmen der

---

[582] Zur Straßburger Reformation siehe auch: Lienhard, Marc & Jakob Willer (1982): *Straßburg und die Reformation*. Kehl: Morstadt Verlag. Chrisman (1982). Kleinschmidt, Erich (1982): *Stadt und Literatur in der Frühen Neuzeit. Voraussetzungen und Entfaltung im südwestdeutschen, elsässischen und schweizerischen Städteraum*. Köln u. a.: Böhlau. Brady, Thomas A. (1987): *Ruling Class, Regime and Reformation at Strasbourg 1520–1555*. Leiden: Brill. Abray (1985). Rapp, Francis (1995): *Réformes et réformation à Strasbourg. Eglise et société dans le diocèse de Strasbourg 1450–1525*. Paris: Ophrys.

[583] Deppermann (1979), S. 149.

[584] Lienhard (1991), S. 7.

[585] Deppermann (1979), S. 150.

[586] Vgl. *TAE I*, Nr. 5, S. 7. Am 31. August 1524, „[i]nfolge einer Eingabe der Prediger und der Klage des altkirchlichen Kapitels von Alt S. Peter, beschließt der Rat u. a. ... Allen pfarrherrn sagen, daß meiner herren ernstliche meinung, daß sie eim jeden die sacrament reichen, tauff und andere pfarrliche recht thun, wie es dann ein jeder begert, und es dheim absagen." TAE I*, Nr. 9, S. 19 (Hervorhebung im Original, Text der Herausgeber).

[587] Lienhard (1991), S. 7.

reformwilligen Mehrheit im Bürgertum sowie im Magistrat Folge geleistet.[588] Reformationsgegner wurden zum Teil daran gehindert, ihre Schriften zu publizieren, oder mussten hinnehmen, dass ihre fertigen Drucke eingezogen wurden. Der Hauptgegner der Reformation in Straßburg, Thomas Murner, musste 1524 (wie auch andere altgläubige Reformationsgegner) sogar die Stadt verlassen.

Die tolerante Haltung des Magistrats gegenüber Reformatoren führte nicht nur dazu, dass die evangelischen Pfarrer sich einer recht großzügigen Freiheit erfreuten, sondern sie ermöglichte auch anderen Strömungen Einlass und vergleichsweise freie Entfaltung.[589] So hatten vermehrt Spiritualisten, seit Anfang des Jahres 1526 auch Wiedertäufer in Straßburg Fuß fassen können. Unter den Wiedertäufern sind als die prominentesten Vertreter Wilhelm Reublin, Hans Wolff, Hans Denck, Michael Sattler, Martin Cellarius (Borrhaus) und Ludwig Hätzer zu nennen.[590] Dass sogar Anhänger des Täufertums, auf dem in anderen Städten die Todesstrafe stand, Asyl in Straßburg fanden, ist zum einen auf die soziale und ökonomische Stabilität der Stadt und den damit verbundenen „durch kaiserliches Privileg garantierten ‚freien Zug', der praktisch unbeschränkten Aufnahmebereitschaft von Fremden",[591] zum anderen auf die Nähe der Straßburger Reformatoren zum Spiritualismus bzw. Täufertum in Fragen des Abendmahls und der Glaubenstaufe zurückzuführen. Besonders Capito hatte Sympathien für die Wiedertäufer gehegt, was ihnen lange Zeit milde Urteile in Rechtsfragen und größe-

---

[588] Vgl. dazu: „In the 1520s the magistrates were outpaced by early converts to the new faith [...]." Abray, Lorna Jane (1988): „The Laity's Religion: Lutheranism in Sixteenth-Century Strasbourg". In: Hsia, R. Po-Chia (Hg.): *The German People and the Reformation*. Ithaca & London: Cornell University Press, S. 216–232, hier S. 226. Vgl. auch: „Individually and as a corporation, the magistrates of Strasbourg proclaimed themselves to be Christian. Very early, perhaps by 1524 and certainly by 1526, the majority of them had become Evangelicals." Ebd., S. 227.

[589] Robert Kreider gibt zudem an, dass die Straßburger Reformatoren sich ebenfalls offen gegenüber neuen theologischen Ideen zeigten. „Strasbourg theology consequently, was assimilative of humanist, Lutheran, spiritualist, and sectarian elements." Kreider, Robert (1955): „The Anabaptists and the Civil Authorities of Strasbourg, 1525–1555". *Church History* 24: 2, S. 99–118, hier S. 100.

[590] Lienhard (1991), S. 12. Vgl. dazu: „Im Herbst 1526 tauchten gleichzeitig vier bedeutende Gestalten des protestantischen Radikalismus in Straßburg auf, nämlich Hans Denck, Michael Sattler, Martin Cellarius (Borrhaus) und Ludwig Hätzer. Durch sie – vor allem dank der Mission Hans Dencks – erlebte der Straßburger Nonkonformismus einen großen Aufschwung. Erst jetzt wurde er zum ernsthaften Konkurrenten der offiziellen Straßburger Reformation." Deppermann (1979), S. 160.

[591] Depermann (1979), S. 143.

re Toleranz verschaffte, da er einer der einflussreichsten Reformatoren in Straßburg war.[592] Trotz aller Toleranz hatten die Täufer und andere radikale Reformatoren jedoch auch in Straßburg kein völlig uneingeschränktes Dasein. Obwohl die Straßburger Reformatoren die Kindertaufe nicht für notwendig hielten, waren sie doch auch nicht dagegen, womit sie sich von den Täufern absetzten. Schon seit 1524 hatten die Reformatoren auch in Straßburg eine negative Einstellung gegenüber den Täufern,[593] die aber vom Magistrat vorerst nicht grundsätzlich bestätigt wurde:

> Im Unterschied zu Luther und Melanchthon haben die Prediger nicht alle Dissidenten in einen Topf geworfen. Sie machten den Unterschied zwischen denen, die energisch zu bekämpfen waren [...], und den anderen, [...] die sie als weniger gefährlich betrachteten.[594]

Es wurden durchaus Stadtverweise und Gefängnisstrafen für diejenigen verhängt, die sich aufrührerisch verhielten: Hans Denck z. B. wurde noch im Jahr seiner Ankunft wieder ausgewiesen, was in Straßburg eine durchaus übliche Verfahrensweise mit Wiedertäufern (und anderen Dissidenten) war, die man als aufrührerisch betrachtete. Anscheinend gab es aber prinzipiell Probleme mit der Gruppe der Wiedertäufer, die sowohl auf einen fehlenden Anpassungswillen an die sozialen Regeln und Pflichten der Stadt als auch auf Missachtung der Obrigkeiten zurückzuführen sind.[595] Die Folge davon war, dass der Rat am 27. Juli 1527

---

[592]   Vgl. dazu: „Zunächst waren die Prediger, zumindest in den ersten Jahren, durchaus offen für eine gewisse Lehrpluralität. So schien ihnen die Kindertaufe nicht absolut notwendig. Auch später noch kritisierte der Münsterpfarrer Zell das Patenamt. Bis 1532 zeigte Wolfgang Capito, neben Bucer der bedeutendste evangelische Pfarrer, ausgesprochene Sympathie für die Täufer. Er verurteilte zwar die separatistischen und pazifistischen Tendenzen der Täufer, widersetzte sich jedoch ihrer Verfolgung. Man sollte eher den Ehebruch als die Wiedertaufe strafen. [...] Erst ab 1532 ist Capito auf Bucers Kurs eingeschwenkt." Lienhard (1991), S. 23.
[593]   Bucer hatte z. B. 1524 einen Brief an Zwingli geschrieben, in dem er um Schriftbeweise bat, „die die Bekämpfung der Wiedertäufer rechtfertigen." TAE I, Nr. 10, S. 19. Dieser Brief ist nur einer von vielen, in denen Bucer und andere der Straßburger Theologen die Wiedertäufer und deren Bekämpfung diskutieren.
[594]   Lienhard (1991), S. 24. Vgl. dazu: „Historians have made much of the Strasburgher's toleration of those whose views where unorthodox in the confessional sense – the relatively lenient treatment of sectarians, the willingness to allow Catholics to live in the city, and the charity shown to Calvinist refugees. This toleration was real but limited, because official policy and public opinion tolerated individuals rather than faiths." Abray (1988), S. 224.
[595]   Lienhard (1991), S. 34.

eine Verordnung aufsetzte, welche die Probleme mit den Wiedertäufern lösen sollte:[596]

[D]emnach so gepieten wir mit hohem ernst allen vnnd jeden vnsern bur-gernn, hindersossen, angehörigen vnd verwandten, geistlichen vnd welt-lichen in stadt vnd lande, das sy sich sollicher jrrigen vnnd der heiligen geschrifft widerwertigen verfüerung verhieten, der widerteüffer oder jrer anhenger sich entschlagen, deren einen noch keinen bey jnen husen, herber-gen, etzen oder trencken, noch vnderschleyff geben, sonder die selbigen, als so jrs jrrigen synns nit gestrafft oder vnderwysen wöllen werden, abwysen. Dann welcher das nitt thäte, [...] den oder die wöllen wir mit ernst, der ge-spür nach, vngestrafft nitt lassen.[597]

Der Rat wollte damit die Wiedertäufer selbst bekehren und alle Familienangehörigen und Freunde von Wiedertäufern daran hindern, diese zu beherbergen oder in irgendeiner Form zu unterstützen. Marc Lienhard macht jedoch darauf aufmerksam, dass es

[a]uffallend war [...], daß der Rat sich im Mandat von 1527 nicht über die Lehren der Täufer und anderer Sektierer äußerte. Es fehlte auch die so wichtige Kategorie der Gotteslästerung, anhand derer Melanchthon 1531 und 1536 die Täufer verwarf und somit auch die Todesstrafe für die Täufer forderte. Davon war in Straßburg weder 1527 noch später die Rede.[598]

Der Magistrat in Straßburg schien demnach eine Politik der Versöhnung zu verfolgen: Der innere Frieden und das Allgemeinwohl standen an oberster Stelle.[599] Die Todesstrafe, die ab 1528 im Kaiserreich auf der

---

[596] Der Wortlaut der Verordnung macht die sozialpolitischen Beweggründe deutlich: Der Rat sei gezwungen worden einzugreifen und diese Verordnung aufzusetzen, da die Wiedertäufer „so vnder jrem schein, vor andern christen ein fromm leben zu füren, fürgeben, aber dobey zuwider aller göttlicher vnd euangelischer geschrifft die oberkeit [...] allein nit bekennen, sonder auch darneben ettliche vngegründte, böse fürnemen entgegen den artickeln, so zu vnderhaltung gemeins nutzes, lieb, frid vnd einigkeit dienstlich vffgesetzt vnd von gott zu thun nit verbotten sindt, fürhaben vnd als zertrenner vnd beleydiger eins christlichen vnd einhelligen wesens vff jren hart-nickigen köpffen beharren vnnd keiner vnderweysung sich settigen wöllen lassen". *TAE I*, Nr. 92, S. 122.

[597] *TAE I*, Nr. 92, S. 122f.

[598] Lienhard (1991), S. 34. Vgl. auch Deppermann (1979), S. 161.

[599] Dies betraf nicht nur religiöse Fragen, sondern auch andere Belange der Stadt und ihrer Bürger: „Wenn die Existenz der Stadt auf dem Spiel stand, bemühte sich die neue Oligarchie intensiv darum, eine breite Mehrheit der Bürgerschaft für ihren Vorschlag zu gewinnen, ja, sie überließ sogar formell die Entscheidung dem Großen Schöffenrat der 300. [...] Auch strebte der Rat danach, die sozialen Antagonismen nicht ausufern zu lassen. Im Interesse der kleinen Meister bekämpfte er die Versuche

Wiedertaufe stand,[600] wurde in Straßburg allgemein wenig bis gar nicht für die Lehre der Wiedertäufer verhängt. Lediglich Antitrinitarier und andere Gotteslästerer wurden auch in Straßburg durch die Todesstrafe hingerichtet.[601] Wiedertäufer wurden jedoch nicht als solche betrachtet.[602] Die Situation der Wiedertäufer in Straßburg war insofern ambivalent: Sie galten zwar nicht als Ketzer, waren aber auch nicht akzeptiert, sie wurden nicht verfolgt, aber dennoch in ihrem Wirken eingeschränkt und verworfen, was die Täuferverordnung von 1527 deutlich macht. Trotz der Verordnung, die eine erste Stellungnahme seitens des Magistrats zu den Wiedertäufern war, und der allgemeinen Ablehnung des Täufertums auf Seiten der Straßburger Reformatoren „gab es in Straßburg zwei missionarisch-aktive Täufergemeinschaften, die Anhänger von Denck und [Jakob] Kautz, sowie jene Gruppe, die den Lehren von Reublin, Sattler und [Pilgram] Marbeck verpflichtet war."[603] 1528 wurden zudem – obwohl die Todesstrafe bereits über sie verhängt worden war – die aus Augsburg vertriebenen Hutschen Täufer in Straßburg aufgenommen, die konkret apokalyptische Konzepte in die Stadt brachten.[604] Vor den Hutschen Täufern hatte lediglich der Weber Hans Wolff apokalyptische Ideen geäußert, als er im Juni 1526 die Predigt Zells im Straßburger Münster unterbrach und unter anderem behauptete, dass „[i]n sieben Jahren, am Himmelfahrtstag 1533, Punkt 12 Uhr, [...] diese entsetzliche Welt untergehen [werde]."[605] Als Melchior Hoffman nach Straßburg kam, hatten demgemäß schon andere Personen und Gruppierungen apokalyptische Endzeitvorstellungen propagiert.

---

zur Monopolbildung und zur Entwicklung größerer Handwerksbetriebe, die die ärmeren Zunftgenossen um ihre Nahrung gebracht hätten. Bei Auseinandersetzungen zwischen Meistern und Gesellen entschied er wiederholt zugunsten der Schwächeren." Deppermann (1979), S. 142.

[600] „Ein kaiserliches Mandat hatte am 4.1.1528 die Todesstrafe über alle Täufer als ‚Aufrührer‘ verhängt." Ebd., S. 236.

[601] So wurde z. B. am 20. Dezember 1527 Thomas Saltzmann (Scheidenmacher) geköpft, nachdem er die Trinität Gottes geleugnet und behauptet hatte, Christus wäre ein Mensch gewesen. Siehe *TAE I*, Nr. 114, S. 136.

[602] Lienhard (1991), S. 35. Lediglich der Wiedertäufer Claus Frey (Kutzener) wurde zum Tode verurteilt und am 22.05.1534 ertränkt. Jedoch nicht aufgrund seiner Anhängerschaft der Wiedertäufer, sondern wegen Ehebruchs. Vgl. Deppermann (1979), S. 306.

[603] Deppermann (1975), S. 189.

[604] Lienhard (1991), S. 12.

[605] Deppermann (1979), S. 159. Vgl. dazu die Protokolle über die Geschehnisse mit Hans Wolff in *TAE I*, Nr. 47–53, S. 52–56.

Die für Flüchtlinge günstigen Verhältnisse in Straßburg hatten zur Folge, dass die Stadt in den Zwanzigern des 16. Jahrhunderts zu einem Sammelplatz der Dissidenten und Andersgläubigen anschwoll:[606]

> Im Jahr 1528 hielten sich nahezu fünfhundert Dissidenten in Straßburg auf. Etwa 80 % davon waren Flüchtlinge, die sich der Stadt zugewandt hatten, die unter Handhabung des Privilegs vom freien Zug zumindest bis 1533 ziemlich großzügig mit diesen Menschen umging.[607]

Der freie Zug sowie die soziale und ökonomische Stabilität öffneten die Tore für Flüchtlinge. Den ausschlaggebenden Faktor für die Entwicklung der verschiedenen radikalen Bewegungen sieht Deppermann aber in dem Zögern des Rates: „Dadurch, daß der Rat bis 1529 darum bemüht war, die kirchliche Situation ‚offen‘ zu halten, schuf er ungewollt auch einen Freiraum der Entfaltung für den religiösen Radikalismus",[608] denn trotz der steigenden Anzahl von Reformationsanhängern in Straßburg musste die endgültige Entscheidung für eine evangelische Kirche noch bis zum 10. Januar 1529 warten. Ab dem Tag wurde die katholische Messe nach einer Abstimmung des Rats schließlich verboten.[609] Erst damit war die Reformation in Straßburg von offizieller Seite vollzogen.

4.1.2 Melchior Hoffmans Weg zum Täufertum

Melchior Hoffman kam also im Juni 1529 in ein Straßburg, das seitens der Obrigkeit reformiert war, sich aber innerhalb der zweiten Hälfte der zwanziger Jahre des 16. Jahrhunderts zu einem „Treffpunkt der europäischen Nonkonformisten"[610] entwickelt hatte. Es ist anzunehmen, dass sich Hoffman bei seiner Ankunft in einer Phase der Umorientierung befand. Der vertriebene Kürschner sah sich vermutlich einerseits als Verstoßener der Lutheraner, hatte aber andererseits höchstwahrscheinlich bereits selbst erkannt, dass sich seine Auffassungen in wichtigen Punkten von denen Luthers unterschieden. Hoffman orientierte sich zum Teil an den frühen Schriften Luthers und hielt an Elementen fest, die dieser mit den Jahren, insbesondere nach 1525, selbst widerlegt bzw. grundlegend bearbeitet hatte.[611] Viele Elemente von Hoffmans theologischem

---

[606] „They [the refugees] called it the ‚City of Hope‘ and the ‚Refuge of Righteousness‘." Kreider (1955), S. 99.

[607] Lienhard (1991), S. 11.

[608] Deppermann (1979), S. 150.

[609] Vgl. ebd., S. 150, Kreider (1955), S. 100f. und Lienhard (1991), S. 9.

[610] Deppermann (1978), S. 161.

[611] Deppermann (1975), S. 203.

Gesamtkonzept waren aber auch von der Mystik, vom Hussitismus und von anderem mittelalterlichen Gedankengut beeinflusst.[612] Durch die Streitigkeiten um die Apokalypse und das Abendmahl mit den Lutheranern hatten sich die Fronten zunehmend verhärtet, so dass es offenbar wurde, dass eine Einigung nicht mehr möglich war. Die Kontakte zu Karlstadt und der kurze gemeinsame Aufenthalt bei den ostfriesischen Zwinglianern[613] hatten Hoffman in seiner Abendmahlsauffassung und der Ablehnung der Wittenbergischen Reformationsbewegung zusätzlich bestärkt. Möglicherweise vermutete er, in Straßburg ebenfalls Unterstützung von den zwinglischen Reformatoren zu bekommen.[614] Letzteren wurde jedoch schon nach kurzer Zeit klar, dass Hoffmans Ideen mit ihren eigenen Vorstellungen unvereinbar waren. Infolgedessen verwiesen sie Hoffman ein weiteres Mal darauf, seinem handwerklichen Gewerbe anstatt theologischen Tätigkeiten nachzugehen.[615]

Von den Straßburger Reformatoren (wie vorher von den Lutheranern) missachtet wandte Hoffman sich dem Kreis der „Straßburger Propheten" um das Ehepaar Ursula und Lienhard Jost sowie Barbara Rebstock zu. Infolge dieser Umorientierung kam Hoffman erstmals mit wiedertäuferischem Gedankengut in direkten Kontakt. Besonders die Theologie Hans Dencks hatte großen Einfluss auf die weitere Entwicklung der Lehre Hoffmans. Er verwarf die letzten lutherischen Anteile, die Widersprüche in seinem Lehrgebäude darstellten, und übernahm Elemente der Spiritualisten und Wiedertäufer bzw. ergänzte seine eigenen bisher vorhandenen Auffassungen durch jene.[616] Das Ehepaar

---

[612] Vgl. Deppermann (1975), S. 177 und Deppermann (1979), S. 14.

[613] „Bis 1530 beherrschten die Zwinglianer die religiöse Szene in Ostfriesland, und zwar nicht auf Grund ihrer zahlenmäßigen Überlegenheit, aber wegen ihrer geistigen Aktivität." Deppermann (1979), S. 134f.

[614] „Daß Hoffman sich im Juni 1529 nach Straßburg wandte, geht vielleicht auch auf eine Empfehlung Ulrichs von Dornum zurück. [Dieser hatte bereits Kontakt zu den Straßburger Reformatoren.]. Die Gründe für diesen Schritt kennen wir nicht." Ebd., S. 137.

[615] Bucer schrieb 1533 in seinem Bericht *Handlung inn dem offentlichen gesprech zů Straßburg iůngst im̄ Synodo gehalten*: „wolte Gott / er [Melchior Hoffman] gebe der warheyt bey jm raum / vnd wartete seines kürßner handtwercks darfür / dz er die gemeynden Gottes / so schwerlich erget / wie wir jn hie zu vor vier jaren gar fleissig ermanet" (L6r). Zur Linden gibt fälschlicherweise an, dass sich diese Textstelle in der Vorrede der Schrift befände. Zur Linden (1885), S. 189. Schon 1528 hatte Hoffman von Amsdorf den Rat erteilt bekommen, bei seinem Handwerk zu bleiben. Siehe Kapitel 3.1 *Der Streit mit Nikolaus von Amsdorf I: Die Hintergründe*.

[616] Deppermann (1979), S. 163. Auf den Seiten 163–169 gibt Deppermann eine detaillierte Zusammenfassung der Theologie Dencks, „soweit sie für Hoffman von Bedeutung war." Ebd.

Jost spielte für Hoffman eine wichtige Rolle, insbesondere die Visionen und Offenbarungen des Paars waren für ihn von großer Bedeutung, so dass er die „Gesichte" sowohl von Ursula als auch von Lienhard Jost im Druck herausgab.[617] Hoffman hielt die Prophetien der beiden für ein weiteres Zeichen, das auf das bevorstehende Weltende hinweise, und erweiterte in Bezug auf die Visionen seine apokalyptische Lehre, während er gleichzeitig spiritualistische Einflüsse in seiner Theologie verarbeitete. Deppermann fasst die neuen Entwicklungen von Hoffmans Lehrgebäude innerhalb des ersten Jahres in Straßburg wie folgt zusammen:

> Die „zwinglischen" Theologen der Stadt, auf die er seine Hoffnung gesetzt hatte, stießen ihn von sich, aber die von der Welt verachteten „Straßburger Propheten" begrüßten ihn als den zweiten Elia. Unter ihrem Einfluß drangen in seine bis dahin attentistische Apokalyptik militant-aktivistische Elemente ein. Schwenckfeld regte ihn zu seiner monophysitischen Christologie an, und mit dem Bekenntnis zu Dencks Lehre von der Universalität der göttlichen Gnade und zum freien Willen brach er vollends mit der eigenen lutherischen Vergangenheit. Schließlich übernahm er noch von den Straßburger Nonkonformisten die Idee der Freiwilligenkirche, in die der einzelne durch die Glaubenstaufe eintrat.[618]

1530 veröffentliche Hoffman neben den Offenbarungen des Ehepaars Jost auch andere Schriften, unter anderem auch kurz vor dem 23. April die für seine Apokalypse-Vorstellung theologisch zentrale *Außlegūg der heimlichē Offenbarung Joannis des heyligen Apostels vnnd Euangelisten*.[619] Da Hoffman in seinem Kommentar den Kaiser sowohl im Text als auch auf dem Holzschnitt des Titelblatts polemisch angreift (s. Abb. 2),[620] schaltete sich der Magistrat ein, da er diese Majestätsbeleidigung nicht tolerieren konnte.

---

[617] In seiner Schrift *Prophecey oder weissagung* (1530) (vollständige Angabe bei Anmerkung 642) zitiert und kommentiert Hoffman eine von den Offenbarungen Ursula Josts. In der kurz darauf, ebenfalls 1530, erschienenen Schrift *Prophetische gesicht vñ Offenbarung / der götlichē würckung zū diser letstē zeit / die vom xxiiij. jar biß in dz xxx. einer gottes liebhaberin durch den heiligē geist geoffenbart seind / welcher hie in disem büchlin. lxxvij. verzeichnet seindt.* [Balthasar Beck: Straßburg] gibt Hoffman dann 72 Visionen von ihr heraus. Die beiden Ausgaben der hier erwähnten Prophetien Lienhard Josts sind leider verloren.

[618] Deppermann (1979), S. 193. Siehe auch S. 194–235.

[619] *TAE I*, Nr. 210, S. 259. Der Zeitpunkt der Veröffentlichung ergibt sich aus dem Ratsbeschluss vom 23. April 1530 gegen Hoffman. Siehe *TAE I*, Nr. 211, S. 261. Die *Offenbarungs-Auslegung* wurde 1530 bei Balthasar Beck in Straßburg gedruckt.

[620] Im Text vergleicht Hoffman den Kaiser u. a. mit einem der beiden Heuschreckenflügel (der andere sei der Papst), die die Menschen auf der Erde quälen (Offb 9: 9), aber

Abbildung 2. Titelblatt mit Holzschnitt der *Außlegūg der heimlichē Offenbarung Joannis des heyligen Apostels vnnd Euangelisten* (derselbe Holzschnitt ziert auch die aus demselben Jahr stammende Schrift *Prophetische gesicht vn̄ Offenbarung*). In der rechten unteren Ecke ist der Kaiser bei der Anbetung der auf dem Drachen reitenden Babylonischen Hure abgebildet.

Die ungefähr zur selben Zeit gestellte Forderung Hoffmans, eine eigene Kirche für sich und seine Anhänger zu bekommen, trug ebenfalls dazu bei, dass der Magistrat aktiv gegen Hoffman vorging:[621] Balthasar Beck, der Drucker der *Außlegūg der heimlichē Offenbarung*, und Christian Egenolff, der den Holzschnitt des Titelblattes gefertigt hatte, wurden festgenommen und verhört.[622] Für Hoffman wurde ein Haftbefehl ausgestellt, dem er jedoch durch seine Flucht nach Ostfriesland am 23. April 1530 entkommen konnte.[623]

In Ostfriesland führte Hoffman das erste Mal selbst die Erwachsenentaufe durch. Mit der Erwachsenentaufe unterschied er sich jedoch von den Sakramentariern dort, musste infolgedessen „[i]m Spätherbst 1530 [...] Ostfriesland tatsächlich verlassen"[624] und zog weiter in die Niederlande,[625] wo Hoffmans apokalyptische Lehre auf nahrhaften Boden fiel. Hoffman gewann vermutlich aufgrund der „schweren ökonomischen Depressionen" viele Anhänger aus den notleidenden Bevölkerungsgruppen.[626] Auch in den Niederlanden taufte Hoffman weitere 50 seiner Anhänger, bis einer der Getauften, Jan Volkerts, die Namen anderer Glaubensgenossen an die Behörden weitergab. Die Folge davon war, dass er und einige derjenigen, die als Getaufte genannt wurden, hingerichtet wurden.[627] Als Reaktion darauf „befahl [Hoffman], die Taufpraxis für zwei Jahre (bis Ende 1533) einzustellen".[628] Trotz des Taufverbots wird Hoffman angerechnet, die Erwachsenentaufe in die Niederlande gebracht und im Allgemeinen

---

auch – wesentlich schlimmer – mit dem Drachen: „diser grosse Trach sey erschinen / welcher Trach ist der Sathan / mit seinen glidern [...] vnd wie der Künig Pharao in Egipten auch ein Trach genāt in Ezecchiel .xxix. also wirt der oberst des Rōmischen reichs gestelt vnnd abgemalet [...] Vnnd wirt der selbig das oberst haubt mitt seinen haren / vnnd allen Fürsten herren vnnd sein pracht volck ihn einen Thrachen vergleichet durch welche der Sathan alle welt vnd sein reich regieret [...]". Hoffman (1530): *Außlegūg der heimlichē Offenbarung*, M3v, Zitat auf O8r–v.

[621] „Melchior Hofmans supplication den widertäuffern ein eigene kirche zu ordnen, dergleichen sin ußlegung der 12 cappittel in Apocalipsi, wie er die figur uf den kaiser ziht." *TAE I*, Nr. 211, S. 261f.

[622] *TAE I*, Nr. 212, S. 262.

[623] Vgl. Neff (1956), S. 781 und Deppermann (1979), S. 193.

[624] Deppermann (1979), S. 276.

[625] Hoffman hielt sich z. B. im Sommer 1531 in Amsterdam auf. Ebd., S. 284.

[626] Ebd., S. 281.

[627] Deppermann (1979) schildert den Fall detailreich, siehe S. 285f.

[628] Ebd., S. 286.

das niederländische Täufertum maßgeblich beeinflusst zu haben.[629] Die
Quellen zu Hoffmans Wirken in den zwei Jahren seines Aufenthalts
in Ostfriesland und den Niederlanden sind jedoch spärlich. Die vorhandenen niederländischen Schriften Hoffmans und die *Bekenntnisse*
von Obbe Philips geben dennoch vereinzelte Hinweise auf Hoffmans
Tätigkeiten und deren Wirkung.

Noch bevor in den Niederlanden das Münstersche Täuferreich durch
Jan Matthijs und Bernd Rothmann vorbereitet wurde, kehrte Hoffman
im März 1533 nach Straßburg zurück.[630] Hoffman erwartete dort das
Jüngste Gericht und das himmlische Jerusalem, deren Verwirklichung er
selbst in seiner *Daniel-Auslegung* auf diese Zeit datiert hatte. Nachdem
ihm ein alter Friese die Prophezeiung gemacht hatte, dass er ein halbes
Jahr im Gefängnis großes Leiden hinnehmen müsse, bevor er zum geistigen Anführer der Welt würde,[631] empfand Hoffman seine Verhaftung
nach einem nur kurzen Aufenthalt in Straßburg sowohl als Erfüllung
dieser Weissagung als auch als Bestätigung seiner eigenen Prophetie der
nahenden Apokalypse und ging „gutwillig, fröhlich und wohl getrö-
stet ins Gefängnis".[632] Seine Erwartung, bald wieder auf freiem Fuße zu
sein, löste sich jedoch bis an sein Lebensende nicht ein, denn Hoffman
blieb bis zu seinem Tod Ende des Jahres 1543[633] im Straßburger
Gefängnis. In seinen ersten Jahren als Gefangener war Hoffman zunächst sehr produktiv und brachte mit Hilfe seiner Anhänger mehrere
Schriften heraus. Ein offizielles Schreibverbot, das ihm Ende Juni 1533
erteilt wurde, konnte ihn nicht am Schreiben hindern, denn er schrieb
sogar auf Tüchern weiter. Es schränkte dennoch seine publizistische

---

[629] Mellink, Albert F. (1975): „Das niederländisch-westfälische Täufertum im 16.
Jahrhundert". In: Goertz, Hans-Jürgen (Hg.): *Umstrittenes Täufertum: 1525–1975.
Neue Forschungen.* Göttingen: Vandenhoeck & Ruprecht, S. 206–222, hier S. 206f.

[630] „Drei Aufenthalte in Straßburg können als gesichert gelten: der erste von Ende
April 1529 bis Juni 1530 (TAE I Nr. 188 & Nr. 211); der zweite im Dezember 1531
(TAE I Nr. 279, 280, 298); der dritte vom März 1533 bis zu seinem Tode Ende 1543
(TAE II, Nr. 346; Str. St A Rät und XXI 1543, fol. 502; Schwenckfeld: Epistolar I, S.
594)." Deppermann (1979), S. 253, Anmerkung 88.

[631] Neff (1956), S. 782. Deppermann (1979), S. 253.

[632] Philips (1962), S. 323.

[633] Hoffmans Tod muss zwischen dem 19.11. und dem 14.12.1543 liegen: Am 19.11. ist
ein Eintrag in den Akten über Hoffmans schlechten gesundheitlichen Zustand ver-
zeichnet, am 14.12. muss Hoffman schon tot gewesen sein, da in einem Akteneintrag
(Brief) von der „Historia[] Hoffmani" die Rede ist. *Quellen zur Geschichte der
Täufer* (1988). Bd. XVI. *Elsaß IV, Stadt Straßburg 1543–1552 samt Nachträgen und
Verbesserungen zu Teil I, II und III (= TAE IV).* Bearb. von Marc Lienhard, Stephen
F. Nelson & Hans Georg Rott. Gütersloh: Mohn, Nr. 1526, S. 55 & Nr. 1532, S. 60.

Tätigkeit ein und ist maßgeblich für das verdeckte Polemisieren in der Zeit verantwortlich.

Im Allgemeinen kann Hoffmans Zeit in Straßburg, Ostfriesland und den Niederlanden als seine produktivste Phase bezeichnet werden: Hoffman schrieb seine zwei großen Bibelkommentare (zu der *Offenbarung* und dem *Römerbrief*), eine Vielzahl unterschiedlicher Traktate, einen Reformationsdialog (zusammen mit Karlstadt) und Sendbriefe. Eine weitere persönliche Kontroverse (nach der Apokalypse-Kontroverse mit Amsdorf 1527/28) führte er zwar nicht, aber nur in seltenen Fällen verzichtete er in den Schriften aus diesen Jahren auf Polemik gegen die Lutheraner und Zwinglianer. In den Schriften zwischen 1529 und 1534 (danach sind keine weiteren bekannt) lässt sich beobachten, dass Hoffman sich mehr des indirekten und verdeckten Polemisierens bedient. In den folgenden Kapiteln werden mögliche Gründe dafür erörtert und die Umsetzung dieser Formen des Polemisierens in Hoffmans späteren Schriften analysiert.

4.2 Die Vorrede als Ort indirekten Polemisierens

Hoffmans Schrifttum in seinen späteren Lebensjahren besteht zum Großteil aus Bibelkommentaren und Traktaten, die als Textsorten grundsätzlich nicht als polemisch bezeichnet werden würden. Es wurde bereits festgehalten, dass es auch in solchen Texten, deren Hauptfunktion nicht das Streiten ist, Möglichkeiten gibt, einen Streit zu inszenieren und durch Fremd- und Selbstzuschreibungen einen polemischen Antagonismus zu entwerfen, umzudefinieren oder zu festigen.

Dem Anbringen von Polemik sind somit *a priori* keine Grenzen durch literarische Formen gesetzt. Unterschiede lassen sich dennoch dahingehend ausmachen, dass Polemik in verschiedenen Textformen jeweils auch andere kommunikative Formen annimmt; d. h. die Art des Polemisierens steht in einem gegenseitigen Abhängigkeitsverhältnis mit der jeweils verwendeten Form. Im Hinblick auf die Beobachtung, dass Gesamttexte selten durchgehend einheitlich konstruiert sind, sondern dass sich einzelne Textteile voneinander abgrenzen lassen, erscheint es sinnvoll, einen Gesamttext in seine verschiedenen Textteile (soweit vorhanden) zu unterteilen. Nicht zuletzt aufgrund der klassischen Rhetoriklehre, die eine Gliederung der Rede, eines Briefs etc. in einzelne Abschnitte (*dispositio*) vorgibt, zeigt sich die analytische Zerlegung eines Textes in seine abgrenzbaren Einzelabschnitte als produktives Vorgehen.

Bei der Untersuchung der Schriften Hoffmans lassen sich zwei übliche, rhetorische Strukturmuster identifizieren. Zunächst spielt die
Briefstruktur eine wichtige Rolle, denn sowohl in den als Sendbriefen
konstruierten Texten als auch in den persönlichen Fehde-Schriften gegen Nikolaus von Amsdorf sind typische Strukturelemente der in der
Rhetorik gelehrten *dispositio* des Briefs anzutreffen. Obgleich Hoffman
seine Schriften gegen Amsdorf nicht vollständig und durchgängig nach
einer klassischen Strukturvorgabe konstruiert, tauchen in Abschnitten
seiner Schriften Elemente auf, die mit den Vorgaben der Rhetoriklehre
korrespondieren. Dies deutet auch daraufhin, dass Hoffman bei
der Konstruktion seiner Schirften autodidakt vorging und sich nicht
streng an Ratgebern der Rhetorik orientierte. Insbesondere die for-
melhaften Anfangs- und Schlussworte, *salutatio* und *peroratio*, aber
auch *captatio benevolentiae* und/oder *petitio* kommen als Rahmung
der *narratio* in Hoffmans Schriften zur Anwendung. Wie bereits anhand des polemischen Schriftwechsels erörtert wurde, eignet sich die
briefähnliche Struktur nicht nur für direktes, sondern auch für indirektes Polemisieren. Die dialogische Grundhaltung dieser Ausformung
kann als Gesprächsangebot entweder an das *polemische Objekt* oder
an die *polemische Instanz* inszeniert werden, wobei ein tatsächliches
Gesprächsangebot nicht zwingend daraus hervorgehen muss. Ein
Wechsel der Kommunikationssituation vom direkten zum indirekten
Polemisieren und *vice versa* innerhalb des Textverlaufs ist nicht zuletzt durch die Textaufteilung leicht realisierbar und wird daher oft
eingesetzt.

Als zweiten größeren Komplex aus Texten kann man bei Hoffman die
exegetischen und religionstheoretischen Texte nennen. In ihren erörternden, erklärenden, interpretierenden, informierenden und belehrenden
Funktionen machen sie dem Leser prinzipiell kein Gesprächsangebot,
sondern sind vielmehr monologisch konstruiert. Es wird in der Regel
nicht offenkundig, sondern nur implizit zu jemandem gesprochen, d. h.
ein Rezipient wird auf der Textebene nicht als Kommunikationspartner
angelegt.

Da im 16. Jahrhundert das Dialogische in Texterzeugnissen eine zentrale Bedeutung hatte,[634] wurden die religiösen Abhandlungstexte sehr
häufig in ihrer (auf Textebene) monologischen Form mit sich an den

---

[634] Vgl. Keller, Andreas (2008): *Frühe Neuzeit. Das rhetorische Zeitalter*. Berlin:
Akademie Verlag, S. 17.

Leser richtenden Paratexten publiziert. Bei exegetischen Texten und religiösen Traktaten nimmt die Vorrede eine prägnante Stellung ein: Sie gehört zwar unmittelbar zum Haupttext und ist an diesen gebunden, hat aber in der Regel eine von diesem abgegrenzte, eigenständige Funktion, denn

> [c]harakteristisch für Prolog und Vorrede ist die Vermittlung zwischen Autor, Werk und Leser [...]. Während Prolog und Vorrede typischerweise durch die Erzählperspektive und poetologische Thematik vom Werk unterschieden sind, ist dennoch die Verbindung mit einem spezifischen Werk und die Ausrichtung auf eine bestimmte Rezipientengruppe kennzeichnend.[635]

Was hier für fiktionale Texte formuliert wird, trifft ebenso auf die nicht-fiktionalen Bibelkommentare oder Traktate der Reformation im Allgemeinen und Hoffmans theologische Schriften im Besonderen zu: Die Gliederung der Texte einerseits in einen Hauptteil, der religiöse Fragen oder Bibelstellen diskutiert, und andererseits in Rahmentexte (z. B. die Vorrede und eventuell auch eine „Nachrede"[636]), die sowohl Platz für (Meta-)Kommentare zum Text und/oder seinem Entstehungskontext[637] als auch für die Leserlenkung und -gewinnung bieten, ist auch in Hoffmans Schrifttum zu beobachten. Im Gegensatz zu dem Haupttext, der religiösen Abhandlung, zeichnet sich die Vorrede im Allgemeinen durch einen höheren Grad der Ausrichtung auf die Rezipienten aus, d. h. sie richtet sich auf der Textebene häufig dialogisch entweder an einen definierten Leser(-kreis) oder an ein undefiniertes Publikum.[638] Selbst in Fällen, in denen auf die explizite Anrede der Leserschaft verzichtet wird, kann die Vorrede als eine Textform betrachtet werden,

---

[635] Kohl, Katrin (2007): *Poetologische Metaphern. Formen und Funktionen in der deutschen Literatur.* Berlin & New York: De Gruyter, S. 213.

[636] Schramm, Gabriele (2010): *Widmung, Leser und Drama. Untersuchungen zu Form- und Funktionswandel der Buchwidmung im 17. und 18. Jahrhundert.* Hamburg: Verlag Dr. Kovač, S. 93.

[637] Vgl.: „Im Unterschied zum Kolophon und zum Titelblatt, die als Paratexte sehr geringen Umfangs es meist nur erlauben, knappe und formelhafte Informationen über den Text zu vermitteln, transportiert schon die erste gedruckte Widmungsvorrede sehr differenzierte Reflexionen über die Produktion und Distribution des Buchs an den Leser." Wagner, Bettina (2008): „An der Wiege des Paratexts. Formen der Kommunikation zwischen Druckern, Herausgebern und Lesern im 15. Jahrhundert". In: Ammon, Frieder von & Herfried Vögel (Hg.): *Die Pluralisierung des Paratextes in der frühen Neuzeit.* Berlin: LIT Verlag, S. 133–155, hier S. 150.

[638] Vgl. Schramm (2010), S. 93.

die funktional der Kontaktaufnahme mit dem Rezipienten sowie der Gewinnung von dessen Gunst dient.[639]

Die Ausrichtung der Vorrede auf die Leserschaft und die damit verbundenen Funktionen der Texterklärung und Leserlenkung bieten den idealen Nährboden für Polemik.[640] Wie sich die Polemik in der Vorrede bei Hoffman manifestiert und welche konkreten Formen sie annimmt, wird nachfolgend anhand einiger prägnanter Beispiele von Vorreden, sowohl mit als auch ohne Widmung, erörtert.

4.2.1 Indeterminierte Polemik in der Widmungsvorrede

Bei der Analyse der Vorreden in Melchior Hoffmans Schriften ist durchgängig erkennbar, dass die Vorrede für ihn einen Ort der Legitimierung und Autorisierung darstellt. Eine oft vorangestellte und typographisch abgehobene Widmung dient in diesem Zusammenhang nicht nur als Zueignung, die auf mögliche Gegenleistungen des Widmungsempfängers abzielt, sondern kann auch als Instrumentalisierung der Autoritätsperson betrachtet werden, mittels derer Hoffman sein Schreiben, wie durch eine höhergestellte Autorität beglaubigt, konstruiert. Auffällig ist nämlich, dass die Zueignungen immer ranghöheren, zumeist mächtigen oder adligen Persönlichkeiten gelten: Hoffman widmet z. B. seine Auslegung des Hohelieds Salomos, *Dat Boeck Cantica Canticorum*,[641] der Königin Sophia von Pommern, die Schriften *Prophecey oder weissagung vß heiliger götlicher schrifft*[642] und *WEissagung vß heiliger*

---

[639] „Sie [die Vorrede] ist zwar formal vom Werk selbst getrennt, aber physisch in das Buch integriert. Aus der Perspektive des Autors oder Herausgebers stellt sie den ersten Bezug zum Leser her und sucht ihn mit überzeugenden und unmittelbar eingängigen Argumenten für das Werk einzunehmen." Kohl (2007), S. 211.

[640] Vgl. dazu: „Der Rezeptionssteuerung dienen vor allem paratextuelle Elemente wie Titelblätter, Marginalien und Vorreden; letztere werden zugleich als Raum für metapolemische Diskussionen genutzt, hier reflektieren die Verfasser ihr eigenes Tun und rechtfertigen den umstrittenen Gebrauch v. a. persönlicher Argumente." Paintner 2011, S. 459.

[641] Hoffman, Melchior (1529): *Dat Boeck Cantica Canticorum: edder dat hoge leedt Salomonis: vthgelecht dorch Melchior Hoffman Köninckliker maiestat tho Dennemarcken gesetter Prediger thom Kyll: ym lande tho Holsten*. Kiel: [Melchior Hoffman].

[642] Hoffman, Melchior (1530): *Prophecey oder weissagung uß warer heiliger götlicher schrifft. Von allen wundern vnd zeichē / biß zů der zůkunfft Christi Jesu vnsers heillands / an dem Jüngsten tag / vnd der welt end. Dise Prophecey wirt sich anfahen am end der weissagung (kürtzlich vō mir außgangen / in eim anderen büchlin) Von der schweren straff gotes / über alles gotloß wesen / durch den Türckischē tirannen /*

gŏtlicher geschrifft[643] dem an der ostfriesischen Reformation beteiligten Ulrich von Dornum, Häuptling von Oldersum. Die *Außlegūg der heimlichē Offenbarung*[644] dedizierte er 1530 sogar dem dänischen König Friedrich I., obwohl dieser Hoffman noch ein Jahr zuvor einen Landesverweis erteilt hatte. Trotz dieses Urteils sah Hoffman in dem dänischen König den Wegbereiter für die Erfüllung seiner Prophetie,[645] so dass die Widmung hier mehrere performative Funktionen hat, die über das Darbieten des Textes hinausgehen: Erstens dient sie der Lobpreisung und Würdigung des Königs, zweitens der Unterstreichung von Hoffmans apokalyptischer Theorie (indem er den König zu einem Teilhaber daran macht). Als dritte Funktion ist zudem die Fürbitte an den König um Unterstützung zu nennen, die auf eine Rückwirkung der Schrift beim Widmungsempfänger zielt.[646] Viertens fungiert die Widmung als Autorisierung der Publikation durch die Majestät selbst.[647] Letzteres ist auf eine Reaktion beim Publikum ausgerichtet und kann

---

auch wie er regieren vñ ein end nemmen wirt. [et]c. [Straßburg: Balthasar Beck]. Kurztitel: *Prophecey oder weissagung.*

[643] Hoffman, Melchior (1529/30?): *WEissagung vsz heiliger gŏtlicher geschrifft. Von den trŭbsalen diser letsten zeit. Von der schweren hand vnd straff gottes über alles gottloß wesen. Von der zŭkunfft des Türckischen Thirannen / vnd seines gantzē anhangs. Wie er sein reiß thŭn / vnnd volbringen wirt / vns zŭ einer straff vnnd rŭtten. Wie er durch Gottes gwalt sein niderlegung vnnd straff entpfahē wirt. [et]c.* [Straßburg: Balthasar Beck]. Kurztitel: *WEissagung vsz heiliger gŏtlicher geschrifft.*

[644] Vollständige Angabe bei Anmerkung 39. In diesem Teilkapitel werden Zitate aus der *Offenbarungs-Auslegung* nur mit der Folienangabe (in Fußnoten auch mit den Initialen *OA = Offenbarungs-Auslegung)* in nachgestellten Klammern gekennzeichnet.

[645] Hoffman wendet sich innerhalb der Vorrede direkt an den König: „Dieweil ich aber an E. Kü. Ma. [Eurer königlichen Majestät] ein solchen geist vnd mŭt erkennet vnnd gespüret hab / der da ein waren eyfer hat / nach der göttlichen gerechtigkeit vnd der warheit / ist mein hertz vnnd mŭt alle zeit in grossem hoffen / gegen Gott vnnd vnserem heylandt Christo Jesu / dz er werd sein werck durch ein solches ein fürgang lassen haben" (*OA*, A4r). Darauf folgend wird erklärt, dass Hoffman im König einen der zwei Beschützer der Zeugen der Apokalypse sieht.

[646] Vgl. dazu Karl Schottenloher, der als Beweggründe für die Widmung einen „gesteigerten humanistischen Geltungswillen", „das vermehrte Mitteilungsbedürfnis" und den „Wunsch der Verfasser oder Herausgeber [...], einen Gönner oder Beschützer zu gewinnen" sieht. Er fasst zusammen: „Hier verflochten sich also Werbung und Vergütung mit der Widmungsvorrede." Schottenloher, Karl (1953): *Die Widmungsvorrede im Buch des 16. Jahrhunderts.* Münster: Aschendorffsche Verlagsbuchhandlung, S. 175.

[647] Vgl. dazu: „Autoritätsbeleg – diese Funktion kommt ebenso den Dedikationen zu." Bremer (2005a), S. 516. Bremers Aussage gilt einer Widmungsvorrede Georg Scherers, der „in aller Regel fürstliche Dedikationsadressaten" (ebd.) wählt, hat aber seine Gültigkeit für viele Widmungen.

dazu beitragen, die Glaubwürdigkeit des Verfassers und seiner Schrift zu stärken,[648] die ihrerseits eine unverzichtbare Voraussetzung für die Wirkung und Durchschlagskraft der angewendeten Polemik darstellt.[649]

Im Zusammenhang mit einer persönlichen Widmung wird zumeist auch ein größeres Publikum genannt, manchmal sogar direkt angesprochen. Hoffman wünscht z. B. in der *Außlegūg der heimlichē Offenbarung* nicht nur dem König „gnad / vnd den ewigen fridē / vn das ewige heil", sondern „auch allē vsserwôlte glåubigē / von Gott dem barmhertzigen hiͫlischen Vatter" (A2r). Auch dieser Gnadenausspruch hat einen performativen Charakter, denn er lässt die Leser automatisch zu solch auserwählten Gläubigen werden, denen Hoffman diese Schrift mittels des Grußes zudenkt. Da nur diese als Leser intendiert und sämtliche anderen als solche exkludiert werden, schließt der Akt des Lesens (oder auch Hörens) gleichzeitig eine positive Charakterisierung des Rezipierenden mit ein. Dieses immanente Rezipientenlob schafft eine Verbindung zwischen Hoffman und dem Publikum, was ebenfalls eine Grundlage für die wohlwollende Aufnahme des Inhalts, der Argumente und der Polemik schafft.

Im Gegensatz zu den personengerichteten polemischen Schriften (wie z. B. den Schriften gegen Amsdorf) ist bei den theologischen Abhandlungen zu erkennen, dass eine gegnerische Partei nicht angesprochen wird, sondern lediglich die zwei Rezipienten(-gruppen) unterschiedlicher Qualität genannt werden, denen Hoffman jeweils wohlgesinnt ist. Von ihrer Hauptfunktion – der Auslegung, Erklärung oder Bewertung einer Bibelstelle bzw. der Diskussion eines religiösen Sachverhalts – bestimmt, richten sich Bibelkommentare, z. T. auch Traktate, selten direkt an Widersacher oder Kontrahenten. Infolgedessen ist die Kommunikationssituation verwendeter Polemik in der Regel die

---

[648] Vgl.: „Die Einrichtung der Widmungsvorreden hat also den Verfassern nicht nur manche Gegengaben [...] eingebracht, sondern sie auch mit dem gesellschaftlichen Leben stark verankert und ihnen ein gesteigertes öffentliches Ansehen verliehen." Schottenloher (1953), S. 196.

[649] Vgl.: „[Der Begriff der Glaubwürdigkeit] betrifft generell die Überzeugungskraft der Rede und wird für die Wahrheit von Sachverhaltsdarstellungen, aber auch für die Aufrichtigkeit von Emotionen und Intentionen des Redners, die Vertrauenswürdigkeit von Meinungen und Ratschlägen, die Richtigkeit von Bewertungen, die Ehrenhaftigkeit von Handlungen und schließlich zur Charakterisierung des Ethos des Redners gebraucht." Deppermann, Arnulf (2005): *Glaubwürdigkeit im Konflikt. Rhetorische Techniken in Streitgesprächen. Prozessanalysen von Schlichtungsgesprächen.* Radolfzell: Verlag für Gesprächsforschung, S. 33.

des indirekten Polemisierens, denn während Widmungsempfänger und Publikum explizit oder implizit angesprochen werden, kann mittels der Rede über das *polemische Objekt* gegen dieses polemisiert werden. Wie die Kommunikationssituation des indirekten Polemisierens im konkreten Fall in der Widmungsvorrede bei Hoffman aussieht, welche besonderen Strategien für den polemischen Zweck eingesetzt werden und welche Implikationen die Zueignung an Autoritätspersonen dabei haben kann, soll im Folgenden anhand der Widmungsvorrede der *Außlegūg der heimlichē Offenbarung* erörtert werden.

Die Widmungsvorrede der *Außlegūg der heimlichē Offenbarung*

Die Widmungsvorrede in der 367-seitigen Auslegung des biblischen Buches der *Offenbarung des Johannes* ist relativ lang für eine Vorrede; sie zählt 14 Seiten. Nach der bereits genannten typographisch abgetrennten Dedikation an den König und der Begrüßung der übrigen Rezipienten adressiert Hoffman zunächst weder den König noch die Leserschaft, sondern berichtet in allgemeiner, monologischer Form, dass sich die Welt „yetzt zů diser zeyt" (A2v)[650] kurz vor dem Jüngsten Gericht befinde (A2r–A3v). Hoffman zeigt damit deutlich an, dass er das Buch der *Offenbarung des Johannes* unmittelbar auf seine Zeit bezieht und begründet so, dass seine Auslegung von höchstaktueller Relevanz für jeden Christen sei. Diese *narratio* ohne konkreten Adressaten nimmt den größten Teil der Vorrede ein; im Zusammenhang mit der Kontextualisierung wird der König jedoch an mehreren Stellen direkt angesprochen[651] und erscheint dadurch auch nach dem Widmungsteil noch als Hauptadressat der Vorrede.

Polemische Töne sind erst auf der siebten Seite der Vorrede (A5r) zu verzeichnen. Es lässt sich dokumentieren, dass Hoffmans Polemik innerhalb der Vorrede durchgehend indeterminiert bleibt, so dass eine Entschlüsselung des *polemischen Objekts* allein durch die textinterne Informationsvergabe nicht möglich ist, sondern textexterner Hinweise bedarf. Die Fingerzeige, die Hoffman auf der Textebene gibt, erfordern in der Vorrede zunächst eine Deutungsleistung auf Seiten des

---

[650] In fast jedem Abschnitt auf den ersten vier Seiten kommen ähnliche zeitliche Indexikalisierungen vor: „zů diser letstē zeyt am end der vergencklichen welt" (A2r), „vff diese yetzige zeyt" (A3r), „auch yetzt die zeit" (A3v) etc.

[651] Zuerst auf A4r (Wortlaut siehe Anmerkung 645), weitere Male auf A4v, A6r, A6v, A8v. Anredeform: „E. Kü. M. [Eure königliche Majestät]", „Eü. Künigliche M." oder „K. W. [Königlicher Würden]".

Rezipierenden. Lediglich im Folgetext, der Auslegung, die Hoffman vornimmt, wird die Polemik in der Vorrede im Nachhinein präzisiert. Bei einer chronologischen Rezeption fällt das Deutungspotential hingegen einstweilen in den Bereich des Publikums.

Nachdem Hoffman erklärt hat, dass sein Hier und Jetzt die „letzt[e] zeyt am end der vergencklichen welt" (A2r) und eine Zeit, „als da war zů der zeit der Apostel / da gott vß goß sein heiligē geist über alles fleisch" (A3v), sei, konstatiert er, dass es in der Geschichte immer wieder Zweifler gegeben habe, da es „von anfang an geschehen [ist] / das der hohe gottes geist nit hat mõgen von fleisch vnd blůt erkandt werden / sundern im ein thorheit geweßt. j. Corint. ij. also auch noch" (A5r). Mit dem Zusatz „also auch noch" antizipiert Hoffman auch in Bezug auf seine Schrift und den darin verkündeten Inhalt mögliche Zweifel bereits vor der Veröffentlichung und deklariert solche Skepsis als menschliche, ja fleischliche Unzulänglichkeit, den hohen Geist Gottes zu fassen. Daran anknüpfend verurteilt er die Kritik, die er zum einen bereits erfahren hat und die er zum anderen für die Zukunft vermutet:

> aber es wer ja gůt wañ die phariseyerische art ein ding nicht verstünd / das sye solches auch liessen vnuerlerstert bleiben. Aber es ist ein solche art die un (sic!) nit anderst thůt / dann das sye nit verstan mõgen vnd erkennen / das sye das selbig schenden / lestern / vnnd verwerffen / verspotten vnd verspeien / vnd vnder die fůß drettē [...] aber an solche blinde geister / můß sich ein frummer liebhaber der warheit nit keren[.] (A5r)

Durch die Stilisierung seiner eigenen Auslegung als Zugang zu dem hohen Geist Gottes vergleicht Hoffman die scharfen Kritiker mit Gotteslästerern. Der Gebrauch des Stigmawortes ‚pharisäische Art‘ an dieser Stelle verweist der allgemeinen Verwendung in der Reformationspolemik entsprechend zum einen auf das „heuchlerische[] und scheinheilige[] Wesen[]"[652] der Zweifler. Zum anderen spielt das Stigmawort – die Kenntnis des Bedeutungsrahmens in Hoffmans Polemik um 1530 bzw. in radikalreformatorischer Polemik vorausgesetzt – aber auch auf sämtliche geweihte Prediger an, denn unter den radikalen

---

[652] „Mit der Bezeichnung ‚Pharisäer‘ als Inbegriff alles heuchlerischen und scheinheiligen Wesens folgt die Reformationszeit den Aussprüchen Christi in seinem steten Kampf mit den Schriftgelehrten und Pharisäern. Wie Christus die Frömmelei dieser Leute aufs Schärfste angriff und die Scheinreligiosität tadelte, die sich nur im Tragen langer Kleider, im Sprechen grosser Gebete und in strenger Beobachtung von Ceremonien und Fasten kundgab, so verurteilte die Reformation die Veräusserlichung der Frömmigkeit aufs Entschiedenste und nahm dabei das Neue Testament ausdrücklich zur Norm ihrer Polemik." Lepp (1908), S. 62f.

Reformatoren hatte sich der Gebrauch des Stigmawortes ‚Pharisäer‘ oder ‚pharisäisch‘ bereits sowohl für altgläubige als auch für evangelische Kleriker verbreitet.[653]

Was an dieser Stelle nur angedeutet wird, erfährt etwas später weitere Konkretisierung. Zuvor äußert Hoffman jedoch eine Reihe von aufeinanderfolgenden Bescheidenheitstopoi,[654] die wie die Widmung und das Rezipientenlob zu den rhetorischen Mitteln gehören, die eingesetzt werden, um „die Hörer wohlwollend, aufmerksam und gefügig zu stimmen.“[655] Mit der Nutzung dieser Topoi zeigt Hoffman abermals seine prozedurale Kenntnis der rhetorischen Konventionen, die er offensichtlich trotz fehlender rhetorischer Schulung zu verwenden weiß. Trotz seiner autodidaktischen Gelehrsamkeit betont Hoffman auch hier, wie so oft, bewusst seinen Laienstatus: „Vnd hab ich armer vnwirdiger Ley / vñ elender wurm auß Gotes gnaden hie zum ersten ein kleine anweisung gethon / vnd ein kurtzen durchgang / in schneller eil / so vil der gõttlich will vergünnet hat“ (A6r). Zum einen hält sich Hoffman damit an die Rhetoriktradition der Bescheidenheitsbekundung,[656] zum anderen deklariert er sich damit zu einem der „armen des geistes“ (A4r), die er als die Auserwählten Gottes aufzählt. „[F]rom / heilig / vnd in reichem hoffertigen geist hereiner [zu treten]“ (ebd.), ist insofern für ihn nicht möglich, ohne sich selbst theoretisch „in ewige[] verdammung / vnnd

---

[653] „Die Gegner eignen sich das Schlagwort bald an, und die Lutherischen werden als ‚neue Pharisäer‘ gebrandmarkt.“ Lepp (1908), S. 63.

[654] Auf etwa einer ganzen Textseite beteuert Hoffman, dass er dem heiligen Anliegen nicht gerecht werden könne: „Vnd ich mich nicht wirdig bekeñ / noch schetz / dz ich den ringsten silben solches schatz / vnd des hohē gõtlichen willens / rats vnd wolgefallens / von got in erõffnung sol haben [...]“ (A5v). Das Erklären der eigenen Mangelhaftigkeit bzw. die „affektierte Bescheidenheit“ bei gleichzeitiger Huldigung an die Obrigkeit (oder z. B. das Gericht) ist schon seit der Antike eine übliche Strategie, die rednerische Demut zu beweisen. Curtius, Ernst Robert (1993): *Europäische Literatur und lateinisches Mittelalter*. Tübingen: Francke, S. 93

[655] Curtius (1993), S. 93. Aus der vorchristlichen Rhetorik übernommen, gewinnen die Bescheidenheitsformeln auch „in der lateinischen und volkssprachlichen Literatur des Mittelalters eine ungeheure Verbreitung. Bald beteuert der Autor im allgemeinen seine Unzulänglichkeit, bald seine ungebildete, rohe Sprache (*rusticitas*). [...] Die Autorität der Bibel bewirkte, daß der antike topos oft mit Selbstverkleinerungsformeln kombiniert wurde, die dem Alten Testament entstammen.“ Ebd., S. 93f.

[656] Hoffman verwendet an dieser Stelle „[d]ie Devotionsformel, ‚die dem Gedanken Ausdruck verleiht, daß der Aussteller seine irdische Sendung der Gnade Gottes verdanke‘“, „[d]ie Demutsformel“, mit der er seine „soziale Niedrigkeit“ betont, und den Topos der *brevitas*, der zum „Topos, dem Leser Überdruß ersparen zu wollen“ gehört. Hagenbichler, Elfriede (1992): „Bescheidenheitstopos“. In: *HWRh* 1. A–Bib, Sp. 1491–1495, hier Sp. 1491 & 1494.

maledeyung / vnnd in [das] ewige[] wee" (ebd.) zu bringen. Diese droht er nämlich den im Geiste Reichen als Strafe an, denn im Sinne eines *Tertium non datur* gibt es für Hoffman nur das ewige Heil oder die ewige Finsternis, die Erlösten oder die Verdammten.

Mit der dichotomischen Ausklammerung einer möglichen Grauzone setzt Hoffman die Konstruktion seines polemischen Antagonismus fort. Die Bildung einer Analogie der eigenen Welt zur biblischen Geschichte, wie z. B. zu der Apostelzeit oder der Passion Christi, bildet, wie so oft bei Hoffman, die Grundlage der Polemik gegen die ‚falschen Lehrer‘ seiner Zeit:

> Dañ ein solche zeit ist vorhanden als die gschrifft meldet / das die bůchsta-
> bische art / vñ die gschrifftgelerten yetz wiederumb Christum verspotten
> werden vnd verlestern / verfolgen / vnd zů kreützigen lassen überantwor-
> ten / ihn den gewalt der ôbersten / auff das jn hernach wirt bekant werden /
> welchen sy gestochen haben / so der sonnen glantz Christus Jesus recht auß
> den himmelfesten erglasten wirt. (A6v)

Wie viele Autoren von Reformationsschriften verwendet Hoffman Schlagwörter, wie ‚buchstäbisch‘ und ‚Schriftgelehrte‘, die komplexe programmatische Inhalte „kondensiert" wiederzugeben vermögen:[657] Die Bedeutung des Stigmawortes bzw. Slogans der „bůchstabische[n] art" kann als eine Integration aus biblischem Sinngehalt und dem re- formatorischen Kontext betrachtet werden.[658] In der Bibel steht der Buchstabe häufig für das (jüdische) Gesetz (z. B. Röm 2: 27–29) aber auch für das Neue Testament. In beiden Fällen ist das Wort in einem materiellen, wörtlichen Sinn gemeint. Als Gesetz, das den Menschen von außen auferlegt wird, hat es aus paulinischer Sicht jedoch keinen Wert ohne die Verinnerlichung durch den einzelnen Menschen, „[d]enn der Buchstabe tötet, aber der Geist macht lebendig" (2 Kor 3: 6).[659] Die Dichotomie von Buchstabe und Geist ist insbesondere in dem spiritua- listischen Gedankengut Hoffmans und vieler radikaler Reformatoren

---

[657] Dieckmann (1975), S. 103.

[658] Vgl. dazu Zur Linden, der von dem „bedeutungsvollen Gegensatz zwischen Buchstabe und Geist, der bisher zwischen der reformatorischen Theologiepartei und den radikalen Separatisten so vielfach erörtert worden war", spricht. Zur Linden (1885), S. 391. Insbesondere Luthers *Ein Sendbrieff / von Dolmetschen / vnd Fürbitte der Heiligen* von 1530 (Wittenberg) ist ein prominentes Beispiel dafür.

[659] „[W]elcher [Gott] auch uns tüchtig gemacht hat, das Amt zu führen des Neuen Testaments, nicht des Buchstabens, sondern des Geistes. Denn der Buchstabe tötet, aber der Geist macht lebendig." *www.bibel-online.net*, nach Luther 1912.

zu finden.[660] In Kombination mit der Stellung des einfachen Schriftsinns und der wörtlichen Auslegungspraktik der lutherischen Reformatoren, funktioniert das Schlagwort als Kritik der auf den Literalsinn begrenzten Exegese und deren Befürworter,[661] die in Hoffmans spiritualistischer Sichtweise eine ungeistige, äußerliche und von daher zu verwerfende Praxis bedeutete.

Das Schlagwort ‚Schriftgelehrte' ist in engem Zusammenhang mit dem Gebrauch von ‚Pharisäer' zu betrachten.[662] Als Hinweis auf die Verfolger und Kreuziger Jesu Christi besitzt das Schlagwort eine negative Konnotation,[663] die sich in Hoffmans Polemik auf sämtliche theologische Gelehrte seiner Zeit bezieht, und wird insofern als Stigmawort eingesetzt. Für Hoffman-Kenner war diese Deutung voraussichtlich die naheliegende, aber auch für andere Rezipienten war es mit Kenntnis der Reformationspolemik generell erschließbar, dass es sich um Theologen handelt, denen Hoffmans Polemik gilt:[664] Insbesondere durch die per-

---

[660] Vgl. dazu: „Die Spiritualisten standen in der Tradition eines Denkens, das die äußeren Dinge, den Buchstaben der Heiligen Schrift, die Elemente des Abendmahls, die Rituale und Ordnungen der Kirche, vergeistigte. [...] Der Verkehr des Menschen mit Gott, darauf kam es letztlich an, vollzog sich ausschließlich im Inneren des Menschen". Goertz (1993), S. 36. Vgl. z. B. auch Sebastian Francks Auffassung der Bibelauslegung, siehe Dellsperger, Yvonne (2008): *Lebendige Historien und Erfahrungen: Studien zu Sebastian Francks „Chronica Zeitbuoch vnnd Geschichtsbibell"*. Berlin: Erich Schmidt, S. 58–63.

[661] Lepp und Diekmannshenke erwähnen das Wort ‚buchstäbisch' nicht in ihren Arbeiten. Es ist jedoch berechtigt, es zu den Schlagworten zu zählen, da es in den Schriften radikaler Reformatoren, z. B. bei Hans Denck, immer wieder in gleicher Bedeutung anzutreffen ist und es einen programmatischen Sinngehalt besitzt.

[662] Nicht selten tauchen sie gleichzeitig auf – auch im Neuen Testament werden sie meist zusammen genannt (z. B. Mt 23) – und liegen in ihrer Bedeutung sehr nahe. ‚Pharisäer' kann sowohl als Stigmawort als auch als Schimpfwort betrachtet werden. In der Reformation hat es oft Stigmawortcharakter, da es häufig eine programmatische Bedeutung trägt, die über den Schimpfwortcharakter hinausgeht.

[663] Die Kritik speist sich aus den Vorwürfen, die Jesus den Schriftgelehrten seiner Zeit machte: „[S]o wirft ihnen Jesus vor allem fehlende Demut (Mt 23,5ff uö), fehlende Selbstlosigkeit (Mk 12,40a) und fehlende Wahrhaftigkeit (Mk 12,40b uö) vor. Sein härtester Vorwurf aber ist der, daß sie selbst nicht tun, was sie in Lehre und Predigt fordern (Lk 11,46 uö)." Diekmannshenke (1994), S. 142 (Diekmannshenke zitiert hier aus: *Theologisches Wörterbuch zum Neuen Testament*. Hg. von Gerhard Kittel, Bd. 1, S. 742).

[664] „Grundvoraussetzung ist nur, daß in der aktuellen Kommunikationssituation sowohl bei Sender als auch Empfänger das Verständnis für eine bestimmte Anreicherung des Begriffs vorhanden ist." Honecker, Patrick (2003): *Vorreformatorische Schlagwörter. Spiegel politischer, religiöser und sozialer Konflikte in der frühen Neuzeit*. Diss. Univ. Trier. URL: http://ubt.opus.hbz-nrw.de/volltexte/2004/149/pdf/20021212.pdf (18.10.2015), S. 21.

formativ umdeutende Zitation Müntzers wurde die Verwendung „gegen die Reformatoren als die ideologischen Rechtfertiger der bestehenden Gesellschaftsordnung" dominant.[665]

Die bipolare Einteilung in gute und schlechte, auserwählte und verdammte Menschen kulminiert bei Hoffman schließlich in einer antithetischen Gegenüberstellung. Zunächst beschreibt er die ‚falschen Lehrer‘, von denen

> etliche seindt schon vffgeplasen / vnd ein reichen hoffertigen vollē geist hand ererbet vnd erlanget / in welchem geist gar kein ware Gottes lieb / noch forcht herrschet noch wont / vn̄ von jn auch nicht der preiß Gotes gesůcht wirt / sonder solche sůchen jhren preiß / pracht / eer / statt / gelt / gůt / vnd der gleichen[.] (A7r)

Direkt anknüpfend an die abwertende Beschreibung derjenigen christlichen Lehrer, die nach weltlichem Ruhm und Reichtum streben, nennt er die

> treüwen Apostolischen hirten vnd lerer[] [...] Gottes knecht[] / vnd diener Christi Jesu / die yetz in hohen gottes forchtē vnd in ernsthaffter lieb die herd Christi weyden / vn̄mit aller glassener geistligkeit mit d[er] herd vffwachsen in festem eifer nach der warheit vnd gerechtigkeit[.] (Ebd.)

Diese gottergebenen Lehrer stehen den erstgenannten diametral gegenüber: Erstere haben „ein reichen hoffertigen vollē geist", Letztere „glassene[] geistligkeit". Wo bei den an weltlichen Gütern orientierten Lehrern „gar kein ware Gott lieb / noch forcht herrschet noch wont", weiden die „Apostolischen hirten" ihre zu bewachenden Schäflein „in hohen gottes forchtē vnd ernsthaffter lieb", und während die einen lediglich „jhren preiß / pracht / eer / statt / gelt / gůt / vnd der gleichen" suchen, streben die anderen „in festem eifer nach der warheit vnd gerechtigkeit" (ebd.). Durch die antithetische Gegenüberstellung entsteht die Polemik – zunächst gegen eine nicht definierte Gruppe theologischer Leitfiguren, die erst im Haupttext einerseits als Altgläubige und andererseits als Lutheraner konkretisiert werden.[666]

---

[665] Diekmannshenke (1994), S. 143.

[666] Beispielsweise legt Hoffman Kapitel 22: 15 („Dann heraussen seind die hundt / vnd die zauberer / vnnd die hůrer / vnnd die todtschlager / vnnd die götzen eerer / vnnd alle die lieb haben vnnd thůnd die lugen" [Z3v]) wie folgt aus: „[...] vnnd seind die hundt geistliche hundt / die da Gottes warheit verfolgen / vnd dar wider schreyen vnd bellen / vnnd ist nitt solches allein vß des Bapsts hauffen / sundern vß solchen / die sich yetz für die ersten lerer der Christen vß geben [...]" (Z3v–Z4r).

Hoffman polemisiert demnach hier nicht nur indirekt in Hinsicht auf die *polemische Situation*, die in der Vorrede konstruiert wird, sondern er lässt auch das *polemische Objekt* vorerst indeterminiert und simuliert einen großen Definitionsspielraum. Die Gründe für die undefinierte Polemik in der Vorrede liegen höchstwahrscheinlich in der direkten Anrede einer Person hohen Ansehens. Der Widmungsempfänger und textinterne Adressat, König Friedrich I. von Dänemark, nimmt in der Kommunikationssituation der Polemik die Rolle der *polemischen Instanz* ein bzw. bildet eine von zwei relevanten *polemischen* (Teil-) *Instanzen*. Die Anrede der königlichen Hoheit vermag die sonst so scharfe und personalisierte Polemik Melchior Hoffmans in diesem Fall zu mäßigen. Es geht weniger um konkrete Imagezerstörung der gegnerischen Partei als um seine „fleissige hôchste bitt an [die] Künigliche M[ajestät]" (A6r),

> das solchen nit statt werd gegeben / ihn disen ferlichen geschwinden leuffen / die da rat oder that geben / das man yetz vmb des glaubens willen yemandts soll verfolgen / dañ es in der warheit nit ist der ware gôtlich weg der gerechtigkeit / dieweil der glaub ein gab Gotes ist / vnd nicht des menschen / noch auß dem willen des selben / sonder allein auß gôtlicher erbarmung / aber wa übelthat ist / da ist ein yeder diener des schwerts treüw in seinem ampt / Gott den allmechtigen / vnd seinē herren / der jn zů solchem verordnet hat. (A6r)

Hoffmans Gesuch, niemanden für seinen Glauben zu verfolgen, entspringt zum einen aus seiner Zeit, in der die Todesstrafe für Andersdenkende, wie z. B. für Wiedertäufer oder Antitrinitarier schnell als Urteil gefällt wurde, zum anderen aus seinen eigenen Erfahrungen als mehrfach Vertriebener. Die Aussage Hoffmans, wann ein „diener des schwerts" zu agieren habe und wann nicht, hat auch hier performative Funktion: Sie ist weniger Feststellung einer Gegebenheit als ein Versuch, diese Realität erst ins Leben zu rufen.

Die bezüglich des *polemischen Objekts* undefinierte Polemik übernimmt in diesem Zusammenhang die Aufgabe, die führenden Theologen in ein schlechtes Licht zu rücken, ohne die Polemik augenfällig erkenntlich zu machen. Der polemische Zweck wird als Anliegen, eine „fleissige treüwe ermanung / vñ auch warnung" (A6r) auszusprechen, inszeniert. In Kombination mit der sich daran anschließenden polemischen Auslegung des biblischen Buchs der *Offenbarung des Johannes* lässt sich die in der Widmungsvorrede nur indeterminierte Polemik gleichwohl entschlüsseln.

4.2.2 Polemische Legitimationsstrategien in der Vorrede ohne Widmung

Im Gegensatz zu der Widmungsvorrede der *Außlegūg der heimlichē Offenbarung*, in der Polemik indeterminiert und in gemäßigtem Ton geäußert wird, scheint die Vorrede ohne Widmung bei Hoffman zum Teil ein Ort scharfer und personalisierter polemischer Attacken zu sein. Diese auf ersten Beobachtungen basierende These wird im Folgenden detaillierter erörtert. Es wird dabei untersucht, ob und inwiefern Zusammenhänge zwischen Widmung, *salutatio* und Polemik erkennbar sind. Welche Form die Polemik in der Vorrede ohne Widmung bei Hoffman annimmt und welche Funktion sie erfüllt, sind weitere Gesichtspunkte der Analyse.

Auf Basis der Fragestellungen sind insbesondere drei Schriften Hoffmans hervorzuheben, da ihre Vorreden einen sehr hohen Anteil polemischer Züge aufweisen: Zum ersten *Das freudenreiche zeucknus vam worren friderichen ewigen evangelion*,[667] zum zweiten *Een waraftighe tuchenisse vnde gruntlyke verclarynge*[668] und zum dritten *Vā der*

---

[667] Hoffman, Melchior (1532): *Das freudenreiche zeucknus vam friderichen ewigen evangelion, Apoc. 14, welchs da ist ein kraft gottes, die da sallig macht alle die daran glauben, Rom. 1, welchem worren und ewigen evangelion itzt zu disser ketzten zeit so vil dausend sathanischer geister mit falscher ketzerischer irriger lugenhaftiger zeucknus gegenstandt.* [Straßburg?: o. Dr.]. Kurztitel: *Das freudenreiche zeucknus.* Das Original verbrannte laut Röhrich 1870 in der Straßburger Stadtbibliothek. Siehe dazu *TAE I*, Nr. 298, S. 411f. Auszüge in Zur Linden (1885), S. 429–432. Zur Linden fügt hinzu: „Das Schriftchen umfasste in der auf der Bibliothek zu Strassburg verbrannten Originalausgabe 7 Blätter in 4°. Auf dem Titelblatte befand sich von alter Hand die Notiz: Durch Melchior Hofman im sinodo überantwortet." Ebd., S. 429, Anmerkung 1. Die Quellenangaben bei Zitaten werden mit den Initialen *FZ* und der Seitenangabe aus Zur Linden (1885) der Übersichtlichkeit halber in Klammern gestellt.

[668] M. H. [i. e. Melchior Hoffman] (1532): *Een waraftyghe tuchenisse vnde gruntlyke verclarynge wo die worden tho den Ro. ix. Ca. van dē Esau vñ Jacob soldeē verstaen worden / teghen den falschen / kettersschen / dwalenden / lugenhaftygen / sathanysschē / ingevorden verstant / des Luterschen vnde zuyngelshen hupen.* [Deventer: Albert Paffraet]. Eine Paginierung ist auf Blatt A5r vorhanden, so dass folgende Folienzählung angenommen wird: A1r–B2v (A1r = Titelblatt, A2v & B2r–v leer, 16 Textseiten). Kurztitel: *Een waraftyghe tuchenisse.* Die Quellenangaben bei Zitaten werden mit den Initialen *EWT* und der Folienangabe der Übersichtlichkeit halber in Klammern gestellt. Diese Schrift ist höchstwahrscheinlich dem ostniederländischen Sprachraum zuzurechnen. Gronisch-friesische und westfälische Spracheinflüsse scheinen ebenfalls vorhanden. Eine exakte sprachliche Einordnung kann hier nicht geleistet werden. Es ist zu vermuten, dass die vorliegende Schrift die Übersetzung einer (nicht erhaltenen) hochdeutschen Vorlage ist, da die zitierten Anfangsworte des „andern büchlin", das im „Gutachten einer

warē hochprachtlichen eynigen magestadt.[669] Sämtliche drei Schriften sind entweder mit der Jahresangabe 1532 versehen oder werden auf dasselbe Jahr datiert.[670] Sie können zudem allesamt als Traktate bezeichnet werden, da sie jeweils hauptsächlich eine einigermaßen eingrenzbare religiöse Fragestellung behandeln.

Die beiden erstgenannten Schriften argumentieren gegen die Prädestinationslehre. Hoffman lehnt den Gedanken ab, dass die

---

eigens dazu ernannten Synodal-Kommission über die in der Juni-Synode eingereichten Schriften von Hofmann und Schwenckfeld" (1533) genannt wird, fast exakt mit den Worten aus *Een waraftyghe tuchenisse* übereinstimmen: „„Es vermeint der blind, bestrickt, verstockt, jrrig, falsch, ketzerisch, lugenhafftig, luterisch, zwinglisch, schrifftgeleert hauff', etc.". *TAE II*, Nr. 444, S. 182–193, hier S. 182–184. Bis auf das Wort „schrifftgeleert" sind die Anfangsworte der niederländischen Schrift semantisch identisch mit dem im Gutachten zitierten Wortlaut (anstatt „jrrig" steht dort allerdings, wie im Titel, „dwalende"). Diese hohe Übereinstimmung könnte entweder ein Hinweis auf eine hochdeutsche Vorlage sein oder stellt eine ungenaue Übersetzung dieser Schrift dar (Letzteres ist Deppermanns Vermutung, siehe *TAE IV*, Nachträge, S. 505). Dessen ungeachtet widerlegt die große Ähnlichkeit des obigen Zitats der Täuferakten mit dem Wortlaut der Schrift *Een waraftyghe tuchenisse* die Annahme, dass es sich um die nicht erhaltenen Anfangsworte der Schrift *Das freudenreiche zeucknus* handelt. Siehe dazu *TAE II*, Nr. 444, S. 183, Anmerkung 3. Dass die niederländischen Schriften Übersetzungen seien, begründet Deppermann mit dem durchweg „sprachlich viel höheren Niveau" im Vergleich zu den deutschen Schriften Hoffmans sowie anhand von „ständig wiederkehrende[n] grammtische[n] Fehler[n] in Hoffmans niederländischen Schriften". Deppermann (1979), S. 287, Anmerkung 32. Siehe auch Cramer, Samuel (1909): *Nederlandsche Anabaptistica (geschriften van Henrick Rol, Melchior Hoffman, Adam Pastor, De Broederlicke vereeninge)* (= *Bibliotheca Reformatoria Neerlandica* 5). 's-Gravenhage: Nijhoff, S. 174.

669 Hoffman, Melchior [1532?]: *Vā der warē hochprachtlichen eynigen magestadt* [= Majestät] *gottes / vnnd vann der worhaftigen menschwerdung des ewigen worttzs vnd Suns des allerhochstē / eyn kurtze zeucknus vn̄ anweissung allen liebhabern der ewigen worheit.* [Deventer: Albert Paffraet]. Eine Paginierung ist auf Blatt B1r und B2r vorhanden, so dass sich folgende Folienzählung ergibt: A1r–B8r (A1r = Titelblatt, B8v leer). Kurztitel: *Magestadt gottes.* Die Quellenangaben bei Zitaten werden mit den Initialen *MG* und der Folienangabe der Übersichtlichkeit halber in Klammern gestellt.

670 *Magestadt gottes* besitzt keine Jahresangabe, es wird aber das Jahr 1532 als Publikationsjahr angenommen. Siehe z. B. Deppermann (1979), S. 348. Da die Schrift auch bei Albert Paffraet in Deventer gedruckt wurde (der Vergleich mit *Een waraftyghe tuchenisse* zeigt, dass es sich um denselben Drucker handelt), ist das Erscheinungsjahr 1532 zudem naheliegend. Deppermann nimmt aufgrund der niederländischen Traktate an, dass Hoffman sich zu der Zeit in den Niederlanden aufhielt, gibt aber fälschlicherweise an, dass Hoffman ausschließlich niederländische Traktate in der Zeit veröffentlicht habe. Deppermann (1979), S. 286f. Deppermann vergisst offensichtlich die hochdeutsche Schrift *Magestadt gottes.* Gleichwohl bestätigt der Druckort Deventer die Niederlande als Aufenthaltsort Hoffmans.

Menschen bereits bei Geburt für die Erlösung oder Verdammnis vorbestimmt sind, und konstatiert die grundsätzliche Seligsprechung aller
Menschen durch Gott. Lediglich der freie Wille des Menschen könne ihn in die Verdammnis treiben, denn wenn er zum Bösen tendiere,
nachdem er „erleuchtet" worden sei, sei jegliche Erlösung unmöglich.
Insofern sei nicht Gott für die Verdammnis verantwortlich, „sunder allein der fel am menschen ist und auch ewig sein würt, so das er mer
geliebet würt haben die finsternus dann das worre und ewige liecht
[...]" (*FZ*, S. 430).[671]

In der drittgenannten Schrift wird zunächst das „26. gesicht der prophetin Vrsula" abgedruckt,[672] das Hoffman als Bestätigung seiner mo-
nophysitischen Christologie sieht, denn er ist der Auffassung, Christus
sei „nit vā dē fleisch vn̄ blut maria", sondern „vā dē helgē vn̄ hohen gottes geist vnd muth / ia der sun des aller hôchsten / vnd das ewige wort
gottes selber" (*MG*, A5r). Die Überzeugung, dass Jesus Christus nicht
menschlicher Natur, sondern das verkörperte Wort Gottes sei, erklärt
und diskutiert Hoffman dann – wie bereits oben erwähnt – nachfolgend
auf mehr als 27 Seiten anhand einer Vielzahl von sowohl alt- als auch
neutestamentlichen Bibelstellen, indem er z. B. die Gegenfrage klärt,
wieso geschrieben stehe, dass „christus JEsus auß dem samen Dauids
geboren sey" (*MG*, B1v).

Die unsichtbare *polemische Instanz* bei indirektem Polemisieren

Bei näherer Betrachtung der Polemik in den drei Traktaten fällt zunächst auf, dass in den Vorreden ausschließlich die Form des indirekten Polemisierens vorkommt: Es wird durchgehend in der 3. Person
über das *polemische Objekt* – hier stets der „lutherische und zwinglische Haufen" (*FZ*, S. 431) bzw. der „Lutersche vn̄ Zuyngelsche
hupē" (*EWT*, A2r) – gesprochen. Interessanterweise trifft man die

---

[671] Vgl. auch: „Tho den. i Js dat vaste onwädelbare ewige onentlike tuchenisse der ewigen waerheit dat God alle menschen tho der salichkeit geschapēheft / ia ock niet een
enigen wtgenamē / vn̄ see ock met ganssen eernste alle tho der eewigen salicheit
begeret." (*EWT*, A3r).

[672] Zuerst wird in kurzen Sätzen die Erscheinung Ursulas beschrieben: Ein Licht, das
sich in drei Lichter (übereinander) geteilt habe. Im mittleren Lichtschein sei das
Gesicht eines Neugeborenen zu sehen gewesen. Dann vereinten sich die Lichter
wieder und verschwanden. Auf diese Beschreibung folgt die Interpretation der
Erscheinung: „Diß edle vn̄ hohe gesicht / weisset yhn einer kurtzē sum waß die
helgē dreyfaltigē einigē gotheit sey" (*MG*, A2v).

direkte Anrede in den Vorreden ohne Widmung überhaupt nur selten an, so dass selbst die *polemische Instanz* auf der Textebene nicht als direkter Adressat konstruiert wird. Gleichwohl kann eine Ansprache der Leserschaft in den Begrüßungsworten von *Een waraftyghe tuchenisse* und *Magestadt gottes* in der 3. Person beobachtet werden: Den zeitgenössischen Konventionen durchaus entsprechend hält Hoffman die *salutatio* förmlich, indem er sowohl sich selbst als auch die begrüßten Leser in der grammatischen 3. Person nennt.[673] Im Gegensatz zu den meist nur wenige Zeilen umfassenden Begrüßungsworten wird eine Leserschaft in den darauffolgenden Vorreden nicht auf der Textebene angelegt, sondern verbleibt eine im Text unsichtbare Instanz. Formal betrachtet führt Hoffman demgemäß auf der Textebene einen Monolog. Einen offenkundigen Adressaten, wie z. B. den Widmungsempfänger in der *Außlegūg der heimlichē Offenbarung*, gibt es hier nicht.

Ausgehend von diesem Befund fällt auch bei weiteren vergleichenden Beobachtungen der Texte Hoffmans gemeinhin auf, dass es einen Zusammenhang zwischen der Präzisierung des Empfängers in der *salutatio* und der direkten Anrede der *polemischen Instanz* gibt: Existiert ein namentlich genannter Widmungsempfänger oder ist die Gruppe der ,Begrüßten' durch eine konkrete Bezeichnung eingegrenzt, so wird zumeist auch derselbe Adressat in der Vorrede konstruiert.[674] Bei den Vorreden ohne Widmung, die zudem einen sehr allgemein gehaltenen Empfängerkreis, wie z. B. „alle[] glaubigē liebhaber[] der worheit vnd gottlichē gerechtikeit" (*MG*, A1v), angeben, verbleibt die Vorrede auf der Textebene in der Regel unadressiert. Die Folge davon ist eine Verallgemeinerung der *polemischen Situation*: Das *polemische Objekt* soll von allen verworfen werden, nicht nur von einem ausgewählten Kreis.

---

[673]   „Melchior Hoffman ein knecht des aller hochsten [...] wūschet allen glaubigē liebhabern der worheit vnd gottlichē gerechtikeit / Gnad / vnd frid vnd das ewige heyl." Hoffman [1532?], *Magestadt gottes*, A1v. Eine fast wortgetreue *salutatio* ist in *Een waraftyghe tuchenisse* (A2r) auf Niederländisch zu finden. Dort gibt Hoffman jedoch lediglich seine Initialen M. H. an.

[674]   In seiner *Daniel-Auslegung* (1526) beispielsweise richtet sich Hoffman in der *salutatio* an die „außerwelten gottis heyligen inn Lieflandt / vnd fŏrnemlich den geliebtē zu Derpten" (1v), die er auch nachfolgend weiter direkt anspricht: „[...] lieben frūnde in Christo / prŏbet ein yden geist [...]" (ebd.). Die direkte Anrede der Liefländer wird in der Vorrede konstant benutzt.

Polemische Exordialtopoi

Das polemische Ziel, die Imagezerstörung des *polemischen Objekts* (vor den Augen der *polemischen Instanz*), wird in den Vorreden insbesondere mit den Eigenschaften der Textsorte verwoben. In allen drei Schriften sind dementsprechend Exordialtopoi zu finden, die sich mit der Polemik paaren: Ihre Wirkung entfaltet sich im Wechselverhältnis mit der Polemik. In der Vorrede von *Das freudenreiche zeucknus* findet man z. B. Formulierungen über mehrere Zeilen, die man ohne Probleme als ‚polemischen Exordialtopos' bezeichnen könnte:

> Die weil ich nu mit offendlicher erfarenheit deglich merck sich und erken, das gar kein vermanen schreiben leren, süsses noch saures, an dem lutherischen und zwinglischen haufen helfen wil oder geholfen hat, sunder in solchem fal nur noch erst vil tiranischer mutwilicher halsstarricher und herter geworden seint, dz sie auch gantzs ernstlich vermeinen, irer lügenhaftigen ler und sathanischer ketzerischer zeucknus mit nichten abzustan, sunder mit tiranischer gewalt ein solchen saurdeig menschliches drecks und gestancks zu erhalten, derhalben ist mein Muth auss gottes gnaden gar fleissig gericht und gesinet, in einem solchen grad dem Luthrischen und Zwinglischen haufen all irren ketzerischen irthom gantzs grundlich in alle weg aufzudecken etc. (*FZ*, S. 429f)

Bereits der Einstieg („Die weil") kündigt einen kausalen Zusammenhang an: Hoffman liefert eine Begründung für die Entstehung des folgenden Textes und sein damit verbundenes diskursives Eingreifen. Er legitimiert sein Schreiben und wertet es gleichsam auf, indem er es als Notwendigkeit darstellt, die sich aus den äußeren Umständen ergibt. Bei gleichzeitiger Abwertung der „lutherischen und zwinglischen haufen", die sich durch keinerlei „vermanen schreiben leren, süsses noch saures" davon abbringen ließen, ihrer „lügenhaftigen ler und sathanischer ketzerischer zeucknus [...] abzustan, sunder mit tiranischer gewalt ein solchen saurdeig menschliches drecks und gestancks zu erhalten" versuchen, stilisiert Hoffman sich selbst als uneigennützig. Er betont insbesondere, wie er sich der Verantwortung stelle, die ihm Gott auferlegt habe. Mit seinen Formulierungen setzt er auf den gebräuchlichen Topos „der Besitz von Wissen verpflichtet zur Mitteilung".[675] Der Topos funktioniert zum einen als Charakterisierung Hoffmans als *vir bonus* und zum anderen als Aufwertung des Geschriebenen und fungiert so

---

[675] Curtius (1993), S. 97.

als *captatio benevolentiae*. Das Wissen, an dem Hoffman die Leser teilhaben lassen will, beinhaltet nicht nur die konkreten Punkte der „ketzerischen irthom" der Lutheraner und Zwinglianer, sondern auch den polemischen Antagonismus und die damit verbundenen oppositären Freund- und Feindimages: Die Leser sollen laut Hoffman wissen, dass die Lutheraner und Zwinglianer Lügen verbreiten und trotz seiner schriftlichen Bemühungen „nur noch erst vil tiranischer mutwilicher halsstarricher und herter geworden seint".

Mittels dieser Darstellung legitimiert Hoffman nicht nur sein Schreiben an sich – schließlich ist dieses Anliegen „auss gottes gnaden" entstanden –, sondern auch seinen unverblümt polemischen Ton. Wie zuvor in der Kontroverse mit Nikolaus von Amsdorf kommentiert Hoffman damit implizit die Regeln der Streitkultur: Er greift der Antizipation einer Grenzüberschreitung vorweg, indem er nachstehende Regelverletzungen einerseits mit der Belehrungsresistenz seiner Gegner und andererseits mit seinen guten Absichten als regelkonform rechtfertigt. Insofern ist es nicht überraschend, dass die Schrift auch im Haupttext polemisch bleibt. Vermutlich um die Gunst der Leser zu sichern, verwendet Hoffman auch dort Strategien zur Legitimierung seiner Polemik:

> Ich habe nun in das dritte jar geschrien und den preiss Gottes begert, aber ich sich ir noch nit die die warheit begeren zu hören. Darum will ich auch schreiens nit aufhören, sunder schelten straffen und schrein das himmel und erden erbidmen sol, so lang biss das dem hohen Gott sein preiss und ehr wieder geleuffert und dargereicht werde. (*FZ*, S. 431f)

An dieser Stelle setzt Hoffman nochmals gesteigerten Pathos ein, indem er den Topos des Gotteslobs mit ins Spiel bringt und seine Bemühungen als dramatische Handlung – „schrein das himmel und erden erbidmen sol" veranschaulicht. Sein „schelten straffen und schrein", das besonderen Nachdruck durch die Alliteration bekommt, wird erneut, hier durch die aus christlicher Perspektive höchste Maxime der Preisung des Herrn, legitimiert.

Das inszenierte Urteil der Obrigkeit als polemische Ermächtigung

Während Hoffman in *Das freudenreiche zeucknus* lediglich andeutet, dass seine Gegner sich u. a. tyrannisch aufführen, erklärt Hoffman in *Een waraftyghe tuchenisse* konkreter, wie er zu dieser Auffassung kommt: Nicht nur benutzen sie ihr eigenes „valsche[s] zueert [= Schwert]"

(*EWT*, A2r), sondern sie rufen auch das „werklike zueert" (ebd.) der
Obrigkeit zu ihrer Hilfe:

> daer moet dan de bodel eñ hēker date beste doen / vnde de disputacio vor-
> der met den armen Godes tugen vollenbrengē / Ja met veriagen / berouen /
> ryten / stocken / blocken / myt hunger / brant / fuer / water / zweert / gal-
> gen / vñ der gelijken mennigerlei[.] (Ebd.)[676]

Erst nachdem Hoffman hier mittels einer sich steigernden Aufzählung
die Missetaten seiner Gegner und sich selbst durch den Opfertopos dargestellt hat, verwendet er – für das niederländische Publikum – ähnliche
Formulierungen wie in der hochdeutschen Schrift *Das freudenreiche
zeucknus*: Er stellt die Lutheraner und Zwinglianer als Lügner dar und
berichtet davon, dass er gegen diese „Zeugen der ewigen Unwahrheit"
bereits gekämpft habe. Doch habe er in den Jahren, die er gegen sie vor-
gegangen sei, keine Besserung an ihnen erreichen können. Sie seien sogar
nur „erger eñ [= und] tijrannischer geworden", sie möchten Hoffman
töten und ins Gefängnis werfen, so dass nur die Gnade Gottes, seines
Herrn, ihn davor bewahrt habe, in die Hände seiner Gegner zu fallen.[677]
Auch hier erklärt Hoffman, dass er bereits Jahre gegen sie gekämpft
habe, während sie ihn nur noch mehr verfolgen würden, um dann strategisch zum Gegenschlag auszuholen:

> Aadermael / Ick see datt et niet anders syn mach / bin Ick bereit in alle wege
> den Lutersschē eñ ock den Zwingelscen hupen. alle hoer dwalinge / gans
> apentlick voer al de werrelt optodecken / vp dat alle de werrelt. hoer doer-
> heit seen mach". (*EWT*, A2v)[678]

---

[676] „da muss dann der Büttel/Gerichtsdiener und Henker das Beste tun, und die
Disputation zuvor mit dem armen Zeugen Gottes zu Ende bringen, ja mit Verjagen,
Berauben, Reißen, ins Gefängnis Werfen, mit den Füßen an den Block Fesseln, mit
Hunger, Brand/Verbrennen, Feuer, Wasser, Schwert, Galgen und dergleichen mehr".

[677] „Ja voer den morderscehn [sic!] bloetsuperschē bosen meer [...] welker morderssche
thugē der ewigen onwaerheit Ick gaer flitich vnde mennichuoldich [ver]focht hebbe / Ja ock met eernste ytlike iaer. hier heer. aengostotē hebbe / of see syk wolden
beteren / mer alles gaer niet geholpē heft. nu eerst volle erger eñ tijrannischer geworden sint / dat sie ock heftich of flitich trachtē Ho se mij armen in die hellekule des
dodes stotē mochten / in geuankenisse met eewige bandē / de hogeste ende groeste
gnade solde syn Heer de barmhartoge godyge God vñ vader / synen armen knecht
vñ dener niet in horen handē heft kommen laten" (*EWT*, A2v).

[678] „Da ich erneut sehe, dass es nicht anders geht, bin ich bereit, den lutherischen und
zwinglischen Haufen in jeder Weise sämtliche ihrer Irrtümer ganz öffentlich vor der
Welt aufzudecken, auf dass alle Welt ihre Torheit sehen mag."

Auch in der niederländischen Schrift bedient sich Hoffman einer ähnlichen Formulierung und des gleichen Exordialtopos ‚Wissen verpflichtet zur Mitteilung‘. Der Anlass seines Schreibens wird auch hier als
Aufdecken der Irrtümer seiner Gegner inszeniert. Nachfolgend kündigt
Hoffman sogar an, dass er auch bereit sei, sich auf einem Konzil zu verteidigen und sich gegenüber der Obrigkeit zu verantworten: „vnde woer
ick anders dan in waraftige getuchenisse geuōdē worde / so heft geor-
dineerde gewalt Godes. vnde keiserlike macht / dat zuueert vnde ick dē
hals" (ebd.).[679] Hoffman macht hier von der gleichen Strategie Gebrauch
wie bereits 1528 in *Nasen geist*: Indem er ein Konzil bzw. eine Art
Gerichtsverhandlung vorschlägt, in der seine Lehre von der Obrigkeit
beurteilt und eventuell mit dem Tod bestraft werden soll, nimmt er eine
positive Bewertung seiner Lehre und dessen Wahrheitsgehalt bereits
vorweg und inszeniert sich auf diese Weise als Märtyrer. Dass Hoffman
dieses Angebot lediglich als Strategie verwendet, wird daran ersichtlich, dass er nur wenige Zeilen später erklärt, dass sich das Schwert der
Obrigkeit alsbald gegen die Lutheraner und Zwinglianer richten wird,
„want se moten voer alle de werrelt tho scanden staen / dat see laster-
lijke logenaftige tugē tegen de hoge maiestat Godes vñ tegen de onentlike ewige waerheit gewast synt" (*EWT*, A3r).[680] Hoffman bringt hier
erneut die Obrigkeit mit ins Spiel und inszeniert ihre Unterstützung,
indem er seine eigene Auffassung, dass die Lutheraner und Zwinglianer
von der Welt geächtet werden sollen, als allgemeines Gedankengut bzw.
als Standpunkt der Obrigkeit ausgibt.

Durch die Form des indirekten Polemisierens ist diese Objektivierung
möglich, denn mit einer direkten Anrede würde auch die Figur des spre-
chenden Ichs auf Hoffman verfallen. Dadurch, dass Hoffman weder
ein ‚Ich‘ noch ein ‚Du‘, sondern nur die 3. Person für sowohl das *polemische Objekt* als auch die Obrigkeit einsetzt, entstehen ausschließlich „Verweis-Räume"[681] außerhalb der Kommunikationssituation.[682]
Das *polemische Subjekt* nimmt sich dadurch zurück, während die

---

[679] „und sollte es mir nachgewiesen werden, dass ich etwas anderes als wahre Zeugnisse
    ablege, so hat die von Gott eingesetzte Gewalt und kaiserliche Macht das Schwert
    und ich den Hals."

[680] „denn sie müssen vor aller Welt dafür in Schande stehen, dass sie lasterhafte, lüg-
    nerische Zeugen wider die hohe Majestät Gottes und wider die unendliche ewige
    Wahrheit gewesen sind".

[681] Schwitalla (2010b), S. 164.

[682] Die grammatische 3. Person ist in der Kommunikation zunächst eine theoretisch
    abwesende Kategorie (die Anwesenheit dieser Person ist allerdings praktisch mög-
    lich). Vgl. Gehling, Thomas (2004): *‚Ich‘, ‚du‘ und andere. Eine sprachtypologische*

Obrigkeiten als Akteure in den Vordergrund rücken, so dass die Aussage mit ihnen in Verbindung gebracht wird und nicht mit Hoffman.

Hoffman setzt an dieser Stelle eine Situation als Realität in Szene, die der religionspolitischen Lage um 1532 nicht entspricht.[683] Für die Beeinflussung des intendierten Publikums vermag dieser Bruch mit dem Kontext kein Problem dargestellt zu haben, da ein potenzielles, von Hoffmans Anhängern erwünschtes Szenario entworfen wird, das im Text durch seine Performativität gleichsam als Legitimation durch die Obrigkeit dient. So rechtfertigt Hoffman sein (polemisches) Schreiben nicht nur als von Gott auferlegten Kampf gegen das tyrannische Verhalten der Lutheraner und Zwinglianer, sondern er schreibt sich im wörtlichen Sinne auch den Beistand der weltlichen Gewalt zu.

Seelsorge als De-Inszenierung des Streits

In der Vorrede von *Magestadt gottes* legitimiert Hoffman sein Schreiben damit, dass er ein seelsorgerliches Anliegen als Hauptmotivation in Szene setzt. Er entwirft für diesen Zweck den Antagonismus nicht zwischen sich selbst und seinen Gegnern, sondern zunächst ganz allgemein zwischen den Gelehrten und den ‚Armgeistigen'. Auch hier polemisiert er indirekt, da insbesondere die generalisierenden Aussagen durch das indirekte Polemisieren den Anschein der Objektivität erhalten. In einem narrativen Stil erklärt Hoffman:

> Es ist zu disser farlichē letzstē zeitt / am end der vorgencklichē welt / der althar / vnd der disch des allerhochstē gantzs villē yhn ein falstrick gerothen / ia auch darzu in ein verblindnusz vnd ergernus / vnd zum stein des anlauffs / das auch die aller klugstē / vnd gelerdstē wider cristū Jesun [sic!] kennē noch yhn d[er] worheit habē. Sundern der selbige berck yhn welchem alle schetzs verborgē ligen / dē allergroste schrifthglerdē verborgē vnd gantzs vnbekandt / vnd an yhnnē erfullet das althe sprichwort / yhe gelerther / yhe vorkertter / das bey dē hochstē vnd berumpste schribenttē kein worre erkandnus gottes ist / ia auch weder glaubē noch euāgelion mer habē,

---

Studie zu den grammatischen Kategorien ‚Person' und ‚Numerus'. Münster: LIT Verlag, S. 4.

[683] In den meisten nieder- und mitteldeutschen Gebieten hatten die Lutheraner auch die politische Unterstützung, in den oberdeutschen Gebieten, der Schweiz und Ostfriesland dominierten unter den Reformbewegungen die Zwinglianer. Die Wiedertaufe, die auch Hoffmans Täuferbewegung praktizierte, wurde in den deutschen Gebieten meist mit der Todesstrafe bestraft. Auch in den Niederlanden genossen die Melchioriten keine politische Unterstützung und mussten harte Rückschläge, z. B. durch Hinrichtungen, erleiden.

vnd die weil alsz zu yhrē eygnē vrtheil die blīdheit sy vorstreckt hat / vnd
yhrige weg wandlen / furen sie auch mit sich die einfaltigen hertzen in solche falstrick vnd vorblendung / vnd das also vil gotforchtiger sellen durch
solche die yhrige weg geleydet vnd geschleift werdē[.] (*MG*, A1v)

Diese der *salutatio* folgenden, einleitenden Worte konstruiert Hoffman
im Stil eines Berichts, er äußert keine Meinung – ein ‚Ich' sucht man
vergeblich –, sondern er formuliert seine Aussage so, dass es klingt,
als zähle er lediglich selbstverständliche und allseits bekannte Fakten
auf: Sprachlich wird dies mittels Formulierungen wie „Es ist" und dem
durchgehenden Gebrauch des Indikativs umgesetzt. Ebenfalls spricht
Hoffman in einem sachlichen Ton; von den emotionalen Schimpftiraden,
die er oftmals in anderen Schriften auf seine Gegner ergießt, sieht er
hier ab.

Trotz des sachlichen Tons ist die Polemik auch hier deutlich zu identifizieren. Es ist insbesondere an dieser Stelle auffällig, wie Hoffman
sich an bereits bestehenden Wendungen, zum Teil aus der Bibel entlehnt, bedient: Zunächst greift Hoffman hier das biblische Bild des
‚Steins des Anlaufes/ Anstoßes' auf, das zur stehenden Wendung geworden ist, aber dennoch in seiner komprimierten Form eine Fülle an polemischen Implikationen aus der Bibel mit sich bringt: Erstmals taucht
dieses Bild in Jes 8: 14 auf, wo Gott zu einem solchen Stein und einem „Fels des Ärgernisses"[684] für die Ungläubigen wird. Nach 1 Petr
2: 6–8[685] steht der (Eck-)Stein symbolisch für Christus: Dabei handelt
es sich um einen Stein, der nur denjenigen zu einem „stein des anlauffs"
wird, die nicht an ihn glauben. Durch Röm 9: 31–33[686] wird dieses Bild
des festen Glaubens an Christus noch verstärkt, indem der Glaube mit

---

[684] Jes 8: 12–15: „Fürchtet ihr euch nicht also, wie sie tun, und lasset euch nicht grauen,
sondern heiliget den HERRN Zebaoth. Den lasset eure Furcht und Schrecken sein,
so wird er ein Heiligtum sein, aber ein Stein des Anstoßes und ein Fels des Ärgernisses
den beiden Häusern Israel, zum Strick und Fall den Bürgern zu Jerusalem, daß ihrer
viele sich daran stoßen, fallen, zerbrechen, verstrickt und gefangen werden." *www.
bibel-online.net*, nach Luther 1912.

[685] „Darum steht in der Schrift: ‚Siehe da, ich lege einen auserwählten, köstlichen
Eckstein in Zion; und wer an ihn glaubt, der soll nicht zu Schanden werden.' Euch
nun, die ihr glaubet, ist er köstlich; den Ungläubigen aber ist der Stein, den die
Bauleute verworfen haben, der zum Eckstein geworden ist, ein Stein des Anstoßens
und ein Fels des Ärgernisses; denn sie stoßen sich an dem Wort und glauben nicht
daran, wozu sie auch gesetzt sind." *www.bibel-online. net*, nach Luther 1912.

[686] „Israel aber hat dem Gesetz der Gerechtigkeit nachgetrachtet, und hat das Gesetz
der Gerechtigkeit nicht erreicht. Warum das? Darum daß sie es nicht aus dem
Glauben, sondern aus den Werken des Gesetzes suchen. Denn sie haben sich gestoßen an dem Stein des Anlaufens, wie geschrieben steht: ‚Siehe da, ich lege in Zion

dem Einhalten des äußerlichen Gesetzes kontrastiert wird – ohne den wahren Glauben wurde der Stein auch denjenigen, die nach dem Gesetz handelten, zum „stein des anlauffs". Indem Hoffman die Wendung benutzt, polemisiert er gegen die Gelehrten und unterstellt ihnen, keinen wahren Glauben, sondern lediglich die Gelehrtheit zu haben. Hoffman trennt hier deutlich eine weltliche Gelehrtheit von einer christlichen Eingebung und unterstreicht das zusätzlich, indem er deutlich auf die ‚blinden Blindenleiter' anspielt. Mit der Aussage „vnd die weil alsz zu yhr̄e eygn̄e vrtheil die blīdheit sy vorstreckt hat / vnd yhrige weg wandlen / furen sie auch mit sich die einfaltigen hertzen in solche falstrick vnd vorblendung" stellt Hoffman einen klaren Bezug zu Mt 15: 14[687] und zu Mt 23 (insbesondere 23: 16 & 24) her. Damit schließt Hoffman an die Polemik gegen die Pharisäer und Schriftgelehrten an, die – laut Matthäus-Evangelium – von Jesus Christus selbst geäußert wird. Mit dem biblischen Bezug instrumentalisiert Hoffman diese bereits existierende und autoritätsträchtige Polemik. Nicht zuletzt macht das Wort „schrifthglerdē" die Analogie zu den Pharisäern des Evangeliums evident. Hoffman hat damit eine klare Negativ-Bezugsfolie, vor deren Hintergrund er gegen die gelehrten Theologen seiner Zeit polemisiert: Wie die Pharisäer zu Jesu Christi Zeit, sind die Gelehrten seiner Zeit für ihn die Verkehrten, die zwar äußerlich der Schrift kundig sind, eine wahre innerliche Gotteserkenntnis dennoch nicht besitzen.

Hoffman nutzt für seine Polemik gegen diese ‚falschen Gelehrten' aber nicht nur die Bibel, sondern auch ein seit etwa dem 15. Jahrhundert gebräuchliches Sprichwort:[688] „yhe gelerther / yhe vorkertter", das prinzipiell nicht Bildung im eigentlichen Sinne verwirft, sondern sich gegen „die Unterdrücker der ‚Kleinen', die Hochgebildeten im Dienste der kirchlichen und weltlichen Macht",[689] richtet. In der Reformation

---

einen Stein des Anlaufens und einen Fels des Ärgernisses; und wer an ihn glaubt, der soll nicht zu Schanden werden.'" *www.bibel-online.net*, nach Luther 1912.

[687] „Lasset sie fahren! Sie sind blinde Blindenleiter. Wenn aber ein Blinder den andern leitet, so fallen sie beide in die Grube." *www.bibel-online.net*, nach Luther 1912.

[688] Gilly, Carlos (1991): „Das Sprichwort ‚Die Gelehrten die Verkehrten' oder der Verrat der Intellektuellen im Zeitalter der Glaubensspaltung". In: Rotondò, Antonio (Hg.): *Forme e destinazione del messaggio religioso. Aspetti della propaganda religiosa nel cinquecento.* Florenz: Leo S. Olschki, S. 229–375, hier S. 233. Die Variante Hoffmans ist in engem Zusammenhang mit dem beinahe gleichlautenden Sprichwort: „Die Gelehrten, die Verkehrten" zu sehen. Gilly stellt einen Katalog der Verwendung des Sprichwortes zur Verfügung, der den Bekanntheitsgrad des Sprichwortes im 15. und 16. Jahrhundert deutlich macht. An dieser Stelle wird daher lediglich auf Gillys Aufsatz verwiesen.

[689] Ebd., S. 235f.

gelangte das Sprichwort zu programmatischer Verwendung seitens der Reformatoren gegen die Altgläubigen, vor allem auch durch Luther.[690] Aber mit einer sich steigernden Aufwertung der Laien wurde es alsbald auch gegen die Reformatoren selbst gerichtet,[691] so dass Hoffman sich der allmählich eingebürgerten polemischen Verwendung gegen die Theologen im Allgemeinen bedient, um zunächst seine noch indeterminierten Gegner zu diskreditieren.

In dem kurzen zitierten Abschnitt ist aber nicht nur Polemik gegen die Gelehrten im Allgemeinen, sondern auch mehr zielgerichtete Polemik identifizierbar: Dass „der althar / vnd der disch des allerhochstē gantzs villē yhn ein falstrick gerothen" ist, ist deutlich Polemik gegen ein Abendmahlsverständnis, das von einer Realpräsenz Christi ausgeht, und vor allem gegen diejenigen, die die Realpräsenz lehrten und praktizierten.[692] Jedoch sind die polemischen Angriffe hier noch weitgehend indeterminiert, ein *polemisches Objekt* noch nicht konkret genannt. Auf der Basis der möglichst faktisch-objektiv dargestellten Misere, dass die gottesfürchtigen Christen von den „allergrostē schriftglerdē" auf den falschen Weg gebracht werden, baut Hoffman die Rechtfertigung seines Schreibens auf:

> ausz solcher vrsach ich genottiget werd den hungrigē armgeistigen die hand zu reichē zu dē preisz des allerhochstē / so vil gott gnod verguneth vnd [ver] lichen [= verliehen] hatt / dan solche zu knurste [= zerknirschten/gebrochenen] hertzen sollē mit dē schatzs des hochstē getrostet vnd gespeisset werdē[.] (Ebd.)

Anders als in den bereits besprochenen zwei Vorreden verwendet Hoffman hier weniger den Exordialtopos ‚Wissen verpflichtet zur

---

[690] Ebd., S. 248. Vgl.: „The title chosen for this section is one of the best known slogans of sixteenth-century pamphlet literature. The phrase ‚Die Gelehrten die Verkehrten' has the attraction of rhyme, just as easily memorable as *Affen und Pfaffen*. Both proved to be powerful weapons in the heyday of the spread of pamphlet literature in the service of the Reformation – broadly speaking, in the decade from 1515 through 1525. Afterwards, this form of indoctrination tapered off noticeably, probably under the impact of the criminalization of what the authorities called the *schlechten Prediger*, who lost their livelihoods or lives in the aftermath of the peasants' revolt." Oberman, Heiko A. (1989): „*Die Gelehrten* die *Verkehrten*: Popular Response to Learned Culture in the Renaissance and Reformation". In: Ozment, Steven (Hg.): *Religion and Culture in the Renaissance and Reformation* (= *Sixteenth Century Essays & Studies* 11). Kirksville/Missouri: Sixteenth Century Journal Publishers, S. 43–64, hier S. 46f.

[691] Gilly (1991), S. 256.

[692] Vgl. Deppermann (1979), S. 200.

Mitteilung', sondern inszeniert vielmehr seine pastoralen Absichten. Seine Rolle ist nicht mehr nur die des Lehrers, sondern vornehmlich die des Seelsorgers. Durch die performative Äußerung des Handreichens macht er dieses Anliegen zusätzlich anschaulich.

Der pastoralen Rolle entsprechend, die er sich selbst in der Vorrede in *Magestadt gottes* zuschreibt, formuliert Hoffman die beiden Pole des polemischen Antagonismus mittels einer Bienen- und Spinnen-Allegorie:

> vnd ist [der] schatz gottes gar ein edle plom / ausz welchē das einfaltige yhmlein [= Immlein/Bienchen] nicht anderst sucht noch begereth / dā des edlen vnd kostlichē hanig zum preisz yhres koniges / auch nichts anderst sammelt noch bringen kan / dan das aller beste vnnd edelste / also auch die hungrige seel vā der edlen plumen cristo Jesu nicht dan alles gutt sucht begert vn̄ samlet. Aber weither so ists auch gewisz das kein plum oder rosz so edel vnd gut ist / noch sein mag / da nit ein spin gift herausz sucht vnd begerth / ia solche menschē die auch an den aller bestē gottes goben sich ergern / vnd schelten findē wider dē hohē gottes geist[.] (*MG*, A1v–A2r)

Durch die Allegorie wird der Antagonismus auf den zwei Bedeutungsebenen gebildet, die der Allegorie zugrunde liegen: Hoffman macht sich zunutze, dass Bienen im Volksmund hauptsächlich nutzbringende Eigenschaften (z. B. durch die Honigproduktion) zugesprochen werden,[693] und überträgt diese allgemeingültige Konnotation auf „die hungrige seel", die es in seinem geschilderten Fall vor den Gelehrten (den Spinnen) zu retten gilt. Die Bienen werden mit dem Diminutiv benannt, arbeiten emsig, um Honig aus der Blume zu ziehen, und haben nur den Preis ihres Königs im Sinn. Die Spinnen hingegen saugen Gift aus derselben edlen Blume. Die Allegorie von den Bienen und den Giftspinnen ist eine „Vorstellung im volkstümlichen Aberglauben, so daß davon ausgegangen werden kann, daß [sie] sofort jedem Leser verständlich ist."[694] Unterstützend ist zu nennen, dass Zeitgenossen Hoffmans, wie etwa

---

[693] Die Biene ist „Symbol der Liebe, der Seele, des Fleißes, des (inspirierten) Dichters und des Staatswesens." Butzer, Günter & Joachim Jacob (Hg.) (2012): *Metzler Lexikon literarischer Symbole*. Stuttgart: Metzler, S. 50. An dieser Stelle ist insbesondere der Fleiß gemeint, der „seit der Antike sprichwörtlich [ist]." Ebd., S. 51.

[694] Bremer (2005b), S. 144. Bremer bezieht sich hier auf eine Schrift von Georg Scherer (1586): *Rettung der Jesuiter Vnschuld wider die Gifftspinnen Lucam Osiander*, in der Scherer ebenfalls diese Metapher einsetzt, um Osianders Auslegung des Prager Bildes als falsch darzustellen. Vgl. auch: „In der deutschsprachigen Literatur des Mittelalters findet sich das Biene/Spinne-Modell schon häufig. Auch Sprichwörter belegen sein Alter." Schäfer, Walter E. & Ernst Bogislav Moscherosch (1992): *Moral und Satire. Konturen Oberrheinischer Literatur des 17. Jahrhunderts*. Tübingen: Niemeyer, S. 119.

Sebastian Brant (*Das Narrenschiff*),[695] Martin Luther und Sebastian Franck,[696] das Sprichwort in ihren Schriften ebenfalls benutzen.[697] Der allgemeine Sinn des Sprichwortes „Aus der Blume, aus der die Biene Honig saugt, saugt die Spinne Gift",[698] dass ein guter Mensch und ein schlechter Mensch jeweils Gutes und Böses aus Worten, Dingen oder bestimmten Situationen ziehen können, wird hier erweitert. Hoffman geht es nicht nur darum, die Charakterisierung der Armgeistigen einerseits und der Gelehrten andererseits zu veranschaulichen, sondern es geht vielmehr um die Qualität der Bibelauslegung, denn „[d]ie Bienen-Metapher existiert seit der Antike zur Darstellung der literarischen *imitatio*. Sie wird im frühen Christentum dahingehend umgedeutet, daß sie die christliche Exegese versinnbildlicht."[699] Während Sebastian Brant seine eigene Dichtung mit der Blume, aus der jeweils Biene und Spinne ihre unterschiedlichen Säfte saugen, vergleicht,[700] wird die Blume bei Hoffman als Jesus Christus selbst betitelt. Gemeint ist damit aber nicht die Figur Jesus Christus als solche, sondern „das leiplich vñ greüfflich wort gottes selber" (*MG*, A5v), welches Christus für ihn verkörpert.[701] Unter das Gotteswort fällt wiederum die Heilige Schrift, welche die

---

[695] Sebastian Brant benutzt die Allegorie in *Das Narrenschiff* im Abschnitt „Entschuldigung des Dichters". Dort setzt er die Allegorie als Apologie seines dichterischen Werkes ein, das für ihn die Blume darstellt und aus dem man jeweils Honig oder Gift ziehen kann. Insofern steht die Allegorie hier auch für die rechte oder falsche Interpretation eines Textes. Brant (1494), *Das Narrenschiff*, Kapitel 111.

[696] Vgl.: „Ein von Franck besonders häufig gebrauchtes Bild, das im Werk mehrmals auftaucht, ist dasjenige von der Blume, aus der von der Spinne Gift, von der Biene Honig gesogen wird: *Die bluom steckt voller honig/ zeühet aber die spinn das honig in sich/ so wirdt es gifft/ aber der Binnen ist vnnd wirt es alles honig/ wie sy ist* [*Paradoxa*, 40v]." Dellsperger (2008), S. 64.

[697] Vgl. „SPINNE", *DWB* 16, Sp. 2519.

[698] Wander, Karl Friedrich Wilhelm (1867): *Sprichwörter-Lexikon*. Bd. 1. A–Gothen. Leipzig: Brockhaus, Sp. 408, Nr. 4. Varianten dieses Sprichwortes und andere Sprichwörter mit der Biene und der Spinne gibt es unzählige, wie z. B. „Woraus die Biene Honig saugt, saugt die Spinne Gift" (Sp. 374) und „Wenn die Biene Honig gewinnt, die Spinne nur ihrem eigenem Frass nachsinnt" (Sp. 373).

[699] Bremer (2005b), S. 144.

[700] „Daß man für gut es nehme an | Und leg' es nicht zum Argen aus | Noch ziehe Aergerniß daraus. | Denn darum ließ ich's nicht entstehn. | Aber ich weiß, es wird mir gehn | Gleichwie der Blume, die schön blüht, | Aus der das Bienlein Honig zieht, | Doch kommen dann darauf die Spinnen, | So suchen sie Gift draus zu gewinnen. | Das wird auch hierbei nicht gespart, | Denn Jedes thut nach seiner Art, | Und wo nichts Gutes ist im Haus, | Trägt man auch Gutes nicht hinaus." Brant (1949), *Das Narrenschiff*, Kapitel 113.

[701] Zu Hoffmans monophysitischer Christologie siehe Deppermann (1979), S. 197–202.

Bienen auf eine Gott preisende und die Spinnen auf eine Gott lästernde bzw. auf eine schlechthin falsche Weise auslegen.[702]

Im Nachsatz zu der allegorischen Darstellung der einfältigen, armgeistigen und emsigen Laien im Gegensatz zu den Gelehrten, die den guten Saft der Blume Christi zu Gift werden lassen, macht Hoffman sein polemisches Programm schließlich deutlich: Er zielt darauf ab,

> das an solcher Gottes schlechtheit die spin ein spin bleibe / vnd die hoffertigē auffgeplossnē zu dorē vnd naren werdē / ia die sehenden blindt / vnd das arm einfaltige heuflein durch solches gelert vnd der gottes weissheit erben[.] (*MG*, A2r)

Der polemische Antagonismus mit seinen sich gegenseitig ausschließenden Positionen ist an dieser Stelle besonders deutlich konstruiert: Das als selbstlos inszenierte Anliegen, das „arm einfaltige heuflein" in der göttlichen Weisheit zu unterrichten und sie so auf den rechten Weg zu Gott zu führen, steht in zwangsläufiger Wechselwirkung mit der (Image-)Zerstörung der „hoffertigē auffgeplossnē". Erst wenn diese als Spinnen, die sie laut Hoffman sind, entlarvt und offenbart werden, können die Einfältigen den genannten Weg zu Gott beschreiten. Hoffmans Beschreibung geht insofern über den normalen Gebrauch der Bienen- und Spinnen-Metaphorik hinaus. Während die Metapher nur andeutet, dass das Ergebnis des Umgangs mit der Bibel und dem Glauben je nach Persönlichkeit gut oder schlecht sein könne, konstruiert Hoffman eine sich gegenseitig ausschließende Interdependenz zwischen den Polen des Antagonismus: Die Einfältigen können nur gewinnen, wenn die Schriftgelehrten verlieren. Hoffman legitimiert dementsprechend anhand des ausdrücklich hervorgehobenen pastoralen Zwecks die Polemik und liefert noch vor einem konkreten Angriff auf seine Widersacher eine Apologie. Implizit formuliert Hoffman hier eine Regel der rhetorischen Streitkultur der Reformationszeit mittels des Ketzertopos: Das Vorgehen gegen Gotteslästerer erfordert und rechtfertigt den polemischen Angriff.

Im Anschluss an ihre Legitimation folgt schließlich unmittelbar darauf – allerdings erst ungefähr in der Mitte der Vorrede – die personalisierte Polemik, indem Hoffman erstmals „dē Lutrischē vnd zwinglischē

---

[702] Hier decken sich die Beobachtungen mit denen, die Kai Bremer im Hinblick auf die Bienen-Spinnen-Allegorie Georg Scherers macht. Bremer (2005a), S. 528f. & (2005b), S. 144f. Die Übereinstimmung der Befunde erweckt den Eindruck, dass diese konkrete Verwendung im 16. Jahrhundert geläufig war. Eine solche Hypothese bedürfte jedoch weiterer Beispiele.

hauffen" (A2r) nennt, mit denen er „gar hoch hett dran moge̅ sein /
so [er] yren saurdeig wolt gelopt vnd fur die worheit predigt habe̅"
(ebd.). In einer kurzen *narratio* rekapituliert Hoffman seine mögliche
Zugehörigkeit zu den Reformatoren, fasst aber zusammen, dass er sich
aus freien Stücken gegen eine solche entschieden habe:

> es ist mir basz mit der gottes weissheit ein nar zu sein / da̅ mit der welt
> kluck / mir liber erwel / mit de̅ gottes kindern yhm spott vnnd dreck zu sit-
> zen / dan das ich der welt hoheit hab / ia vil lieber mit de̅ gottes [pro]pheten
> vnd [pro]phetine̅ ein schwermer vn̅ treumer zu sein / dan lob vnd rum der
> welt / es ist mir basz mit solche̅ nacket / arm hunger vnd durst zu leide̅ / dan
> mit den luthrische̅ blindenleithern ein follen madensack zu haben". (A2r)

Der bisher entworfene Antagonismus zwischen den Gelehrten und den
Armgeistigen wird an dieser Stelle noch um Hoffmans Perspektive erweitert, der sich nach dem Prinzip des *Tertium non datur* für eine der
beiden sich gegenüberstehenden Positionen entschieden hat.[703] Hoffman
setzt insofern das Ausschlussprinzip in Szene: Es gibt nur ‚entweder –
oder‘, wobei das eine besser als das andere bewertet wird. Sich selbst
setzt er als Beispiel ein, dem das Publikum nachfolgen soll „da mit die
follen vnd reiche̅ / arm / ledig vnd blindt bleibe̅ / vnd da gegen die armen
ledigen / fol reich vnd sehendt werde̅" (A2r).

Durch das Sprechen über sowohl die „lutrische̅ blindenleither[]"
(ebd.) als auch die „gottes kinder[]" (ebd.) in der grammatischen
3. Person gelingt die Konstruktion des Antagonismus in Form des
Chiasmus besonders gut, da sich beide Möglichkeiten außerhalb der
Kommunikationssituation befinden und demselben Verweisraum an-
gehören.[704] Hoffman inszeniert sich selbst in der Rolle eines Dritten,
der sich zwischen den Polen entscheidet. Diesem Dritten wird aufgrund
„seiner Beobachtungsperspektive" ein objektiveres Urteil zugesprochen.[705] Mittels des indirekten Polemisierens gegen die Lutheraner und
Zwinglianer einerseits und des indirekten Lobs der armen „gottes kinder[]" andererseits intensiviert Hoffman den Eindruck von Objektivität
und den Anspruch auf Allgemeingültigkeit seiner Auffassung hinsichtlich des *polemischen Objekts*.

Trotz der offensichtlich polemischen Absicht, das Image der zwei
großen Reformatorenlager öffentlich zu denunzieren, betont Hoffman

---

[703] Eine Analyse dieses Textabschnitts hat die Verfasserin bereits vorgelegt: Siehe
Lundström (2011), S. 228f.
[704] Vgl. Gehling (2004), S. 4 und Schwitalla (2010b), S. 164.
[705] Fischer (2000), S. 128.

auch am Ende der Vorrede ein weiteres Mal, dass seine bisherige
Ausrichtung auf die Zerstörung der feindlichen Parteien nicht mehr sein
Anliegen sei: „dan der mortgirichē bluttseuffrischen geister halber ich
numer ein bugstab in solcher weissheit gottes schreibē wolt / der dinst
geschicht nur dē glaubigē gottes helgē denen solche weissag zu stan
sollen" (*MG*, A2r). Es wird deutlich, wie Hoffman seine Rolle und sein
Schreiben damit rechtfertigt, dass er allein den Gläubigen dienen will.
Seinen Gegnern hingegen entzieht er vorgeblich die Adressatenrolle,
was allein in Kombination mit dem indirekten Polemisieren glaubhaft
umgesetzt werden kann, da das *polemische Objekt* in dieser Form auf
Textebene nicht adressiert wird. Obwohl Hoffman an dieser Stelle sein
pastorales Anliegen in Szene setzt und versucht, die Illusion zu kreie-
ren, es ginge ihm nicht um die Gegner, kann er diese Inszenierung nur
wenig später nicht mehr aufrechterhalten. Nach der Ankündigung des
darauf folgenden Abdrucks des 26. Gesichts der Prophetin Ursula wird
in Hoffmans Begründung noch eine zweite, rein polemische Absicht mit
dem Druck des Gesichts evident: „auff das ia volkomlich den laster-
geister ein ruch[706] zum dot bereith werd / vnd die nachtrabē / ewllen /
zuhu [sic!] solchs zur vorblendung volkomlich gerothē mog (*MG*, A2v).
Dass Hoffman doch davon spricht, seine Gegner zum Schweigen zu
bringen, unterstreicht das polemische Vorhaben, das Hoffman außerdem mit dieser Vorrede verfolgt. Der im Kontrast dazu auffällig un-
polemische Haupttext, in dem Hoffman gemäß dem Stil der gelehrten
Abhandlung sachlich für seine theologischen Anschauungen argumentiert, lässt die Polemik in der Vorrede besonders prägnant hervorste-
chen. Die Rechtfertigung durch die inszenierte Seelsorge kann insofern als Streitverschleierung interpretiert werden, denn die geäußerte
Polemik wird nicht legitimiert, sondern geleugnet.

---

[706] „ruch" ist die Lesart der Verfasserin dieser Arbeit, aufgrund der undeutlichen
Drucktype könnte es aber unter gewissen Umständen auch „tuch" heißen. Beide
Lesarten würden einen Sinn ergeben. Die inhaltliche Deutung verbleibt jedoch generell ambivalent: Mit „ruch" könnte Geruch, Rauch oder Saatkrähe gemeint sein.
Vgl. „RUCH", *DWB* 14, Sp. 1340–1341. Der Geruch könnte als Leichengeruch
ausgelegt werden, der Rauch auf einen Scheiterhaufen verweisen. Die Saatkrähe
bzw. der Rabe könnte symbolisch aufgefasst werden und insofern u. a. für den Tod,
das Böse, die Sünde und das Teuflische stehen. Vgl. Butzer & Jacob (2012), S. 334f.
Der Symbolgehalt des Vogels böte dementsprechend die Anknüpfungspunkte an
„dot". Die etwas unwahrscheinlichere Lesart „tuch" würde das Leichentuch vermuten lassen.

Die polemische Funktion der Vorrede bei Melchior Hoffman

Aufgrund ihrer grundlegenden Funktionen der Kontaktaufnahme mit der Leserschaft sowie des Gewinnens ihrer Gunst und Aufmerksamkeit erweist sich die Vorrede für polemische Zwecke dienlich. In Kombination mit Polemik erfüllt die Vorrede eine Doppelfunktion: Sie stimmt den Leser nicht nur wohlwollend für die Aufnahme des Haupttextes, sondern auch für die Beeinflussung durch die Polemik. Der üblicherweise affirmativen Funktion der Vorrede in Bezug auf das Ethos von Autor und Haupttext wird insofern ein pejoratives Gegenstück zur Seite gestellt: Eine bereits vorhandene oder potentielle Gegnerschaft des Autors oder Textes soll in den Augen der Leserschaft bereits mit der *captatio benevolentiae* als unwürdig erscheinen.

Es hat sich gezeigt, dass die Vorreden in Hoffmans religiösen Abhandlungen und Bibelkommentaren – sowohl mit als auch ohne Widmung – einen Ort des indirekten Polemisierens darstellen. Da sich die Vorrede grundsätzlich an die Leserschaft richtet, eignet sie sich nicht für die Inszenierung eines Dialogangebots an das *polemische Objekt* in Form der direkten Rede. Auf der Textebene ist der konstruierte Adressat folglich entweder ein Widmungsempfänger und/oder eine determinierte Gruppe als Leserschaft (z. B. alle Gläubigen oder die Gemeinde in Livland). Solch eine Adressierung muss jedoch nicht immer mit der direkten Rede verbunden sein, sondern kann auch allein in der 3. Person geschehen (z. B. in der *salutatio*).

In Bezug auf das Vorhandensein einer Zueignung zeigen Hoffmans Schriften eine unterschiedliche Verwendung von Polemik, je nachdem, ob eine *polemische Instanz* auch nach der *salutatio* auf der Textebene angelegt ist oder nicht. Hinsichtlich des Tons der Polemik, des Maßes an Unsachlichkeit und der Determination bzw. Personalisierung der Polemik ist merklich festzustellen, dass die Polemik in einem Wechselverhältnis mit der Konstruktion der *polemischen Instanz* steht: Wird etwa ein Widmungsempfänger als *polemische Instanz* im Text angesprochen, wird Polemik indeterminiert und rational geäußert. Bei einer breit angelegten *polemischen Instanz* hingegen zeigt sich Hoffmans Polemik personalisiert und wesentlich schärfer.

Im Allgemeinen zeigt sich in Hoffmans Schriften, dass die Vorrede durch ihre Funktion, eine Metaebene zum darauffolgenden Haupttext zu bilden, einen idealen Ort der Rechtfertigung des Schreibens bildet. Diese Rechtfertigung kann so weit gehen, dass nicht nur das diskursive Eingreifen an sich seine Berechtigung erhält bzw. die Relevanz des Themas geltend gemacht wird, sondern auch ein noch folgender und vor allem beabsichtigter Regelverstoß gegen die rhetorische Streitkultur – die scharfe Polemik – im Vorhinein legitimiert wird.

4.3 Fiktionen beim verdeckten Polemisieren

Hoffman nutzt in seinen späteren Schriften mehrfach die Form des verdeckten Polemisierens. Die Gründe, die Hoffman jeweils dazu bewegt haben, diese Form des Polemisierens zu wählen, sind dabei verschieden. Erstmals polemisiert Hoffman (zusammen mit Karlstadt) verdeckt in dem 1529 anonym veröffentlichten *Dialogus*, der zunächst in Straßburg bei Balthasar Beck, im gleichen Jahr aber auch in Augsburg bei Philipp Ulhart, d. Ä. erschien.[707] Die anonyme Veröffentlichung kann auf die Funktion der Schrift als Augenzeugenbericht zurückgeführt werden, wie nachfolgend erörtert wird.

Ab 1533 polemisierte Hoffman ausschließlich verdeckt – jedoch vordergründig nicht infolge textrelatierter Wirkungsabsichten, sondern bedingt durch seine Lebensumstände: Ein Schreibverbot machte es Hoffman zwar nicht unmöglich, Schriften zu produzieren, aber sie unter seinem eigenen Namen zu veröffentlichen. In den späteren Jahren ließ Hoffman daher seine Schriften unter dem Pseudonym Caspar Beck(er) und unter den Namen seiner Anhänger (Cornelius Poldermann und Johannes Eisenburgk) publizieren.[708]

4.3.1 Die fiktive Handlung und das Fehlen des *polemischen Subjekts* im *Dialogus*

Bei der Veröffentlichung des D*Jalogus vñ gründtliche berichtung gehaltner disputation im land zů Holsten vnderm Künig von Deñmarck*

---

[707] Anonymus [i. e. Hoffman und Karlstadt] (1529), *Dialogus*. Der Augsburger Nachdruck von 1529 (mit anderer Schreibung und Paginierung) liegt ebenfalls vor (siehe Literaturverzeichnis). Zitiert wird ausschließlich aus der Straßburger Ausgabe.

[708] Die Bearbeitung der hoffmanschen Schriften durch Johannes Eisenburgk ist anhand stilistischer Unterschiede nachgewiesen worden. Siehe dazu Deppermann (1979), Husner (1946) und Kawerau (1958). Gegen eine Autorschaft Eisenburgks spricht jedoch, dass typische (polemische) Formulierungen Hoffmans in den Texten vorkommen oder sich gesamte Textabschnitte gleichen, wie z. B. die Titel und Vorreden der Auslegung des *Judasbrief*, die unter Poldermanns Namen herausgegeben wurde und die Auslegung des *Jakobsbrief*, deren Autorschaft Eisenburgk offiziell übernimmt: Eisenburgk, Johannes [vermutlich zusammen mit Melchior Hoffman] (1534): *Die Epistel deß Apostels S. Jacobs erklärt / vñ gantz fleissig von wort zů wort außgelegt / zů eyner ernsten warnung /auch zů eynem kostlichen nůtz vnd trost / allen gotsförchtigen liebhabern der ewigen warheyt*. [Hagenau: Valentin Kobian].

vom hochwirdigen Sacrament oder Nachtmal des Herren. In gegenwertigkeit Kü. Ma. Sun Hertzog Kersten sampt Kü. Råten / vilen vom Adel / vnd grosser versamlung der Priesterschafft. Yetzt kurtzlich geschehen den andern Donderstag nach Ostern / im jar Christi. Als man zalt. M. D. xxix, zogen Hoffman und Karlstadt es vor, anonym zu bleiben. Im Schrifttum Hoffmans nimmt der *Dialogus* aber nicht allein deshalb eine Sonderrolle ein, sondern vielmehr, weil er als Reformationsdialog die einzige Schrift Hoffmans ist, die aus heutiger Sicht nicht genuin als Gebrauchsliteratur gilt. Sowohl die zwei Figuren Ypolitus und Erhart als auch deren Aufeinandertreffen zu einem Gespräch sind Teil der Fiktion. Allein das Gesprächsthema hat einen ‚realkontextuellen‘ Bezug.[709]

Die literarische Form des Dialogs ist eine in der Reformation vielfach verwendete fiktionale Gattung – das Wort ‚fiktional‘ muss allerdings für das 16. Jahrhundert eher unter der Bedeutung von ‚exemplarisch‘ verstanden werden. Es geht weniger um das ‚Erfinden‘ von Figuren, sondern vielmehr um das ‚Auffinden‘ exemplarischer Szenarios – so dass mit dem Einsatz von „mimetischen Elementen" eine „fiktive Lebensechtheit" geschafft werden soll.[710] Insofern beansprucht der Reformationsdialog als literarische Form, die Wirklichkeit zu repräsentieren. Beim *Dialogus* wird dieser generelle Anspruch noch zusätzlich ausgeschöpft, was dem vollständigen Titel ablesbar ist: Die Bezeichnung „gründtliche berichtung" und die genaue Datumsangabe der Disputation stellen unmissverständlich den Kontextbezug her. Der Authentizitätsanspruch ist dementsprechend hoch.

Die literarische Textgestaltung des Berichts der Flensburger Disputation als Reformationsdialog bietet die Möglichkeit, als Autor hinter der Fiktion auf Textebene zu verschwinden. Die zwei fiktiven Dialogpartner fungieren als Interpreten der Geschehnisse vor und auf der Disputation von Flensburg. Dafür wird eine absichtlich informelle Gesprächssituation zwischen den Freunden Ypolitus (alternierend auch Hypolitus) und Erhart gewählt. Ypolitus ist laut eigener Aussage bei der Flensburger Disputation „selbs dabey gewesen / vom anfang

---

[709] Eine Analyse der Polemik im *Dialogus* hat die Verfasserin bereits an anderer Stelle vorgelegt. Siehe Lundström (2011). Aus diesem Grund wird die Analyse des *Dialogus* in der vorliegenden Arbeit auf die Untersuchung der kommunikativen Situation des Polemisierens beschränkt.

[710] Senger, Matthias W. (1986): „‚Ich han almit meiner Nachtigall zu essen geben.‘ Zur Typologie des mimetischen Elements im Reformationsdialog". In: Worstbrock, Franz Josef & Helmut Koopmann (Hg.): *Formen und Formgeschichte des Streitens*. Bd. 2. Der Literaturstreit. Tübingen: Niemeyer, S. 55–62, hier S. 56.

biß zum end" (A1v) und übernimmt daher die Rolle eines berichtenden Augenzeugen. Durch die Hervorhebung seiner Anwesenheit wird
Ypolitus indirekt zu einer vertraulichen Quelle erhoben. Damit dies
auch dem Leser bewusst wird, wird seine Glaubwürdigkeit postwen-
dend durch den dialogischen Gegenpart Erhart bestätigt: „Das hŏr ich
gern / das ich von dir die rechtē warheit mag erfaren / dañ es haben
sich manigfeltige red / von wegen solcher Disputacion alhie begebē"
(A1v). Indem die Figur Erhart davon spricht, dass sich bereits Gerüchte
verbreitet haben, und dass er nun endlich die richtige Wahrheit erfahren
wird, wird gleichsam die Glaubwürdigkeit des *Dialogus* in selbstreferen-
zieller Weise konstituiert. Nicht nur an dieser Stelle hat die Figur Erhart
eine Schlüsselfunktion: In seiner Rolle des zu informierenden Zuhörers
ist er nicht allein ein Stellvertreter des unwissenden Lesers, sondern
übernimmt die Rolle der Gesprächsführung. Er stellt Nachfragen, kommentiert Ypolitus' Bericht und äußert mitunter Zweifel. Seine Aufgabe
ist aber weniger die eines echten Kritikers oder Zweiflers; vielmehr
fungiert Erhart als bestärkende Instanz, indem er Ypolitus niemals in
Frage stellt und sich durchgehend von Ypolitus informieren und überzeugen lässt. Der Wahrheitsgehalt von Ypolitus' Bericht wird durch die
Prüfung, die Erhart implizit durchführt, noch unterstrichen.

Durch das verdeckte Polemisieren im *Dialogus* können Hoffman
und Karlstadt im Text über Melchior Hoffman in der 3. Person sprechen. Durch das Zusammenspiel von anonymer Veröffentlichung und
literarischer Form wird Hoffman zum inhaltlichen Thema innerhalb
des Dialogs der fiktiven Figuren Ypolitus und Erhart. Sie tauschen sich
über den „kürßner" (A1v) aus, rekapitulieren seinen Lebensweg und
besprechen seine Aussagen und Lehren von der Disputation. Sämtliche
Aussagen über Melchior Hoffman werden so, wie generell üblich beim
verdeckten Polemisieren, von einer „Beobachterperspektive"[711] aus gemacht. Auf gleicher Ebene des Verweisraumes der grammatischen 3.
Person wird auch Polemik gegen die Disputationsgegner Bugenhagen
und die lutherischen Prediger geäußert – es wird dementsprechend die
Form des indirekten Polemisierens angewandt.

Das Besondere des *Dialogus* ist jedoch, dass sich die auf der Textebene
entworfene *polemische Situation*, den entwickelten Kategorien gleichsam zu entziehen droht. Die Autoren Hoffman und Karlstadt sind
zwar nicht als *polemisches Subjekt* im Text eingeschrieben, ein solches
scheint aber generell zu fehlen, da eine die Verfasserschaft vertretene

---

[711] Fischer (2000), S. 128.

Ich-Position vollkommen fehlt. Die einzigen Ich-Positionen sind die beiden fiktiven Dialogpartner, die sich aber nicht zu der Autorschaft bekennen. Das Konzept kann insofern nur durch eine Anpassung an die Gegebenheiten des *Dialogus* geschehen: Eine *polemische Situation* kann identifiziert werden, ist jedoch in den fiktiven Rahmen integriert. Ypolitus kann in erweitertem Sinne als das fiktive *polemische Subjekt* gelten, denn schlussendlich ist er es, der indirekt gegen die Lutheraner polemisiert.

Bugenhagens Rezeption des *Dialogus* bestätigt, dass die fiktiven Figuren klar als Stellvertreter für die Autoren wahrgenommen wurden. In der gedruckten *Acta der disputation zu Flensburg / die sache des Hochwirdigen Sacraments betreffend*[712] bespricht Bugenhagen gegen Ende der Schrift den *Dialogus* und stellt fest:

> Das aber Melchior Hoffman / odder der Peltzer odder Kůrsner (wie er sich selbs in seinen Actis / zu Strasburg gedruckt / nennet vnd gerne heissen wil) so sere geeilet hat mit seinen Actis zuuorn kommen / vnd im Dialogo seinen Ehrhart odder Ehrlôs / so fleissig berichtet hat / da hat ihn die grosse not ge-drungen / er hat gefurcht das die rechten Acta môchten zuuorn kommen.[713]

Bugenhagen identifiziert Hoffman mit seiner Figur Ypolitus und deckt damit die Fiktion des *Dialogus* als Strategie des Streitens auf. Die Fiktion wird damit für ihn zur Lüge, der Dialogus zur „lugen Acta".[714] Bugenhagen diskutiert zudem die Verfasserschaft von Hoffman und macht ihn für die Schrift verantwortlich, denn „wer solte solchs anders schreiben / on das ihm Er Ehrlos geholffen hat".[715] Hier zeigt sich, dass mit der Form des verdeckten Polemisierens nicht zugleich die Nicht-Erkennung des Autors garantiert wird. Trotzdem bleibt die Vagheit die-ser Autor-Zuordnung bestehen. Ein Beweis muss erst geliefert werden, so dass der Text in seiner verdeckten Form zunächst auch weiterhin funktionieren kann.

Abschließend lässt sich festhalten, dass der Dialogus aufgrund der er-örterten Konstruktion als fiktives Szenario, in dem ein *polemisches Subjekt* in der typischen Form nicht vorhanden ist, eine ausgefallene

---

[712] Bugenhagen, Johannes (Hg.) (1529): *Acta der disputation zu Flensburg / die sache des Hochwirdigen Sacraments betreffend / im 1529. Jar / des Donnerstags nach Quasi modo geniti / geschehen.* Wittenberg: Joseph Kluck.

[713] Ebd., M1r.

[714] Ebd., M6v.

[715] Ebd., M2v.

Form darstellt. Die Polemik, die im Zuge des Disputationsberichts gegen Hoffmans Opponenten geäußert wird, ist doppelt verdeckt: Zum einen bleibt das *polemische Subjekt* durch die anonyme Veröffentlichung ohne ‚realkontextuell' besetztes Pendant, so dass die Verfasserposition im Unklaren bleibt. Zum anderen wird das Vorhandensein der Position eines textinternen *polemischen Subjekts* hinter der Figurenrede verdeckt, denn bei (Reformations-)Dialogen

> handelt es sich [vielmehr] um [...] Texte, in denen der Autor, anders als im Traktat und trotz seiner textimmanenten Omnipräsenz, eben nicht unmittelbar spricht, sondern – vielleicht gerade wegen dieser Omnipräsenz – letztlich ungreifbar bleibt.[716]

Die Folge dieser unsichtbaren Omnipräsenz bzw. der Abwesenheit einer sichtbaren Subjekt-Position auf der Textebene ist das Fehlen einer *polemischen Situation*, die mit dem ‚Realkontext' abgeglichen werden kann.

4.3.2 Der fingierte Privatbrief als offener Brief in *Eyn sendbrieff an [...] Michel wachter*

In der Vielzahl verdeckter polemischer Schriften setzt Hoffman insgesamt zweimal ein Pseudonym ein, indem er die fiktive Figur Caspar Beck bzw. Caspar Becker als Autor und *polemisches Subjekt* konstruiert. Bei beiden Schriften handelt es sich um die literarische Form des Briefs. Während der erste *Eyn sendbrieff an alle gottsförchtigen liebhaber der ewigen warheyt*[717] ist – also ein offener Brief an ein breites

---

[716] Häsner, Bernd (2004): „Der Dialog. Strukturelemente einer Gattung zwischen Fiktion und Theoriebildung". In: Hempfer, Klaus W. (Hg.): *Poetik des Dialogs*. Stuttgart: Franz Steiner, S. 13–65, hier S. 15. Häsner führt im Folgenden weiter aus, dass der Dialog zwei Kommunikationsebenen hat, eine „textexterne" (zwischen Autor und Leser) und eine „textinterne" (zwischen den miteinander kommunizierenden Figuren). Ebd. S. 21. Diese sind einerseits getrennt voneinander zu betrachten, obgleich sie andererseits in einer Beziehung zueinander stehen: So kommt Häsner zu dem Schluss: „Doch läßt sich schon hier festhalten, daß der Dialogtext, wie jeder fiktionale Text, als ‚Makroproposition' eines Autors zu behandeln wäre, die semantisch komplexer ist als jede der in ihr enthaltenen Teilpropositionen". Ebd. S. 21. Die Autorposition ist demnach nicht auf gleiche Weise zu identifizieren wie in anderen literarischen Formen von Gebrauchstexten (Traktat usw.). Bei diesen Überlegungen muss zudem darauf hingewiesen werden, dass hier vom „dramatischen Dialog" die Rede ist. Ebd. S. 30.

[717] Becker, Caspar [i. e. Melchior Hoffman zusammen mit Johannes Eisenburgk] (1533): *Eyn sendbrieff an alle gottsförchtigen liebhaber der ewigen warheyt, inn welchem angezeyget seind die artickel des Melchior Hofmans* [sic!], *derhalben*

Publikum – gibt *Eyn sendbrieff an [...] Michel wachter*[718] hingegen vor, ein Privatbrief zu sein.[719] Als Absender des Briefs wird Caspar Beck, als Adressat Michel Wachter genannt, die durch persönliches Duzen und Anreden wie „lieber Michael Wachter" (A2r) und „Meyn lieber Michel" (6av) in freundschaftlichem Verhältnis zueinander stehend dargestellt werden. Allerdings ist nicht nur die Verfasser-Figur Caspar Beck(er), sondern auch der angebliche Adressat Michel Wachter, eine Erfindung Hoffmans.[720] Die Kommunikationssituation eines Privatbriefs zwischen zwei Freunden kann insofern als reine Fiktion betrachtet werden.

Mit der Konstruktion des fingierten Privatbriefs wählte Hoffman eine Inszenierungsstrategie, die für das Reformationsschrifttum eher unüblich ist. Da Hoffman dabei mit dem Echtheitsanspruch der literarischen Form des Briefs bricht, wählt er ein für die ‚rhetorische Streitkultur' seiner Zeit grenzüberschreitendes Verfahren. Die Seltenheit solch einer

---

yhn die lerer zu Straßburg als eyn ketzer verdampt vnd inn gefenknüß mit trübsal, qual, spott vnnd schand gekrönet vnd besoldet haben. [Hagenau: Valentin Kobian]. Abschrift in *TAE II*, Nr. 399, S. 101–110. Diese höchstwahrscheinlich von Melchior Hoffman verfasste und von Johannes Eisenburgk bearbeitete und herausgegebene Schrift fasst die Artikel von Hoffmans Lehre zusammen, wegen derer er sich auf der Synode (1533) gegen Bucer verteidigen musste.

[718] Beck, Caspar [i. e. Melchior Hoffman] (1534): *Eyn sendbrieff an den achtbaren Michel wachter / in welchem eroffnet würt / die vberauß greuwliche mißhandlung / die den vergangnen zeyten zů Jerusalem wider dye ewige worheit vnd der selbigen zeugen gehandlet ist / vnd auch noch teglich verbrocht wurt / ohn alle forcht Gottis.* [Hagenau: Valentin Kobian]. Kurztitel: *Eyn sendbrieff an [...] Michel wachter.* Benutzte Abschrift (mit einer Einleitung): Kohls, Ernst Wilhelm (Hg.) (1961): „Ein Sendbrief Melchior Hofmanns aus dem Jahre 1534". *Theologische Zeitschrift* 17, S. 356–365. Im Folgenden werden – wenn nicht anders ausgewiesen – Zitate aus Hoffmans Text aus dieser Ausgabe (mit Originalpaginierung) angegeben. Zitate aus der Einleitung Kohls' werden mit „Kohls (1961)" ausgewiesen. Eine weitere Abschrift des Sendbriefs ist zu finden in *TAE IV*, Nr. 595a, S. 522–527. Die Schrift zählt insgesamt zwölf Seiten, zehn davon sind Text. Kohls gibt dazu an: „Das Original des Sendbriefs zählt ohne Numerierung *sechs Blätter* in 8° und ist in Schwabacher Type gesetzt." Kohls (1961), S. 358. In den Täuferakten wird jedoch das Format 4° angegeben. *TAE IV*, Nr. 595a, S. 526. Die Paginierung ist wie folgt: Titelblatt A1a, A1b (leer), A2a–A6b (Text). Kohls Paginierung wurde in dieser Arbeit folgendermaßen wiedergegeben: a-Seite = *recto*, b-Seite = *verso*. Zitate werden in diesem Kapitel allein mit Folienangabe in Klammern nachgestellt.

[719] Inhaltlich geht es allein darum, wie Hoffman von den Straßburger Reformatoren verfolgt und gequält wird. Die Schrift funktioniert insofern als reine Schmähschrift.

[720] Hoffman selbst gestand in einem Verhör am 21. September 1534, den Sendbrief geschrieben zu haben. Er behauptete zwar, dass die Namen Caspar Beck und Michel Wachter keine Erfindungen seinerseits wären, die Existenz solcher Personen ist jedoch nicht nachweisbar und ändert zudem nicht den fiktiven Charakter des Briefs. *TAE II*, Nr. 610, S. 387–389.

Inszenierung bestätigt Bremer, der für die Vorrede von Luthers *De votis monasticis iudicium* (1521), ‚Brief an den Vater', ebenfalls feststellt, dass „[d]ie Briefform der Vorrede [...] eine Fiktion" ist.[721] Er führt dazu aus:

> Wir kennen aus den Dialogen und den Streitschriften und auch aus einigen Predigten zwar inszenierte Dialoge. Diese sind dann aber üblicherweise solche, in denen ein Streitpunkt verhandelt wird – mal gelehrt mittels disputatorischer Kontroverstechniken, mal ausfallend-aggressiv in Form von Verunglimpfungen oder Stigmatisierungen. Auch kennen wir natürlich Dialoge zwischen Vater und Sohn. Aber soweit ich sehe, kennen wir sonst keinen fiktiven Dialog in einer Textsorte, die grundsätzlich Authentizität reklamiert.[722]

Die üblichen fingierten Dialoge im Reformationsschrifttum – so macht Bremer hier deutlich – sind in der Regel nicht als scheinbar echte Privatbriefe verpackt. Durch die Fiktion einer privaten Kommunikation zwischen zwei Freunden erweckt Hoffman eine besonders vertraute Atmosphäre und lässt die fiktiven Figuren für seine Sache sprechen, was sich positiv auf die Rezeption auswirken kann.

Die Illusion eines privaten Briefs scheint sich aus heutiger Perspektive zwar allein durch die Veröffentlichung im Druck als ebensolche zu enttarnen, im 16. Jahrhundert war es aber ein gängiges Verfahren, ursprünglich private Briefe in den Druck zu geben. Der Privatbrief in seiner heutigen Form existierte im 16. Jahrhundert generell nicht, denn noch im Mittelalter waren Briefe überwiegend Orte für Urkunden, Kaufverträge und offizielle Dokumente. Den Distributionsbedingungen und den Gepflogenheiten der Handhabung von Briefen allgemein (ein Briefgeheimnis gab es noch nicht) geschuldet, wurden Briefe nicht als intime Schriftstücke betrachtet.[723] Dass Briefe weitergereicht,[724] öffent-

---

[721] Bremer (2011), S. 59.

[722] Bremer (2011), S. 59f.

[723] Vgl. dazu: „Persönliches oder Privates konnte zwar auch in den Briefen Platz finden, spielte aber nur eine Nebenrolle. [...] Aufgrund der besonderen Umstände der Briefbeförderung muß das Wort ‚Brief' im 16. Jahrhundert die Konnotation von ‚offizielles Schriftstück' gehabt haben." Körber, Esther-Beate (1996): „Der soziale Ort des Briefs im 16. Jahrhundert". In: Wenzel, Horst (Hg.): *Gespräche – Boten – Briefe: Körpergedächtnis und Schriftgedächtnis im Mittelalter*. Berlin: Erich Schmidt, S. 244–258, hier S. 257.

[724] Vgl. dazu: „Vor dem Druck, der es grundsätzlich ermöglicht, jedem Leser einen Text zu geben, steht die Handschrift als ein Zirkular, das tendenziell durch viele Hände geht. Die Reflexion auf Zweit- und Drittleser entspricht den Usancen der Zeit." Wenzel, Horst (2001): „Luthers Briefe". In: Brady, Thomas A. (Hg.): *Die deutsche Reformation zwischen Spätmittelalter und Früher Neuzeit*. München: Oldenbourg

lich vorgelesen oder sogar publiziert wurden, war keine Seltenheit, so dass sehr persönliche Nachrichten eher mündlich, durch den Boten selbst überbracht wurden. Teilweise wurde Briefen sogar die Funktion einer Art Zeitung zuteil, indem man offizielle Meldungen separat beifügte oder im Brief integrierte.[725]

Durch den Humanismus und die Reformation beeinflusst, avancierte die Form des Briefs mehr und mehr zum Ort des persönlichen Austausches über gelehrte und religiöse Themen:[726] „In ihren privaten Briefen schaffen sich die Reformatoren eine sekundäre Öffentlichkeit, die auf den öffentlichen Raum bezogen bleibt, aber in den Kategorien der Freundschaft und der persönlichen Nähe geführt wird."[727] Vielfach wurden die Themen der Reformation auf brieflichem Weg mit Freunden oder Gleichgesinnten diskutiert. Der Druck dieser ursprünglich privaten Kommunikation war manches Mal nur ein Schritt, der sich an eine zunächst im kleinen Rahmen geführte Diskussion anschloss. Infolgedessen war der abgedruckte Brief als Reformationsflugschrift entweder offen bzw. „ein Brief, der – obwohl an eine Person oder Institution gerichtet – bestimmt ist, von vielen gelesen zu werden, und deshalb veröffentlicht wird", oder wurde nachträglich veröffentlicht.[728] Einen persönlichen Brief auch einer größeren Leserschaft zukommen zu lassen, war dementsprechend nichts Außergewöhnliches.

In seinem *sendbrieff an [...] Michel wachter* simuliert Hoffman eine ebensolche Situation, denn auch in Hoffmans Inszenierung ist der Brief keinesfalls privat nach heutigem Verständnis. Gleichwohl wird eine

---

Verlag, S. 203–231, hier S. 218. Wenzel gibt einige Zitate an, die verdeutlichen, dass Martin Luther, Erasmus von Rotterdam u. a. dieses Prozedere kannten und es auch selbst nutzten. Vgl. auch Essig, Rolf-Bernhard (2000): *Der offene Brief: Geschichte und Funktion einer publizistischen Form von Isokrates bis Günter Grass.* Würzburg: Königshausen & Neumann, S. 69f.

[725] Körber (1996), S. 252.

[726] Vgl. dazu: „Ein Brief war im 16. und 17. Jahrhundert wohl eine persönliche, aber selten eine private oder gar intime Mitteilung. Er gab keine Geheimnisse preis, denn das wäre für Absender wie Empfänger zu gefährlich gewesen." Körber (1996), S. 257.

[727] Wenzel (2001), S. 219. Am Beispiel der unterschiedlichen Brieftypen Martin Luthers verdeutlicht Wenzel, dass zwischen privaten und öffentlichen Briefen durchaus unterschieden wurde. Luther hatte z. B. einen Teil seiner Briefe, die ihm zu privat waren, nicht zu seinen Lebzeiten herausgeben lassen. Ebd., S. 217–219.

[728] Essig (2000), S. 12. Als Abgrenzung des Begriffs macht Rolf-Bernhard Essig deutlich: „Gibt es keine doppelte Adressierung, oder handelt es sich um einen begrenzten Adressatenkreis, spricht man besser von veröffentlichten, nicht aber von Offenen Briefen." Ebd., S. 16.

vertrauliche Atmosphäre inszeniert: So wird z. B. betont, dass Caspar Beck mit dieser Mitteilung einer Bitte des Freundes Michel Wachter nachgeht, indem er schreibt, dass er den Brief verfasst, „[n]achdem du an mich begerst, daß ich dir sol kunt thun, wie es stant mit dem diener Gottis und zeugen der ewigen worheit" (A2r). Der Wunsch des Freundes wird somit als Motivation für die Schrift angegeben.

Die in der Tiefenstruktur angelegte polemische Funktion der Schrift – der Aufbau eines Feindbildes, Denunzierung, Meinungsbildung und Persuasion – tritt so auf der Textebene bzw. in der Oberflächenstruktur hinter der scheinbaren Motivation, dem Freund Bericht zu erstatten, zurück.[729] Ebenso verschwindet die (Teil-)Öffentlichkeit, welche im Titel (Sendbrief) impliziert ist, unter dem Deckmantel einer persönlichen Kommunikation. So wird die Fiktion des Briefs zwischen freundschaftlich Vertrauten fast durchgängig aufrechterhalten und vor den Schlussworten noch einmal durch die erneute Anrede „Meyn lieber Michel" (A6v) nachhaltig bestärkt.

Die Fiktion des Privatbriefs erhöht vor allem die Authentizität des Gesagten, so dass die vorgetäuschte Privatheit nur mehr den Anspruch auf Echtheit generiert. Infolgedessen erscheinen Aussagen als glaubwürdiger. Da Hoffman mit den beiden Figuren scheinbar ‚gemeine Männer‘ (z. B. indizieren die Namen keine adlige Herkunft) in einer vertrauten Sprechsituation auftreten lässt, erscheinen die Motive als aus persönlicher Erfahrung gespeist. Darüber hinaus wird das kommunizierte Anliegen personalisiert und entpolitisiert. Damit verfolgt die Schrift *Eyn sendbrieff an [...] Michel wachter* typische Strategien des offenen Briefs: „Individuelle Betroffenheit beansprucht, als allgemeine, potentiell jeden betreffende Erfahrung zu gelten."[730] Insbesondere die nachträgliche Veröffentlichung des Briefs deutet an, dass der Briefeschreiber sein Anliegen als ein für die Allgemeinheit wichtiges einstuft. Hoffman fingiert insofern, dass es sich bei dem Brief nicht nur um einen privaten, sondern auch um einen mit Absicht veröffentlichten Brief handelt. So bedient er zudem das Spannungsfeld zwischen individueller Erfahrung und gesellschaftlicher Mitteilungsnotwendigkeit, das der offene Brief

---

[729] Zur Oberflächen- und Tiefenstruktur vgl. Barner, Wilfried (2000): „Was sind Literaturstreite? Über einige Merkmale". In: Bachorski, Hans-Jürgen, Georg Behütuns & Petra Boden (Hg.): *Literaturstreit.* (= *Mitteilungen des Deutschen Germanistenverbands* 47: 4). Bielefeld: Aisthesis Verlag, S. 374–380.

[730] Dücker, Burckhard (1992): „Der offene Brief als Medium gesellschaftlicher Selbstverständigung". *Sprache und Literatur in Wissenschaft und Unterricht* 69, S. 32–42, hier S. 35.

entwirft. Dies wird sogar besonders hervorgehoben, indem der fingierte Absender Caspar Beck am Ende der Schrift dem Empfänger Michel Wachter in Auftrag gibt, den Brief zu veröffentlichen:

> Das buechlein von den fünf articlen loß aufs erst in brobendisch [Braban-tisch?] trucken und auch disen sendprief darbey. Kanstu darnach eyn solchs in englisch, franßosisch und westrisch [Westflämisch?] trucken lan und fleis-sig fertigen, so seum nit, dan gelt sol nit gespart werden, auf daß, so ich kom, alles fertig sey, das man dan weyther ander sach trucken mag, dye ich mit werd prengen. (A6r–v)

Zwar werden hier vordergründig Anweisungen für den Druck des er-sten Sendbriefs ‚Caspar Beckers' gegeben, aber es wird auch der Auftrag erteilt, den vorliegenden Brief zu veröffentlichen. Solche Druckaufträge selbst mit abzudrucken, ist eher untypisch für Reformationsschrifttum. Es ist nicht direkt ersichtlich, warum Hoffman diese Anweisungen in den Text integrierte. Zunächst einmal erscheint die Thematisierung der Veröffentlichung im Widerspruch zu der im Text aufgebauten Suggestion zu stehen, dass es sich ursprünglich um einen privaten Brief zwischen zwei Freunden handele und thematisch ein eher persönliches Anliegen besprochen werde.

In einem Verhör am 21. September 1534 erklärte Hoffman, er habe nicht befohlen, die Schrift zu veröffentlichen, sondern lediglich unter seinen Glaubensgenossen zu verteilen. Zudem behauptete er, er habe eine weitere Mitteilung an Cornelius Poldermann verfasst, in der er seine vorherigen Anweisungen zurückgezogen habe.[731] Aufgrund dieser Aussagen Hoffmans bleibt es ungewiss, inwieweit er nur den engeren Kreis seiner Anhänger oder eine breitere Veröffentlichung im Sinn hat-te. Im Text schreibt Hoffman seiner Figur Caspar Beck jedoch unmiss-verständlich die Intention zu, die verhandelte Sache nicht für sich zu behalten:

> [Es] ist mein fleissige bitt, das du alle frommen wolst warnen fur dem pluet-hund und mortgeister lugenbucher, daß sie keynem screyben glauben ge-ben, uber den zeugen Gottis gethan und von den pluetseufern geendigt, dan es eythel verwante red seyndt und gewaldige, unverschampte lügen. (A6r, Einfügung nach Kohls)

Hier macht der Briefschreiber deutlich, dass seine eigenen Erfahrungen eines größeren Adressatenkreises bedürfen als der alleinigen

---

[731] *TAE II*, Nr. 610, S. 388f.

Aufmerksamkeit Michel Wachters: Die Frommen müssen gewarnt, die Lügen über den „zeugen Gottis" als solche enttarnt werden.

Anhand der Erklärung seiner persönlichen Betroffenheit zeigt sich, wie Hoffman die „bekenntis- und subjektbezogene Funktion des offenen Briefes"[732] verwendet, um die Situation mit Pathos anzureichern und den emotionalen Druck auf mögliche Rezipierende zu erhöhen. Der Absender des Briefs macht deutlich, dass die abgehandelte Sache nicht im Privaten verbleiben könne, sondern ihrer Distribution und Verkündung bedürfe.[733] Denn, da der Zeuge[734] nicht mehr in der Lage sei, den „pluetseufern" unter die Augen zu kommen, um ihnen ihre Lügen vorhalten zu können, wolle er „auß Gottis gnoden die lugen verantworten, daran leyb und ghůt hencken" (A5v).

Der fiktive Briefeschreiber Caspar Beck übernimmt infolgedessen die Stellvertreterrolle für den im Gefängnis sitzenden Melchior Hoffman und nimmt Stellung zu den „Lügen" über denselben. Erst am Schluss wird so die Motivation für die Publikationsabsicht ersichtlich:

> Meyn lieber Michel, ich sich, daß die mortgeister gar verstockt und verplent seyn und gar ubergeben, ja der ungerechtikeyt eygen. Derhalben gelt mir nit lenger schloffen, sunder durch tag und nacht alle yre grawel und ungerechticheit in alle welt an dag zů prengen, das alle welt yr thorheit, narheit, unsinigkeit und falsche gleysnerische, mordrische heylickeit erkennen mag und sich für yrem grauwel hueten als für dem grausamen teüfel. (A5v)

Die Motivation ist die Warnung vor den Feinden, die eine Gefahr für die Welt darstellen. Der Verfasser steht hier mit Leib und Seele für die Gerechtigkeit ein und stellt sich in die Verantwortung der Verbreitung dieser ‚Wahrheit'. Die Veröffentlichung wird als eine persönlich motivierte Pflicht dargestellt. Diese Motivation am Schluss des Textes wirkt

---

[732] Dücker (1992), S. 34.

[733] Hier wird deutlich, dass Hoffman mit dem Medium des ‚offenen Briefs' spielt. Aber wie auch bei den Dunkelmännerbriefen, handelt es sich nicht um einen genuin ‚offenen Brief' im Sinne Essigs: „Die Dunkelmännerbriefe sind keine Offenen Briefe, spielen sie ja mit der Fiktion, veröffentlichte Privatbriefe zu sein [...]". Essig (2000), S. 72, Anmerkung 13. Da Hoffman die Veröffentlichung jedoch in der Schrift in Auftrag gibt, erscheint Hoffmans fingierter Brief als Sonderfall, der sich der Kategorisierung Essigs entzieht. Ebd., S. 16.

[734] Hoffman wurde von seinen Anhängern für einen der Zeugen der Apokalypse, Elias, gehalten. Er identifizierte sich selbst ebenfalls mit Elias, während Cornelius Poldermann mit Henoch gleichgesetzt wurde. Im Verhör am 21. September 1534 äußerte Hoffman etwa, „er sey der propheten einer, nemlich Helias, die gott zur letzten zit verhaissen hat: das woll er am jüngsten tag bezeugen." TAE II, Nr. 610, S. 388.

wie eine Schlussfolgerung oder ein Fazit aus dem bis dahin Gesagten. Nachdem der Freund informiert worden ist, offenbart sich nur mehr die Notwendigkeit, auch andere aufzuklären und zu warnen. Die Anweisungen für den Druck sind die Konsequenz.

Mit dem eher unüblichen Abdruck dieser Druckanweisungen scheint eine doppelte Inszenierung vollzogen zu werden: Hoffman setzt sowohl die persönliche Kommunikationssituation eines privaten Briefs als auch die beabsichtigte Veröffentlichung in Szene. Somit gelingt die Verknüpfung mehrerer Funktionen: Auf der einen Seite wird das Anliegen personalisiert und emotionalisiert, auf der anderen Seite wird die als persönlich deklarierte Intention zu einer Frage stilisiert, die eine breitere Öffentlichkeit betrifft.

Die Funktion der abgedruckten Aufforderung zur Übersetzung und Veröffentlichung der beiden Sendbriefe könnte aber auch darin bestehen, die Authentizität des Briefs zu unterstreichen. Die für ein Gesamtpublikum nebensächlich erscheinenden Angaben würden insofern die Originalität des Briefs unterstreichen und somit die vorherrschende Inszenierung einer persönlichen Kommunikation aufrechterhalten. Da der Brief im 16. Jahrhundert ein Medium war, das aufgrund seiner Öffentlichkeitswirksamkeit auch der Gefahr ausgesetzt war, verfälscht oder gefälscht zu werden, konnte eine Bestärkung der Authentizität wichtig sein. Hoffmans Brief ist zwar keine Fälschung – eine solche würde bedeuten, dass der Brief etwa im Namen einer anderen ‚realen‘ Person geschrieben wäre –, aber die Kommunikationspartner sind fingiert.

Die Konstruktion der Schrift als Brief und zwar als Privatbrief erfüllte gleich mehrere Funktionen: Zum einen stiftet schon allein die Form des Briefs selbst Authentizität, denn

> zumindest einen Teil seiner Glaubwürdigkeit bezog der Brief aus dem Vertrauenskapital, das der Brief als eine Gattung ‚offizieller‘ Prosa genoß. Das fingierte Produkt zehrte sozusagen von der Glaubwürdigkeit der Gattung insgesamt.[735]

So kann es auch Hoffmans Motivation gewesen sein, diesen Extra-Zuschuss von Glaubwürdigkeit für sich beanspruchen zu wollen, als er die Form des Briefs für seine polemische Schrift wählte. Die Wahl eines Privatbriefs verstärkt diesen Effekt noch zusätzlich und spitzt das Anliegen zudem noch emotional zu.

---

[735] Körber (1996), S. 256.

Das verdeckte Polemisieren mittels Pseudonym erfüllt zwar zunächst den Zweck, Hoffmans Identität als Autor nicht preiszugeben,[736] ist aber zugleich Voraussetzung dafür, dass sich die Brieffiktion in der Form überhaupt aufrecht erhalten lässt. Da Hoffman seit Ende Juni 1533 offiziell Schreibverbot hatte,[737] war offenes Polemisieren für ihn keine Option mehr. Darüber hinaus ermöglichte ihm das verdeckte Polemisieren bei der Textgestaltung, über sich selbst in der 3. Person zu sprechen und somit Aussagen über die eigene Person aus einer anderen, fingierten Perspektive zu machen. Solche Statements eines ‚Dritten' generieren Authentizität und Objektivität, was gleichzeitig die Glaubwürdigkeit der Aussagen bestärkt. Auch in dem bereits erwähnten *[...] Sendbrieff an alle gottsförchtigen Liebhaber der ewigen Warheyt* werden die wichtigsten Elemente von Hoffmans Lehrgebäude aus der Sicht des fingierten Caspar Beck(er)s dargestellt und kommentiert, so dass eine scheinbare Intersubjektivität zwischen Leser und Verfasser (in der Position des Dritten) geschaffen wird.

Dadurch, dass die Beteiligten der *polemischen Situation* auf der Textebene andere sind als diejenigen auf der Kontextebene, kann eine ‚unbeteiligte' Person als *polemisches Subjekt* suggeriert werden, so dass Hoffman sich selbst den Beistand durch Dritte in den Text einschreibt. Die Bewertung einer Person und ihrer Ansichten in der 3. Person impliziert eine abwägende Auseinandersetzung mit der bewerteten Lehre und Person. Hoffman muss in diesem Fall das Publikum nicht erst rhetorisch auf seine Seite ziehen, um ein wirksames, glaubwürdiges Urteil über sich selbst aussprechen zu können; stattdessen übernimmt der am inszenierten Streit unbeteiligte Caspar Beck(er) die Rolle des Urteilsverkünders.

Abschließend lässt sich festhalten, dass Hoffman in *Eyn sendbrieff an [...] Michel wachter* eine hochgradig inszenierte Kommunikationssituation entwirft, die in mehrfacher Hinsicht strategisch angelegt ist: Das verdeckte Polemisieren geht eine gegenseitige Wechselwirkung mit sowohl

---

[736] Die unmittelbare Wirkung der Schrift war aufgrund der scharfen Polemik immens: Sämtliche Straßburger Drucker wurden zu Verhören vorgeladen und es wurde akribisch nach dem Verfasser der Schmähschrift gesucht. Hoffman und der Drucker Valentin Kobian wurden zwar schlussendlich der Autorschaft und der Drucklegung überführt, eine Weile blieben sie jedoch unerkannt.

[737] Siehe dazu das Ratsprotokoll vom 30. Juni 1533: „Item dem Melchior Hofmann soll man kein dinten, feder und papier mehr geben, hab seines irthumbs gleich genug geschrieben [...]." *TAE II*, Nr. 400, S. 110.

der Fiktion des Privatbriefs als auch mit der im Brief eingeschriebenen Notwendigkeit der Veröffentlichung zur Warnung aller Gläubigen ein. Inwiefern sich aus dieser hochgradig konstruierten Schrift die Möglichkeit der scharfen Polemik speist, wird im Anschluss erörtert.

4.4 Die scharfe Polemik der zweifach verdeckten *polemischen Situation* in *Eyn sendbrieff an [...] Michel wachter*

Die bereits eingeführte Schrift *Eyn sendbrieff an den achtbaren Michel wachter*[738] ist einer der letzten veröffentlichten Texte Melchior Hoffmans. Diese kurze, höchst polemische Schrift erschien entweder im Juli oder August 1534.[739] Da Hoffman erst in einem Verhör am 21. September 1534 seine Autorschaft bestätigte,[740] zirkulierte das kleine „schmachbüchlein"[741] somit etwa einen oder zwei Monate unter dem Pseudonym Caspar Beck. Aus diesem Grund kann davon ausgegangen werden, dass es den Rezipienten anfangs nicht bewusst war, dass es sich bei der polemischen Schrift um Hoffmans Werk handelte. Die Situation des verdeckten Polemisierens kam insofern in dieser Zeitspanne noch voll zum Tragen, wie die umgehenden Ermittlungsverfahren, den Drucker der Schrift ausfindig zu machen, bestätigen.

---

[738] Vollständige Angabe siehe Anmerkung 718. Zitate werden in diesem Kapitel allein mit Folienangabe in Klammern nachgestellt.

[739] Der Zeitraum von Juli bis August ergibt sich aus den Daten der Veröffentlichung des Berichts Wolfgang Capitos über Claus Frey sowie aus den Verhören des Hagenauer Druckers Valentin Kobian und der Straßburger Buchdrucker „[w]egen M. Hoffmans schmachbüchlein", die ungefähr Mitte August, höchstwahrscheinlich den 22., begannen. Da noch am 15. August in einem Gespräch der Straßburger Prediger mit Melchior Hoffman kein Wort über die Schrift gewechselt wurde, kann man eher eine spätere Veröffentlichung im August annehmen. Dies bleibt aber lediglich eine Annahme, da genaue Zeugnisse fehlen. Zu den Daten und Aufzeichnungen der Verhöre siehe *TAE II*, Nr. 594, S. 370; Nr. 596, S. 371; Nr. 597, S. 372–374. & Nr. 600, S. 379f. Der Bericht Capitos über Claus Frey, auf den Hoffman in dieser Schrift Bezug nimmt, ist laut Täuferakten nach dem 12. Juni veröffentlicht worden, so dass *Eyn sendbrieff an [...] Michel wachter* erst danach geschrieben worden sein kann. *TAE II*, Nr. 564, S. 321–342. Vollständige Angabe des Berichts: Capito, Wolfgang (1534): *Ein wunderbar geschicht vnd ernstlich warnung Gottes, so sich an eim wiedertäuffer genant Claus Frey zutragen, der mit vnerhörtem trutz vnd bochen sich hat ertrencken lassen, ehe dann er hat wöllen seine fromme ehefraw, bey der er XV jar fridsam gelebt vnnd VIII kinnd gezeuget, widerannemen vnnd ein andere fraw begeben, so er im schein eins geistlichen ehestands an sich gehenckt hatt. Geschehen und beschriben zu Strassburg durch Wolffgang Capito. Anno MDXXXIIII*. Abschrift in *TAE II*, Nr. 564, S. 321–342.

[740] *TAE II*, Nr. 610, S. 387f.

[741] *TAE II*, Nr. 596, S. 371.

Dass Hoffman nicht nur seine Autorschaft mit dem Pseudonym maskiert, sondern sogar die gesamte ,reale' *polemische Situation* verdeckt, wurde bereits im vorangegangenen Kapitel erörtert. Hoffman entwirft auf Textebene ein *polemisches Subjekt* und eine *polemische* (Teil-)*Instanz*, die keine ,realen' Entsprechungen auf Kontextebene besitzen. Darüber hinaus modifiziert er das *polemische Thema*, indem er die Perspektive eines Unbeteiligten am inszenierten Streit einnimmt und seine eigene Person zu einem Teil des *polemischen Themas* macht. Diese in mehrfacher Hinsicht modifizierte *polemische Situation* hat zur Folge, dass die Polemik, die Hoffman in dieser Schrift äußert, von den Bedingungen der ,realen' *polemischen Situation* gelöst ist. Um diese These bestätigen zu können, wird zunächst der bislang vernachlässigte Kontext der Schrift näher erschlossen, denn es muss deutlich herausgearbeitet werden, wo die Unterschiede zwischen ,Realkontext' und ,Kontextfiktion' liegen. *Eyn sendbrieff an [...] Michel wachter* stellt eine in mehrfacher Weise durchkonstruierte Streitinszenierung dar, weshalb das Offenlegen von Oberflächen- und Tiefenstruktur für ein umfassendes Verständnis der einzelnen Funktionen erforderlich ist. Infolgedessen wird zunächst der Entstehungskontext der Schrift erläutert. Daran wird sich die Erörterung der Verschlüsselung der Streitinszenierung auf Textebene anschließen. Eingehende Untersuchungen des polemischen Gehalts, der rhetorischen Gestaltung und der Funktionen der kurzen aber dichten polemischen Schrift komplettieren schließlich die Analyse.

Der Entstehungskontext: Die Ereignisse rund um Claus Frey

Wie bereits erörtert wurde, gibt der fingierte Briefeschreiber als Anlass des Schreibens vor, dem Wunsch Michel Wachters nachzukommen und ihn darüber zu informieren, „wie es [...] mit dem diener Gottis und zeugen der ewigen worheit" (A2r) stehe.[742] Der eigentliche Anlass der Schrift war für Hoffman jedoch ein anderer. Unter dem Deckmantel des Sendbriefs sind dementsprechend andere Motive verborgen. Hoffmans Anlass, zur Feder gegen die Straßburger Reformatoren zu greifen, war zum einen seine Verhaftung am 20. Mai 1533,[743] zum anderen die

---

[742] Der Gottesdiener ist Melchior Hoffman. Die Namen werden im gedruckten Brief selbst nicht genannt, sondern verschlüsselt. Eine handschriftliche Ergänzung am Ende des Sendbriefs löst dies jedoch auf. Dieser Umstand wird im Folgenden noch diskutiert werden.

[743] Deppermann (1979), S. 255. Siehe auch den Bericht über das Verhör Melchior Hoffmans am 20. Mai 1533 in: *TAE II*, Nr. 364, S. 14.

Publikationen diverser Schriften der Straßburger Prediger, die sich auf jene Ereignisse und Hoffman bezogen.

Die Verhaftung Melchior Hoffmans war prinzipiell nicht verwunderlich. Er war, wie bereits erwähnt wurde, schon im Jahre 1530 nur mittels der Flucht nach Ostfriesland einem Haftbefehl des Straßburger Magistrats entkommen. Als Hoffman 1533 nach Straßburg zurückkehrte, blieb seine Ankunft jedoch zunächst geheim, weshalb ihm keine Verhaftung drohte. Hoffman lebte und wirkte nur inoffiziell in Straßburg, bis seine Anwesenheit von einem seiner Mitstreiter, dem Kürschner Claus Frey, an den Rat weitergetragen wurde. Die Gründe dafür, dass Frey, der selbst Wiedertäufer war, einen seiner ehemaligen Glaubensgenossen verriet, lagen vor allem in anhaltenden Unstimmigkeiten zwischen ihm und Hoffman, die auf Freys Entwicklungen eines Lebensstils basierten, den Hoffman nicht guthieß.

Claus Frey war aufgrund seiner wiedertäuferischen Gesinnung aus seiner Heimat Windsheim (Bayern, Oberfranken) vertrieben worden. Bald darauf wurde er Vorsteher der fränkischen Täufer und war vermutlich mit der fränkischen Sekte der Träumer in Kontakt, „die gemäß ihren Eingebungen und Träumen ihre Ehepartner miteinander tauschten".[744] Auf dem Schloss des adligen Georg Groß, genannt Pfersfelder, hatte Frey dessen verwitwete Schwester Elisabeth Pfersfelder kennen gelernt, die er zu seiner „geistlichen Eheschwester"[745] ernannte. Seine Ehefrau, die sich geweigert hatte, mit ihm zu ziehen, und somit in Windsheim zurückgeblieben war, degradierte er zu einer „alten Schlange des Satans".[746] Nachdem Frey und seine neu ernannte Partnerin vom Schlossherrn vertrieben worden waren, suchten sie in Straßburg im Kreise der Straßburger Propheten Zuflucht. Hoffman und andere Mitglieder der Gruppe lehnten jedoch den Ehebruch Freys ab und rieten ihm, zu seiner Frau zurückzukehren. Frey ließ trotzdem nicht von seiner neuen Gefährtin ab, so dass er schließlich von Hoffman und anderen aus dem Kreise der Straßburger Propheten ausgestoßen

---

[744] Deppermann (1979), S. 254.

[745] In seinen Verhören taucht diese Bezeichnung für Elisabeth Pfersfelder auf. Ebenfalls verzeichnet sind auch „eheliche Schwester", „Eheschwester", „geistliche Schwester" etc. *TAE II*, Nr. 361, S. 11f; Nr. 362, S. 13f; Nr. 369, S. 20f; Nr. 388, S. 92f. & Nr. 456, S. 208f.

[746] Capito berichtet von einem Brief Claus Freys an Elisabeth Pfersfelder und zitiert daraus, was jener über seine Ehefrau schreibt: „Mein weib ist der alt schlang, der satanas, vnd du das weib, welches somen ir soll den kopff zertretten, (vgl. Gen. 3, 15) so muß ich nemlich der somen sein [...]." Capito (1534): *Ein wunderbar geschicht vnd ernstlich warnung Gottes*, A6v. In: *TAE II*, Nr. 564, S. 327.

wurde. Auch von den Bürgern der Stadt wurde die Beziehung zwischen Claus Frey und Elisabeth Pfersfelder argwöhnisch betrachtet. Ihre Anwesenheit in Straßburg wuchs sich zu einem regelrechten Skandal aus, infolgedessen es immer wieder öffentliche Streitigkeiten gab, die erst mit der Verhaftung der beiden zum Erliegen kamen. Als Rache für die ihm zugekommene Behandlung im Kreise der Straßburger Propheten verriet Frey dem Magistrat den Aufenthaltsort Hoffmans und behauptete, dass dieser mit seinen Anhängern die Obrigkeiten nicht anerkenne und ein Aufruhr nicht auszuschließen sei.[747] Daraufhin wurde Hoffman verhaftet.[748] Die Anklagen Freys, dass er einen Aufruhr plane, wies Hoffman zwar in einem Verhör am 29. Mai 1533 zurück, „[a]ber es sey nach der h. schrifft gantzer welt ein vffrur vnd rumoren zu besorgen, sey vorhanden".[749] Hoffman war der Auffassung, dass dieser Aufruhr durch die Türken ausgeführt werden würde; er rief selbst nicht zu aktivem Handeln in dieser Sache auf. Auch Claus Frey zog seine Anschuldigungen bei einem Verhör am 29. Mai wieder zurück.[750] Hoffman blieb trotzdem weiterhin in Haft und Frey wurde infolge des Ehebruchs als einziger Wiedertäufer in Straßburg zum Tode verurteilt und am 22. Mai 1534 ertränkt.[751] Capito nutzte die Ereignisse, um die Täufer und den hoffmanschen Kreis in ein schlechtes Licht zu rücken, und verfasste einen Bericht, *Ein wunderbar geschicht vnd ernstlich warnung Gottes, so sich an eim wiedertäuffer genant Claus Frey zutragen,*[752] der die Geschehnisse und die Anschuldigungen Freys gegenüber Hoffman in einer Weise wiedergab, die Hoffman als Aufrührer

---

[747] Siehe die Verhöre von Elisabeth Pfersfelder und Claus Frey vom 14. Mai, und die Verhöre von Claus Frey vom 19., 20. und 29. Mai 1533 in *TAE II*, Nr. 361, S. 12f; Nr. 362, S. 13f. & Nr. 369, S. 20f.

[748] Zu den Ereignissen und dem Verhältnis zwischen Hoffman und Frey siehe Deppermann (1979), S. 254–256 und Zur Linden (1885), S. 315–317. Siehe auch das Verhör Hoffmans vom 20. Mai 1533 in *TAE II*, Nr. 364, S. 14f.

[749] Protokoll von Hoffmans Verhör am 29. Mai 1533 in *TAE II*, Nr. 368, S. 18.

[750] „Claus Freyen von Winßheim widerumben verhört, gesteet seiner vorigen bekantnus noch wie vor, allein daß er sagt, er hab nie gesagt, daß vil vffrüer alhie seyen, aber vil seltzsamer widerwertige secten vnd glauben; wo man die sachen nit bey fürkomme, seyen vffruren vnd übels zu besorgen." *TAE II*, Nr. 369, S. 20.

[751] Capito schreibt in seinem Bericht: „[E]in ersamer rath [hat] am XIX. maij (was am zinstag vor pfingsten) das vrteil geben, das er soll ertrenkt werden [...]." Am darauffolgenden Freitag, den 22. Mai 1534, wurde er hingerichtet. Capito (1534): *Ein wunderbar geschicht vnd ernstlich warnung Gottes*, B3r. In: *TAE II*, Nr. 564, S. 332f. Vgl. dazu auch *TAE II*, Nr. 573, S. 345, Anmerkung 1).

[752] Vollständiger Titel des Berichts bei Anmerkung 739.

erscheinen ließ. Höchstwahrscheinlich war diese Schrift der Grund dafür, dass Hoffman zur Feder griff und *Eyn sendbrieff an [...] Michel wachter* verfasste.

Indem Hoffman sich in dieser Schrift als Autor verschleiert wird der Auslöser, der zugrunde liegende Streit, aus der Sicht des unbeteiligten Caspar Beck dargestellt, aber nicht zum Anlass des Schreibens gemacht. Der inszenierte Anlass ist nämlich, der Bitte Michel Wachters, ihm zu berichten, „wie es stant mit dem diener Gottis und zeugen der ewigen worheit" (A2r) nachzukommen. Demgemäß berichtet Caspar Beck, „daß die lugenhaftigen phariseer zu Jerusalem im noch hals und leben stond, ob sie sein unchuldiges [sic!] plut mochten saufen und sein fleisch fressen durch yr lugenhaftigen schriften und selb erdichte oede zeucknisse" (A2r). Klar erkennbar sind die Positionen des polemischen Antagonismus, der durch das verdeckte Polemisieren aus der Sicht einer Person dargestellt wird, die keine aktive Rolle im Streit selber spielt.

4.4.1 Die Ver-/Entschlüsselung der Figuren

Der oben herausgearbeitete eigentliche Anlass für die polemische Schrift Hoffmans wird in *Eyn sendbrieff an [...] Michel wachter* nicht offenkundig dargelegt, sondern auf der Textebene des gedruckten Sendbriefs nur verschlüsselt angedeutet:

> Es hat der eyn plůthundt seynen treck und saurteig wol außgescheumt und auch der andre pluthündt hernoch, jetz kumpt der dritte pluthündt und schreyt grausam nach unschuldigem plut, wie du dann in seinem buechlein hoeren wurst, das ich dir sende mit disem boten. (A2v–A3r)

Hoffman lässt seinen Briefeschreiber lediglich von ,Bluthunden' reden und nennt sie nicht beim Namen. Es werden keine konkreten Schriftstücke genannt, sondern es wird beschrieben, dass sie ihren „treck und saurteig wol außscheum[en]" (A2v) oder „grausam nach unschuldigem plut [schreien]" (A3r). Ein „buechlein" (ebd.) wird zwar erwähnt, aber sein Titel bleibt im Unklaren.

Im gesamten Sendbrief sind die einzelnen Figuren, über die geredet wird, durch aufwertende oder abwertende Synonyme verschlüsselt: Auf der einen Seite steht der „diener Gottis und zeugen der ewigen worheyt", auf der anderen „die lugenhaftigen phariseer zu Jerusalem" (A2r), die „pluthund" (A4v) und andere Bezeichnungen. Die Verschlüsselung der beiden sich antagonistisch gegenüberstehenden Parteien, die auf der Textebene vorgenommen wird, wird interessanterweise durch einen handschriftlichen Zusatz auf der Rückseite der Drucke aufgelöst. Dort hatte jemand offenbar schon in der Druckerei auf sämtliche Exemplare folgenden Text zur Erklärung geschrieben:[753]

> Der vnsculdige gefangē zugē
> ist Melchior Hofmañ.
> Jherusalem ist Straßburg.
> Dye pluthund seynt Hedio
> Butzer, Capito.
> Im buch vber Clauß Kurtzener
> hat Capito dye lugen geschreuē.[754]

Durch diesen handschriftlichen Nachtrag wurden sämtliche indeterminierte Figuren der Textebene entschlüsselt und der bis dahin inszenierte Streit kontextualisiert. Im Nachhinein erfährt die Polemik so erst ihre besondere Schärfe. Die den Streit ausgelöste Schrift, Capitos Bericht über Claus Frey, wird hier zudem eindeutig beschrieben. Unklar bleibt lediglich, auf welche Schriften oder Ereignisse Hoffman bei Bucer und Hedio rekurriert.[755]

Diese zusätzlichen Informationen kamen allen Lesern der Schrift zu und lösten zudem beim Rat eine groß angelegte Suche nach dem Urheber und Drucker der Handschrift aus.[756] Für einen Kenner der Geschehnisse in Straßburg bedurfte es dieser Informationen nicht; da jedoch angedeutet wird, dass die Schrift in weiteren Kreisen als den

---

[753] Kohls (1961), S. 358.

[754] Samt typographischem Layout nach Kohls (1961), S. 358. Vgl. auch *TAE II*, Nr. 595a, S. 526. „Clauß Kurtzener" ist der Kürschner Claus Frey.

[755] Bei den Schriften Bucers und Hedios sind sich die Forscher nicht einig. Kohls geht davon aus, dass der erste ‚Bluthund' Bucer sei und es sich um seinen zwischen dem 14. Juni und 7. Juli erschienenen Bericht von der Synode (siehe Anmerkung 422) handele. Der zweite ‚Bluthund' sei demnach Hedio mit seiner gegen die Sektierer gerichteten Münsterpredigt/Ratspredigt vom 14. Januar 1534, die am 6. März 1534 im Druck erschien. Kohls (1961), S. 359f. In den Täuferakten wird hingegen vermutet, dass alle Schriften aus dem Jahre 1534 stammen. In dem Falle wäre Hedio der erste ‚Bluthund' mit seiner Predigt und Bucer der zweite mit seiner Schrift *Bericht auß der heiligen geschrift ... der stat und kirchen zu Münster ... geschriben* (*TAE II*, Nr. 519, S. 286–291). Dies würde der Reihenfolge der Aufzählung innerhalb der handschriftlichen Entschlüsselung entsprechen, was aber nicht bedeuten muss, dass die Reihenfolge in dem Hinblick auf die Erscheinungsdaten gewählt wurde. *TAE IV*, Nr. 595a, S. 523.

[756] Der Rat ließ vermutlich am 22. oder 16. August 1534 sämtliche Straßburger Drucker verhören, die alle auf den Drucker Valentin Kobian aus Hagenau verwiesen, den Verfasser der Schrift aber nicht zu nennen vermochten. Protokoll der Verhöre ist zu finden in: *TAE II*, Nr. 596, S. 371f & Nr. 597, S. 372–378.

Straßburgern vertrieben werden sollte (die Druckanweisungen inkludieren schließlich Übersetzungen in verschiedene Sprachen), war dies ein wichtiger Schlüssel für das Verständnis des Textes. Dass die Auflösung der Verschlüsselung per Handschrift vorgenommen wurde, ist zunächst verwunderlich. Man könnte sie als Ergänzung deuten, die jemand in der Druckerei für relevant hielt, es könnte aber auch als Zusatz des Herausgebers betrachtet werden, der eine eventuelle Zensur durch den Drucker vermeiden wollte. Aufgrund der Tatsache, dass Valentin Kobian – zwar anonym – ein generelles Risiko beim Drucken der Schrift einging, ist es jedoch fraglich, ob eine Zensur durch den Drucker zu fürchten war. Darüber hinaus ist die Handschrift nicht vom Drucker, sondern vermutlich von Cornelius Poldermann, der den Druck der Schrift organisierte.[757] Als dritte Möglichkeit läge im Kontext des übrigen durchkonstruierten Charakters der Schrift aber auch nahe, dass es sich um eine bewusst eingesetzte Strategie handelt, die Entschlüsselung als Zusatz zu tarnen. Innerhalb der Brieffiktion verbleibt die Polemik indeterminiert und kann insofern als weniger scharf gelten. Die handschriftlichen Zusätze inszenieren dementsprechend Kommentare eines individuellen Lesers zu sein, der seine Interpretation des Textes preisgibt. Eine solche Bearbeitung mit Marginalien und handschriftlichen Kommentaren war im 16. Jahrhundert üblich, so dass die strategische Vortäuschung von Leserkommentaren durchaus glaubhaft war.[758]

Ungeachtet der Intention, die mit ihnen verfolgt wurde, funktionieren die handschriftlichen Zusätze als Katalysator der Polemik: Die Auflösung der Verschlüsselung am Ende der hochgradig polemischen Schrift gibt ihr rückwirkend zusätzliche Schärfe und Aktualität. Sie ist der Zünder für die polemische Detonation.

4.4.2 Die semantische Klimax des polemischen Antagonismus

Es ist bereits gezeigt worden, dass die polemische Kommunikationssituation in *Eyn sendbrieff an [...] Michel wachter* eine besonders

---

[757] Der Druck ist Valentin Kobian nachträglich durch den Vergleich mit anderen seiner unterschriebenen Drucke nachgewiesen worden. Dass die handschriftlichen Kommentare von Cornelius Poldermann stammen, wird aufgrund von seiner Anhängerschaft und früheren Herausgeberschaften vermutet. Siehe dazu: *TAE IV*, Nr. 595a (zu S. 371), S. 526f. Im Verhör am 21. September 1534 gibt Hoffman neben seiner Autorschaft der Schrift auch die Zusammenarbeit mit Cornelius Poldermann zu, der den Druck organisieren sollte. In *TAE II*, Nr. 610, S. 387f.

[758] Leider sind keine konkreten Rezeptionszeugnisse vorhanden, die berichten, wie die handschriftlichen Nachträge realiter bewertet wurden.

aufwendig konstruierte ist: Infolge des verdeckten (pseudonymen) Polemisierens, der Fiktion eines veröffentlichten Privatbriefs und der Verschlüsselungs-Entschlüsselungsstrategie der beiden antagonistischen Positionen wird die ‚reale‘ *polemische Situation* auf mehrfache Weise verdeckt bzw. als verdeckt simuliert: Der Einsatz des Pseudonyms kann als verdecktes Polemisieren im Sinne der entwickelten Kategorien eingeordnet werden, wohingegen die Fiktion des Privatbriefs und die vorgetäuschte Verschlüsselung der Figuren als Verdeckungsstrategien der polemischen Intention betrachtet werden können. Ihre umgehende Relativierung durch die Veröffentlichung (des Privatbriefs) zum einen und die Auflösung der Verschlüsselung zum anderen sind als ‚nachträgliche Verfahren‘ (zum Teil durch fremde Hand) getarnt, so dass die aufgebauten Suggestionen sich nicht auflösen, sondern ihre Wirkung in dem Spannungsfeld dazwischen entfalten. Das Ergebnis ist extrem scharfe Polemik gegen die Straßburger Reformatoren.

Thematisch ist die kurze Schrift wenig variationsreich, denn es geht lediglich darum, wie die positiv charakterisierte Figur (Hoffman) von insgesamt drei negativ dargestellten Figuren (Hedio, Bucer, Capito) „durch yr lugenhaftigen schriften und selb erdichte oede zeucknisse“ (A2r) denunziert wird. Der Briefeschreiber bezieht von Anfang an eine klare Position und erläutert auf verschiedene Weise, dass die Aussagen über Hoffman in den Schriften der Prediger schlichtweg Lügen, Verdrehungen und Verleumdungen seien. Obgleich die metaphorischen Bilder und Szenarios, die auf unterschiedliche Weise die Verfolgung Hoffmans darstellen, dominieren, können einige Argumente identifiziert werden. Es wird etwa erklärt, dass sich die Prediger bezüglich Hoffmans Person und Handlungen widersprechen: „Der pluthund screybt, er [Hoffman] lig umb mort und aufrůr gefangen. Sihe, wie feyn reympt sich das mit yrem ersten bůch? Do schreyben sie wider sich selber“ (A3v). Das Fazit daraus wird ebenfalls gegeben: „Also muß der gotlose pluetzapf seyn eygen schandt außscheumen und aufdecken“ (ebd.). Es wird argumentiert, dass eine von den Schriften der Reformatoren Hoffmans *Offenbarungs-Auslegung* verdreht wiedergibt und dass der Vergleich der Schriften miteinander dieses bezeugen würde (A4r). Mit diesen Andeutungen kontextualisiert Hoffman deutlich seine Schrift – für seine Anhänger in Straßburg rasch zu erkennen. Nicht zuletzt kann man die Aussage, dass „im 1533 jar [...] Jesus Christus, das ewig wort und worheit, offentlich verdampt, undtruckt und ermort worden [ist] durch die obgemelten pluthund“ (A4v) als Hinweis auf Hoffmans Verhaftung, die Vorladung zur Synode in Straßburg oder

auch Bucers Bericht der Synode verstehen. Außerdem werden die ver-
mehrten Erlasse gegen die Wiedertäufer angesprochen: Anfangs wurde
nur die Bewirtung und Beherbergung von Wiedertäufern verboten, später unter Androhung einer Ausweisung eine Zwangsversöhnung mit der
Kirche gefordert, sämtliche Kinder zur Taufe und die Gläubigen zum
Schwören des Eids gezwungen.[759] Hoffman referiert klar auf diese nach
und nach eingeführten Mandate:

> Wo sie eynen diener und boten Gottis ermercken, do mueß er auß der bur-
> ger heuser gegeben und anzeigt werden, und do sehen sie dan zů, wye sye
> yn mit yrem falschen somen und wort besudlen moegen, ja verderben, in
> grauwel und zů teufel prengen." (A5r)

Insbesondere das Herbergsverbot und der Zwang zur Übernahme einer
falschen Lehre – die der Straßburger Kirche – können unmissverständlich wiedererkannt werden. Solche Kontexthinweise sind in *Eyn sendbrieff an [...] Michel wachter* zwar nur spärlich gesät, aber ein Kenner
hätte auch ohne die handschriftliche Entschlüsselung am Ende der
Schrift gewusst, wer gemeint war.

Die Polemik in der kurzen Schrift funktioniert allerdings weniger
über die kontextuelle Argumentation, als vielmehr über die Darbietung
einer Semantik der Extreme. Der polemische Antagonismus in *Eyn sendbrieff an [...] Michel wachter* wird dominierend durch die Wortwahl
und die bildliche Sprache erzeugt. Das verdeckte Polemisieren unterstützt dabei die Möglichkeit eines Direktvergleichs, denn dadurch, dass
Caspar Beck als *polemisches Subjekt* konstruiert wird, befinden sich
die beiden Streitparteien, die im Text thematisiert werden (Hoffman
und die Straßburger Prediger), im selben Verweisraum – nämlich dem
der 3. Person. Es findet demnach kein Wechsel des Verweisraumes (zur
1. Person z. B.) statt. Zudem täuscht die Fiktion eines am Streit unbeteiligten *polemischen Subjekts* eine objektivere Perspektive vor, so dass
die Glaubwürdigkeit des Vergleichs zusätzlich erhöht wird.

Wie bereits erläutert, werden die Streitparteien im gesamten Text
unter pejorativen bzw. affirmativen Prädikationen verschlüsselt. In der
Erzählung des Briefeschreibers werden so weder die Namen noch die
beruflichen Rollen der Hauptfiguren genannt, so dass die Prädikationen
keine Hinweise auf die dahinter verborgenen Personen geben – wie z. B.
die argumentativen Abschnitte. Ihr Zweck liegt lediglich darin, zu beleidigen oder aufzuwerten, was auch durch die Variation der Ersatznamen

---

[759] Vgl. Deppermann (1979), S. 258–267.

272 Polemik in den Schriften Melchior Hoffmans

und -bezeichnungen deutlich wird: Die Straßburger Prediger werden einzeln oder in der Gruppe als „des teufels ewige diener" (A2v),
„plůthundt" (ebd.),[760] „reyssende[] woelfe[] under dem schofscleydt"
(A3r), „mortwolf und mortgeister" (ebd.),[761] „grauwelgeister und
plutzapfer" (ebd.), „woelf" (ebd.), „gotlose pluetzapf" (A3v), „morder
Chain" (A4r) „elendig, mortgyrige lugengeist" (A4v), „pluethund und
mortgeister lugenbucher" (A6r) und „pluetseufer[]" (ebd.) bezeichnet.
Es fällt auf, dass die Bezeichnungen aus hauptsächlich zwei semantischen Bereichen stammen: Zum einen wird das Lügner-Motiv gewählt,
zum anderen das Motiv des (blutsaugenden) Mörders in Verkörperung
eines Tieres. Das Motiv des Lügners hatte Hoffman auch schon in
seinen Streitschriften an Nikolaus von Amsdorf benutzt, das weitaus
grausamere und anschaulichere Bild des Bluthundes bzw. blutgierigen
Wolfes ist eine Steigerung der bisherigen Polemik Hoffmans. Es taucht
erst in seinen späteren Schriften auf und weist auf den sich zuspit-
zenden Konflikt zwischen Hoffman und den lutherischen und zwinglischen Reformatoren hin. Mit der enormen Dichte der pejorativen
Bezeichnungen sticht *Eyn sendbrieff an [...] Michel wachter* dennoch
als besonders scharf polemisierend heraus.

Mit den nominalen Bezeichnungen für die Gegner gehen auch die
Tätigkeiten derselben einher: An mehreren Stellen wird erwähnt, dass
sie „unchuldiges plut mochten saufen und [...] fleisch fressen" (A2r).
Mehrmals tauchen die Verben ‚saufen' und ‚fressen' auf, die auch
schon im Frühneuhochdeutschen eine pejorative Konnotation haben.[762] Das Trinken bzw. das Dürsten nach „unsculdigem plut" (A2v)
zieht sich durch die gesamte Schrift.[763] Die vielfache Verwendung dieses Themas wirft die Frage auf, ob das Bluttrinken und die damit ver-
knüpften Prädikationen, wie z. B. „plutzapf" (A4r), als metaphorische
Beschimpfungen fungieren oder ob sie als Schlagwörter zu betrachten
sind.

---

[760] Die Bezeichnung „plůthundt" taucht (in anderer Schreibung) durchgehend in der
Schrift auf, z. B. auf: A2v, A3v, A4r, A4v, A5r, A5v & A6r.

[761] „mortgister"/„mortgeistern" auch zu finden bei: A4r, A4v, A6r & A6v.

[762] „saufen, *gierig und unmäszig oder in unschicklicher weise eine flüssigkeit aufneh-
men; wann und wo diese bedeutung zuerst aufgekommen, ist nicht näher zu bestimmen. bei* LUTHER *ist saufen schon durchaus ein starker ausdruck.* „SAUFEN",
DWB 14, Sp. 1877–1882. Fressen ist zudem bereits ein Ausdruck für Tiere, so
dass zusätzlich der Vergleich mit animalischem Verhalten gezogen wird. Vgl.
„FRESSEN", *DWB* 4, Sp. 133.

[763] Variationen des Blutdurstes finden sich auch an folgenden Stellen: A2v (2 x), A2v,
A4a & A5b.

Im Falle des Schlagwortcharakters kann angenommen werden, dass die Ausdrücke auf die Abendmahlsfrage rekurrieren, die in der Reformation einen wichtigen Teil der Streitigkeiten zwischen sämtlichen Parteien einnahm. Hoffman hatte die Realpräsenz Christi im Abendmahl bestritten und lehnte sowohl die altgläubige Transsubstantiations- als auch die lutherische Konsubstantiationslehre ab. Anfänglich teilte Hoffman die Auffassung von einer geistigen Präsenz Jesu Christi, die durch den Glauben hergestellt wird, mit den zwinglischen Reformatoren in Straßburg. Da Bucer aber seit etwa 1530 auf eine Einigung mit Luther hinarbeitete, liegt es im Bereich des Möglichen, dass Hoffman auf Bucers Eingeständnisse gegenüber Luther in der Abendmahlsfrage polemisiert.[764] Bucer hatte im Zuge seiner Bemühungen, protestantischen Konsens zu erzielen,

> die wahre Anwesenheit und Darreichung [des Leibes Christi] in der Abendmahlsfeier [bekannt]. Das Brot schließe [seines Erachtens] den Leib nicht ein, sondern sei kraft Einsetzung das Instrument, mit dem der Leib dargeboten wird.[765]

Zu dem Entstehungszeitpunkt von Hoffmans Schrift war Bucer also bereits von der Realpräsenz Christi im Abendmahl – wenn auch prinzipiell nicht *im*, sondern *mittels* Brot und Wein – überzeugt. Inwiefern Hoffman diese Veränderungen in Bucers Abendmahlsauffassung zugetragen wurden, ist nicht bekannt. Es ist aber durchaus möglich, dass Hoffman darüber im Bilde war, da er mithilfe seiner Gefängniswärter unerlaubterweise regen Kontakt zu seinen Anhängern pflegte. Eine solche Interpretation liegt zudem nahe, da die Ähnlichkeit zu einer Reihe von in der Zeit zu Schlagwörtern avancierten Ausdrücken augenfällig ist.[766]

Zwar wird in *Eyn sendbrieff an [...] Michel wachter* das Abendmahl nicht an der Textoberfläche thematisiert, Hoffmans Wortgebrauch lehnt

---

[764] Zwar gab Bucer die zwinglische Grundidee des Abendmahls nicht gänzlich auf, machte Luther aber Zugeständnisse, so dass Zwingli sich selbst verraten fühlte, was er in einem Brief vom 21. Februar 1531 an Bucer verdeutlicht. Greschat, Martin (2004): *Martin Bucer. A Reformer and his Times*. Übersetzt von Stephen E. Buckwalter. Louisville, Kentucky: Westminster John Knox Press, S. 97.

[765] Scheible, Heinz (1993): „Melanchthon und Bucer". In: Krieger, Christian & Marc Lienhard (Hg.): *Martin Bucer and sixteenth century Europe. Actes du colloque de Strasbourg, 28–31 août 1992*. Bd. 1. Leiden: Brill, S. 369–394, hier S. 373.

[766] Lepp (1908), S. 3f. Lepp zählt in diesem Zusammenhang eine Sammlung von allen Parteien genutzter Schlagwörter auf: „Brot-, Fleisch-fresser; Blut-, Weinsäufer; Sacramentsrotter, -schwärmer, -schänder, -dieb, -räuber, -stürmer; Kelcher, Kelchtrinker, Altar-, Messstürmer etc." Ebd.

sich aber deutlich an geläufigen Schlagwortgebrauch an, so dass der Bedeutungsgehalt der bereits etablierten Schlagwörter auf Hoffmans Text zurückwirkt. Die hier angewandte Tiermetaphorik wird so mit der Frage der Realpräsenz Christi im Brot und Wein vermischt. Was bei den Katholiken und den Lutheranern noch geheiligter Akt der Empfängnis Jesu war, wird durch die spiritualistische Auffassung aus dem Kontext der heiligen Zeremonie losgelöst und in den Kontext einer kannibalistischen Handlung versetzt.[767] In Hoffmans Schrift wird sie noch zusätzlich in den Kontext tierischen Jagdverhaltens gestellt: Die Akteure seien Bluthunde, die nach Beute schreien, und „reyssende[] woelfe[] under dem schofscleydt, [...] die die eynfeldigen und unschuldigen armen schoflein Gottis ermorden [...]" (A3v). Durch die Tiervergleiche einerseits, die Verben ‚fressen' und ‚saufen' andererseits wird die Zeremonie des Abendmahls vom heiligen zu einem bestialischen Akt verschoben.

Es bleibt trotz der Gegebenheiten offen, inwiefern Hoffman den Bezug auf das Abendmahl intendierte bzw. den Schlagwortcharakter seiner Polemik mit Absicht anlegte. Auch die Rezeption von Hoffmans Schrift ist in diesem Punkt nicht mehr nachzuvollziehen, so dass schließlich zwei Deutungen möglich sind. Es kann ebenso davon ausgegangen werden, dass Hoffman lediglich die Verwendung metaphorisch beleidigender Sprache intendierte, um auf eine anschauliche Art die Straßburger Prediger und ihre Handlungen zu denunzieren bzw. um zu erreichen, dass seine Schrift dahingehend rezipiert wurde.

Den vollkommenen Gegensatz zu den Straßburger Reformatoren, die als ‚Raubtiere', ‚Blutsauger', ‚Lügner' usw. bezeichnet werden, stellt im Text der „zeuge[] der ewigen worheit" (A2r), Melchior Hoffman, dar: Er wird zu den „helgen" (A2v) gerechnet, ist ein „diener Gottis" (A2r & A3v), „der theure zeug der ewigen worheit" (A3v), ein „fromer, Gotforchtiger man" (ebd.) und zählt zu den „unschuldigen" (A5v). Bei

---

[767] Hoffman hatte bereits 1530 gegen die lutherische Abendmahlslehre polemisiert: „Aber ich hab sorg dz des Luthers hauff grosse schuld haben / am abgötterischen anbetten des Sacraments die da fürgeben Christū leiblich vnd wesentlich ins brot zůbringen / vom himmel herab wann sy wöllen / als die schwatz künstner den Satan in ein glaß [...]". Hoffman (1530), *Weissagung vsz heiliger götlicher geschrifft*, B3v. In dieser Schrift legt er auch seine eigene Abendmahlslehre dar: Er argumentiert, dass das Sakrament wie auch der Ehering als ein figürliches Zeichen gegeben wird. Das Sakrament bedeute die Zusage des christlichen Leibes „zů einer eussern befestung / der innerliche zůsag / welche in das hertz gehört. [...] vnd ist das essen Christum / vñ sein blůt trincken anders nichts / dañ den worten glauben das sein leib für vns am creutz gebrochen ist / vñ sein blůt für vnser sund am kreütz vergossen." (B4r)

der Charakterisierung des Zeugen werden somit hauptsächlich positiv konnotierte Worte gewählt.

Bei einer Gegenüberstellung einzelner Prädikationen wird die hochgradig antithetische Struktur der Semantik deutlich. Besonders fällt der polemische Antagonismus durch die Semantik ins Auge, wenn man versucht, sie in Kategorien aufzuteilen: Stellt man sie in den antonymen Paarungen von Teufel vs. Gott, Gelehrte vs. Einfältige, Jäger vs. Gejagte, Täter vs. Opfer, Lügen vs. Wahrheit etc., wird die semantische Formierung des Antagonismus deutlich (s. Tab. 1). Die Wortwahl gibt kein Drittes preis (*tertium non datur*) und lässt keine Graduierungen zu, denn es handelt sich um sich voneinander entfernende Pole. Hoffman konstatiert in *Eyn sendbrieff an [...] Michel wachter* den Fakt eines unaufhebbaren Gegensatzes allein durch die Wahl seiner Semantik (siehe Tabelle 1).

Mit dieser Konstruktion von Freund- und Feindbildern in antagonistischer Gegenüberstellung zeigt sich Hoffmans *Eyn sendbrieff an [...] Michel wachter* gänzlich dem Usus der ‚rhetorischen Streitkultur‘ der Reformation verschrieben: Er lässt in seinem Text keine Grauzone oder Neutralität entstehen, keinen Zweifel aufkommen, dass es nicht nur zwei extreme Pole gäbe. Interessanterweise finden sich keine Anhaltspunkte in *Eyn sendbrieff an [...] Michel wachter*, dass Hoffman nach der Veröffentlichung der Schrift, am 15. August 1534 bei einem Gefängnisbesuch von Hedio, Bucer und Matthias Zell, Versuche unternommen hatte, eine Einigung mit den Straßburger Predigern zu finden. Er erklärte diesen, „seine und der Prädikanten Positionen seien gar nicht so weit voneinander entfernt“.[768] Die angestrebte Versöhnung scheiterte daran, dass Hoffman von seinen Lehrsätzen, die er auf der Synode verteidigt hatte, nicht abweichen wollte.[769] Die Entdeckung seiner Autorschaft nur wenige Tage später war für die Straßburger Prediger vermutlich eine weitere Bestätigung der Unversöhnlichkeit.

In *Eyn sendbrieff an [...] Michel wachter* ist von der Intention einer Einigung oder Versöhnung allerdings nicht die Rede; die Programmatik bildet dort eine klare Abgrenzung von den Standpunkten der Straßburger Prediger. Unter dem Pseudonym war es Hoffman daher sogar möglich, gegen die Prediger zu polemisieren und sie gleichzeitig zur Versöhnung aufzurufen. Hoffman ging insofern zweifach strategisch vor: Mit dem mündlichen Friedensangebot vermeinte er, seine Haft aufzuheben und sein ‚reales‘ Leben zu beeinflussen, während er mit der schriftlichen

---

[768] Deppermann (1979), S. 307.
[769] Ebd., S. 307f.

Tabelle 1.

	Negative Beschreibungen (für die Straßburger Prediger)	Positive Beschreibungen (für Melchior Hoffman und seine Anhängerschaft)
Teufel vs. Gott	des teufels ewige diener | yrem vater dem teufel | gottlos | vam vater dem teufel | pund und gelopte mit der hel und ewigem dot | [yr] falsche gleysnerische, mordrische heylickeit	diener Gottis | diener und boten Gottis | fromer, Gotforchtiger man | der helgen plut
Schriftgelehrte vs. Armgeistige	die lugenhaftigen phariseer | der deufel mit allen pharisern	die eynfeltigen und unschuldigen armen schoflein Gottis | kynder Gottes
Raubtier vs. Beutetier	plůthund | pluthündt | mortwolf | plutzapfer | reyssende woelfe	schof | schoflein
Täter vs. Opfer	verdruckung und quellung und plagung | tyranney | grawel	unschuldig | das unschuldige plut | in tyranney gefangen
Lüge vs. Wahrheit	lugengeist | lugenhaftig | falsche, gleysnerische heylichkeit | eythel verwante red | gewaldige, unverschampte lügen | lugen | folschen somen und wort | mit der falschen, boesen zungen | mortlügen | lugenbucher | yr lugenhaftigen schriften und selb erdichte oede zeucknisse	zeuge der ewigen worheit | dye ewige worheit und derselbigen zeugen
Gerechtigkeit vs. Ungerechtigkeit	ungerechtikeyt | ungerechticheit	gerechtickeit
Negative vs. positive Eigenschaften	thorheit | schelmerey | yr torheit, narheit, unsinigkeit	ohn mackel befunden

Ächtung das Ziel verfolgte, Einfluss auf sein Image – die gesellschaftliche Konstruktion seiner selbst – zu nehmen. Die Folge war eine überdeutliche Polarisierung, die sowohl die Persuasion unparteiischer oder fremdparteiischer Leser erstrebte als auch die Gruppenzugehörigkeit unter Hoffmans Anhängern stärken sollte, während deren Leitfigur im Gefängnis verharrte.

5 Ergebnisse und Ausblick

Finally, polemic has a liberating role. It is illuminating to note who dislikes polemic, for it empowers those who have nothing to pit against oppression but their minds and their mouths. It is the extreme, all-or-nothing language of the dreamer.[770]

Im festen Glauben, dass die Welt in absehbarer Zeit zunächst in einem apokalyptischen Abgrund versinken würde, um daraufhin von allem Schlechten gereinigt in neuem Glanze zu erstrahlen, nahm Melchior Hoffman sich der Aufgabe eines Apostels an, der das *wahre* Evangelium verkündet. Die Menschen sollten die göttliche Botschaft hören, um vor der ewigen Verdammnis bewahrt zu werden, die das Jüngste Gericht über die Schlechten zu verhängen drohte. Es galt, das Wort Gottes gegen Ungläubige und Zweifler zu verteidigen. Als einzig zulässige Waffe gegen die ‚falschen Propheten‘, zählte dem Laienprediger das „Schwert des Geistes“,[771] die Feder. Der Frage, wie Hoffman die von ihm gepriesene Waffe einsetzte und wie sie funktionierte, stand im Mittelpunkt der vorliegenden Arbeit.

Um die Fragestellung nach dem ‚Wie?‘ der Polemik Hoffmans zu beantworten, wurde zunächst ein theoretisches Rahmenwerk entworfen, in dem die Begrifflichkeiten und Konzepte erklärt wurden, auf denen das weitere analytische Vorgehen basierte. Mit der theoretischen Diskussion wurde das Ziel verfolgt, ein *theoretisch-methodisches* Erkenntnisinteresse über die Grenzen dieser Arbeit hinaus zu bedienen, um so für die weitere literaturwissenschaftliche Forschung

---

[770] Matheson (1998), S. 10.
[771] Original: „sweert des geests". Hoffman (1533), *Römerbrief*, T1b.

How to cite this book chapter:
Lundström, Kerstin. 2015. Ergebnisse und Ausblick. In: Lundström, Kerstin. *Polemik in den Schriften Melchior Hoffmans: Inszenierungen rhetorischer Streitkultur in der Reformationszeit*, Pp. 278–290. Stockholm: Stockholm University Press. DOI: http://dx.doi.org/10.16993/bae.e. License: CC-BY

anschlussfähige Werkzeuge bereitzustellen. Für die genannten Zwecke wurde zunächst auf Basis der Erörterungen von ‚Streit‘ und ‚Streitkultur‘ das dieser Arbeit zugrunde liegende Konzept der ‚rhetorischen Streitkultur‘ entwickelt: ‚Streit‘ wurde als eine sprachliche performative Handlung definiert, die u. a. auch in öffentlichen sprachbasierten Medien vollzogen werden kann. Im Fall eines solchen öffentlichen Vollzugs – einer ‚Streitinszenierung‘ – werden aber nicht nur der Streit selbst, sondern auch die dem Streiten zugrunde liegenden (meist impliziten) Regeln und Normen aufgeführt, zugleich aber auch herausgefordert und samt ihrer Grenzen beeinflusst. Es wurde argumentiert, dass durch eine solche mediale Vermittlung nicht nur soziale Regeln des Streitens, sondern auch rhetorische Normen und Konventionen in Szene gesetzt werden. Demzufolge ist den einzelnen Streitakten wiederum abzulesen, welche ‚rhetorische Streitkultur‘ ihnen bei der Inszenierung zugrunde liegt. Auf dem Fundament dieses Verständnisses ließ sich der Ansatz einer Analyse der ‚rhetorischen Streitkultur‘ erklären.

‚Polemik‘ konnte durch die Diskussion bereits bestehender Definitionsvorschläge präzisiert und als Methode der Streitinszenierung festgehalten werden. Insofern wird Polemisieren als ein sprachliches Verfahren verstanden, das darauf abzielt, die dargelegten Positionen und Images der Akteure eines Streits zu polarisieren: Vor den Augen der *polemischen Instanz* werden das *polemische Objekt* und seine Argumente herabgewürdigt, degradiert oder sogar verteufelt, während das *polemische Subjekt* sich als *vir bonus* entwirft, seine Glaubwürdigkeit bestärkt und die eigenen Aussagen aufwertet. Die „[f]unktionale Performativität“ bzw. „kulturelle Wirkmächtigkeit“[772] durch das Erzeugen oder Umdeuten eines polemischen Antagonismus wurde als zentrale Absicht des Einsatzes von Polemik identifiziert. Wie das performative Potential von Polemik darüber hinaus innerhalb des Textes zur Anwendung kommen kann, wurde an konkreten sprachlichen Strategien und Streittechniken gezeigt.

Das analytische Werkzeug der vorliegenden Arbeit stellen die auf Basis von Jürgen Stenzels Modell der *polemischen Situation* entwickelten Kategorien des Polemisierens dar. Das dabei erarbeitete Ordnungssystem ist darüber hinaus auch für Untersuchungen anderer polemischer Texte anwendbar und ermöglicht es, die unterschiedlichen kommunikativen Situationen von Polemik präziser zu erfassen und zu benennen.

---

[772] Beide Zitate: Häsner et al. (2011), S. 84.

Mit dem Kategorienpaar ‚offenes und verdecktes Polemisieren‘ kann unmittelbar erfasst werden, ob sich ein Autor selbst als *polemisches Subjekt* in Szene setzt oder ob er die Verbindung zwischen sich und dem textinternen polemischen Ich durch Anonymität, durch ein Pseudonym oder einen anderen Namen zu verschleiern versucht. Die Beantwortung dieser Frage muss durch einen retrospektiven Abgleich von Text- und Kontextebene aufgedeckt werden; d. h. die Perspektive von Analysierenden erfordert umfassendere Informationen über den Autor und Entstehungskontext als den Rezipierenden im 16. Jahrhundert zugänglich waren. Bremers Feststellung, „dass das Wissen um die Intention und damit über den Autor bei der Untersuchung habitueller Inszenierungspraktiken eine wesentliche Voraussetzung ist",[773] bestätigt sich daher bei der Abgrenzung von offenem zu verdecktem Polemisieren. Mithilfe einer solchen nachträglichen Identifizierung eines polemischen Textes als offen oder verdeckt polemisierend können die angewandten Strategien (vor allem die Konstruktion des Selbstimages) im Text adäquat beschrieben und interpretiert werden.

Das Kategorienpaar ‚direktes und indirektes Polemisieren‘ ermöglicht darüber hinaus, Polemik in ihrer konkreten kommunikativen Ausformung im Text zu benennen – und zwar nicht nur für den Gesamttext, sondern auch für einzelne Textabschnitte oder -teile. Der Fokus liegt hierbei auf der Rolle des *polemischen Objekts* in der Kommunikationssituation. Es wird danach gefragt, ob der Gegner als Adressat in der 2. Person konstruiert ist oder ob über ihn in der 3. Person gesprochen wird. Durch die Identifizierung und Benennung dieser kommunikativen Ausformung des Polemisierens kann besser erörtert werden, wie Polemik in den Texten als eine strukturelle Waffe (z. B. durch Ex- und Inkludieren) eingesetzt wird, ob und wie Wechsel der Kommunikationssituation mit anderen Strategien der Streitinszenierung einhergehen und welche Funktionen mit der jeweiligen Kommunikationsform des Polemisierens verbunden sind.

Auf einer analytisch-kontextualisierenden Ebene galt ein zentrales Erkenntnisinteresse bei der Untersuchung der polemischen Texte Hoffmans dessen Laienstatus. So wurden die Konstruktion des Laientums im Allgemeinen (in Abgrenzung zum Klerus) sowie die Selbstinszenierung Hoffmans als Laie im Besonderen erörtert. In Bezug auf Letzteres hat sich gezeigt, dass Hoffman sich selbst unmissverständlich als Laie in

---

[773] Bremer (2011), S. 65.

Szene setzt. Er verleiht sich selbst das Etikett ‚Laie‘ und referiert auf seinen Berufsstand als ‚Kürschner‘ oder ‚Pelzer‘. Dass Hoffman seinen Status thematisiert, ist allerdings keine Besonderheit, denn Laien sind – wenn sie offen als solche schreiben – in ihren Schriften generell gezwungen, ihre Beteiligung am bisher für Kleriker reservierten Diskurs zu rechtfertigen.[774] Interessanterweise geschieht dies in einer sehr ambivalenten Weise, zwischen Demuts- und Selbstbewusstseinsbekundungen oszillierend: Wie klassisch geschulte Redner setzen die in der Rhetorik unausgebildeten Laien auf der einen Seite Bescheidenheitstopoi und Selbsterniedrigungsfloskeln in Bezug auf ihren gesellschaftlichen Stand ein, vertreten aber auf der anderen Seite mit selbstsicherer Vehemenz die Behauptung, die göttliche Wahrheit zu verkünden.[775] Auch Hoffman beansprucht die göttliche Eingebung für sich; er geht sogar so weit zu behaupten, er habe bisher niemanden das wahre Evangelium verkünden hören.[776]

Das Besondere an Hoffmans Schriften besteht darin, dass er nicht versucht, sich auf die gleiche Stufe mit den Klerikern zu stellen, um sich am Diskurs beteiligen zu können; vielmehr treibt er die Pole Laie vs. Kleriker weiter auseinander. Für Hoffman nähern sich Laien und Kleriker nicht an, sondern verbleiben in ihrer Opposition. Allerdings findet eine Umdeutung der Hierarchie statt: Der Laie und ‚armgeistige‘ Mensch, der durch die Plagen eines einfachen Lebens erleuchtet ist, wird zum idealen Christen erhoben, während der im mittelalterlichen Ordo-Gedanken noch hierarchisch übergeordnete Kleriker zum ‚Pseudochristen‘ degradiert wird, der nur nach weltlichen Gütern strebt. Insofern geht es bei Hoffman weniger darum, dass der Laie eine Aufwertung erfährt, die ein Gespräch auf Augenhöhe mit dem Kleriker

---

[774] Argula von Grumbach greift laut Zitzlsperger z. B. ihren Status als Frau auf: „And, employing the appropriate rhetorical language, she appears to admit voluntarily to her shortcomings as a woman." Aber durch die Akzentuierung ihres vornehmlichen Daseins als gläubige Christin entzieht sie sich der Reduzierung auf ihre Geschlechterrolle wieder und legitimiert ihr Schreiben als religiöses Erfordernis. Zitzlsperger (2006), S. 72.

[775] „These interpretive pamphlets reflect the self-confidence of the artisans. They made the *pro forma* statement that they were not learned men but they judged their won interpretations of Scripture superior to the learned because they were based on the Word of God." Chrisman (1996), S. 166.

[776] Hoffman stellt sich als den einzigen Lehrer dar, der die wahre Lehre Gottes verkündet: „Ach Gott wie ein grewliche zeit, das ich noch nit einen worhoftigen evangelisten sich noch erkenne, ja auch kein schribenten in gantz deutschen lande weiss, der in worer zeucknus mit schrift den woren glauben und das ewige evangelion bezeuget hab." Hoffman, Melchior (1532), *Das freudenreiche zeucknus*, S. 414.

ermöglicht, sondern es wird vielmehr eine komplette Umdeutung der bis dahin geltenden göttlichen Ordnung vorgenommen. In Hoffmans Vorstellung des Klerikers fehlt gleichsam das Bild des guten evangelischen Pastors, das die theologisch gelehrten Reformatoren anvisieren.

Infolgedessen war für Hoffman die Reformation hauptsächlich von Streit mit Klerikern – Altgläubigen sowie Reformatoren – geprägt, wodurch er in seinen Schriften in ständiger, teils unterschwelliger, teils bewusst wechselseitiger, Auseinandersetzung mit der ‚rhetorischen Streitkultur‘ seiner Zeit stand. Insbesondere die Metakommentare, in denen Hoffman Bezug auf die Regeln des Streitens nimmt, indem er z. B. seinen Gegner anklagt, die Regeln nicht zu befolgen oder sie missachtet zu haben, stellen Hinweise auf die Grenzen der ‚rhetorischen Streitkultur‘ dar. In der Kontroverse mit Amsdorf wirft Hoffman diesem und Schuldorp vor, unfaire Angriffe auf ihn verübt und somit gegen die Regeln des Streitens verstoßen zu haben. Seine eigene polemische Gegenschrift rechtfertigt Hoffman hingegen als notwendige Verteidigung, denn hätten ihn die anderen nicht auf so üble Weise attackiert, wäre er nicht gezwungen gewesen zu antworten. Hoffman macht damit klar, dass die Polemik, die er äußert, zwar nicht regelkonform ist, für ihn jedoch der Zweck die Mittel heiligt. Auch in späteren Schriften begründet Hoffman immer wieder seine Grenzüberschreitungen der Normen der Streitkultur. In den Fällen, in denen die Legitimation nicht auf Basis einer gegnerischen Schrift gewonnen werden kann, entwirft Hoffman ein eigenes Bild der Gesamtsituation, in dem die Konstruktion seines Selbstimages und des Images seiner Kontrahenten eine zentrale Rolle spielen. Das eigene Image als *vir bonus* wird dann mit dem negativen Fremdimage kontrastiert, um sich selbst die Berechtigung für ein eigentlich regelwidriges Vorgehen gegen die Gegner zu erteilen. Das Paradoxe dabei ist, dass Hoffman die Regeln bereits überschreitet, während er noch die Begründung für kommende Fehltritte liefert: Anstatt zu argumentieren, warum die anderen Prediger zu meiden wären, spricht er Beleidigungen aus, zieht Vergleiche mit der Tierwelt oder Verbrechern und unterstellt ihnen, „das sie die bösen wölff vnd falschen, mörderischen phariseer art seien, die den weg Cayn gehen vnnd den waren Abel getödtet haben vmb des rechten opffers willen".[777]

In Hoffmans Schriften manifestiert sich die Präsenz eines Bewusstseins für die ‚rhetorische Streitkultur‘, da er sowohl seine

---

[777] Becker [i. e. Hoffman zusammen mit Eisenburgk?] (1533): *Eyn sendbrieff an alle gottsförchtigen liebhaber der ewigen warheyt*, A2r.

Gegner anklagt, nicht regelkonform zu streiten, als auch seine eigenen Grenzüberschreitungen thematisiert und sie mit seinen höheren Motiven und seiner göttlichen Mission rechtfertigt. Es bleibt zu fragen, ob Hoffmans zeitweilige Erfolge, aber auch Misserfolge, nicht zuletzt darauf zurückzuführen sind, dass er die Regeln der ‚rhetorischen Streitkultur' in seinen Schriften allzu oft verletzte, denn – um es erneut mit Obbe Philips Worten zu sagen – „das war so fürchterlich, daß einem die Haare zu Berge stehen konnten."[778]

5.1 Die Formen des Polemisierens und ihre Strategien

Für die Untersuchung von Hoffmans Polemik haben sich die Kategorien des Polemisierens als hilfreiche Analysewerkzeuge erwiesen. Es hat sich durchgängig bestätigt, dass mit der Verwendung der einzelnen kommunikativen Formen des Polemisierens zugleich immer auch bestimmte Strategien verfolgt werden, die sich teils auf der Textebene zeigen, teils aber auch nur durch Kenntnis der Kontextebene entschlüsseln lassen.

Im Zuge der Analysen hat sich demzufolge gezeigt, dass Hoffman in seinen Schriften vielfach verdeckt polemisiert, um die mit einer Publikation einhergehende Missachtung des ihm im Gefängnis auferlegten Schreibverbots geheim zu halten.[779] Das verdeckte Polemisieren in *Eyn sendbrieff an [...] Michel wachter* hat zudem weitere Funktionen auf einer anderen Ebene: In der als Brief konstruierten Schmähschrift macht Hoffman seine eigene Person zum *polemischen Thema*, um das gestritten wird. Das verdeckte Polemisieren birgt demnach das Potential, die ‚realen' Rollen nicht nur zu verschleiern, sondern eine komplett andere kommunikative Situation der Polemik zu entwerfen.

Bei der Kontroverse mit Nikolaus von Amsdorf hingegen kann das offene Polemisieren nahezu als Akt der Ehrverteidigung betrachtet werden. Indem Hoffman Marquard Schuldorp auffordert, sich öffentlich gegen ihn in einer Schrift zu äußern und nicht hinter seinem Rücken zu agieren,[780] inszeniert der Kürschner sein Selbstbewusstsein als

---

[778] Philips (1962), S. 322. Vollständiges Zitat in der *Einleitung* dieser Arbeit.

[779] Aber nicht nur für Hoffman galt es, Konsequenzen zu fürchten; auch für andere Flugschriftenautoren (insbesondere Nonkonformisten) konnte ein offenes Polemisieren mitunter lebensgefährlich sein, je nachdem gegen wen und was man polemisch vorging. Unter dem Deckmantel der Anonymität bzw. eines Pseudonyms hingegen ließ sich daher – vorausgesetzt man hatte einen Drucker gefunden – weitaus schärfere Polemik anbringen als unter dem eigenen Namen.

[780] „Leg deine sach die dir an mir feilet ynn schrifft / las mich sie verantworten / vnd handel nicht so bůbisch hinder meinem rucken". Hoffman (1528): *Nasen geist*, C4r.

Reformator sowie seine eigenen Auffassungen, die er im Wortgefecht offen zur Debatte stellt. So setzt er das offene Polemisieren hier sogar in Szene, um den Gegner als hinterhältig und feige darzustellen.

Anhand der Untersuchungen kann festgehalten werden, dass offenes Polemisieren eine der Voraussetzungen dafür ist, dass eine einzelne polemische Schrift zu einer Kontroverse ausgeweitet wird. Nur weil Amsdorf bereits in der ersten Schrift offen polemisiert, kann Hoffman auch in gleicher Weise reagieren. Das Wissen um die Identität seines Gegners eröffnet Hoffman die Gelegenheit einer Antwort und vor allem die Möglichkeit, *wie* er antworten kann: Infolgedessen kann er nicht nur Informationen aus dem Text einflechten, sondern auch solche, die einzig aus dem Kontext zu erschließen sind. Der ‚Realkontext' spielt beim offenen Polemisieren demnach eine entscheidende Rolle, während beim verdeckten Polemisieren die textinternen Kontexthinweise verschleiert oder manipuliert werden. Dieser Bezug zum ‚Realkontext' beim offenen Polemisieren zieht eine stärkere Positionierung und Imagebildung des *polemischen Subjekts* mit sich, da Hoffman sich selbst in Szene setzen kann und muss, um die Glaubwürdigkeit zu steigern.

Da das *polemische Subjekt* insofern beim offenen Polemisieren wesentlich stärker konstruiert wird als beim verdeckten Polemisieren, wird offenes Polemisieren häufig auch vom direkten Polemisieren begleitet. Die Untersuchungen haben gezeigt: Je stärker Hoffman die Ich-Position des *polemischen Subjekts* ausformt, desto eher tritt dieses Ich als aktiver Dialogpartner auf, der (auf Textebene) ein interaktives Gesprächsangebot an das *polemische Objekt* macht. Die direkte Anrede ist allerdings vorwiegend ein strategischer Zug, sie ist fast ausschließlich ein Mittel zur Erzeugung von Performativität, die zur Dramatisierung und Akzelerierung der Streitinszenierung führt. Ein reales Gesprächsangebot an das *polemische Objekt* liegt äußerst selten vor. Hoffman nutzt das direkte Polemisieren also weniger, um einen wirklichen Dialog mit seinem Kontrahenten zu initiieren, sondern vielmehr um den Streit mit Amsdorf vor den Augen des Publikums performativ entstehen zu lassen.[781]

Beim indirekten Polemisieren kommt dem *polemischen Objekt* hingegen keine kommunikative Rolle zu; es wird sozusagen aus dem Dialog ausgeschlossen. Hoffman nutzt das indirekte Polemisieren oft in

---

[781] Dies zeigt sich z. B. daran, dass Hoffman seine Replik auf Amsdorfs Initiationsschrift in der Sprache des Kieler Publikums (Niederdeutsch) und nicht in der seines Gegners (Hochdeutsch) verfasste.

Kombination mit der expliziten Anrede der *polemischen Instanz*. Dabei verwendet er häufig einen berichtenden oder narrativen Sprachstil. Zudem hat die Analyse gezeigt, dass er oftmals zwischen indirektem und direktem Polemisieren alterniert und immer wieder kurze narrative Versatzstücke einbaut, in denen er sein Publikum über vergangene Geschehnisse aufklärt. Für Gegenargumente, Mahnungen, Appelle und auf die Zukunft gerichtete Aussagen wechselt Hoffman zumeist wieder zum direkten Polemisieren. Das indirekte Polemisieren erfüllt dann die Funktion, eine Allianz mit der *polemischen Instanz* zu bilden, aus der das *polemische Objekt* ausgeschlossen wird. Dass Hoffman das indirekte Polemisieren häufig in Vorreden exegetischer Texte einsetzt, zeigt zudem das Zusammenspiel von *captatio benevolentiae* und polemischen Zwecken.

5.2 Die Wechselwirkung mit der literarischen Form

Im theoretischen Überbau wurde herausgearbeitet, dass Polemik gattungsübergreifend ist und sich ihre Textgestaltung demgemäß aus einer Vielzahl verschiedener literarischer Formen speist. Die grundsätzliche Formungebundenheit von Polemik bedeutet aber nicht, dass sie in allen Formen gleich kommuniziert wird. Die Kombination – oder besser gesagt die Fusion –, die die unterschiedlichen Formen des Polemisierens mit den literarischen Formen eingehen, ist keinesfalls willkürlich, sondern unterliegt gewissen Bedingungen. Ausgehend von Hoffmans Schriften soll in diesem letzten Kapitel zusammenfassend und als Ausblick diskutiert werden, inwiefern bestimmte literarische Formen besser mit einer oder mehreren Kategorien des Polemisierens korrelieren als andere – und *vice versa*. Dabei sind die erörterten Verhältnisse zueinander zwar nicht starr, dennoch konnten problemlos Affinitäten und Tendenzen identifiziert werden.

Die Verbindung von literarischer Form und den kommunikativen Formen des Polemisierens wurde als interdependentes Zusammenspiel der Textgestaltung betrachtet. Entsprechend stellte sich die Frage nicht, ob das eine die Ursache für das andere ist; vielmehr muss davon ausgegangen werden, dass beides nur in ihrem Zusammenwirken produziert und rezipiert werden kann. Die wechselseitige Beziehung konnte demgemäß nur in ihrer Fusion untersucht werden.

Die traditionellen literarischen Formen, derer Hoffman sich bedient, sind (Send-)Brief, Reformationsdialog, Traktat und Bibelkommentar. Darüber hinaus nutzt er eine weitere literarische Form, die den bisherigen

Definitionen von ‚Streitschrift' am nächsten kommt. Für eine deutlichere Abgrenzung soll diese Schriftform hier jedoch ‚Kontroversschrift' genannt werden, was zwar das grundsätzliche Problem einer unklaren Bezeichnung nicht löst, den Dopplungseffekt, den die terminologischen Nähe zwischen ‚Streitschrift' und ‚Streitinszenierung' erzeugt, jedoch umgeht. Zudem verwendet Hoffman diese Form ausschließlich im Rahmen der Kontroverse mit Amsdorf. Sie ist diskursiv und dialogisch angelegt, indem sie sowohl die gegnerische als auch die eigene Position vermittelt,[782] Argument und Gegenargument liefert, und sich zusätzlich oft explizit an einen Adressaten wendet (entweder an den Gegner oder an das Publikum).[783]

Bei der Analyse von Hoffmans polemischem Schrifttum hat sich gezeigt, dass die Kontroversschrift gleichsam die expliziteste Form einer streitinszenierenden Schrift darstellt. Kenntnisse der Reformationspolemik und die aus der Untersuchung von Hoffmans Schriften gewonnenen Ergebnisse lassen darauf schließen, dass die Kontroversschrift generell fast ausnahmslos mit offenem Polemisieren korreliert.[784] Die Streitinszenierung ist aber nicht nur offen, sondern wird auch noch explizit betont; d. h. es wird nicht versucht, sie als für etwas anderes als eine Streitinszenierung auszugeben. Nicht zuletzt lässt sich dies oft an den Titeln ablesen, die als Vorboten der Streitinszenierung fungieren.[785]

---

[782] Vgl. dazu: „Die Thesen der Gegner und deren Begründung werden in die eigene Schrift aufgenommen und Punkt für Punkt widerlegt; daraus ergibt sich für die Konzeption des eigenen Textaufbaus gewissermaßen eine vom Gegner vorgegebene Strukturierung." Zorzin (1990), S. 172.

[783] Die Form ist außer anhand dieser Faktoren schwer zu bestimmen, da sich der vorliegende Schrifttyp verschiedener Elemente anderer Formen bedient: Die Rahmenstruktur gleicht oftmals der des Briefs (bspw. sind *salutatio* oder *captatio benevolentiae* sowie *peroratio* zu erkennen), und auf die Redegattungen der klassischen Rhetorik bezogen lässt sich dieser Schrifttyp zwischen Gerichts- (*genus iudicale*) und Tadelrede (*genus demonstrativum*) einordnen. Der Aufbau und die akribische Abarbeitung von einzelnen Argumenten oder Themenschwerpunkten kommen der Form des Traktats nahe. Die Sprache ist durch Mündlichkeitsmarker geprägt und weniger auf Schmuck als auf Klarheit und Eindeutigkeit ausgerichtet (wie z. B. bei der Predigt).

[784] Es wurde bereits oben argumentiert, dass das offene Polemisieren nahezu eine Voraussetzung für die Entstehung einer Kontroverse darstellt. Ohne Wissen oder zumindest einer recht sicheren Vermutung darüber, wer der Gegner ist, lässt sich eine Kontroverse nicht einleiten.

[785] Hoffman und Amsdorf verwenden u. a. die Formel: ‚Es ist bewiesen, dass der Gegner unwürdig ist und/oder seine Aussagen falsch sind'. Vgl. z. B. *Das Niclas Amsdorff der Magdeburger Pastor ein lugenhafftiger falscher nasen geist sey / offentlich bewiesen durch Melchior Hoffman* und *Das Melchior Hoffman ein falscher Prophet / vnd sein leer vom Jüngsten tag vnrecht / falsch vnd widder Gott ist.*

Hoffman polemisiert im Format der Kontroversschrift alternierend direkt und indirekt, was sich in der Reformationspolemik generell als typisch für dieses Format erweist.[786] Die Kontroversschrift bietet sich demnach für beide Formen an; dominant ist bei Hoffman aber das direkte Polemisieren, das den Streit nicht nur narrativ rekapitulieren lässt, sondern den Zuschauern den Streit unmittelbar vor Augen führt.

Der Kontroversschrift sehr ähnlich kann der (Send-)Brief sein, da er eine variable Form ist. Hoffman hat diese für (reformations-)polemische Zwecke beliebte Form zweimal unter dem Pseudonym Caspar Beck(er) eingesetzt.[787] Er polemisiert in der Form des Briefs somit verdeckt; möglich ist aber in der Form des Briefs auch das *offene Polemisieren*. Hoffman verwendet beide Male das *indirekte Polemisieren*, denn er setzt im ersten Brief „alle[] waren glaubigen"[788] und im zweiten Brief die fiktive Figur Michel Wachter als Empfänger ein. In *Eyn sendbrieff an [...] Michel wachter* (1534) wird das verdeckte Polemisieren in doppelter Hinsicht ausgeschöpft: Hoffman tritt nicht nur unter einem Pseudonym auf, sondern fingiert den kompletten Brief als Fortsetzung einer bestehenden Korrespondenz. Der (Send-)Brief eignet sich aber grundsätzlich auch für direktes Polemisieren, denn der Adressat kann (ebenso wie bei der Kontroversschrift) der Kontrahent sein.

Hoffman hat neben der Kontroversschrift und dem (Send-)Brief auch eine Vielzahl exegetischer Texte von kleineren Traktaten bis hin zu ausführlichen Bibelkommentaren[789] verfasst, die sich entweder einem (Teil-) Kapitel oder der Erörterung einer theologischen Fragestellung interpre-

---

[786] Vgl. Bremer (2005b), S. 39.

[787] Auch Rohner sieht in der Briefform eine, die sich für die Äußerung von Polemik als ideal erweist: „Fingiert oder nicht – die Briefform ist für den Pamphletisten wie geschaffen, Der Brief ist kurz („Breve"), ‚leicht', der Schreiber in der Stilhöhe mit dem Empfänger gleich auf gleich. Solange er ganz persönlich spricht, hält er sich in der ‚mittleren' Stillage auf, am liebsten im ‚genus humile'. Die Epistel ist gesellig, appellativ [...]. Der Brief, als formschwach geltend, nützt seine Lizenzen aus. Er improvisiert spontan und sprunghaft, locker und suggestiv, direkt, unpedantisch. Die Polemik hat von diesen kommunikativen epistolaren Vorzügen immer Gebrauch gemacht. Unter den Paquillen der Reformationszeit gibt es zahllose Episteln; noch die Aufklärung kennt das ‚Sendschreiben' als festen Begriff (inzwischen hat es der offene Brief abgelöst). Der Leser fühlt sich ins Gebet genommen." Rohner (1987), S. 220f.

[788] Becker [i. e. Hoffman zusammen mit Eisenburgk?] (1533), *Eyn sendbrieff an alle gottsförchtigen liebhaber der ewigen warheyt*, A2r.

[789] 1526 legte Hoffman u. a. das 12. Kapitel des Buches *Daniel* aus, 1530 kam eine Auslegung der vollständigen *Offenbarung des Johannes* mit 366 Seiten hinzu und 1533 folgte ein Kommentar zum *Römerbrief* auf 356 Seiten. Zudem legte er das *Hohelied* (1529) und die *Briefe des Judas* und *Jakobus* (beide 1534) aus.

tierend widmen. Diese beiden Formate sind von ihrer Hauptfunktion ausgehend weitestgehend nicht polemisch, sondern belehrend, didaktisch oder informativ. Polemik wird daher nur am Rande geäußert, anstatt zentraler Punkt dieser Schriften zu sein. Der Traktat und der Bibelkommentar sind bei Hoffman Formen, in denen er zwar zumeist offen,[790] aber in der Regel indirekt polemisiert. Ein direkter Dialog mit dem Kontrahenten wird im Traktat seltener,[791] im Bibelkommentar gar nicht inszeniert. In beiden Formaten kommt die polemische Auslegung der Bibel zum Einsatz, so dass durch die Bezüge zur eigenen Realität indirekt polemisiert wird. Hoffman legt die Bibel figürlich-allegorisch aus, die biblischen Texte ‚übersetzt‘ er als Weissagungen, die die Geschehnisse seiner unmittelbaren Vergangenheit, Gegenwart und Zukunft bereits vorausgedeutet haben. So schließt sich Hoffman in seinen Auslegungen zum einen der bereits durch Luther initiierten Antichrist-Polemik gegen den Papst an, legt aber zum anderen die Bibel auch neuartig aus und polemisiert u. a. gegen Kaiser Karl V., indem er ihn mit dem Drachen aus der *Offenbarung des Johannes* gleichsetzt.[792] Für die exegetischen Texte konnte zudem festgestellt werden, dass die Vorrede ein Ort des indirekten Polemisierens darstellt. Hinsichtlich ihrer Funktion ist sie vom exegetischen Text unabhängig und bietet

---

[790] Einige seiner Schriften sind lediglich mit dem Kürzel M. H. als Autorangabe versehen. Es ist aber zu bezweifeln, dass Hoffman in diesen Fällen verdeckt polemisieren wollte.

[791] In *Das freudenreiche zeucknus* z. B. wechselt Hoffman zum direkten Polemisieren. An der Apostrophe erkennt man deutlich den strategischen Wechsel zum Pathos: „O du Luthrischer und Zwinglischer hauffen, wie wilss dir ergaan, der du so freffenlich dem hochprachtlichen gewaldigen unwandelbaren Got also mutwillig in sein angesicht speien darfst [...]“, „O ir ellendigen verrethrischen Gottes erdib, wie lang wolt ir noch den höchsten unwandelbaren Gott also schenden und lastern, und ein solchen Gottes eid nit ware lassen bleiben". Hoffman, Melchior (1532), *Das freudenreiche zeucknus*, S. 431.

[792] Hoffman gibt teilweise einzelne Bibelstellen an und legt sie aus: „Vnd ich sahe vß dem mund des Trachen / vnnd vß dem mund des Thiers / vnnd vß dem mund des falschen Propheten / drey vnreine geist / gleich den fröschen deñ es seind geist der Teüfel / die machen zeichen / das sy vß geen zů den Künigen vff erden / vnd vff den gantzen kreiß der welt / sy zůuersamlen in den streit / des grossen tags / gottes des allmechtigen." Diese Stelle aus Offb 16: 13 & 14 legt Hoffman folgendermaßen aus: „Die drey thier sind dry reich /der falsch Prophet / dz Reich [der] München / dz thier des Bapsts reich / der Trach / der öberst des römischen reichs mit allē jren glidern / sollie lachen seind / da [der] Sathan sein behausung iñ hat / vñ frosch grübē / im geist gerechnet / die werden dz Conciliñ halten / wie oben von dem gemeldet ist / da dañ wirt einfallen als da folget." Hoffman (1530): *Prophecey oder weissagung*, B2r.

sich aufgrund ihrer vermittelnden Funktion zwischen Haupttext und Leserschaft für indirektes Polemisieren an.

Den (Reformations-)Dialog[793] nutzt Hoffman (zusammen mit Karlstadt) lediglich einmal. Die Wahl der Form wird allerdings auf den humanistisch gebildeten Karlstadt zurückgeführt, so dass Aussagen über Hoffman nur mit Vorsicht getroffen werden können. Unabhängig von der Urheberfrage kann konstatiert werden, dass der (Reformations-)Dialog eine besondere Form der Polemikvermittlung darstellt, weil er im Gegensatz zu den anderen Formen eine fiktive Handlung entwirft. Außerdem zeichnet er sich dadurch aus, dass „der Autor, im Gegensatz zum Traktat, nicht als unmittelbares Subjekt der Theoriebildung auftritt, nicht in *propria persona* redet".[794] Vergleichbar mit dem Dramatischen gibt es weder ein *polemisches Subjekt* noch einen Erzähler, denn eine mögliche Erzählerrolle verschwindet, wie auch die Autorposition, hinter der Figurenrede. Darum nimmt der (Reformations-)Dialog eine Sonderrolle ein. Eine typische *polemische Situation* im Sinne Stenzels kann nicht identifiziert werden, da ein ‚Ich' nur implizit, als eine Art vermittelnde, Text wiedergebende Instanz existiert, nicht aber explizit als ein *polemisches Subjekt* auftritt. Weil sowohl ein *polemisches Subjekt* als auch eine klare Autorposition auf der Textebene fehlen, kann folglich auch nicht direkt polemisiert werden.[795] Auch hinsichtlich der Frage, ob offen oder verdeckt polemisiert wird, zeigt sich der (Reformations-)Dialog als schwierig: Zwar kann ein Autor offen angegeben werden, durch das Zwischenschalten der fiktiven Figuren wird auf der Textebene dennoch eine *polemische Situation* entworfen, die sich mit ihrer ‚realkontextuellen' Entsprechung nicht deckt. Der (Reformations-)Dialog erfordert insofern eine erweiterte Denkweise für das hier dargelegte Ordnungssystem des Polemisierens. Die Kategorien

---

[793] Es ist dabei „grundsätzlich zwischen dem Dialog als Redeform, die in unterschiedlichen Gattungen zum Einsatz kommen kann, und dem Dialog als Gattung, der neben anderen Gattungen wie dem Epos, dem Traktat oder der Tragödie steht, zu unterscheiden [...]." Traninger (2012), S. 239 (Traninger bezieht sich in diesem Zitat auf Aussagen von Klaus W. Hempfer). Der (Reformations-)Dialog ist hier dementsprechend als Gattung zu verstehen.

[794] Häsner (2004), S. 40.

[795] „Während also im Traktat die Identität von Textsubjekt und Subjekt der Theoriebildung die Gültigkeit oder jedenfalls die Verbindlichkeit seiner Propositionen beglaubigt und die Frage nach der Position des Autors sich gar nicht stellt [...] erscheint im Dialog jeder Validierung von Aussagen durch ihre Autorisierbarkeit von vornherein die Grundlage entzogen: strukturnotwendig durch die Fiktionalisierung des theoretischen Diskurses, fakultativ und auf die binnenpragmatische Ebene bezogen durch Dissoziierungen von Subjekt und Aussage [...]." Häsner (2004), S. 40.

kamen in der Analyse zwar nicht zum Erliegen; um jedoch präzise die Art der Polemik im (Reformations-)Dialog und anderen fiktiven Gattungen zu erfassen, wäre eine Erweiterung bzw. Adjustierung vermutlich denkbar.

Mit den erarbeiteten Kategorien ist ein Anknüpfungspunkt geschaffen worden, von dem aus weitere Analysewerkzeuge entwickelt und Untersuchungen polemischer Texte durchgeführt werden können. Es bleibt zu untersuchen, wie andere Autoren (der Reformation) polemisiert haben und welche Formen des Polemisierens mit welchen literarischen Formen bei ihnen eingegangen sind. Ebenso denkbar wäre es, zu prüfen, wie anwendbar die Analysekategorien für Schriften aus anderen Zeiten sind und welche diachronen Veränderungen festzustellen sind. Hier wäre sogar eine Übertragung auf zeitgenössische Polemik im Internet denkbar, denn auch im Netz scheint beispielsweise das verdeckte Polemisieren als ein die Schärfe der Polemik eskalierendes Moment zu fungieren. Inwiefern sich eine solche These zweifelsfrei bestätigen lässt und ob auch die anderen Untersuchungskategorien auf das Internet übertragbar sind, bleibt zu untersuchen.

Dass die Formulierung einer solchen These nachvollziehbar ist, unterstreicht nur mehr: Als rhetorische Methode der Streitinszenierung bzw. als sprachliche Ausdrucksform des Streits, der als Motor für gesellschaftliche und kulturelle Veränderung und Entwicklung gelten kann, ist Polemik aus keiner Zeit und Gesellschaft wegzudenken. So bleibt auch ihre Untersuchung eine Aufgabe der Literaturwissenschaft.

Literaturverzeichnis

Primärliteratur

Schriftenverzeichnis Melchior Hoffmans

1. Hoffman, Melchior (1525): „Jhesus". In: Luther, Martin, Johannes Bugen-hagen & ders.: *Eyne Christliche vormanung von eusserlichem Gottis dien-ste vnde eyntracht / an die yn lieffland / durch D Martinum Luther vnde andere.* Wittenberg: [o. Dr.].

    Weitere Ausgabe des gesamten Sendschreibens mit anderer Schreibung: *Ein Christēliche vermanung / vonn eüsserlichem Gottes dienst vñ eintracht / an die inn Liefflannd Durch D: Martinum Luther Vnd andere.* Wittenberg: [o. Dr.]. Edition in *WA. Schriften* 18, S. 412–430.

2. Hoffman, Melchior (1526): *An de gelöfigen vorsambling inn Liflant ein korte formaninghe, van Melcher Hoffman sich tho wachten vor falscher lere de sich nu ertzeighen vnde inrithen, vnder der sthemme götliker wor-de.* [Stockholm: Königliche Druckerei]. Benutzte Abschrift: Buchholtz, August (Hg.) (1856): *Festschrift für Martin Daniel Taube.* Riga: Häcker.

3. Hoffman, Melchior (1526): *Das xij Capitel des prophetē Danielis außge-legt / vnd das ewangelion des andern sondages / gefallendt im Aduent / vnd von den zeychenn des iüngsten gerichtes / auch vom sacrament / beicht vnd absolucion / eyn schöne vnterweisung an die in Lieflandt / vnd eym yden christen nutzlich zu wissen. M d xxvj.* [Stockholm: Königliche Druckerei].

4. Hoffman, Melchior (1528): *(Das) Erste Capitel des Evangelisten St. Mattheus. Vorrede.* Das Original dieser Schrift ist verschollen. Nur der Titel und die Vorrede sind erhalten und als Abschrift zu finden in: Krafft (1723), S. 440–445.

5. Hoffman, Melchior (1528): *Dat Nicolaus Amsdorff der Meydeborger Pastor / nicht weth / wat he setten / schriuen edder swetzen schal / darmede he syne lögen bestedigen möge / vnde synen gruweliken anlop. Melchior Hoffman Koninckliker Maiestat tho Dennemarcken gesetter Prediger thom Kyll / ym land tho Holsten. Sie hebben eine kulen gegrauen / vnde syne daryn geuallen / Psalm. vij. M. D. XXviij.* [Kiel: Melchior Hoffman]. Diese Schrift liegt im Faksimiledruck unter anderem Titel vor: Ficker,

Gerhard (Hg.) (1928): „Melchior Hoffman gegen Nicolaus von Amsdorff. Kiel 1528". In: *Schriften des Vereins für Schleswig-Holsteinische Kirchengeschichte*. 5. Sonderheft, Preetz: J. M. Hansen.

6. Hoffman, Melchior (1528): *Das Niclas Amsdorff der Magdeburger Pastor ein lugenhafftiger falscher nasen geist sey / offentlich bewiesen durch Melchior Hoffman / Kȯniglicher wirdē gesetzter prediger zum Kyll / ym landt zu Holstein. Du bist mein zuuersicht / ein starcker thurn vor meinen feinden / Psalm. 61. M.DXXviij.* [Kiel: Melchior Hoffman]. In: Ficker, Gerhard (Hg.) (1926): *Schriften des Vereins für Schleswig-Holsteinische Kirchengeschichte*. 4. Sonderheft, Preetz: J. M. Hansen.

7. Hoffman, Melchior (1529): *Dat Boeck Cantica Canticorum: edder dat hoge leedt Salomonis: vthgelecht dorch Melchior Hoffman Köninckliker maiestat tho Dennemarcken gesetter Prediger thom Kyll: ym lande tho Holsten.* Kiel: [Melchior Hoffman].

8. Anonymus [i. e. Hoffman, Melchior & Andreas Rudolf Bodenstein von Karlstadt] (1529): *DJalogus vn̄ gründtliche berichtung gehaltner disputation im land zů Holsten vnderm Künig von Deñmarck vom hochwirdigen Sacrament oder Nachtmal des Herren. In gegenwertigkeit Kü. Ma. Sun Hertzog Kersten sampt Kü. Råten / vilen vom Adel / vnd grosser versamlung der Priesterschafft. Yetzt kurtzlich geschehen den andern Donderstag nach Ostern / im jar Christi. Als man zalt. M. D. xxix.* Balthasar Beck, Straßburg.

Nachdruck 1529 mit divergierender Schreibung und Paginierung: *Dialogus vnd gründtliche berichtūg gehaltner Disputation / im land zů Holsten vnderm Künig vō Deñmarck vom Hochwirdigen Sacramēt / oder Nachtmal des Herren. In gegenwertigkait Kü. Ma. Sun Hertzog Kersten / sampt Künig. Råten / vilen vom Adel / vnd grosser versamlung der Priesterschafft.* [Augsburg: Philipp Ulhart, d. ä.]. (20 Seiten, inkl. Titelblatt und leerer Seite 2: A1r–A4v, B1r–B2v, C1r–C3v). Digitalisat: *Zentrales Verzeichnis digitalisierter Drucke (ZVDD)*. VD16 H 4217, URL: http://nbn-resolving. de/urn/resolver.pl?urn=urn:nbn:de:bvb:12-bsb10160484-7 (18.10.2015).

9. Hoffman, Melchior (1529/30?): *Der leüchter des alten Testament vß gelegt / welcher im heylge stund der hütten Mose / mit seinen siben lampen / blůmen / knȯpffen / vnd kȯpffen / liechtschneützē vnd Leschnepff. Vnd alles das sich reicht vff die siben versamlung des neüwen Testaments.* [Straßburg: Balthasar Beck]. Abschrift in Leendertz (1883), S 373–381.

10. Hoffman, Melchior (1529/30?): *WEissagung vsz heiliger gȯtlicher geschrifft. Von den trůbsalen diser letsten zeit. Von der schweren hand vnd straff gottes über alles gottloß wesen. Von der zůkunfft des Türckischen Thirannen / vnd seines gantzē anhangs. Wie er sein reiß thůn / vnnd volbringen wirt / vns zů einer straff vnnd růtten. Wie er durch Gottes gwalt*

sein niderlegung vnnd straff entpfahē wirt. [et]c. [Straßburg: Balthasar Beck]. Digitalisat: *ZVDD*. VD16 H 4228, URL: http://nbn-resolving.de/urn/resolver.pl?urn=urn:nbn:de:bvb:12-bsb10208428-3 (18.10.2015).

11. Hoffman, Melchior (1530): Prophecey oder weissagung uß warer heiliger gōtlicher schrifft. Von allen wundern vnd zeichē / biß zů der zůkunfft Christi Jesu vnsers heillands / an dem Jüngsten tag / vnd der welt end. Dise Prophecey wirt sich anfahen am end der weissagung (kürtzlich vō mir außgangen / in eim anderen bůchlin) Von der schweren straff gotes / über alles gotloß wesen / durch den Türckischē tirannen / auch wie er regieren vñ ein end nemmen wirt. [et]c. [Straßburg: Balthasar Beck]. Digitalisat: *ZVDD*. VD16 H 4222, URL: http://nbn-resolving.de/urn:nbn:de:gbv:3:1-186584-p0001-8 (18.10.2015).

12. Hoffman, Melchior (1530): *Außlegūg der heimlichē Offenbarung Joannis des heyligen Apostels vnnd Euangelisten.* Straßburg: Balthasar Beck. Digitalisat: *Münchener Digitalisierungszentrum Digitale Bibliothek (MDZ)*, URL: http://www.mdz-nbn-resolving.de/urn/resolver.pl?urn=urn:nbn:de:bvb:12-bsb11116401-0 (18.10.2015).

13. Hoffman, Melchior (1530) mit Ursula Jost: Prophetische gesicht vñ Offenbarung / der gōtlichē würckung zů diser letstē zeit / die vom xxiiij. jar biß in dz xxx. einer gottes liebhaberin durch den heiligē geist geoffenbart seind / welcher hie in disem bůchlin. lxxvij. verzeichnet seindt. [Balthasar Beck: Straßburg]. Digitalisat: *ZVDD*. VD16 J 993, URL: http://www.zvdd.de/dms/load/met/?PPN=urn%3Anbn%3Ade%3Abvb%3A12-bsb00060073-7 (18.10.2015).

14. Hoffman, Melchior (1530): *Die Ordonnantie Godts, De welcke hy, door zijnen Soone Christum heeft, op die waerachtighe Discipulen des eewigen woort Godts.* In: Cramer (1909), S. 127–170. Die Originalschrift ist verloren, die abgeschrieben Ausgabe ist eine Wiederauflage von 1611. Englische Übersetzung in: Williams & Mergal (1957), S. 182–203.

15. M. H. [i. e. Melchior Hoffman] (1531): *WArhafftige erklerung aus heyliger Biblischer schrifft / das der Satan / Todt / Hell / Sünd / vñ dy ewige verdamnuß im vrsprung nit auß gott / sunder alleyn auß eygenem will erwachsen sei.* [Straßburg: Jakob Cammerlander].

16. M. H. [i. e. Melchior Hoffman] (1531): *Das ware trostliche vnnd freudenreiche Euangelion / welchs zů dieser letsten zeit aller welt sol offenbart vnd fürgetragen werden / durch die waren Apostolischen geyster / vnd knecht deß Herrn Jesu Christi.* [Straßburg: Jakob Cammerlander].

17. Anonymus [i. e. Melchior Hoffman] (1531/32?): *Verclaringe van den geuangenen ende vrien wil des menschen / wat odt die waerachtige gehoorsaemheyt des gheloofs / ende warachtighen eewighen Euangelions*

sy. [o. O.: o. Dr.]. Vermutlich in den Niederlanden gedruckt, höchstwahr-scheinlich bei Albert Paffraet in Deventer. Abschrift mit einer Einleitung in Cramer (1909), S. 171–198.

18. Hoffman, Melchior [1532?]: *Vā der warē hochprachtlichen eynigen ma-gestadt gottes / vnnd vann der worhaftigen menschwerdung des ewigen worttzs vnd Suns des allerhochstē / eyn kurtze zeucknus vñ anweissung allen liebhabern der ewigen worheit.* [Deventer: Albert Paffraet]. Auszüge in Leendertz (1883), S. 382–385.

19. M. H. [i. e. Melchior Hoffman] (1532): *Een waraftyghe tuchenisse vnde gruntlyke verclarynge wo die worden tho den Ro. ix. Ca. van dē Esau vñ Jacob soldeē verstaen worden / teghen den falschen / kettersschen / dwalen-den / lutgenhaftygen / sathanysschē / ingevorden verstant / des Luterschen vnde zuyngelshen hupen.* [Deventer: Albert Paffraet].

20. Hoffman, Melchior (1532): *Das freudenreiche zeucknus vam worren frideri-chen ewigen evangelion, Apoc. 14, welchs da ist ein kraft gottes, die da sallig macht alle die daran glauben, Rom. 1, welchem worren und ewigen evangelion itzt zu disser ketzten zeit so vil dausend sathanischer geister mit falscher ketze-rischer irriger lugenhaftiger zeucknus gegenstandt.* [Straßburg?]. Das Original verbrannte 1870 in Straßburg. Auszüge in: Zur Linden (1885), S. 429–432.

21. Anonymus [i. e. Melchior Hoffman] (1533): *Die eedele hoghe ende troos-tlike sendebrief / den die heylige Apostel Paulus to den Romeren ge-screuen heeft / verclaert ende gans vlitich mit ernste van woort to woorde wtgelecht Tot eener costeliker nutticheyt ende troost allen godtvruchtigen liefhebbers der eewighen onentliken waerheyt.* [o. O.: o. Dr.].

22. Becker, Caspar [i. e. Melchior Hoffmans zusammen mit Johannes Eisenburgk?] (1533): *Eyn Sendbrieff an alle gottsförchtigen liebhaber der ewigen warheyt, inn welchem angezeyget seind die artickel des Melchior Hofmans, derhalben yhn die lerer zu Straßburg als eyn ketzer verdampt vnd inn gefencknüß mit trübsal, qual, spott vnnd schand gekrönet vnd besol-det haben.* [Hagenau: Valentin Kobian]. Die hier verwendete Schreibweise nach der benutzten Abschrift in *TAE II*, Nr. 399, S. 101–110.

23. Hoffman, Melchior, (1533): *EJn rechte warhafftige hohe vnd gŏtliche gruntliche vnderrichtung von der reiner forchte Gottes ann alle liebhaber der ewiger vnentlicher warheit / auß Gŏtlicher Schrifft angezeygt zům preiß Gottes vnnd heyll seines volcks in ewigkeyt.* Hg. und Nachwort von Cornelis Poldermann. [Köln: o. Dr.]. Digitalisat: *ZVDD*. URL: http://nbn-resolving. de/urn/resolver.pl?urn=urn:nbn:de:bvb:12-bsb00028373-3 (18.10.2015).

24. Hoffman, Melchior (1533): *Warhaftige Zeucknus gegen die Nachtwechter und Sternen; das der dott Mensch* JHESUS CHRISTUS *am Kreutz und im Grab nit ein angnomen Fleisch und Blut aus* MARIA *sey, sunder allein*

das pure vnd ewige Wortt und der Unendliche Sun des Allerhöchsten.
[Hagenau: Valentin Kobian]. Einziger noch vorhandener Autograph
Melchior Hoffmans. Die hier verwendete Schreibweise nach der benutzten
Abschrift von Leendertz 1883), S. 386–392. Alternative Schreibweise bei
Deppermann (1979), S. 349 und *TAE II*, Nr. 398, S. 101. Dort sind eben-
falls genauere Informationen zur Handschrift verzeichnet.

25. Poldermann, Cornelis [i. e. Melchior Hoffman, Cornelis Poldermann
    (Hg.)] (1534): *Die Epistel des Apostell Sanct Judas erklert vnnd gantzs
    fleissig von wort zů worten / außgelegt zů eyner ernsten warnungen ia auch
    zů einem kôstlichen nutz vnd trost / allen Gotts forchtigen liebhabern der
    ewigen vnendlichen warheyt.* [Hagenau: Valentin Kobian]. Die Vorrede ist
    mit Cornelis Poldermann unterschrieben, ein Autor wird nicht auf dem
    Titelblatt genannt. Auszüge in *TAE II*, Nr. 479, S. 241–245.

26. Eisenburgk, Johannes [vermutlich zusammen mit Melchior Hoffman]
    (1534): *Die Epistel deß Apostels S. Jacobs erklärt / vñ gantz fleissig von
    wort zů wort außgelegt / zů eyner ernsten warnung / auch zů eynem kost-
    lichen nůtz vnd trost / allen gotsfôrchtigen liebhabern der ewigen warheyt.*
    [Hagenau: Valentin Kobian]. Auszüge in *TAE II*, Nr. 480, S. 245–248.

27. Beck, Caspar [i. e. Melchior Hoffman] (1534): *Eyn sendbrieff an den acht-
    baren Michel wachter / in welchem eroffnet würt / die vberauß greuwliche
    mißhandlung / die den vergangnen zeyten zů Jerusalem wider dye ewige wor-
    heit vnd der selbigen zeugen gehandlet ist / vnd auch noch teglich verbrocht
    wurt / ohn alle forcht Gottis.* [Hagenau: Valentin Kobian]. Benutzte Abschrift
    (mit einer Einleitung): Kohls, Ernst Wilhelm (Hg.) (1961): „Ein Sendbrief
    Melchior Hofmanns aus dem Jahre 1534". *Theologische Zeitschrift* 17,
    S. 356–365. Weitere Abschrift in *TAE IV*, Nr. 595a, S. 522–527.

Verschollene Schriften

Hoffman, Melchior (1533): *Erklärung des waren und hohen bunds des
    Allerhöchsten. TAE II*, Nr. 363, S. 14. Beschreibung: „Schrift von der Taufe;
    wurde der Juni-Synode vorgelegt: s. unten Nr. 444, das 4. Büchlein". Ebd.

Jost, Lienhard (1533): *Von dem Schwert.* Hg. von Melchior Hoffman. Zitiert
    nach *TAE II*, Nr. 363, S. 14. Weitere Informationen dazu bei Nr. 364, S. 14f.
    Die Drucklegung ist bisher nicht nachgewiesen worden.

Andere Primärliteratur

Amsdorf, Nikolaus von (1525): Vermanung Nicolai von Amsdorff an die von
    Magdeburg / widder den rotten secten geyst Doctor Ciclops. Wittenberg:
    Hans Weiß.

___ (1527): *Ein vormanung an die von Magdeburg / das sie sich fur falschen Propheten zu hüten wissen.* Magdeburg: Hans Bart.

___ (1528): *Das Melchior Hoffman ein falscher Prophet / und sein leer vom jüngsten Tag unrecht / falsch und wider Gott ist.* [Magdeburg: Hans Bart].

___ (1528): *Das Melchior Hoffman / nicht ein wort auff mein Büchlein geantwortet hat.* [Magdeburg]: Hans Bart.

Brant, Sebastian (1494): *Das Narrenschiff.* URL: http://webergarn.de/narren/narrenschiff/index.html (18.10.2015).

Bucer, Martin (1533): *Handlung inn dem offentlichen gesprech zů Straßburg iüngst im Synodo gehalten / gegen Melchior Hoffman / durch die Prediger daselbst / von vier fürnemen stucken Christlicher leere vnd haltung / sampt getrewem dar geben / auch der gründen / darauff Hoffmā seine irthumben seßet.* Straßburg: [Mathias Apiarius]. Digitalisat: *ZVDD.* URL: http://nbn-resolving.de/urn/resolver.pl?urn=urn:nbn:de:bvb:12-bsb00022557-4 (18.10.2015).

Bugenhagen, Johannes (Hg.) (1529): *Acta der disputation zu Flensburg / die sache des Hochwirdigen Sacraments betreffend / im 1529. Jar / des Donnerstags nach Quasi modo geniti / geschehen.* Wittenberg: Joseph Kluck.

Capito, Wolfgang (1534): *Ein wunderbar geschicht vnd ernstlich warnung Gottes, so sich an eim wiedertäuffer genant Claus Frey zutragen, der mit vnerhörtem trutz vnd bochen sich hat ertrencken lassen, ehe dann er hat wöllen seine fromme ehefraw, bey der er XV jar fridsam gelebt vnnd VIII kinnd gezeuget, widerannemen vnnd ein andere fraw begeben, so er im schein eins geistlichen ehestands an sich gehenckt hatt. Geschehen und beschriben zu Strassburg durch Wolffgang Capito. Anno MDXXXIIII.* Straßburg: Mathias Apiarius. Abschrift in *TAE II*, Nr. 564, S. 321–342.

Luther, Martin (1520): *Von der Babylonischen Gefangenschaft der Kirche.* In: Projekt Gutenberg-DE. URL: http://gutenberg.spiegel.de/buch/269/1 (18.10.2015).

___ (1522): *Vom Mißbrauch der Messen.* Wittenberg: [o. Dr.]

___ (1523): *Das eyn Christliche versamlūg odder gemeyne: recht vñ macht habe: alle lere tzu vrteylen: vnd lerer zu beruffen: eyn vnd abzusetzen: Grund vnd vrsach aus der schrifft.* Wittenberg: [o. Dr.]. Digitalisat: *MDZ.* URL: http://www.mdz-nbn-resolving.de/urn/resolver.pl?urn=urn:nbn:de:bvb:12-bsb10162529-2 (18.10.2015). Siehe auch *WA. Schriften* 11, S. 408–416.

___ (1524): *An den christlichen Adel deutscher Nation von des christlichen Standes Besserung.* Hg. von Karl Benrath (= *Schriften des Vereins für Reformationsgeschichte* 4, 1884). Halle: Niemeyer.

___ (1525): *Wider die himelischen Propheten / Vō den bildern vnd Sacrament [et]c.* [Augsburg: Philipp Ulhart].

___ (1900): *D. Martin Luthers Werke. Kritische Gesamtausgabe. Schriften.* Bd. 11. Predigten und Schriften 1523. Weimar: Hermann Böhlaus Nachfolger.

___ (1908): *D. Martin Luthers Werke. Kritische Gesamtausgabe. Schriften.* Bd. 18. Schriften 1525. Weimar: Hermann Böhlaus Nachfolger.

___ (1933): *D. Martin Luthers Werke. Kritische Gesamtausgabe. Briefwechsel.* Bd. 4. Briefe 1526–1528. Weimar: Hermann Böhlaus Nachfolger.

___ (o. J.): „Sonntag nach Epiphanias". In: *Predigten für ein Jahr.* In: Projekt Gutenberg-DE. URL: http://gutenberg.spiegel.de/buch/271/35 (18.10.2015).

Luther, Martin, Johannes Bugenhagen & Melchior Hoffman (1525): *Eyne Christliche vormanung von eusserlichem Gottis dienst vnde eyntracht / an die yn lieffland / durch D Martinum Luther vnde andere.* Wittenberg: [o. Dr.].

Philips, Obbe (1962): „Bekenntnisse". In: Fast, Heinold (Hg.): *Der linke Flügel der Reformation. Glaubenszeugnisse der Täufer, Spiritualisten, Schwärmer und Antitrinitarier.* Bremen: Schünemann, S. 319–340.

Sachs, Hans (1523): *Die wittembergisch nachtigal.* In: Die deutsche Gedichtebibliothek. URL: http://www.gedichte.xbib.de/Sachs,+Hans_gedicht_Die+wittembergisch+nachtigal.htm (18.10.2015).

___ (1551): *Das Kälberbrüten.* In: Projekt Gutenberg-DE. URL: http://gutenberg. spiegel.de/buch/5221/2 (18.10.2015).

Schuldorp, Marquard (1528): *Breef an die gelövighen der Stadt Kyll = Marquardus Schuldorp gheeschet vnd geordenth tho Schleßwick tho predighen dat wort Gades / van Jhesu Christo dem Sône Gades / wunsche allen gelôuyghen der Stadt Kyle Gnade vnd frede van Gade vnsem vader / vnd vnsem Herren Jhesu Christo.* [o. O.: o. Dr.]. (Die Blätter A1r–A4v, inkl. des Titels sind verschollen, so dass entweder der Titel gemutmaßt wird oder die *salutatio* als Titel dient – hier sind beide Varianten angegeben).

Theologia deutsch (1855). Hg. von Franz Pfeiffer. Stuttgart: Verlag von Samuel Gottlieb Liesching.

Waldis, Burkard (2011): *Esopus. 400 Fabeln und Erzählungen nach der Erstausgabe von 1548.* 2 Bde. (1. Teil: Text, 2. Teil: Kommentar). Hg. von Ludger Lieb, Jan Mohr & Herfried Vögel. Berlin & New York: De Gruyter.

Wydenszehe, Eberhardt [= Weidensee, Eberhard] (1529): *Eyn vnderricht vth der hillighen schryfft / Dem Dorchlûchtygen Hochgebarnen Forsten vnd*

Hernn / Hernn Christiarnn / Erffgenomem tho Norwegenn / Hertoghenn tho Schleßwigk Holsten etc. Dorch Eberhardt Wydenßehe gedan / Melchior Hoffmans sendebreff / darynne hee schryfft / dat he nycht bekennen kône dat eyn stucke lijvlikes brodes syn Godt sy / belangende. Haderslev: [o. Dr.].

Sekundärliteratur

Abray, Lorna Jane (1988): „The Laity's Religion: Lutheranism in Sixteenth-Century Strasbourg". In: Hsia, R. Po-Chia (Hg.): *The German People and the Reformation*. Ithaca & London: Cornell University Press, S. 216–232.

___ (1985): *The People's Reformation: Magistrates, Clergy, and Commons in Strasbourg, 1500–1598*. Ithaca: Cornell University Press.

Adam, Wolfgang (1999): „Theorien des Flugblatts und der Flugschrift". In: Leonard, Joachim-Felix, Hans-Werner Ludwig, Dietrich Schwarze & Erich Straßner (Hg.): *Medienwissenschaft. Ein Handbuch zur Entwicklung der Medien und Kommunikationsformen*. 1. Teilband. Berlin & New York: De Gruyter, S. 132–143.

Aertsen, Jan A. (2002): „Ende und Vollendung: Eschatologische Perspektiven im Mittelalter. Einleitung". In: Ders. & Martin Pickavé (Hg.): *Ende und Vollendung: Eschatologische Perspektiven im Mittelalter*. Berlin & New York: De Gruyter, S. 69–75.

Amit, Yairah (2000): *Hidden Polemics in Biblical Narrative*. Leiden: Brill.

Andersson, Bo (2012): „Jacob Böhmes polemischer Konflikt mit Gregorius Richter". In: Kühlmann, Wilhelm & Friedrich Vollhardt (Hg.): *Offenbarung und Episteme. Zur europäischen Wirkung Jacob Böhmes im 17. und 18. Jahrhundert*. Berlin & Boston: De Gruyter, S. 33–46.

Arnold, Martin (1990): *Handwerker als theologische Schriftsteller. Studien zu Flugschriften der frühen Reformation (1523–1525)*. Göttingen: Vandenhoeck & Ruprecht.

Bachorski, Hans-Jürgen, Jürgen Behütuns & Petra Boden (2000): „Editorial". In: Dies. (Hg.): *Literaturstreit* (= *Mitteilungen des Deutschen Germanistenverbands* 47: 4). Bielefeld: Aisthesis Verlag, S. 370–373.

Bailey, Richard G. (1991): „Some Remarks on St. Bernard of Clairvaux as a Literary Source for Melchior Hoffman's Commentary *Dat Boeck Cantica Canticorum* (1529)". *The Sixteenth Century Journal* 22: 1, S. 91–96.

___ (1990): „Melchior Hoffman: Proto-Anabaptist and Printer in Kiel, 1527–1529". *Church History* 59: 2, S. 175–190.

Balzer, Bernd (1973): *Bürgerliche Reformationspropaganda. Die Flugschriften des Hans Sachs in den Jahren 1523–1525*. Stuttgart: J.B. Metzlersche Verlagsbuchhandlung.

Barner, Wilfried (2000): „Was sind Literaturstreite? Über einige Merkmale". In: Bachorski, Hans-Jürgen, Georg Behütuns & Petra Boden (Hg.): *Literaturstreit*. (= *Mitteilungen des Deutschen Germanistenverbands* 47: 4). Bielefeld: Aisthesis Verlag, S. 374–380.

Baßler, Moritz (2005): *Die kulturpoetische Funktion und das Archiv. Eine literaturwissenschaftliche Text-Kontext-Theorie*. Tübingen: Francke.

Baumann, Uwe, Arnold Becker & Astrid Steiner-Weber (Hg.) (2008a): *Streitkultur – Okzidentale Traditionen des Streitens in Literatur, Geschichte und Kunst* (= *Super alta perennis. Studien zur Wirkung der Klassischen Antike* 2). Göttingen: V&R unipress.

___ (2008b): „Vorwort". In: Dies. (Hg.): *Streitkultur – Okzidentale Traditionen des Streitens in Literatur, Geschichte und Kunst*. Göttingen: V&R unipress, S. I–V.

Baur, Alexander (2011): „Beleidigung". In: Ueding, Gert (Hg.): *Historisches Wörterbuch der Rhetorik*. Bd. 10. Ergänzungen A–Z, Register, Sp. 116–128.

Bausch, Constanze (2001): „Die Inszenierung des Sozialen. Erving Goffman und das Performative". In: Wulf, Christoph, Michael Göhlich & Jörg Zirfas (Hg.): *Grundlagen des Performativen. Eine Einführung in die Zusammenhänge von Sprache, Macht und Handeln*. Weinheim & München: Juventa Verlag, S. 203–225.

Becker, Barbara (2004): „Selbst-Inszenierung im Netz". In: Krämer, Sybille (Hg.): *Performativität und Medialität*. München: Wilhelm Fink, S. 413–429.

Benzing, Josef (1958): „Melchior Hoffmans Auslegung des Propheten Daniels 1526 – der erste schwedische Druck in deutscher Sprache". *Nordisk tidskrift för bok- och biblioteksväsen* 45, S. 74–75.

Besch, Werner (2003): „Anredeformen des Deutschen im geschichtlichen Wandel". In: Ders., Oskar Reichmann, Anne Betten & Stefan Sonderegger (Hg.): *Sprachgeschichte. Ein Handbuch zur Geschichte der deutschen Sprache und ihrer Erforschung*. 3. Teilband. Berlin & New York: De Gruyter, S. 2600–2628.

Biesecker-Mast, Gerald (2006): *Separation and the Sword in Anabaptist Persuasion. Radical Confessional Rhetoric from Schleitheim to Dordrecht*. Telford/PA: Cascadia.

Böcher, Otto (2004): „Die Luther-Rose. Martin Luthers Siegel und die Wappen der Reformatoren". In: *Genealogisches Jahrbuch* 44. Neustadt/Aisch: Degener, S. 5–25.

Bösch, Frank (2011): *Mediengeschichte. Vom asiatischen Buchdruck zum Fernsehen.* Frankfurt/Main & New York: Campus.

___ (2010): „Europäische Medienereignisse". In: *Europäische Geschichte Online (EGO)*. Hg. vom Institut für Europäische Geschichte (IEG), Mainz 2010-12-03. URL: http://www.ieg-ego.eu/boeschf-2010-de (18.10.2015).

Bosbach, Franz (1992): „Einleitung". In: Bosbach, Franz (Hg.*): Feindbilder. Die Darstellung des Gegners in der politischen Publizistik des Mittelalters und der frühen Neuzeit.* Köln u. a.: Böhlau, S. IX-XI.

Brady, Thomas Allan (1987): *Ruling Class, Regime and Reformation at Strasbourg 1520–1555.* Leiden: Brill.

Braungart, Georg (1992): „Zur Rhetorik der Polemik in der frühen Neuzeit". In: Bosbach, Franz (Hg.): *Feindbilder. Die Darstellung des Gegners in der politischen Publizistik des Mittelalters und der frühen Neuzeit.* Köln u. a.: Böhlau, S. 1–21.

Bremer, Kai (2011): „Reformatorische Resonanzstrategien und Inszenierungspraktiken. Luthers ‚Brief an den Vater' 1521". In: Jürgensen, Christoph & Gerhard Kaiser (Hg.): *Schriftstellerische Inszenierungspraktiken – Typologie und Geschichte.* Heidelberg: Universitätsverlag Winter, S. 55–67.

___ (2009a): „Streitschrift". In: Ueding, Gert (Hg.): *Historisches Wörterbuch der Rhetorik.* Bd. 9. St–Z. Tübingen: Niemeyer. Sp. 189–191.

___ (2009b): „Tadelrede". In: Ueding, Gert (Hg.): *Historisches Wörterbuch der Rhetorik.* Bd. 9. St–Z. Tübingen: Niemeyer. Sp. 419–424.

___ (2005a): „Techniken der Leserlenkung und -selektion im volkssprachigen Buch der Gegenreformation um 1600". In: Enenkel, Karl A. E. & Wolfgang Neuber (Hg.): *Cognition and the Book. Typologies of Formal Organisations of Knowledge in the Printed Books of the Early Modern Period.* Leiden: Brill, S. 509–531.

___ (2005b): *Religionsstreitigkeiten. Volkssprachliche Kontroversen zwischen altgläubigen und evangelischen Theologen im 16. Jahrhundert.* Tübingen: Niemeyer.

Brylla, Charlotta (2003): *Die schwedische Rezeption zentraler Begriffe der deutschen Frühromantik. Schlüsselwortanalysen zu den Zeitschriften Athenäum und Phosphoros.* Stockholm: Almqvist & Wiksell International.

Butzer, Günter & Joachim Jacob (Hg.) (2012): *Metzler Lexikon literarischer Symbole.* Stuttgart: Metzler.

Campbell, Fiona M. K. (2005): „Gärtner, Zunft und Textproduktion in der frühen Reformationszeit: die Flugschriften von Clement Ziegler". In: Andersen, Elizabeth, Manfred Eikelmann & Anne Simon (Hg.): *Texttyp und Textproduktion in der deutschen Literatur des Mittelalters.* Berlin & New York: De Gruyter, S. 451–466.

Chartier, Roger, Alfred Messerli & Centro Stefano Franscini (2000): *Lesen und Schreiben in Europa 1500–1900. Vergleichende Perspektiven.* Basel: Schwabe.

Chrisman, Miriam Usher (1996): *Conflicting Visions of Reform. German Lay Propaganda Pamphlets, 1519–1530.* New Jersey: Humanities Press.

___ (1988): „Printing and the Evolution of Lay Culture in Strasbourg 1480–1599". In: Hsia, R. Po-Chia (Hg.): *The German People and the Reformation.* Ithaca & London: Cornell University Press, S. 74–100.

___ (1982): *Lay Culture, Learned Culture: Books and Social Change in Strasbourg, 1480–1599.* New Haven: Yale University Press.

___ (1980): „Lay Response to the Protestant Reformation in Germany, 1520–1528". In: Brooks, Peter Newman (Hg.): *Reformation Principle and Practice.* London: Scolar Press, S. 33–52.

Couldry, Nick & Andreas Hepp (2009): „Introduction: media events in globalized media cultures". In: Dies. & Friedrich Krotz (Hg.): *Media Events in a Global Age.* New York: Routledge, S. 1–20.

Cramer, Samuel (1909): *Nederlandsche Anabaptistica (geschriften van Henrick Rol, Melchior Hoffman, Adam Pastor, De Broederlicke vereeninge)* (= *Bibliotheca Reformatoria Neerlandica* 5). 's-Gravenhage: Nijhoff.

Cunitz, Eduard (1880): „Melchior Hoffman". In: Herzog, Johann Jakob & Gustav Leopold Plitt (Hg.): *Real-Encyklopädie für protestantische Theologie und Kirche.* Bd. 6. Leipzig: Hinrichs'sche Buchhandlung, S. 212–216.

Curtius, Ernst Robert (1993): *Europäische Literatur und lateinisches Mittelalter.* Tübingen: Francke.

Dascal, Marcelo (2011): „Kontroversen und Polemiken in der frühneuzeitlichen Wissenschaft". In: Bremer, Kai & Carlos Spoerhase (Hg.): *Gelehrte Polemik. Intellektuelle Konfliktverschärfungen um 1700* (= *Zeitsprünge, Forschungen zur Frühen Neuzeit* 15: 2/3). Frankfurt/Main: Klostermann, S. 146–157.

___ (2004): „On the Uses of Argumentative Reason in Religious Polemics". In: Hettema, T. L. & A. Van der Kooij (Hg.): *Religious Polemics in Context* (= *Papers Presented to the Second International Conference of the Leiden Institute for the Study of Religions (Lisor) Held at Leiden, 27–28 April 2000*). Assen: Royal Van Gorcum, S. 3–20.

___ (1989): „Controversies as quasi-dialogues". In: Weigand, Edda & Franz Hundsnurscher (Hg.): *Dialoganalyse II. Referate der 2. Arbeitstagung Bochum 1988.* Bd. 1. Tübingen: Niemeyer, S. 147–159.

Dellsperger, Yvonne (2008): *Lebendige Historien und Erfahrungen: Studien zu Sebastian Francks „Chronica Zeitbuoch vnnd Geschichtsbibell".* Berlin: Erich Schmidt.

Deppermann, Arnulf (2005): *Glaubwürdigkeit im Konflikt. Rhetorische Techniken in Streitgesprächen. Prozessanalysen von Schlichtungsgesprächen.* Radolfzell: Verlag für Gesprächsforschung.

Deppermann, Klaus (1981): „Melchior Hoffman". In: Greschat, Martin (Hg.): *Die Reformationszeit 1* (= *Gestalten der Kirchengeschichte* 5). Stuttgart: Kohlhammer, S. 232–334.

_____ (1979): *Melchior Hoffman. Soziale Unruhen und apokalyptische Visionen im Zeitalter der Reformation.* Göttingen: Vandenhoeck & Ruprecht.

_____ (1978): „Melchior Hoffman. Widersprüche zwischen lutherischer Obrigkeitstreue und apokalyptischem Traum". In: Goertz, Hans-Jürgen (Hg.): *Radikale Reformatoren. 21 biographische Skizzen von Thomas Müntzer bis Paracelsus.* München: C. H. Beck, S. 155–166.

_____ (1977): „Melchior Hoffman and Strasbourg Anabaptism". In: Lienhard, Marc (Hg.): *The Origins and Characteristics of Anabaptism / Les débuts et les caractéristiques de l'anabaptisme.* Den Haag: Nijhoff, S. 216–219.

_____ (1975): „Melchior Hoffmans Weg von Luther zu den Täufern". In: Goertz, Hans-Jürgen (Hg.): *Umstrittenes Täufertum 1525–1975. Neue Forschungen.* Göttingen: Vandenhoeck & Ruprecht, S. 173–205.

_____ (1972): „Melchior Hoffmans letzte Schriften aus dem Jahre 1534". *Archiv für Reformationsgeschichte: Internationale Zeitschrift zur Erforschung der Reformation und ihrer Weltwirkungen* 63. Gütersloh: Mohn, S. 72–93.

Deutsches Wörterbuch von Jacob und Wilhelm Grimm (= DWB). 16 Bde. in 32 Teilbänden. Leipzig 1854–1961. Quellenverzeichnis Leipzig 1971. Digitalisat: *Kompetenzzentrum für elektronische Erschließungs- und Publikationsverfahren in den Geisteswissenschaften an der Universität Trier.* URL: http://woerterbuchnetz.de/cgi-bin/WBNetz/wbgui_py?sigle= DWB&mainmode= (18.10.2015).

Dieckmann, Walther (2005): *Streiten über das Streiten. Normative Grundlagen polemischer Metakommunikation.* Tübingen: Niemeyer.

_____ (1975): *Sprache in der Politik. Einführung in die Pragmatik und Semantik der politischen Sprache.* Heidelberg: Carl Winter.

Diekmannshenke, Hans-Joachim (1994): *Die Schlagwörter der Radikalen der Reformationszeit (1520–1536). Spuren utopischen Bewußtseins.* Frankfurt/ Main: Peter Lang.

Dietl, Cora (2011): „Zwischen Theologie, Laienunterweisung und Polemik. Die ‚Parabell vam vorlorn Szohn' des Burkard Waldis im Kontext der Reformation in Riga". In: Prinz, Michael & Jarmo Kohonen (Hg.): *Deutsch als Wissenschaftssprache im Ostseeraum – Geschichte und Gegenwart.* Frankfurt/Main: Peter Lang, S. 203–216.

Dücker, Burckhard (1992): „Der offene Brief als Medium gesellschaftlicher Selbstverständigung". *Sprache und Literatur in Wissenschaft und Unterricht* 69, S. 32–42.

Eriksson, Magnus & Barbara Krug-Richter (2003a) (Hg.): *Streitkulturen. Gewalt, Konflikt und Kommunikation in der ländlichen Gesellschaft (16.– 19. Jahrhundert).* Köln u. a.: Böhlau.

___ (2003b): „Streitkulturen – Eine Einführung". In: Dies. (Hg.): *Streitkulturen. Gewalt, Konflikt und Kommunikation in der ländlichen Gesellschaft (16.– 19. Jahrhundert).* Köln u. a.: Böhlau, S. 1–16.

Essig, Rolf-Bernhard (2000): *Der offene Brief: Geschichte und Funktion einer publizistischen Form von Isokrates bis Günter Grass.* Würzburg: Königshausen & Neumann.

Estep, William R. (1996): *The Anabaptist Story: An Introduction to Sixteenth-Century Anabaptism.* Grand Rapids: Eerdmans.

Etymologisches Wörterbuch (nach Pfeifer) (= *Digitales Wörterbuch der deutschen Sprache*), URL: http://www.dwds.de/ (18.10.2015).

Fagerberg, Holsten (1978): „Amt / Ämter / Amtsverständnis VI". In: Krause, Gerhard & Gerhard Müller (Hg.): *Theologische Realenzyklopädie.* Bd. 2. Agende–Anselm von Canterbury. Berlin & New York: De Gruyter, S. 552–574.

Fast, Heinold (Hg.) (1962): *Der linke Flügel der Reformation. Glaubenszeugnisse der Täufer, Spiritualisten, Schwärmer und Antitrinitarier.* Bremen: Schünemann.

Faust, Georg (1904): „Einige Bemerkungen zu Melchior Hofmanns ‚Dialogus'". *Schriften des Vereins für Schleswig-Holsteinische Kirchengeschichte* II, 3: 1, S. 96–98.

Feigenwinter-Schimmel, Gunild (1972): *Karl Kraus: Methode der Polemik.* Kleve: Ritscher + Noy.

Felder, Ekkehard (2006): „Semantische Kämpfe in Wissensdomänen. Eine Einführung in Benennungs-, Bedeutungs- und Sachverhaltsfixierungs-Konkurrenzen". In: Ders. (Hg.): *Semantische Kämpfe. Macht und Sprache in den Wissenschaften.* Berlin & New York: De Gruyter, S. 13–46.

Ficker, Gerhard (1926): „Anmerkungen". In: Ders. (Hg.): *Schriften des Vereins für Schleswig-Holsteinische Kirchengeschichte*. 4. Sonderheft, Preetz: J. M. Hansen.

Fischer, Joachim (2000): „Der Dritte. Zur Anthropologie der Intersubjektivität". In: Eßbach, Wolfgang (Hg.): *wir / ihr / sie. Identität und Alterität in Theorie und Methode* (= *Identitäten und Alteritäten* 2). Würzburg: Ergon, S. 103–136.

Fischer-Lichte, Erika (2004): *Ästhetik des Performativen*. Frankfurt/Main: Suhrkamp.

Fludernik, Monika & Hans-Joachim Gehrke (Hg.) (2004): *Normen, Ausgrenzungen, Hybridisierungen und ‚Acts of Identity'* (= *Identitäten und Alteritäten* 18). Würzburg: Ergon.

Forstner, Dorothea & Renate Becker (2007): *Lexikon christlicher Symbole*. Wiesbaden: Marix.

Fritz, Gerd (2010): „Controversies". In: Jucker, Andreas H. & Irma Taavitsainen (Hg.): *Historical Pragmatics*. Berlin & New York: De Gruyter, S. 451–481.

____ (2008): „Communication principles for controversies: A historical perspective". In: Eemeren, Frans H. van & Bart Garssen (Hg.): *Controversy and Confrontation: Relating Controversy Analysis with Argumentation Theory*. Amsterdam: John Benjamins, S. 109–124.

Gallagher, Catherine & Stephen Greenblatt (2000): *Practicing New Historicism*. Chicago & London: University of Chicago Press.

Gebhard, Gunther, Oliver Geisler & Steffen Schröter (Hg.) (2008a): *StreitKulturen: Polemische und antagonistische Konstellationen in Geschichte und Gegenwart*. Bielefeld: transcript.

____ (2008b): „Einleitung". In: Dies. (Hg.): *StreitKulturen: Polemische und antagonistische Konstellationen in Geschichte und Gegenwart*. Bielefeld: transcript, S. 11–33.

Gehling, Thomas (2004): *‚Ich', ‚du' und andere. Eine sprachtypologische Studie zu den grammatischen Kategorien ‚Person' und ‚Numerus'*. Münster: LIT Verlag.

Gehrke, Hans-Joachim (2004): „Einleitung". In: Fludernik, Monika & ders. (Hg.): *Normen, Ausgrenzungen, Hybridisierungen und ‚Acts of Identity'* (= *Identitäten und Alteritäten* 18). Würzburg: Ergon, S. 11–19.

Geißler, Peter & Klaus Rückert (Hg.) (2000): *Mediation, die neue Streitkultur*. Gießen: Psychosozial-Verlag.

Genette, Gérard (2001): *Paratexte. Das Buch vom Beiwerk des Buches.* Frankfurt/Main: Suhrkamp.

Gierl, Martin (1997): *Pietismus und Aufklärung. Theologische Polemik und die Kommunikationsreform der Wissenschaft am Ende des 17. Jahrhunderts.* Göttingen: Vandenhoeck & Ruprecht.

Gilly, Carlos (1991): „Das Sprichwort ‚Die Gelehrten die Verkehrten' oder der Verrat der Intellektuellen im Zeitalter der Glaubensspaltung". In: Rotondò, Antonio (Hg.): *Forme e destinazione del messaggio religioso. Aspetti della propaganda religiosa nel cinquecento.* Florenz: Leo S. Olschki, S. 229–375.

Gindhart, Marion & Ursula Kundert (2010): „Einleitung". In: Dies. (Hg.): *Disputatio 1200–1800. Form, Funktion und Wirkung eines Leitmediums universitärer Wissenskultur.* Berlin & New York: De Gruyter, S. 1–18.

Gloning, Thomas (2005): „Early modern controversies and theories of controversy: The rules of the game and the role of the persons". In: Barrotta, Pierluigi & Marcelo Dascal (Hg.): *Controversies and Subjectivity.* Amsterdam: John Benjamins, S. 263–281.

Goertz, Hans-Jürgen (2007): *Radikalität der Reformation. Aufsätze und Abhandlungen.* Göttingen: Vandenhoeck & Ruprecht.

___ (2004): *Deutschland 1500–1648. Eine zertrennte Welt.* Paderborn: Schöningh/ UTB.

___ (1993): *Religiöse Bewegungen in der frühen Neuzeit.* (= *Enzyklopädie deutscher Geschichte* 20). München: Oldenbourg.

___ (1980): *Die Täufer. Geschichte und Deutung.* München: C. H. Beck.

Goertz, Hans-Jürgen & James M. Stayer (Hg.) (2002): *Radikalität und Dissent im 16. Jahrhundert = Radicalism and Dissent in the Sixteenth Century.* Berlin: Duncker & Humblot.

Greenblatt, Stephen (1988): *Shakespearean Negotiations. The Circulation of Social Energy in Renaissance England.* Berkeley: University of California Press

___ (1980): *Renaissance Self-Fashioning: From More to Shakespeare.* Chicago: University of Chicago Press.

Grenzmann, Ludger & Karl Stackmann (Hg.) (1984): *Literatur und Laienbildung im Spätmittelalter und in der Reformationszeit.* Stuttgart: Metzlersche Verlagsbuchhandlung.

Greschat, Martin (2004): *Martin Bucer. A Reformer and his Times.* Übersetzt von Stephen E. Buckwalter. Louisville, Kentucky: Westminster John Knox Press.

Haack, Julia (2008): *Der vergällte Alltag: zur Streitkultur im 18. Jahrhundert.* Köln u. a.: Böhlau.

Habermas, Jürgen (1984): *Vorstudien und Ergänzungen zur Theorie des kommunikativen Handelns.* Frankfurt/Main: Suhrkamp.

Häsner, Bernd (2004): „Der Dialog. Strukturelemente einer Gattung zwischen Fiktion und Theoriebildung". In: Hempfer, Klaus W. (Hg.): *Poetik des Dialogs.* Stuttgart: Franz Steiner, S. 13–65.

Häsner, Bernd, Henning S. Hufnagel, Irmgard Maassen & Anita Traninger (2011): „Text und Performativität". In: Hempfer, Klaus W. & Jörg Volbers (Hg.): *Theorien des Performativen. Sprache – Wissen – Praxis. Eine kritische Bestandsaufnahme.* Bielefeld: transcript, S. 69–96.

Hagenbichler, Elfriede (1992): „Bescheidenheitstopos". In: Ueding, Gert (Hg.): *Historisches Wörterbuch der Rhetorik.* Bd. 1. A–Bib. Tübingen: Niemeyer, Sp. 1491–1495.

Hamm, Berndt (1996): „Die Reformation als Medienereignis". In: *Jahrbuch für Biblische Theologie.* Bd. 11. Neukirchen-Vluyn: Neukirchener Verlag, S. 137–166.

Haug, Walter (1985): *Literaturtheorie im deutschen Mittelalter. Von den Anfängen bis zum Ende des 13. Jahrhunderts.* Darmstadt: Wissenschaftliche Buchgesellschaft.

Hawthorn, Jeremy (1987): „Preface". In: Ders. (1987): *Propaganda, Persuasion and Polemics.* London: Edward Arnold, S. vii–xiv.

Heintzel, Alexander (1998): *Propaganda im Zeitalter der Reformation. Persuasive Kommunikation im 16. Jahrhundert.* St. Augustin: Gardez! Verlag.

Hempfer, Klaus W. (2011): „Performance, Performanz, Performativität. Einige Untersuchungen zur Ausdifferenzierung eines Theoriefeldes". In: Ders. & Jörg Volbers (Hg.): *Theorien des Performativen. Sprache – Wissen – Praxis. Eine kritische Bestandsaufnahme.* Bielefeld: transcript, S. 13–41.

Herrmann, Gustave (1852): *Essai sur la vie et les écrits de Melchior Hofmann.* Univ. Diss. Straßburg: Silbermann.

Herrmann, Steffen Kitty & Hannes Kuch (2007): „Verletzende Worte. Eine Einleitung". In: Dies. & Sybille Krämer: *Verletzende Worte. Die Grammatik sprachlicher Missachtung.* Bielefeld: transcript, S. 7–30.

Hettema, Theo Leonardus. & Arie Van der Kooij (2004): „Introduction". In: Dies. (Hg.): *Religious Polemics in Context. (= Papers presented to the Second International Conference of the Leiden Institute for the Study of Religions (Lisor) held at Leiden, 27–28 April 2000).* Assen: Royal Van Gorcum, S. xi–xv.

Hoffman-Krayer, Eduard & Hanns Bächtold-Stäubli (1932/33): *Handwörterbuch des deutschen Aberglaubens.* Bd. 5. Knoblauch–Matthias. Berlin & Leipzig: De Gruyter.

Hofmann, Hans-Ulrich (1982): *Luther und die Johannes-Apokalypse* (= *Beiträge zur Geschichte der biblischen Exegese*). Tübingen: Mohr.

Honecker, Patrick (2003): *Vorreformatorische Schlagwörter. Spiegel politischer, religiöser und sozialer Konflikte in der frühen Neuzeit.* Diss. Univ. Trier, URL: http://ubt.opus.hbz-nrw.de/volltexte/2004/149/pdf/20021212. pdf (18.10.2015).

Husner, Fritz (1946): „Zwei unbekannte Wiedertäuferdrucke". *Stultifera navis* 3, S. 84–88.

Ilgner, Christoph (2008): „Nikolaus von Amsdorf ,wider den rotten vnnd secten gaist'". In: Dingel, Irene (Hg.): *Nikolaus von Amsdorf (1483–1565) zwischen Reformation und Politik.* Leipzig: Evang. Verlagsanstalt, S. 251–279.

Jörgensen, Bent (2014): *Konfessionelle Selbst- und Fremdbezeichnungen: Zur Terminologie der Religionsparteien im 16. Jahrhundert.* Berlin: Akademie Verlag.

Kapp, Friedrich (1886): *Geschichte des Deutschen Buchhandels.* Bb. 1. Leipzig: Verlag des Börsenvereins der Deutschen Buchhändler.

Kawerau, Peter (1958): „Zwei unbekannte Wiedertäufer-Drucke". *Zeitschrift für Kirchengeschichte* 69, S. 121–126.

___ (1954): *Melchior Hoffman als religiöser Denker.* Haarlem: Bohn.

Keller, Andreas (2008): *Frühe Neuzeit. Das rhetorische Zeitalter.* Berlin: Akademie Verlag.

Keller, Reiner (2003): „Kultur als Diskursfeld". In: Geideck, Susan & Wolf-Andreas Liebert (Hg.): *Sinnformeln. Linguistische und soziologische Analysen von Leitbildern, Metaphern und anderen kollektiven Orientierungsmustern.* Berlin & New York: De Gruyter, S. 283–305.

Klaassen, Walter (1981): *Anabaptism in Outline. Selected Primary Sources.* Kitchener/Ontario: Herald Press.

Kleinschmidt, Erich (1982): *Stadt und Literatur in der Frühen Neuzeit. Voraussetzungen und Entfaltung im südwestdeutschen, elsässischen und schweizerischen Städteraum.* Köln u. a.: Böhlau.

Klug, Nina-Maria (2012): *Das konfessionelle Flugblatt 1563–1580. Eine Studie zur historischen Semiotik und Textanalyse.* Berlin & Boston: De Gruyter.

Knape, Joachim (2008): „Performanz in rhetoriktheoretischer Sicht". In: Kämper, Heidrun & Ludwig M. Eichinger (Hg.): *Sprache – Kognition – Kultur. Sprache zwischen mentaler Struktur und kultureller Prägung*. Berlin & New York: De Gruyter, S. 135–150.

___ (2007): „Poetics and Rhetorics in Early Modern Germany". In: Reinhart, Max (Hg.): *Early Modern German Literature 1350–1700*. Rochester: Camden House, S. 247–280.

___ (2006): *Poetik und Rhetorik in Deutschland 1300–1700*. Wiesbaden: Harrassowitz.

___ (2000): *Was ist Rhetorik?* Stuttgart: Reclam.

Koch, Elke (2010): „Einleitung". In: Krämer, Sybille & dies. (Hg.): *Gewalt in der Sprache. Rhetoriken verletzenden Sprechens*. München: Wilhelm Fink, S. 9–20.

Koch, Peter & Wulf Oesterreicher (1994): „Schriftlichkeit und Sprache". In: Günther, Hartmut & Otto Ludwig (Hg.): *Schrift und Schriftlichkeit. Writing and Its Use. Ein interdisziplinäres Handbuch internationaler Forschung. An Interdisciplinary Handbook of International Research*. Bd. 1. Berlin & New York: De Gruyter, S. 587–604.

Körber, Esther-Beate (1996): „Der soziale Ort des Briefs im 16. Jahrhundert". In: Wenzel, Horst (Hg.): *Gespräche – Boten – Briefe: Körpergedächtnis und Schriftgedächtnis im Mittelalter*. Berlin: Erich Schmidt, S. 244–258.

Kohl, Katrin (2007): *Poetologische Metaphern. Formen und Funktionen in der deutschen Literatur*. Berlin & New York: De Gruyter.

Krämer, Sybille (2010): „‚Humane Dimensionen' sprachlicher Gewalt oder: Warum symbolische und körperliche Gewalt wohl zu unterscheiden sind". In: Dies. & Elke Koch (Hg.): *Gewalt in der Sprache. Rhetoriken verletzenden Sprechens*. München: Wilhelm Fink, S. 21–42.

___ (2004): „Was haben ‚Performativität' und ‚Medialität' miteinander zu tun? Plädoyer für eine in der ‚Aisthetisierung' gründende Konzeption des Performativen. Zur Einführung in diesen Band". In: Dies. (Hg.): *Performativität und Medialität*. München: Wilhelm Fink, S. 13–32.

Krahn, Cornelius (1968): *Dutch Anabaptism. Origin, Spread, Life, and Thought (1450–1600)*. Den Haag: Nijhoff.

Kraus, Wolfgang (2002): „Falsche Freunde. Radikale Pluralisierung und der Ansatz der narrativen Identität". In: Straub, Jürgen & Joachim Renn (Hg.): *Transitorische Identität. Der Prozesscharakter des modernen Selbst*. Frankfurt/Main: Campus, S. 159–186.

Kreider, Robert (1955): „The Anabaptists and the Civil Authorities of Strasbourg, 1525–1555". *Church History* 24: 2, S. 99–118.

Kretzenbacher, Heinz Leonhard & Wulf Segebrecht (1991): *Vom Sie zum Du – mehr als eine neue Konvention?* Hamburg: Luchterhand.

Krohn, Barthold Nikolaus (1758): *Geschichte der Fanatischen und Enthusiastischen Wiedertäufer vornehmlich in Niederdeutschland. Melchior Hofmann und die Secte der Hofmannianer.* Leipzig: Bernard Christoph Breitkopf.

Krug-Richter, Barbara (2010): „Streitkulturen. Perspektiven der Volkskunde/ Europäischen Ethnologie". In: Laureys, Marc & Roswitha Simons (Hg.): *Die Kunst des Streitens. Inszenierung, Formen und Funktionen öffentlichen Streits in historischer Perspektive.* Göttingen: V&R unipress, S. 331–351.

Lachmann, Renate (1984): „Ebenen des Intertextualitätsbegriffs". In: Stierle, Karl-Heinz & Rainer Warning (Hg.): *Das Gespräch.* München: Fink, S. 133–138.

Landén, Barbro (1985): *Form und Funktion der Redewiedergabe in einigen ausgewählten historischen Darstellungen.* Stockholm: Almqvist & Wiksell International.

Lasch, Agathe (1914): *Mittelniederdeutsche Grammatik.* Halle/Saale: Niemeyer.

Laureys, Marc & Roswitha Simons (Hg.) (2010a): *Die Kunst des Streitens. Inszenierung, Formen und Funktionen öffentlichen Streits in historischer Perspektive.* Göttingen: V&R unipress.

___ (2010b): „Einleitung". In: Dies. (Hg.): *Die Kunst des Streitens. Inszenierung, Formen und Funktionen öffentlichen Streits in historischer Perspektive.* Göttingen: V&R unipress, S. 9–15.

Leendertz, Willem Isaac (1883): *Melchior Hofmann.* Haarlem: Bohn.

Lepp, Friedrich (1908): *Schlagwörter des Reformationszeitalters.* Leipzig: Verlag von M. Heinsius Nachfolger.

Lewis, J. Lowell (2008): „Toward a Unified Theory of Cultural Performance: A Reconstructive Introduction to Victor Turner". In: St. John, Graham (Hg.): *Victor Turner and Contemporary Cultural Performance.* New York: Berghahn, S. 41–58.

Lichdi, Diether Götz (2010): „Melchior Hoffman in Emden (2001)". In: Ders.: *Standpunkte – Perspektiven: Aufsätze und Artikel von Diether Götz Lichdi.* Norderstedt: Books on Demand, S. 114–130.

Liedtke, Frank, Karin Böke & Martin Wengeler (1996): *Politische Leitvokabeln in der Adenauer-Ära.* Berlin & New York: De Gruyter.

Lienhard, Marc (1991): *Religiöse Toleranz in Straßburg im 16. Jahrhundert* (= *Abhandlungen der Geistes- und Sozialwissenschaftlichen Klasse / Akademie der Wissenschaften und der Literatur* 1). Stuttgart: Steiner.

Lienhard, Marc & Jakob Willer (1982): *Straßburg und die Reformation*. Kehl: Morstadt Verlag.

List, Günther (1973): *Chiliastische Utopie und radikale Reformation. Die Erneuerung der Idee vom 1000-jährigen Reich im 16. Jahrhundert*. München: Wilhelm Fink.

Lobenstein-Reichmann, Anja (2013): *Sprachliche Ausgrenzung im späten Mittelalter und in der frühen Neuzeit*. Berlin & Boston: De Gruyter.

Lundström, Kerstin (2012): „Lay Pamphlets in the Early Reformation: Turning Points in Religious Discourse and the Pamphlet Genre?" In: Nünning, Ansgar & Kai Marcel Sicks (Hg.): *Turning Points. Concepts and Narratives of Change in Literature and Other Media*. Berlin & New York: De Gruyter, S. 319–336.

___ (2011): „Der Freund wird zum Feind. Selbst- und Fremdzuschreibungen als Mittel zur Abgrenzung von den Lutheranern in Melchior Hoffmans Schriften der Straßburger Zeit". In: Unzeitig, Monika (Hg.): *Grenzen überschreiten – transitorische Identitäten. Beiträge zu Phänomenen räumlicher, kultureller und ästhetischer Grenzüberschreitung in Texten vom Mittelalter bis zur Moderne*. Bremen: edition lumière, S. 221–232.

Mahlmann-Bauer, Barbara (2010): „‚Luther gegen Eck, Luther gegen Erasmus und Castellio gegen Calvin'. Die Normalform reformatorischer Streitgespräche und die Entgleisung eines innerprotestantischen Streits". In: Laureys, Marc & Roswitha Simons (Hg.): *Die Kunst des Streitens. Inszenierung, Formen und Funktionen öffentlichen Streits in historischer Perspektive*. Göttingen: V&R unipress, S. 167–218.

Matheson, Peter (1998): *The Rhetoric of the Reformation*. Edinburgh: T&T Clark.

Matt, Peter von (1994): „Grandeur und Elend literarischer Gewalt. Die Regeln der Polemik". In: Ders. (Hg.): *Das Schicksal der Phantasie. Studien zur deutschen Literatur*. München: Hanser, S. 35–42.

Mauser, Wolfram & Günter Saße (Hg.) (1993): *Streitkultur: Strategien des Überzeugens im Werk Lessings*. Tübingen: Niemeyer.

Mellink, Albert Fredrik (1975): „Das niederländisch-westfälische Täufertum im 16. Jahrhundert". In: Goertz, Hans-Jürgen (Hg.): *Umstrittenes Täufertum: 1525–1975. Neue Forschungen*. Göttingen: Vandenhoeck & Ruprecht, S. 206–222.

___ (Hg.) (1975): *Documenta Anabaptistica Neerlandica I. Friesland en Groningen (1530–1550)*. Leiden: Brill.

Moeller, Bernd (1999): *Deutschland im Zeitalter der Reformation*. Göttingen: Vandenhoeck & Ruprecht.

___ (1994): „Die frühe Reformation als Kommunikationsprozeß". In: Boockmann, Hartmut (Hg.): *Kirche und Gesellschaft im Heiligen Römischen Reich des 15. und 16. Jahrhunderts*. Göttingen: Vandenhoeck & Ruprecht, S. 148–164.

Moeller, Bernd & Karl Stackmann (1996): *Städtische Predigt in der Frühzeit der Reformation. Eine Untersuchung deutscher Flugschriften der Jahre 1522–1529*. (Abhandlungen der Akademie der Wissenschaften in Göttingen 3: 220) Göttingen: Vandenhoeck & Ruprecht.

Monteath, Peter & Reinhard Alter (Hg.) (1996): *Kulturstreit – Streitkultur: German Literature Since the Wall (= German Monitor)*. Amsterdam: Rodopi.

Müller, Jan-Dirk (2011): „Die Frühe Neuzeit in der Literaturgeschichtsschreibung". In: Lepper, Marcel & Dirk Werle (Hg.): *Entdeckung der frühen Neuzeit. Konstruktionen einer Epoche der Literatur- und Sprachgeschichte seit 1750*. Stuttgart: Hirzel Verlag, S. 15–38.

Müsing, Hans-Werner (1977): „Karlstadt und die Entstehung der Straßburger Täufergemeinde". In: Lienhard, Marc (Hg.): *The Origins and Characteristics of Anabaptism / Les débuts et les caractéristiques de l'anabaptisme*. Den Haag: Nijhoff, S. 169–195.

Neff, Christian (1956): „Melchior Hofmann". In: *Mennonite Encyclopedia*. Bd. 2. D–H. Scottdale: The Mennonite Publishing House, S. 778–785.

Nelson, Tomothy C. (1990): *„Oh du armer Luther..." Sprichwörtliches in der antilutherischen Polemik des Johannes Nas (1534–1590)*. Diss. Uppsala: Uppsala universitet.

Neumann, Uwe (1998): „Invektive". In: Ueding, Gert (Hg.): *Historisches Wörterbuch der Rhetorik*. Bd. 4. Hu–K. Tübingen: Niemeyer, Sp. 549–561.

Nieden, Marcel (2012): „Die Wittenberger Reformation als Medienereignis". In: *Europäische Geschichte Online (EGO)*. Hg. vom Institut für Europäische Geschichte (IEG), Mainz. URL: http://www.ieg-ego.eu/niedenm-2012-de (18.10.2015).

Niehr, Thomas (2007): „Schlagwort". In: Ueding, Gert (Hg.): *Historisches Wörterbuch der Rhetorik*. Bd. 8. Rhet–St. Tübingen: Niemeyer, Sp. 496–502.

Noll, Mark A. (1973): „Luther Defends Melchior Hoffman". *The Sixteenth Century Journal* 4: 2, S. 47–60.

Nünning, Ansgar (2009): „Vielfalt der Kulturbegriffe". Hg. von der Bundeszentrale für politische Bildung. URL: http://www.bpb.de/themen/ IXSSWE.html (18.10.2015).

Oberman, Heiko A. (1989): *„Die Gelehrten die Verkehrten*: Popular Response to Learned Culture in the Renaissance and Reformation". In: Steven Ozment (Hg.): *Religion and Culture in the Renaissance and Reformation* (= *Sixteenth Century Essays & Studies* 11). Kirksville/Missouri: Sixteenth Century Journal Publishers, S. 43–64.

Ohrlich, Max (2008): „,Don't be nice – it's the kiss of death'. Streitlust und Streitkultur der Avantgarden". In: Gebhard, Gunther, Oliver Geisler & Steffen Schröter (Hg.): *StreitKulturen: Polemische und antagonistische Konstellationen in Geschichte und Gegenwart*. Bielefeld: transcript, S. 97–124.

Packull, Werner O. (1999): *Hutterite Beginnings: Communitarian Experiments During the Reformation*. Baltimore/Maryland: John Hopkins.

___ (1990): „Melchior Hoffman's First Two Letters". *The Mennonite Quarterly Review* 64, S. 146–159.

___ (1985): „Melchior Hoffman's Experience in the Livonian Reformation. The Dynamics of Sect Formation". *The Mennonite Quarterly Review* 59, S. 130–146.

___ (1983): „Melchior Hoffman – A Recanted Anabaptist in Schwäbisch Hall?". *The Mennonite Quarterly Review* 57, S. 83–111.

Paintner, Ursula (2011): *„Des Papsts neue Creatur"*. *Antijesuitische Publizistik im Deutschsprachigen Raum (1555–1618)* (= *Chloe. Beihefte zum Daphnis* 44). Amsterdam & New York: Rodopi.

___ (2010): „Aus der Universität auf den Markt. Die *disputatio* als formprägende Gattung konfessioneller Polemik im 16. Jahrhundert am Beispiel antijesuitischer Publizistik". In: Gindhart, Marion & Ursula Kundert (Hg.): *Disputatio 1200–1800. Form, Funktion und Wirkung eines Leitmediums universitärer Wissenskultur*. Berlin & New York: De Gruyter, S. 129–154.

Pater, Calvin Augustine (1984): *Karlstadt as the Father of the Baptist Movements: The Emergence of Lay Protestantism*. Toronto u. a.: University of Toronto Press.

___ (1977): „Melchior Hoffman's Explication of the Songs (!) of Songs". *Archiv für Reformationsgeschichte* 68, S. 173–191.

Pekar, Thomas (1998): „Intertextualität". In: Ueding, Gert (Hg.): *Historisches Wörterbuch der Rhetorik*. Bd. 4. Hu–K, Tübingen: Niemeyer, Sp. 526–533.

Pettegree, Andrew (2005): *Reformation and the Culture of Persuasion*. Cambridge: Cambridge University Press.

Pfister, Manfred (1994): „Intertextualität". In: Žmegač, Viktor (Hg.): *Moderne Literatur in Grundbegriffen*. Tübingen: Niemeyer, S. 215–218.

Plett, Heinrich F. (2001): *Einführung in die rhetorische Textanalyse*. Hamburg: Buske.

Postel, Rainer (2002): „Ouvertüre zur Reformation? Die spätmittelalterliche Kirche zwischen Beharrung, Reform und Laienfrömmigkeit". In: Deventer, Jörg, Susanne Rau & Anne Conrad (Hg.): *Zeitenwenden. Herrschaft, Selbstbehauptung, und Integration zwischen Reformation und Liberalismus. Festgabe für Arno Herzig zum 65. Geburtstag*. Münster: LIT Verlag, S. 205–217.

Quellen zur Geschichte der Täufer (1988): Bd. XVI. *Elsaß IV, Stadt Straßburg 1543–1552 samt Nachträgen und Verbesserungen zu Teil I, II und III* (= *TAE IV*). Bearb. von Marc Lienhard, Stephen F. Nelson & Hans Georg Rott. Gütersloh: Mohn.

____ (1986): Bd. XV. *Elsaß III, Stadt Straßburg 1536–1542* (= *TAE III*). Bearb. von Marc Lienhard, Stephen F. Nelson & Hans Georg Rott. Gütersloh: Mohn.

____ (1960): Bd. XIII. *Elsaß II, Stadt Straßburg 1533–1535* (= *TAE II*). Bearb. von Manfred Krebs & Hans Georg Rott. Gütersloh: Mohn.

____ (1959): Bd. XII. *Elsaß I, Stadt Straßburg 1522–1532* (= *TAE I*). Bearb. von Manfred Krebs & Hans Georg Rott. Gütersloh: Mohn.

Rapp, Francis (2006): *Christentum IV. Zwischen Mittelalter und Neuzeit (1378–1552)*. Stuttgart: Kohlhammer.

____ (1995): *Réformes et réformation à Strasbourg. Eglise et société dans le diocèse de Strasbourg 1450–1525*. Paris: Ophrys.

Reinle, Christine (2003): *Bauernfehden. Studien zur Fehdeführung Nichtadliger im spätmittelalterlichen römischdeutschen Reich, besonders in den bayerischen Herzogtümern* (= *Vierteljahrsschrift für Sozial- und Wirtschaftsgeschichte*, Beiheft 170). Stuttgart: Franz Steiner.

Richardsen-Friedrich, Ingvild (2000): *Antichrist-Polemik in der Zeit der Reformation und der Glaubenskämpfe bis Anfang des 17. Jahrhunderts. Argumentation, Form und Funktion*. Frankfurt/Main: Peter Lang.

Roelker, Nancy L. (1980): „The Impact of the Reformation Era on Communication and Propaganda". In: Lasswell, Harold D., Daniel Lerner & Hans Speier (Hg.): *Propaganda and Communication in World History. Volume II: Emergence of Public Opinion in the West*. Honolulu: University Press of Hawaii, S. 41–84.

Rohner, Ludwig (1987): *Die literarische Streitschrift. Themen, Motive, Formen*. Wiesbaden: Harrassowitz.

Roth, John D. & James M. Stayer (Hg.) (2007): *A Companion to Anabaptism and Spiritualism, 1521–1700*. Leiden: Brill.

Russell, Paul A. (1986): *Lay Theology in the Reformation: Popular Pamphleteers in Southwest Germany*. Cambridge: Cambridge University Press.

Sarcinelli, Ulrich (1990): *Demokratische Streitkultur: Theoretische Grundpositionen und Handlungsalternativen in Politikfeldern*. Bonn: Westdeutscher Verlag.

Schäfer, Walter E. & Ernst Bogislav Moscherosch (1992): *Moral und Satire. Konturen Oberrheinischer Literatur des 17. Jahrhunderts*. Tübingen: Niemeyer.

Scheible, Heinz (1993): „Melanchthon und Bucer". In: Krieger, Christian & Marc Lienhard (Hg.): *Martin Bucer and sixteenth century Europe. Actes du colloque de Strasbourg, 28–31 août 1992*. Bd. 1. Leiden: Brill, S. 369–394.

Schiller, Karl & August Lübben (1875–1881): *Mittelniederdeutsches Wörterbuch* (= *Schiller-Lübben*). 6 Bde. Bremen: Kühtmann [u. a.]. Digitalisat, URL: http://www.rzuser.uni-heidelberg.de/~cd2/drw/s/Sa-schm. htm#Schiller-Lubben (18.10.2015).

Schopenhauer, Arthur (1923): „Eristische Dialektik". In: Deussen, Paul (Hg.): *Arthur Schopenhauers sämtliche Werke*. Bd. 6. Hg. von Franz Mockrauer. München: Piper, S. 393–428.

Schottenloher, Karl (1953): *Die Widmungsvorrede im Buch des 16. Jahrhunderts*. Münster: Aschendorffsche Verlagsbuchhandlung.

Schramm, Gabriele (2010): *Widmung, Leser und Drama. Untersuchungen zu Form- und Funktionswandel der Buchwidmung im 17. und 18. Jahrhundert*. Hamburg: Verlag Dr. Kovač.

Schreiner, Klaus (1992): „Laienfrömmigkeit – Frömmigkeit von Eliten oder Frömmigkeit des Volkes? Zur sozialen Verfaßtheit laikaler Frömmigkeitspraxis im späten Mittelalter". In: Ders. (Hg.): *Laienfrömmigkeit im späten Mittelalter: Formen, Funktionen, politisch-soziale Zusammenhänge*. München: Oldenbourg, S. 1–78.

Schubert, Klaus & Martina Klein (2011): *Das Politiklexikon*. Bonn: Dietz. Bundeszentrale für politische Bildung. URL: http://www.bpb.de/nachschlagen/ lexika/politiklexikon/17756/krieg (18.10.2015).

Schwarz Lausten, Martin (1963–1965): „Melchior Hoffman og de lutherske prædikanter i Slesvig-Holsten 1527–1529". *Kirkehistoriske Samlinger 7*, S. 237–285.

Schwitalla, Johannes (2010a): „Brutalität und Schamverletzung in öffentlichen Polemiken des 16. Jahrhunderts". In: Krämer, Sybille & Elke Koch (Hg.):

Gewalt in der Sprache. Rhetoriken verletzenden Sprechens. München: Wilhelm Fink, S. 97–123.

___ (2010b): „Von sich selbst oder dem direkten Adressaten in der 3. Person sprechen". In: Kallmeyer, Werner, Ewald Reuter & Jürgen F. Schopp (Hg.): *Perspektiven auf Kommunikation. Festschrift für Liisa Tiittula zum 60. Geburtstag.* Berlin: Saxa, S. 163–184.

___ (2001): „Schreibstile von Laien in der Zeit der frühen Reformation". In: Jakobs, Eva-Maria & Annely Rothkegel (Hg.): *Perspektiven auf Stil.* Tübingen: Niemeyer, S. 459–477.

___ (1999): *Flugschrift* (= *Grundlagen der Medienkommunikation* 7). Tübingen: Niemeyer.

___ (1986): „Martin Luthers argumentative Polemik: mündlich und schriftlich". In: Worstbrock, Franz Josef & Helmut Koopmann (Hg.): *Formen und Formgeschichte des Streitens.* Bd. 2. Der Literaturstreit. Tübingen: Niemeyer, S. 41–54.

___ (1983): *Deutsche Flugschriften 1460–1525. Textsortengeschichtliche Studien.* Tübingen: Niemeyer.

Scribner, Robert W. (1987): *Popular Culture and Popular Movements in Reformation Germany.* London: Hambledon.

___ (1981): *For the Sake of the Simple Folk. Popular Propaganda for the German Reformation* (= *Cambridge studies in oral and literate culture* 2). Cambridge u. a.: Cambridge University Press.

Sebaß, Gottfried (1997): *Die Reformation und ihre Außenseiter. Gesammelte Aufsätze und Vorträge.* Hg. von Irene Dingel. Göttingen: Vandenhoeck & Ruprecht.

___ (1978): „Antichrist IV". In: Krause, Gerhard & Gerhard Müller (Hg.): *Theologische Realenzyklopädie.* Bd. 3. Anselm von Laon–Aristoteles, Aristotelismus. Berlin & New York: De Gruyter, S. 28–43.

Senger, Matthias W. (1986): „‚Ich han almit meiner Nachtigall zu essen geben.' Zur Typologie des mimetischen Elements im Reformationsdialog". In: Worstbrock, Franz Josef & Helmut Koopmann (Hg.): *Formen und Formgeschichte des Streitens.* Bd. 2. Der Literaturstreit. Tübingen: Niemeyer, S. 55–62.

Spiegel, Carmen (1995): *Streit. Eine linguistische Untersuchung verbaler Interaktionen in alltäglichen Zusammenhängen.* Tübingen: Narr.

Spoerhase, Carlos (2007): „Kontroversen: Zur Formlehre eines epistemischen Genres." In: Klausnitzer, Ralf & ders. (Hg.): *Kontroversen in der Literaturtheorie / Literaturtheorie in der Kontroverse.* Bern: Peter Lang, S. 49–92.

Stackmann, Karl (1997): „Fremdheit und Aktualität von Flugschriften der frühen Reformationszeit". In: Bovenschen, Silvia (Hg.): *Der fremdgewordene Text: Festschrift für Helmut Brackert zum 65. Geburtstag.* Berlin: De Gruyter, S. 233–243.

Stammler, Wolfgang (1950): *Von der Mystik zum Barock. 1400–1600* (= *Epochen der deutschen Literatur* II: 1). Stuttgart: Metzlersche Verlagsbuchhandlung.

Stauffer, Hermann (2003): „Polemik". In: Ueding, Gert (Hg.): *Historisches Wörterbuch der Rhetorik.* Bd. 6. Must–Pop. Tübingen: Niemeyer, Sp. 1403–1415.

Stayer, James M. (1971): „Melchior Hofmann and the Sword". *The Mennonite Quarterly Review* 44, S. 265–277.

Stenzel, Jürgen (1986): „Rhetorischer Manichäismus. Vorschläge zu einer Theorie der Polemik". In: Worstbrock, Franz Josef & Helmut Koopmann (Hg.): *Formen und Formgeschichte des Streitens.* Bd. 2. Der Literaturstreit. Tübingen: Niemeyer, S. 3–11.

Stolt, Birgit (1974): *Wortkampf. Frühneuhochdeutsche Beispiele zur rhetorischen Praxis.* Frankfurt/Main: Athenäum-Verlag.

Straßner, Erich (1999): „Kommunikative Aufgaben und Leistungen des Flugblatts und der Flugschrift". In: Leonard, Joachim-Felix, Hans-Werner Ludwig, Dietrich Schwarze & Erich Straßner (Hg.): *Medienwissenschaft. Ein Handbuch zur Entwicklung der Medien und Kommunikationsformen.* 1. Teilband. Berlin & New York: De Gruyter, S. 794–802.

Stuhlmann, Andreas (2010): *„Die Literatur – das sind wir und unsere Feinde". Literarische Polemik bei Heinrich Heine und Karl Kraus.* Würzburg: Königshausen & Neumann.

Suerbaum, Almut (2015): „Language of Violence: Language as Violence in Vernacular Sermons". In: Suerbaum, Almut, George Southcombe & Benjamin Thompson: *Polemic: Language as Violence in Medieval and Early Modern Discourse.* Aldershot: Ashgate, S. 125–148.

Traninger, Anita (2012): *Disputation, Deklamation, Dialog. Medien und Gattungen europäischer Wissensverhandlungen zwischen Scholastik und Humanismus.* Stuttgart: Franz Steiner.

Unzeitig, Monika (2010): *Autorname und Autorschaft. Bezeichnung und Konstruktion in der deutschen und französischen Erzählliteratur des 12. und 13. Jahrhunderts.* Berlin & New York: De Gruyter.

Wagner, Bettina (2008): „An der Wiege des Paratexts. Formen der Kommunikation zwischen Druckern, Herausgebern und Lesern im 15.

Jahrhundert". In: Ammon, Frieder von & Herfried Vögel (Hg.): *Die Pluralisierung des Paratextes in der frühen Neuzeit*. Berlin: Lɪᴛ Verlag, S. 133–155.

Wagner, Peter (1997): *Streitkultur: Vom Ende der Rechthaberei. Produktiver Streit als Grundlage*. Wien: expert verlag/Linde Verlag.

Wander, Karl Friedrich Wilhelm (1870): *Deutsches Sprichwörter-Lexikon*. Bd. 2. Gott–Lehren. Leipzig: Brockhaus.

___ (1867): *Sprichwörter-Lexikon*. Bd. 1. A–Gothen. Leipzig: Brockhaus.

Wenzel, Horst (2001): „Luthers Briefe". In: Brady, Thomas A. (Hg.): *Die deutsche Reformation zwischen Spätmittelalter und Früher Neuzeit*. München: Oldenbourg, S. 203–231.

Williams, George Huntston & Angel M. Mergal (Hg.) (1957): *Spiritual and Anabaptist Writers. Documents Illustrative of the Radical Reformation*. Philadelphia: Westminster Press.

Wirth, Uwe (2002): „Der Performanzbegriff im Spannungsfeld von Illokution, Iteration und Indexikalität". In: Ders. (Hg.): *Performanz. Zwischen Sprachphilosophie und Kulturwissenschaften*. Frankfurt/Main: Suhrkamp, S. 9–60.

Wischmeyer, Oda & Lorenzo Scornaienchi (2011): „Einführung". In: Dies. (Hg.): *Polemik in der frühchristlichen Literatur. Texte und Kontexte*. Berlin & New York: De Gruyter, S. 1–14.

Wohlfeil, Rainer (1984): „Reformatorische Öffentlichkeit". In: Grenzmann, Ludger & Karl Stackmann (Hg.): *Literatur und Laienbildung im Spätmittelalter und in der Reformationszeit*. Stuttgart: Metzlersche Verlagsbuchhandlung, S. 41–52.

Wolf, Norbert Richard (1996): „Das Entstehen einer öffentlichen Streitkultur in deutscher Sprache". In: Große, Rudolf & Hans Wellmann (Hg.): *Textarten im Sprachwandel – nach der Erfindung des Buchdrucks*. Heidelberg: Universitätsverlag Winter, S. 135–146.

Wolf, Werner (1999): *The Musicalization of Fiction. A Study in the Theory and History of Intermediality*. Amsterdam: Rodopi.

Würgler, Andreas (2009): *Medien in der frühen Neuzeit* (= *Enzyklopädie deutscher Geschichte* 85). München: Oldenbourg.

Wulf, Christoph (2001): „Mimesis und Performatives Handeln. Gunter Gebauers und Christoph Wulfs Konzeption mimetischen Handelns in der sozialen Welt". In: Ders., Michael Göhlich & Jörg Zirfas (Hg.): *Grundlagen des Performativen. Eine Einführung in die Zusammenhänge von Sprache, Macht und Handeln*. Weinheim & München: Juventa Verlag, S. 253–272.

Wulf, Christoph, Michael Göhlich & Jörg Zirfas (2001): „Sprache, Macht und Handeln – Aspekte des Performativen". In: Dies. (Hg.): *Grundlagen des Performativen. Eine Einführung in die Zusammenhänge von Sprache, Macht und Handeln.* Weinheim & München: Juventa Verlag, S. 9–24.

Zitzlsperger, Ulrike (2006): „Women's Identity and Authoritarian Force: Women Pamphleteers of the German Reformation". In: Chambers, Helen (Hg.): *Violence, Culture and Identity. Essays on German and Austrian Literature, Politics and Society.* Bern: Peter Lang, S. 65–83.

Zorzin, Alejandro (1990): *Karlstadt als Flugschriftenautor.* Göttingen: Vandenhoeck & Ruprecht.

Zur Linden, Friedrich Otto (1885): *Melchior Hofmann, ein Prophet der Wiedertäufer.* Haarlem: Bohn.